集人文社科之思　刊专业学术之声

集 刊 名： 新媒体与社会
主办单位： 上海市哲学社会科学创新研究基地——上海交通大学新媒体与社会研究中心
上海市人民政府决策咨询研究基地——谢耘耕工作室

NEW MEDIA AND SOCIETY (NO.33)

（第三十三辑）

集刊序列号：PIJ-2011-047
中国集刊网：www.jikan.com.cn/ 新媒体与社会
集刊投约稿平台：www.iedol.cn

中文社会科学引文索引（CSSCI）来源集刊
国家哲学社会科学学术期刊数据库（nssd.cn）入库集刊
AMI（集刊）入库集刊
中国学术期刊网络出版总库（CNKI）收录
集刊全文数据库（www.jikan.com.cn）收录

New Media and Society (No.33)

新媒体与社会

（第三十三辑）

谢耘耕　主　编

社会科学文献出版社
SOCIAL SCIENCES ACADEMIC PRESS (CHINA)

卷首语

算法时代，数据被誉为数字经济的“新石油”。2019 年，党的十九届四中全会通过了《中共中央关于坚持和完善中国特色社会主义制度 推进国家治理体系和治理能力现代化若干重大问题的决定》，明确将数据作为一种新型生产要素。近些年，我国相继颁布实施《中华人民共和国网络安全法》《中华人民共和国数据安全法》《中华人民共和国个人信息保护法》等法律法规，初步形成了数据基础制度体系的“四梁八柱”。2022 年 12 月发布的《中共中央　国务院关于构建数据基础制度更好发挥数据要素作用的意见》提出了构建数据基础制度的四个重点：数据产权、流通交易、收益分配、安全治理①。算法时代带来了数据权利相关基础制度建构、保护规则重塑。当前，数据保护既是理论研究热点，也存在着诸多争议，如何在现有的法律制度基础上进一步细化“数据权利”规则，实现促进数据合规、高效流通使用，充分发挥数据要素价值的目的，是数字经济下推动数据权利保护的重要问题。为此，本辑《新媒体与社会》联合西北政法大学知识产权学院特别推出“算法时代下数据权利问题研究”专栏，以此服务、推动和引领数字化转型的规则之治，探求数据权利理论体系与规则体系。刊发的主题包括数据新闻实践与发展、数据权利的配置问题、数据权益的保护模式、大数据与隐私保护、人工智能的侵权风险与应对等。

“前沿观察”主要收录前沿学术研究成果，本辑重点关注人工智能等前沿技术给新闻传播学的理论与实践带来的新思考，主要包括共享充电设施的媒介交往图谱、共生理论视阈下作为交往连接的海底电缆、新时代中国舆论学自主知识体系建设、人工智能生成内容对舆论生态的影响与治理

① 参见《数字经济腾飞|建立数据基础制度体系 夯实数据要素市场基石》，新华网，2022 年 12 月 22 日。

策略、空间生产视角下的当代国际传播实践、社会加速理论视阈下的“慢”游戏实践及其媒介批判、数字技术的文化赋能与审美重构等。“学术沙龙”兼收并蓄，对新媒体与社会相关领域的问题展开探讨，本辑主题主要包括三类：一是社交媒体的相关研究，涉及公益组织的社交媒体对话实践、矛盾性健康信息对社交媒体用户的影响、移动网络时代的城市文脉传承；二是国际传播的相关问题，涉及中国品牌的国际传播策略、国际传播内容融通的共情机制、增强中华文明传播力影响力的创新路径等；三是新兴媒介技术的相关研究，主要关注了 AIGC 新闻以假乱真的问题，以及生成式人工智能的意识形态风险等。本辑“个案研究”部分则关注了新媒介赋权公益图书馆的发展路径问题。

《新媒体与社会》集刊关注传媒领域正在发展的变革，不断探索新的媒介现象，发掘新的研究路径，重视理论与实践相结合、守正与创新相统一，为新媒体研究提供交流平台。

集刊 新媒体与社会

（第三十三辑）
2024年6月出版

·前沿观察·

·“算法时代下数据权利问题研究”专栏·

·学术沙龙·

双向修护、技术互惠：媒介交往的图谱演进

——一项共享充电设施的技术志考察

蒋晓丽　李　兴*

摘　要　本研究将修护理论引入媒介基础设施，考察个体与其交往的故事。通过技术志与非正式访谈，文章借由城市个体的日常性手机充电经验，回答“媒介基础设施何为”与“何为媒介基础设施”的基本性问题。研究发现，个体一方面借助共享充电设施修护了自身的城市移动，另一方面也在移动中修护共享充电基础设施。此种媒介交往互惠的实践，构成了“基础的基础设施”“基础设施的基础”的不同面向。秉持着“破碎世界的思维”方式，文章在“媒介—技术”的考察中引入了修护理论，提供了理解个体与“媒介—技术”交往关系之人文性的尝试性思路。

关键词　共享充电设施　修护　数字人文　破碎世界　媒介交往

一　研究缘起

“只有2%的电了，失联的危机时刻提醒我不得不立马回家紧急为iPhone充电。但现在，只需要在随处可见的共享充电宝立柜前扫码，就可以一边走一边充电，等待电量够用，再随手塞进柜子里就行。”（#YT）①

上述个体在城市漫游的危机境况，确证了“电力的影响，在许多方面都意味着人类福祉的增加”[1]。1893年，在芝加哥举办的哥伦比亚博览会

* 蒋晓丽，四川大学文学与新闻学院教授；李兴，四川大学文学与新闻学院博士生。

① 本文引用访谈资料与笔记，统一使用（#XX）格式。

上，电灯首次亮相[2]，构筑起早期电气化令人瞩目的图景[3]。由此，科学技术研究学者将电力视作大型技术系统，并说“在上个世纪的伟大建设项目中，没有一个比电力系统更具有社会效应”[4]。早期的电网作为公用事业，将集中发电、区域管理耦合进国家建设性的本能和能力中，如同电气化附生的社会福祉，“将普遍连接的强大形象与照亮黑暗的经典启蒙主体融合”[5]，成为现代主义国家不可抗拒的象征。

然而，上述20世纪的共识，已成为过时、亟待摒弃的遗产。一方面，电力跟随地下电缆隐入尘埃，电力慢慢消失在日常生活中成为后勤型媒介基础设施[6]。电的神秘性和诱惑性被赶下神坛，“其作为人类事物中重要力量所具有的声望”[7] 逐渐暗淡。例如，当下讨论人工智能、元宇宙、ChatGPT等新兴技术时，我们均未流露对电的意识，援引物理学家Patterson的观点，电力系统平稳地运转，“依赖它的人和崭新的技术物都不会注意到它”[8]。另一方面，我们进入一个不稳定、权力下放、放松管制的电力时代。世界已从集中的电力生产和输送，转向无处不在的能源供应。曾经统一的电网被集成至其他物理结构和系统中，如太阳能电池板、储蓄电池，显形为所有者和运营商多样性的物质表达。新的电网意识促逼个体疏离乌托邦式整体的惯例，在本地规模内走向更有弹性的生存。

本文的研究对象——共享充电宝，便是两种转向的当代见证之一，它在城市街道无处不在。在智能手机遇到电量危机时，个体去“寻视”共享充电宝以维护理想的连接状态，这延续了基础设施在失灵时显露的属性。另外，该电力的境况说明，随着它的生产方式的改变，人们也变革了相应的经济关系[9]。平台作为能源基础设施最具创新性的建设者之一，凭借共享充电设施，将整体性电网媒介化，成为具有弹性、独立、节点化属性的电力网格单元。借由这些基础设施，个体得以“登高望远”，但遗憾的是学术讨论较少关注脚下的台阶，“正是因为人们的习以为常，电的演进史从早期的奇观效应逐渐变得不可见”[6]。技术前沿的解决方案和充满前景的商业白皮书，搭建起学术研究在该类新鲜事物上的主要旨趣。按照赫勒（Heller）的分节体系，共享充电宝可被我们划归为“不是那么引人注意的技术事件”，但实际上，“对普通男女的日常生活来说，这些事件远比人造地球卫星和原子能工厂重要，并且以一种更重要的方式改变了他们的想象”[10]。

曾经相当成功地消失在日常生活中的电力，如何再次引发新的猜测、惊奇和欣赏，在何种程度上于个体交往中被揭示？有鉴于此，本研究考察个体应对手机电量危机的实践，观照散布于城市街道的共享充电宝，希图回归基础设施的“基础”本身及其经验气质，讨论它“何以成为媒介基础设施”。此外，通过描述个体在城市中陷入手机电量危机及其传播故障引发“至暗时刻”所采取的干预措施，进而考察个体与“媒介—技术”开展了何种交往，以及其间产生了怎样的故事？

二　文献回顾：媒介基础设施与修护

物质性和技术转向催动了科学技术研究和人类学研究的基础设施转向[11]以及派生的基础设施主义[12]。研究视角不再停留在具体的中观工程层面，例如铁路、电网，基础设施外延变得更加广泛，涵括与“硬基础设施”相对的“软基础设施”。

学界将注意力回归至媒介物质性，在此框架下考察媒介基础设施的相关议题。首先是概念的本土化定义与运用。在中国语境下定义“互联网基础设施”并将其作为元概念进行使用[13]，沿袭着该概念及其媒介物质性向度指明了中国互联网历史书写的别样路径[14]。其次是基础设施与平台（platform）研究的并行叙事，搭建了研究的大部分图景。基础设施最初的定义与平台有所缠卷，铁路与站台（platform）的叠合体共同构成基础设施[15]，因此基础设施难免与平台（platform）相提并论[16]。当下研究者们强调“平台是基于数据的基础设施”[17]。亦有学者对平台和基础设施进行区分，通过将平台定义为“推动数字基础设施不断完善的中介力量”[18]，他们赋予平台主体意识性，并借此与物质性基础设施进行尝试性划分。概言之，从事历史和当代平台研究的学者，正同基础设施研究的学者分享共同的研究旨趣[19]，共享媒介研究的物质性、文化、政治等一般性问题，使得“基础设施的‘平台化’和平台的‘基础设施化’成为可能”[16]。再次是媒介基础设施的细节性研究携带浓厚的经验气质。例如考察媒介基础设施渗透社会治理过程，认为其重新切割并拓宽了政府的组织化边界与治理路径[20]，成为基层居民自治与社区管理的“新权利装置”[21]。媒介基础设施也重塑、转换、更替了“人—城市”的连接状态[22]，给数字时代的城市传播如何重思个体与附近的交往状态、再造个体城市生活的经验之维等论题指明了别样的研究进路[23]。最后是对于媒介基础设施作为纯粹技术功能形式之外存在的事实[11]，亦有必要进行深入的批判和调查。不断扩展的媒介基础设施并非均质地延伸至空间，其“承担斗争中立调解人的角色只能作为假设存在”[24]，而且是政治化内嵌的数字载体与规制的必要手段。

既然基础设施不再被诸如铁路等大型或中型技术系统所诠释，“各种渠道、设备、标准、模式、平台、操作规模和相互依赖的网络挑战了人们对基础设施的原有认知”[25]。基础设施的修护观也理应面临随之而来的挑战。首先，修护创造引发了创新或变革。遵循技术的历史传统议程是以创新为中心，修护被错置于后台。实际上，创新较少存在于源初时刻，而在持续性的修护和对故障的干预中产生，“修护构成创新的增量形式”[26]，反而是创新生成的场所。其次，修护从专业走向业余。对媒介基础设施而言，它不仅是一个技术修护的问题，也是卷入该过程的“用户故事”。用户构成媒介基础设施的受益者，他们实际上组建起基础设施网络的完整节点。

倘若遵循重新政治化的意识形态假设，我们总是试图越过物理基质，探寻媒介基础设施背后“物质形式的话语结构”，这一取向遮蔽了它是切实可触及的砖瓦结构，即“我们活在基础设施中”（infrastructure live us）[27] 而非纯粹的概念隐喻和中观系统中。概念本土化过程的内卷，给“只缘身在此山中”的我们提示了一个问题：走得太远却忘记了来时的路。正如Star强调的，“我们追问的是何以成为基础设施，而不是什么是基础设施”[28]。有鉴于此，回看本文的研究对象，笔者关注的是共享充电宝这一微观技术对象如何与个体的实践勾连，进而成为基础设施；个体是否以及如何构成物质和社会的关键纽带，乃至在此基础上讲述什么样的“生动故事”；媒介基础设施的“基础”如何在与个体交往过程中重新被揭示、定义和体验。

三　研究方法

沿袭着基础设施研究的民族志传统，笔者以城市街道为田野，将技术志（Technography）作为分析个体与技术胶结的“诱人”工具。Kien 将技术志视为技术（Technology）与民族志（Ethnography）结合的方法论，它使不同领域的研究人员理解“技术如何与人类行动者动态合作，以创造和维护我们生活的世界”，而不是依靠“将设备和机械视作死道具的技术方法”[29]。“以技术观技术”而非全然借助人类语言与思想的折射，有利于避免客体以特定的认识论方式落入人的主观中[30]。由此，研究者于 2022 年 12 月至 2023 年 6 月，先后于成都、南京、深圳、北京、广州、苏州六个城市的街道开展了为期半年的民族志调查，同时也参考自身的实际使用体验，采用参与式观察和非正式访谈的混合手段获取经验材料。收集到的经验材料包括共享充电宝的物质材料构成，隐匿的线缆、立柜装置、街道位置等实体面向和 App 程序、操作界面等数码物[31]，以及更为核心的——个体围绕其展开的交往实践。

四　基础设施的基础:“身体力行”的修护技艺

援引鲍尔格曼（Borgmann）的观点，作为技术的基础设施的可供性，给个体带去的“自由和丰盛”却并非理所当然的局面[32]，其中也包含人对基础设施的修护。租借共享充电宝的行为实践，包括将一系列技术组件（譬如电池、存储仓、归还按钮）结合起来的技艺，修护了基础设施，使其符合预期的运作。

在修护过程中，平台隐匿于“后台”，用户与共享充电宝的技术交往构成修护可见图谱。用户参与修护作为媒介基础设施的共享充电宝，而不全然是技术专家独当一面。“社会是由那些不能设计、建造、维修、操作他们所依赖手段的人组成”[10]，这在某种程度上是失焦的，因为任何有意识、掌握一定知识储备、拥有动手能力的用户并不会消失。用户业余修护媒介基础设施，有助于廓清既往专家权力和依赖关系，给予本地行动者越来越多的自主权。共享充电宝使基础设施装置落地化后，并不会被完全寄托于运营和维护的专业干预，除非它的生命周期结束。因为“用户会帮我们保持它的运作和周转，不像美团单车，需要大量的人工搬运”（#ML，NN）。一位受访的茶铺老板表示，“充电宝很快就被借完了，但要不了多久，就有别的使用者来归还，填满电池仓位”（#GTE），由此进入广义上无限的循环周期。另外一位面馆阿姨也说：“自从他们（平台侧的人）安装之后，就再也没出现过。”（#NN）。

首先，共享充电平台生成和供给了编码化、脚本式、程序性的修护知识，降低了用户修护基础设施的门槛。传统上，修护难度表现为所需专业知识储备时间的长短，借用赫勒的主张，“技术想象以知识的积累为特征”[33]。譬如，经过长时间专业培训的工程师，对于发电、配电和存储技术要熟练掌握，便于技术故障的排查。当下，修护技术的知识被再次技术化。具体而言，共享充电宝修护所需的知识，借助手机界面操作或实体按键，被平台开发、简化为系列的代码与程序。譬如接口的连接状态被二进制为指示灯，以及基础设施的复位、格式化被设计为凹凸的按钮，最后归还地点也被地图索引，即使用户缺乏对城市街道纹理的掌握也没关系。地图索引了城市网络，也索引了权力和知识网络。“在我这里打麻将的老头老太太也会用啊。微信扫一扫，授权一下，还的时候，确保用力按进去就行了。”（#GTE）用户不必掌握亦无须了解从计算机管理的涡轮增压和转换电能的硅光伏电板，到电力储存的锂酸电池的具体知识结构，只需要扫码和按压，便能完成修护过程。

其次，知识简化提升修护实践的上手性，让用户与共享充电宝“身体力行”地协作式移动，使修护具有可见性。如前所述，共享充电宝作为基础设施维系用户流动，尤其是在电量危机的时刻，它响应用户连接需求。不可否认，连接起源于固定的基础设施，如信号塔、海底电缆、路由器等。有鉴于移动和流动是当下社会的重要范式[34]，将基础设施考虑为支持移动或流动的静态节点或有线连接，已经不再适用。具体到共享充电宝，它主动而非被动地介入移动过程。一方面，共享充电宝支撑用户的移动时，本身也在用户的携带下移动，甚至有跨越城市和地区的迁移（#YYH）。另一方面，以用户移动朝向为具象表达，共享充电宝为自身移动做出技术调节和索引，比如某地不能归还，用户只能按照地图索引或寻视，朝着下一个地点移动（#ZX）。此时用户身体作为移动的载具，其重要性很难被忽视——用户不断地使用它们来诊断和修护共享充电设施，比如移动、归还、复位。由此，用户的身体成为共享充电设施修护的物质和知识元素相遇、凸显的十字路口，进一步成为“物质和社会的关键纽带”[35]。

概言之，处于手机电量危机中的个体反向缝合了濒临破碎的基础设施，在移动中修护租借循环，实现相互“救赎”，即交往的互惠。特别值得注意的是，该过程并非全然被约化为悲观的“平台劳动”，相反是生动的修护故事。有别于把身体视为基础设施这一主体客体化的概念比喻，将身体视为基础设施修护，从某种程度上而言是自主性的复归。用户归还（修护）的自主性，一方面构成机器或技术组合异质性元素时互动的可调节变量，另一方面也彰显出技术组合对其运行的实际环境的变化和意外保持一定的开放。跟随“破碎世界的思维”，考察用户对共享充电宝的修护，除了增加反对技术自主性和自给自足的论点之外，从个体与技术修护的乐观层面出发，它还扩展了核心趋势，使每个人共享知识和技术的社会化。

五　“寸金能买寸光阴”：修护平台基础设施的“货币—时空”游戏

在城市街道中，以修护为具象的“人—共享充电宝”的技术交往，完善了平台的基础设施化的进路。然则，修护不是附带的活动，相反它构筑起了经济和社会的引擎室[36]。电力网络同时是规模巨大的经济系统，共享充电基础设施开发和培养了平台商业模式。用埃吕尔（Ellul）的话说，“技术发明允许经济系统被制造出来，包括源源不断的商品供应”[37]。共享充电基础设施的循环租借，以时间来量化货币，让不同的时间段对应着不同的价格，从而为平台带去收益（#ML），也给商家部分分红和入场费（#QSS）。受访者们普遍认为，共享充电基础设施收费偏高（#LM，JLL，ZX）。“一个小时内是 4 块钱，两个小时就是 8 块，哪怕 1 小时零 1 秒钟，也要给 8 块”（#XL）。也在此时，精明的用户按下了在城市街道与平台基础设施展开时空游戏的启动键。

（一）“共享”：修护货币成本的代偿与补偿

遵循平台共享逻辑，每人每次使用充电装置需要单独付费，共享被圈定在互不干涉的陌生个体之间，上一个用户和下一个用户较难产生联系（#YYH）。以省钱或“物有所值”为目标的用户，借由“人—技”协商，再生产共享的基本类型。该过程既是亲友之间的协商，同时也是人与基础设施的技术协商。借助货币支付的人际转移，以及设施使用的最大化，用户改造了平台的商品共享逻辑。

第一，租借的主体与使用主体之间出现分化，转嫁了租金的交付成本，通过支付转移的方式达成经济的货币“代偿”。使用者会让亲友为自己的充电需求买单，“白嫖和自己关系比较好的朋友”（#LDH）。支付转移又可以划分为“有意”与“无心”两类。前者指用户带有目的性地请亲友帮其租借充电宝。一位受访者表示，“朋友一般不介意我这种做法，他也觉得这是朋友之间的趣味互动。但对我来说就不一样了，这让我有一种与商家斗争胜利的窃喜”（#LM）。而后者是在手机没有电、屏幕熄灭之后的“至暗时刻”，无奈寻求亲友的帮助，亦存在支付转移的协商，“朋友一般不会真的要求转给他费用的，因为他也白嫖过我”（#HY）。

第二，亲密的用户之间的“共享”使用，构成修护连接的价值“补偿”。共享充电装置配有适配不同系统、机型的充电接口，例如 Type-C、安卓、苹果。基础设施设计是为了满足不同用户的需求，也提供了控制修护成本技术协商的契机；个人使用的充电装置平台控制逻辑，被多人同时使用的技术“盗猎”所悬置。一位受访者表示“反正要被扣那么多钱，一个人用太不值得了，干脆大家一起用”（#YT）。通过使用权“二次共享”的协商形式，用户心理感知扩大了充电装置的使用价值（#LX），从而实现了昂贵收费的价值补偿。

概言之，用户即使对共享充电宝收费不合理存有普遍的感知，但仍觉得作为基础设施的共享充电装置延续了用户的“数字生命”，因而其很难直接与平台抗争。个体通过转向社区内部的人际协商平台基础设施的共享漏洞，调节货币感知的心理阈值。

（二）“卡点”：与时间赛跑

平台的租金收取遵循着“严格”的时间区间划分，即基于时长和节点收取租金。不同于上述修护连接成本的协商模式，用户采取控制充电设施时长、调节充电效率的形式，以达到降低成本的目的。相较而言，这是一种更为直接和有效的方式。在控制与增效方面，用户展开了不同的时间斡旋方式。

首先，用户通过预估时间，采取心理感知和技术提醒等措施，以避免超出预期时长。用户在手机濒临断电时，会对使用充电装置进行心理预估。如果半小时能满足基本的连接需求，就不会超过该区间（#ZX）。为了控制好充电时间，用户在城市移动过程中会对时间保持关注，譬如“时不时地看一下时间，如果来不及了，甚至要跑步前进”（#LM），或者直接设定闹铃以控制好时间（#ZX，HY）。一位受访者表示：“我一般控制在 1 个小时，先计算好时间，包括归还需要花费的时间，然后我会设置一个 50 分钟后提醒的闹钟。”（#HM）

其次，提升时间区间内的充电效率组成“卡点”归还的另一途径。共享充电设施在时间区间内的转化效率是可控的，充电效率越高，所需时长便相应缩减，成本便得到控制。“由于电池充电就如同向水池注水，如果‘入不敷出’，永远也充不满”（#LX），充电的时候开启省电模式，提升充电效率以便早点归还（#LM）。该模式保证了基本功能运作，例如即时通信、移动支付，另外通过减少后台 App 运行实现节电。在一位受访者看来，“一边使用共享充电宝，一边打游戏、刷抖音，完全就是甘愿被割韭菜”（#YT）。概言之，用户使用共享充电设施，开启省电模式从事技术性调节，保证了基本的连接需求，也提高了修护连接的效率，由此让成本的控制得以可能。

（三）“测绘”：画地为牢与场所游牧

“随处可见”（#YYH）构成共享充电基础设施化的一个显著结果，共享充电宝在城市街道基本上以 100 米为装置间隔。然而这并不意味着用户归还便捷化。一方面，充电仓或已被占满，缺少空仓位。另一方面，归还受品牌或平台规制。“借的是何种品牌，还的时候就要找到对应的品牌”

（#ZX）。归还选择较租借而言更为窄化，此时横向空间移动转化为纵向时间（货币）耗散。除去对时间的直接控制，用户使用共享充电装置的成本控制因此有了空间维度的间接表达：借由对自身移动的调整，进而降低修护连接的货币支出。

一是主动圈定移动的范围。谈及“归还的血泪史”，一位受访者回忆道：“有一次，我为了避免超过时间，冒着大雨奔跑，还摔了一个狗吃屎的大动作，别人都觉得我有病。最后还被多扣钱了，太惨了。”（#ZX）为了避免上述归还充电宝的“奔波”，用户选择在小范围内机动使用，或借助平台内部的地图，提前考察目的地的共享充电基础设施。譬如，是否具有该品牌、是否有剩余仓位等设施情况。前一种行为主要发生于在商场、茶馆、棋牌室等处逗留时，后一种行为发生于在较远距离出行的情况下。两种行为均是用户把控时间的空间形式，用户借由自身移动的主动调整，确保以“随地”的方式实现“随时”归还的节省化战略。

二是绕开溢价的城市热区。共享充电基础设施分布并不均衡，不同地理位置的价格也并不相同。“基础设施出现在个体聚集的地方，人们也同样聚集在它周围。”[38] 依照其循环效应，共享充电基础设施节点便有中心区域与非中心区域的划分，并转译为货币悬殊的具象表征。一位受访者表示，“有的地方定价就是贵一点，比如春熙路、来福士（超市）等人流量多的地方。而有的地方，人都没几个，所以前30分钟内的价格就会低于5角”（#JLL）。因此用户在租借的时候，通常有意绕开这些城市热区（#LX），避免被“割韭菜”。

综上所述，在本小节中，我们看到用户在“双向修护”或与基础设施的技术“互惠”实践中，如何在人际社区、时间分区、城市街区等三个维度与平台开展成本上的控制、协商与斡旋，甚至是斗智斗勇。这扩展了本研究的分析单元，从界面、屏幕或基础设施上“向外扩展”，有助于我们欣赏各种关于媒介基础设施生动的修护故事，即个体与技术、社区、亲友、城市街道的数字交往。另外，值得指出的是，共享充电基础设施的界限秩序及其修护个体数字生命之间的潜在冲突的化解过程，改变了城市街道的纹理和质地（#YYT），体现了过去空间和交往实践的沉积物。然而这一纹理是绝对的、全局的，因为某一位置都与其他所有位置相关联，它们被平台绘制进一个过度编码、整体的同质性公制空间（#LSY，YYH）。借用德勒兹和加塔利在《资本主义与精神分裂（卷2）：千高原》中“平滑空间”与“纹理空间”的概念隐喻[39]，“平滑空间”没有纵横的交织脉络，它是整体的、无边界的和无限延伸的，例如海洋和被平台拓印的电子地图；相反，“纹理空间”有垂直和水平的经络，有自身的边界确定，例如实体的街道网络。因此，个体在降低修护连接成本的城市街道“平滑空间”中以“游牧”方式生成了“纹理空间”。在此过程中，用户的斗争发生着时空层面的变化和转移，重建着自我关切和城市脉络，从而生成技术交往多元性与连续性，以及城市街道的数字人文异质性。

六 结语

个体城市街道“漫游”的共享充电宝的使用场景，凸显修护的“二重性”。一方面，共享充电宝借由电量供给，构筑起“基础的基础设施”，促进、支撑个体于城市街道范围内移动与流动，以技术逻辑修护个体连接的媒介愿景与图景；另一方面，个体借由充电基础设施修护自身流动性与连接持续性的接合实践，亦是反向修护媒介基础设施，维持其基础设施化的技术行为。换言之，个体在共享充电装置支撑行动的过程中也修护了“百孔”的共享充电装置，维持其符合预期的运转与租借循环，构成“基础设施的基础”。对“媒介—技术”的考察，尝试将其对人在极限境况下的修护，以及人对其运作的修护放在同等位置上，或能充实此间交往的故事。因此，我们还看到，在平台商业逻辑的“云上”干预下，“精明”的个体围绕着修护过程成本，开始了斡旋的货币游戏：改造共享充电平台基础设施共享逻辑的人际社区协商；偏向于时间区间心理感知与强制干预的技术协商；以及在“测绘”城市街道所展开的地理协商。由此观之，修护的故事不仅在与技术的交往中，还扩展至社区范围内的人际互动中，甚至还勾勒出城市街道的纹理与质地。

借由共享充电基础设施这一科技生活形式，本文讨论个体与“媒介—技术”交往的修护维度。以一种“破碎世界的思维”强调障碍，以及更为重要的——人们克服障碍所采取的努力。帕洛阿尔托学派“人类不能不传播”的观点，铭刻“传播”必“通”的功能主义预设。本文并非试图推翻传播效果研究的地位，以及拒斥传播实践的目的价值预设，而是主张给予失灵的窘况以及修护以使其重回“通达”状态的技艺应有的关注。具体而言，个体修护实践是由不同类型的“媒介—技术”故障、失灵状态产生的后果，此种媒介研究的进路增补了以往传播效果研究的边界想象，为当下与“交通”“物质”缠绕的“传播”的“不通”状态赋予新的思路。

参考文献

[1] Winther, T. *The Impact of Electricity: Development, Desires and Dilemmas* [M]. Berghahn Books, 2008: 217.

[2] Barrett, J. P. *Electricity at the Columbian Exposition* [M]. Chicago, IL: Donnelly, 1894: 323.

[3] McCullough, M. *Downtime on the Microgrid: Architecture, Electricity, and Smart City Islands* [M]. Cambridge, MA: MIT Press, 2020: 41.

[4] Hughes, T. P. *Networks of Power: Electrification in Western Society, 1880-1930* [M]. Baltimore, MD: Johns Hopkins University Press, 1983: 1.

[5] Ferguson, J. *Expectations of Modernity: Myths and Meanings of Urban Life on the Zambian Copperbelt* [M]. Berkeley, CA: University of California Press, 1999: 244.

[6] 赵海明. 被忽视的媒介：电的物质性与生成论探析 [J]. 自然辩证法研究, 2022, 38 (04): 94-99.

[7] Nye, D. *Electrifying America: Social Meanings of a New Technology* [M]. Cambridge, MA: MIT Press, 1990: 156.

[8] Patterson, W. *Transforming Electricity: The Coming Generation of Change* [M]. New York, NY: Routledge, 2013: 1.

[9] Marx, K. *The Poverty of Philosophy* [M]. New York, NY: International Publisher, 1963: 181-182.

[10] 阿格妮斯·赫勒. 现代性理论 [M]. 李瑞华，译. 北京：商务印书馆，2005: 109; 106.

[11] Larkin, B. The politics and poetics of infrastructure [J]. *Annual Review of Anthropology*, 2013, 42: 327-343.

[12]〔美〕约翰·杜海姆·彼得斯．奇云：媒介即存有［M］．邓建国译．上海：复旦大学出版社，2022：35.

[13] 张磊，贾文斌．互联网基础设施研究：元概念、路径与理论框架［J］．中国社会科学院研究生院学报，2021（05）：22-32+145.

[14] 束开荣．互联网基础设施：技术实践与话语建构的双重向度——以媒介物质性为视角的个案研究［J］．新闻记者，2021（02）：39-50.

[15] 曹钺，徐偲骕．平台社会研究的历史脉络、另类想象与亚洲道路——新加坡国立大学邱林川教授学术访谈［J］．新闻记者，2022（09）：17-28.

[16] Plantin，J. C.，Lagoze，C.，Edwards，P. N.，et al. Infrastructure studies meet platform studies in the age of Google and Facebook［J］. *New Media & Society*，2018，20（1）：293-310.

[17] Poell，T.，Nieborg，D. B.，& Duffy，B. E. *Platforms and Cultural Production*［M］. Cambridge，MA：Polity Press，2022：60.

[18] 姬德强，朱泓宇．传播与媒体研究的平台化转向：概念基础、理论路径与动力机制［J］．现代传播（中国传媒大学学报），2021，43（11）：33-38.

[19] Murphy，D. From Indy to ubiquity：Minecraft as platform and infrastructure［J/OL］. *New Media & Society*，2023，https://doi.org/10.1177/1461444822114498.

[20] 李梦颖．数字基础设施：隐藏在健康码背后的结构性力量——基于对内地31省（自治区、直辖市）健康码演化过程的可视化分析［J］．新闻记者，2022（04）：46-59.

[21] 袁艳，沈梦晨．疫情催生下微信在城市邻里空间的基础设施化研究——以武汉市G社区为例［J］．新闻与写作，2022（09）：16-27.

[22] 孙玮，李梦颖．打破“人的尺度”：可编程城市的媒介文明［J］．新闻与写作，2022（09）：5-15.

[23] 姬德强，蒋效妹．“城市即平台”：城市生活经验的数字生产［J］．现代出版，2022（05）：9-19.

[24] Paris，B. S.，Cath，C.，West，S. M. Radical infrastructure：Building beyond the failures of past imaginaries for networked communication［J/OL］. *New Media & Society*，2023，https://doi.org/10.1177/14614448231152546.

[25] Mackenzie，A. Infrastructures in name only? Identifying effects of depth and scale［A］//Harvey，P. C.，Jensen，B. & Morita，A.（Eds）. *Infrastructures and Social Complexity*［C］. London，UK：Routledge，2017：379.

[26] Balbi，G.，Leggero，R. Communication is maintenance：Turning the agenda of media

and communication studies upside down [J]. *Journal of Communication*, 2020, 2020 (17): 7-26.

[27] Seberger, J. S., Bowker, G. C. Humanistic infrastructure studies: Hyper-functionality and the experience of the absurd [J]. *Information, Communication & Society*, 2021, 24 (12): 1712-1727.

[28] Star, S. L. The ethnography of infrastructure [J]. *American Behavioral Scientist*, 1999, 43 (3): 377-391.

[29] Kien, G. *Global Technography: Ethnography in the Age of Mobility* [M]. London, UK: Peter Lang, 2009: 1.

[30] 布鲁诺·拉图尔. 我们从未现代过：对称性人类学论集 [M]. 刘鹏，安涅思译. 苏州：苏州大学出版社，2010：156.

[31] 王继周. 从“物”到“物质性”：媒介研究中一组概念的辨析 [J]. 新闻界，2022 (04): 76-84.

[32] Borgmann, A. *Technology and the Character of Contemporary Life: A Philosophical Inquiry* [M]. Chicago, IL: University of Chicago Press, 1984: 41.

[33]〔美〕兰登·温纳. 自主性技术 [M]. 杨海燕译. 北京：北京大学出版社，2014：242.

[34] Sheller, M., Urry, J. The new mobilities paradigm [J]. *Environment and Planning A*, 2006, 38 (2): 207-226.

[35] Henke, C. R., & Sims, B. *Repairing Infrastructures: The Maintenance of Materiality and Power* [M]. Cambridge, MA: MIT Press, 2020: 26.

[36] Graham, S., Thrift, N. Out of order: Understanding repair and maintenance [J]. *Theory, Culture & Society*, 2007, 24 (3): 1-25.

[37] Ellul, J. *The Technological Society* [M]. Wilkinson, J. Trans. New York, NY: Vintage, 1964: 221.

[38] Dourish, P., & Bell, G. *Divining a Digital Future: Mess and Mythology in Ubiquitous Computing* [M]. Cambridge, MA: MIT Press, 2011: 25.

[39]〔法〕德勒兹，加塔利. 资本主义与精神分裂（卷2）：千高原 [M]. 姜宇辉，译. 上海：上海书店出版社，2010：684-685.

作为交往的连接：共生理论视阈下的海底电缆*

张文青　陈　虹**

摘　要　学界对人机关系的讨论早已有之，但观点存在分歧，忽视了人机关系的演变在国际传播中的作用；同时国际传播的相关研究极少关注海底电缆之类的基础设施对国际传播中交往关系的赋能。为讨论海底电缆基于人机共生关系在国际传播的交往关系中的作用和影响，本文引入共生理论，将海底电缆视作与国际传播主体共生的单元，从交往的前提、交往的连接、交往的效应三个方面讨论海底电缆作为基础设施，在国际传播的交往中扮演何种角色，以及海底电缆在国际交往中如何连接关系。本文认为海底电缆作为基础设施，其在国际传播空间中以共生单元、共生界面以及与国际传播主体互惠并存的角色存在，并在交往的前提、交往的连接、交往的效应这三个交往阶段发挥作用。

关键词　共生理论　国际传播　海底电缆　国际交往

一　问题的提出

在新时代的智能媒介语境下，全球信息秩序更为复杂，其中起到重要作用的是很难被看见的国际通信基础设施——海底电缆。在新的国际传播共生空间中，信息传播和世界交往的基础是海底电缆，尤其在智能数字时代，海底电缆是当下核心关键的基础设施，“99%的跨洋数字通信都是通过海底电缆传输的”。[1] 但海底电缆作为全球网络连接的关键基础设施并没

*　基金项目：国家社科基金重大项目“中国特色国际传播战略体系构建研究”（项目编号：22ZDA087）。

**　张文青，华东师范大学传播学院博士生；陈虹，华东师范大学传播学院教授、华东师范大学战略传播研究中心主任。

有得到应有的关注和讨论，这与其自身的不可见性有关。海底电缆的不可见性与嵌入型技术的不可见性的不同在于，嵌入型技术没有实体，嵌入国际传播的是数字和信息，而这些数字和信息是通过海底电缆传输的。但海底电缆由于只存在于水下，普通人无法看见，在这个层面上形成了另一种不可见性，这也是国际传播领域内几乎没有海底电缆相关研究的原因之一。但作为承载绝大部分国际信息传递的基础设施，它在国际传播和交往中起到技术上的连接作用。在这个连接的过程中，国际交往主体与海底电缆这一基础设施是在同一空间中作为共生关系存在的。本文主要探讨的则是海底电缆在这一层共生关系中对国际交往是如何产生作用的。基于此，本文提出以下几个研究问题：

第一，海底电缆作为基础设施，在国际交往关系构建中扮演何种角色？

第二，海底电缆在国际交往中如何构建交往关系？

二　研究综述

（一）共生理论的社会学演进

共生这个词来自希腊语，意思是“生活在一起”[2]，作为学术上的概念被提出是在生物学领域。作为生物学上的概念，共生是德国生物学家Anton de Bary在卡塞尔的德国自然科学家和医生会议的一次演讲中首次提出的，其演讲的主题为“共生的出现”，Anton de Bary在演讲中将共生论述为不同物种生活在一起[3]。此后，共生概念在生物学领域得到广泛应用。Margulis将共生定义为“‘两个或多个不同物种的生物体，称为共生体，亲密地生活在一起’”[4]。共生理论最初是“解释叶绿体和线粒体与自由生活的原核生物的相似性，表明细胞器是通过共生从原核生物产生的”[5]，其在生物学中的作用机制被这样描述：“我们的进化，以及所有植物和动物的进化，并不仅仅是由于逐渐的积累。事实上，我们是由两个或更多不同种类的生物体共同生活而演化出来的，并且是由它们的合并组成的。共生是我们存在的根源。”[6] 即共生推动了生物的进化，因此“共生这个词通常保留为物种之间的相互作用”。[7]

共生的出现，是对进化论中竞争概念的挑战。在进化论中，竞争是物种内生和进化的动力，“通常的迭代是个体（或物种）之间的竞争：对资源、空间的竞争”，[2] 因此“共生作为进化的来源几乎从未被提及，在进化论者的历史著作中也找不到它，它主张巨变和突变在进化中的作用”。[6] 但实际上共生概念的出现和共生理论的发展为探究生物进化的动力和机制提供了新的视角和方法。在生物学领域内，共生越来越被认为是进化的一般机制，在生物的发育和遗传中都起着重要作用。之后的研究也越来越承认共生在物种进化中的地位和影响力，如 Kropotkin 等认为“那些最懂得如何结合和避免竞争的物种，有最好的生存机会和进一步的进步发展”；[8] Kitano 等则强调“生物系统已经进化到通过与外来生物实体的一系列共生来扩展其系统边界”。[9]

从这个层面上来说，共生是作用于系统内部的动力机制。正如共生在生物进化系统中催生物种的进化，其在社会系统的进化和生态演进中也发挥了重要的推动作用。对社会系统的思考可以类比对自然生态系统的考察，共生作为考察新的社会系统和社会关系的角度是恰当的，正如 Sapp 所说，“对自然界的思考方式和对人类社会关系的思考方式是不可分割的，共生为观察科学与文化的复杂相互作用和耦合演变提供了一个有利位置”。[6] 因此，既然共生是进化创新的源泉，催生了物种形成[10]，那么共生也促进了新的社会形态和社会关系的形成。从这个层面上来说，共生概念和共生理论的应用不再局限于自然科学领域，其在社会科学领域中同样适用，因为在很大程度上共生不仅是一种生物现象，也是一种社会现象；共生不仅是自然状态，也是一种可塑形态。[11] 因此“共生经常被作为研究我们人类社会进化的模型和我们与地球关系的处方，并且共生一词继续蔓延到各个领域，甚至文明的起源也被认为是基于共生的自然进化过程”。[6] 综上论述，“共生这一概念不再仅仅作为自然科学、生物学的概念，它也成为一个社会科学的概念”。[12] 基于此，本文在讨论国际传播生态进化及各传播主体之间的关系时将引入共生概念和共生理论。

（二）国际传播中的人机关系：从寄生到共生

人机共生的概念是在共生的基础上发展而来的。随着共生概念和共生理论在各个学科领域的广泛应用和拓展，共生系统中的共生单元的范围也得到了扩展，“共生一词不再局限于生物体，而是扩展到非生物实体，包括机器也能够作为共生关系中的可能参与者，因此，机器可以成为共生关系的一部分”。[13] 早在1960年就有学者提出人机共生的概念，Licklider将计算机视为人类创造的共生体，他设想了一个人类与计算机相互依存的时代，两者之间的相互作用将使两者变得紧密相连，即共生，通过共生这种方式，用户将能够与机器进行对话。[14] Licklider利用了生物学的定义，他的这一设想第一次将非生物纳入共生概念中，他作为“第一个将该术语扩展到非生物人工制品的人”，呼吁“人类和机器之间建立密切的合作关系”。[13]

在智能技术不断发展的今天，Gerber所说的“共生一词扩展到非生物实体”[13] 再一次得到了进化，即共生一词已经扩展到了非生物的虚拟主体。尤其在国际传播中，人工智能技术的介入越来越深入，由最初的技术客体到如今的智能主体，国际传播系统和生态在持续不断地演变。无论是算法推荐、机器写作、虚拟主播，或是社交平台中的社交机器人都在颠覆国际传播格局，从传播主体到内容生产，都在被智能技术介入。但智能技术对国际传播的介入是从技术寄生开始的，在智能技术介入国际传播的发展过程中，国际传播的传播主体格局由“寄生格局”演变为“共生格局”。在人机的寄生关系中，技术仅作为人的延伸，辅助人的生产和传播行为。如机器写作新闻，只是作为新闻生产工具，并未参与到传播过程当中。这种介入形式构建的人机关系更接近于寄生，即“只有一个参与者从共同生活中受益的关系”。[3] 机器新闻写作只是传播主体用来提高新闻生产的技术工具，而“人机共生不仅意味着人机系统中密切的、潜在的连续物理相互作用，而且还意味着最高形式的合作”，[15] 机器新闻写作与人类并没有达到“最高形式的合作”，只是寄生于国际传播空间中，因此，这个阶段的国际传播还只是技术寄生的状态。这意味着实际上寄生与共生涉及技术作为工具还是作为主体的问题，只有作为主体的智能技术才能与人类达到“最高形式的合作”。

具体来说，人机共生是“人机作为一个整体具有最佳人类体验的交互形式；在总体任务方面具有共同领导的关系；在各种任务中可以平稳和连续地切换角色；相互理解，统一采取高度协调的行动，以协同效应发挥各自优势，从而使绩效超过各部分的总和”。[15] 随着智能技术的发展，智能技术主体介入国际传播，才逐渐构建起人机共生的国际传播空间。在这个阶段的共生关系中，人类和智能技术在很大程度上做到了一方弥补另一方的局限性，人机共生的关键就在于“人工智能可以在解决复杂性时扩展人类的认知，而人类仍然可以提供更全面、更直观的方法来处理组织决策中的不确定性和模棱两可性”。[16] 从共生理论的三要素来说，无论是共生单元、共生模式或共生空间，智能技术都在国际传播中与人构成了共生关系。

（三）海底电缆：国际共生空间的关系连接

在共生单元内，一般用两组参量来反映其内部特征和外部特征，分别是质参量和象参量。质参量是决定共生单元内在性质及其变化的因素，可以描述共生单元的内在性质和内在关系，质参量的变化往往引起共生单元的突变；象参量则是反映共生单元外部特征的因素，可以描述共生单元的性状和表现。质参量与象参量的相互作用是共生单元存在和发展的基本动力，也是共生关系形成和发展的内在依据和基本条件。此外，在共生单元内起决定作用的是主质参量。[11] 共生单元之间的联系往往表现为共生单元之间的质参量可以相互表达，这种相互表达可以描述为共生单元之间的内在联系。[11] 人与技术这两个共生单元之间同样存在这种内在联系，其中之一是作为基础设施的海底电缆。

自 1850 年世界第一条海底电缆铺设成功以来，其对世界通信和交往的影响越来越深刻。“海底电缆是数字时代的核心关键基础设施，现有的海底电缆连接各大洲，以支持我们对数字通信的不可抑制的需求。”[17] “全球海底光缆网络由大约 450 个海底光缆系统、120 万公里的海底光缆组成，处理 99%的国际数据流量，是全球互联网物理基础设施的骨干，也是目前世界上最重要的信息传输媒介。”[18] 2013 年就有学者预测了海底电缆在数字时代的不可替代性，“虽然无线和卫星技术不断发展和部署，但在可预见的未来，海底电缆仍然是在全球范围内发送数字信息的最快速、最有效和最经济的方式。随着互联网的使用越来越多，云存储、5G 网络、物联网和人工智能提供的未来服务越来越重要，世界对海底电缆的依赖将大大增强”。[17]

可以说，海底电缆是互联网的中枢神经，互联网“既不位于‘云’中，也不依赖于越来越多的卫星进入轨道。相反，互联网和所有跨洋数字通信的运作都是基于位于海洋底部的光纤电缆”。[18] 但也正是由于它位于海洋底部而没有引起大范围的讨论，海底电缆之于国际传播和交往的重要性并没有受到重视，国内外的相关研究成果非常少。有学者关注到基础设施在国家崛起中的重要性，认为“崛起中的大国寻求通过其基础设施政治的战略叙事来提高其在国际事务中的地位，阐明其对新兴国际秩序的愿景，从而增强其权力和影响力”，[19] 但并没有具体关注到海底电缆。而其他关于海底电缆的研究多集中于其物理方面，即如何铺设和改进海底电缆，但是，“虽然基础设施的物理方面很重要，但国际关系中的基础设施沟通也需要更多的关注”。[19] 直到国内学者提出作为国际传播媒介基础设施的海底电缆，其与国际传播和交往的勾连才被注意到。在行动者网络视阈下，一方面，“作为基础设施的海底电缆支撑着全球传播；另一方面，海底电缆绝非被动，它也在主动连接起各种行动者，与人共同构建错综复杂的国际传播网络。在此网络里，民族国家、国际组织、平台巨头等形色各异的行动者，正围绕着海底电缆，周而复始地争夺国际传播的物质控制权，并催生社会与技术的不平等”。[20] 其关注点在于各国基于海底电缆的技术和物质控制权的争夺。

本文的关注点在于，在互联网中海底电缆作为中枢神经存在，其“对现代世界至关重要——它们是连接互联网的国际路径”，[21] 这种连接以两种形式存在：一是作为关系建构的连接，二是作为引发冲突的连接。无论是哪一种连接方式，都最终塑造了国际传播中的交往关系。这也是本研究的主要研究路径，即从国际交往关系的角度探析诸如海底电缆等基础设施在国际传播中的主要角色及其作用。因为“海底电缆现在是世界大国的主要新技术战场，应该被视为安全研究、地缘政治研究、和平与冲突研究的关键”，[1] 其中，安全、地缘政治与海底电缆的关系与互相作用的研究成果已有一定的积累，本研究着重关注海底电缆与国际交往的关系形态。

三 作为交往关系的连接：以华为海洋所有权变更事件为例

关系的构建在国际传播与交往中扮演重要角色，因为多链关系的共建在国际传播中将行动价值最大化以实现国际传播的目标。[22] 国际交往的关系形态大体分为两种，即合作与冲突，两者都是国际交往的重要形式。其中，冲突不是单一层面的矛盾，而是多层次和多面向的，“权力与阶层的结构性冲突、民族国家与意识形态间的国际冲突，再到全球数字社会渗入到生命细节的信息与认知冲突”。[23] 这三个层次的构建方式是阶梯式的，无论是权力与阶层的冲突，还是意识形态的冲突，实际上都是基于技术的信息与认知冲突。因为若要在权力与意识形态的冲突中获得最终的胜利，技术通信是基础，是掌握信息控制权的关键，且其重塑了人类日常活动，也革新了国家间交往的机制。[24] 而其中最底层、最基础的是通信物质基础设施，“海底电缆又是构成互联网物质基础设施的一个关键元素”，[25] 同时物质基础也是互联网中最关键也最脆弱的元素。[26] 同样，合作关系的构建也是多层次和多维度的。经验传统、意识形态、认知观念等方面的差异，因为数字智能技术的发展而得到了很大程度的弥合。其原因在于数字智能技术为不同认知观念和意识形态的沟通与对话创造了空间和渠道，而对话是一种意义共享，且“对话改变的不仅是问题本身，还能改变关系，不仅作用于对话群体内部，还作用于整个整体”。[27] 因此如果在国际交往的对话中实现意义共享甚至意义共建，交往的合作关系也随之构建。同冲突关系的构建相同的是，交往关系的底层支撑依然是通信技术。因此，若要讨论国际交往中的关系形态，无法绕过海底电缆。海底电缆看似隐形，但“我们看似无线的生活都是基于海底电缆那一团团缠绕的电线”。[28] 无论在国内还是在国际上海底电缆都在各方面扮演着重要角色，如国防、电信、社会经济，甚至能源等领域，[18] 尤其是基于这些层面会产生合作与冲突。本文着重讨论的是海底电缆作为国际交往中的物质基础设施如何连接交往关系，其在国际交往中如何发挥作用。基于此，本文以华为海洋所有权变更事件为例，对以上问题进行探讨和分析，从交往的三个环节进行切入，即交往关系的前提、交往关系的连接以及交往关系的效应与结果。

(一) 交往关系的前提：海底电缆作为共生单元

海底电缆与国际通信的关系不言而喻，海底电缆现在是国际间即时通信的基础条件，也是基础设施。全世界的海底电缆建构起了世界之间联系的网络，在这个语境下，海底电缆作为共生单元而存在。作为共生单元，海底电缆为国际传播中关系的构建提供了基础和前提，因为海底电缆首先构建了交往。2008 年，华为光电网络业务发展迅猛，曾经的光通信业界大公司如朗讯、北电、阿尔卡特都在走下坡路。为了尽快做大华为的海底光通信市场，华为与英国全球海事系统有限公司合资成立华为海洋网络有限公司，该公司有 150 多年海上工程施工的历史和经验。华为海洋进军海底电缆领域。海底电缆在交往联系中的建构主要是两个层面上的：一是信息上的交往，因为信息的传递和国际通信大多依靠海底电缆的信号传输；二是海底电缆构建了国家间交往的关系网络。在国际通信信号的传输上，华为海洋已经是全球第四大海缆通信网络供应商，其市场份额占比的不断上升，意味着华为海洋依托海底电缆把握着全球很大一部分的信息传递业务。

在国际交往的关系网络构建上，海底电缆同样发挥着作用，华为海洋与英国全球海事系统有限公司的合作是国际交往关系构建的第一环。两者的合作将通信行业最前沿的技术和 150 年的海洋施工经验相结合，并借此掌握了全球海缆通信网络中的第四大话语权。一方面，海底电缆作为物质构建了行动者的交往关系网络，这里的行动者不仅局限于两个公司，还包括两者背后的政府或话语权持有者。另一方面，海底电缆作为共生单元，它也成为其自身所构建的关系网络中的节点，连接着其他行动者节点，这也正是海底电缆为不同行动者构建交往关系的前提和基础。

（二）交往关系的连接：海底电缆作为物质共生界面

共生界面指组织间互动的方式、载体等。在可见的范围内，世界之间的联系是社交媒体，是其他可见的通信设施，但它们实现的基础是在不可见范围内的海底电缆，后者承载了 99%的跨洋数字通信。从这个底层物质层面上来说，世界交往、各国联系、国际政治格局都是基于海底电缆实现的，因此说海底电缆作为共生界面存在。作为共生界面，海底电缆连接的是两种关系形态，即合作与冲突。无论是国际传播中的哪一种交往关系形态，其构建在很大程度上都来源于技术及其基础设施，因为领土权力、国际话语权等都是通过技术基础设施来制定和争夺的，[29] 并且网络已经成为域外扩张的重要建筑场所。[30]

由于技术与网络通信在主权争夺中的重要作用，美国将中国定义为战略竞争对手，因为中国有多项技术在全球中处于领先地位，以美国为首的多个西方国家忌惮华为的强大及其技术领先，便实施了不同程度上的抵制。以华为海洋为例，美国发起了全球抵制华为海缆的行动。其实，2013年轰动全球的棱镜门事件，斯诺登就曝光了美国和英国监测海底电缆数据，全球大部分海底电缆掌控在美国人手中，他们可随心所欲利用海缆进行监听。华为海洋的海底电缆的全球铺设打断了他们的计划，所以，他们以安全为名极力阻挠华为海洋参与的项目。例如，对于谷歌连接洛杉矶与台湾的太平洋高速互联网光缆，他们以安全为由不允许该光缆和香港连接。2020年，美国政府发布“净网计划”，该计划明确指出，美国政府要保持海底电缆“清洁”，解决独裁恶意行为者对自由世界的数据隐私、安全、人权和原则性合作的长期威胁，同时警惕中国对全球海底电缆的控制权的介入。[31] 此外，华为海底电缆项目引起了澳大利亚的警觉，华为海洋在南太平洋的海底电缆铺设受到了澳大利亚的阻碍，可见澳大利亚对中国日益增长的全球影响力拉响了警报。澳大利亚阻止了华为海洋从悉尼到所罗门群岛4000多公里的海底电缆铺设项目，[32] 并提出为所罗门群岛的海底互联网电缆和网络安全中心提供资金，这将改变所罗门群岛的互联网连接。基于海底电缆这一共生界面，“世界的连接遇到了不同程度的合作和抵制”，[30] 抵制又引发冲突，这一交往关系形态的形成都源于各国对新信息与通信技术控制权的竞争。对新信息与通信技术控制权的争夺实质上是对全球通信基础设施控制权的争夺，这也是国际霸权和全球秩序变化的一个持久主题。[1] 此外，作为全球通信的基础设施，海底电缆应该是国际交往中的独立因素，[33] 它不应该与数字技术连在一起被一带而过，尽管它的确是技术的依托。它不仅是数字化的，它更是高度材料的，是由铜和电缆、数据中心和电池塔组成的，[29] 这意味着海底电缆构建的共生界面同时也是物质性的。

（三）交往关系的效应：海底电缆与交往关系互惠共生

海底电缆与国际交往或其行动者存在双边双向交流，也存在多边多向的交流，所以属于共生模式中的互惠共生。那么在这一层面，就要强调海底电缆与国际交往关系的互相作用。海底电缆对国际交往关系的作用是，海底电缆为交往关系的产生和关系网络的构建提供了前提和基础，同时也为国际传播的行动者构建了基于物质性的共生连接界面。反之，基于认知、观念和权力的合作与争夺而形成的复杂的国际政治格局和全球信息秩序也影响着海底电缆在世界中的布局。可以认为“海底电缆网络结构的演变与国际社会经济结构的发展相互作用，国际交往和海底电缆网络的发展也是互相影响的”。[18] 在华为海洋所有权变更事件中，这一结果的发生与交往关系的动态变化是息息相关的，因为掌握更多话语权的国家会掌握更多的海底电缆铺设权，而在这个过程中，无论是合作还是冲突，都影响着这一事件的最终结果。实际上在美国、澳大利亚等国家联合对华为海洋甚至整个中国的海底电缆建设工作的抵制下，华为海洋很难抢占主动权。在这种围追堵截的境地中，华为海洋可以说是举步维艰，加上海底光缆通信这个细分市场本来就不是很大，华为海洋就更难再继续做大。因此，华为海洋将股权转让给亨通光电是西方国家全面抵制与双方冲突爆发之下的无奈之举，同时也是战略变通之举，这无疑也是交往关系影响下的结果。

华为海洋所有权变更的结果更加印证了海底电缆与交往关系互惠共生的关系，即相互作用、相互影响。“所有冲突的基础是直接影响实质性结果的一系列行动和反应、行动和反行动、沟通策略的规划、感知和对信息的解释”，[34] 合作关系的生成逻辑也同样如此。反之，不同的交往关系形态也影响着行动、反应、策略与结果。例如基于对信息与通信控制权的争夺而产生的交往关系“加剧了基于建立国际地位的新斗争，其目的是重新制定国际技术标准以及重新规划全球通信地图”，[35] 在海下则体现为海底电缆的全球铺设网络。因此，在“网络结构的动态变化改变国家间的关系和权威”[36] 的同时，国家间的交往关系形态也作用于网络结构的动态变化。

四　余论

本文将生物学领域的共生理论引入国际传播中人机共生关系的讨论，为讨论技术赋能国际传播提供了新的视角和方法，同时本文将国际传播研究中传统的关注点转移到作为基础设施的海底电缆上，并将海底电缆视为国际传播共生空间中的重要参数，以此讨论海底电缆在国际传播的交往关系构建中扮演何种角色以及其如何连接关系。

在解决研究问题、关注诸如海底电缆等基础设施与国际传播交往关系形态的关联之外，本文还关注到了其他方面。第一，在构建人机共生系统的同时，如何把握智能技术与人类的共生关系，这也是当下人机关系中的焦点问题。不同于以往的研究，本文提出的人机共生既不指向传统的技术寄生于人类，也不指向技术作为辅助的、没有相互作用的共生关系，而是强调彼此协作、相互影响、共为主体的人机共生模式。尽管如此，我们在构建人机共生系统的过程中也要注意“人工智能系统的设计应该旨在增强而不是取代人类的贡献”，[37] 因为技术共生首先是基于对技术用途的掌握感；其次是人类与技术之间相互适应的表现；最后是有用性感知。[12] 因此，在国际传播中，智能技术既不能仅成为辅助机器，也不能凌驾于人类之上，而是应该与人类互相适应，协作互助，甚至更进一步构建虚实相生的交往关系，形成人机共生的交往形态，[38] 通过这种嵌入对国际传播赋能。第二，在国际传播研究中，作为基础设施的媒介不可忽视，其在国际传播与交往的过程中尽管大部分是“隐性”的，但其影响却体现在方方面面。如海底电缆作为“不可见”的国际传播基础设施，其在国际传播中发挥的作用除了其自身的功能之外，还会深刻影响国际关系格局。尤其当前国际秩序和世界格局复杂，对中国来说如何利用海底电缆优势提升其国际地位并掌握话语权是重要的一环。中国对海底电缆的铺设和发展有其自身得天独厚的地理优势，“这一地理优势有利于中国参与全球海底电缆网络建设和布局。反过来，中国海底电缆网互联互通结构的深化和发展，也深刻影响了中国在世界上的地缘政治格局”。[18] 中国对国际海底电缆的铺设和使用始于 1993 年，其后我国在全球海底电缆系统中的数量持续增加，登陆点也不断扩展，因此我国在海底电缆和全球交往中的优势更加显著。第三，对海底电缆的关注除了其在国际传播和交往中所扮演角色及其所带来的技术政治，还要将视线投向海底电缆的所带来的全球治理问题。在已有的海底电缆相关研究中，我们发现“电缆之间相互影响的研究有所增加，但仍然局限于狭隘的技术辩论，不关注技术政治和电缆带来的治理挑战”。[1] 对海底电缆的治理除了体现在对电缆基础设施的治理，还体现对其在国际关系、政治以及安全等方面的治理。有学者认为“电缆安全是当前和未来国际安全治理的核心维度”，[1] 因此应重视对海底电缆的安全治理。第四，国际传播的两种交往关系形态是并行的，尽管国际交往中的冲突关系往往更受到关注，但实际上合作与冲突是国际传播中的并行关系结构。这一点往往被忽视，如类似海底电缆的基础设施型媒介同样在合作关系中产生效应，但相关研究却鲜少关注到这一点。

参考文献

[1] Bueger, C., Liebetrau, T. Protecting hidden infrastructure: The security politics of the global submarine data cable network [J]. *Contemporary Security Policy*, 2021, 42 (3): 391-413.

[2] Watkins, J. P. Towards a reconsideration of social evolution: Symbiosis and its implications for economics [J]. *Journal of Economic Issues*, 1998, 32 (1): 87-106.

[3] De Bary, A. Die erscheinung der symbiose: Vortrag gehalten auf der versammlung deutscher naturforscher und aerzte zu cassel [M]. Trübner, 1879.

[4] Margulis, L., Stolz, J. F. Cell symbioisis theory: Status and implications for the fossil record [J]. *Advances in Space Research*, 1984, 4 (12): 195-201.

[5] Zimorski, V., Ku, C., Martin, W. F., et al. Endosymbiotic theory for organelle origins [J]. *Current Opinion in Microbiology*, 2014, 22: 38-48.

[6] Sapp, J. *Evolution by Association: A History of Symbiosis* [M]. Oxford University Press, 1994.

[7] Frank, S. A. Models of symbiosis [J]. *The American Naturalist*, 1997, 150 (S1):

S80-S99.

[8] Kropotkin, P. A. *Mutual Aid: A Factor of Evolution* [M]. Montreal: Black Rose Books, 1989.

[9] Kitano, H., Oda, K. Self-extending symbiosis: a mechanism for increasing robustness through evolution [J]. *Biological Theory*, 2006, 1: 61-66.

[10] Helotism, Cavalier T. *Symbiosis and Evolution* [M]//Margulis, L., Fester, R. Symbiosis as source of evolutionary innovation: Speciation and morphogenesis. Cambridge: MIT Press, 1991: 422-423.

[11] 袁纯清．共生理论：兼论小型经济［M］．北京：经济科学出版社，1998.

[12] Brangier, É., Hammes-Adelé, S. Beyond the technology acceptance model: elements to validate the human-technology symbiosis model [C]//Ergonomics and Health Aspects of Work with Computers: International Conference, 2011: 13-21.

[13] Gerber, A., Derckx, P., Döppner, D. A., et al. Conceptualization of the human-machine symbiosis—A literature review [C]//proceedings of the 53rd Hawaii International Coference on System Sciences, 2020.

[14] Licklider, J. C. R. Man-computer symbiosis [J]. *IRE Transactions on Human Factors in Electronics*, 1960 (1): 4-11.

[15] Inga, J., Ruess, M., Robens, J. H., et al. Human-machine symbiosis: A multivariate perspective for physically coupled human-machine systems [J]. *Intern-ational Journal of Human-Computer Studies*, 2023, 170: 102926.

[16] Arrahi, M. H. Artificial intelligence and the future of work: Human-AI symbiosis in organizational decision making [J]. *Business Horizons*, 2018, 61 (4): 577-586.

[17] Hantover, L. L. The cloud and the deep sea: How cloud storage raises the stakes for undersea cable security and liability [J]. *Ocean & Coastal LJ*, 2013, 19: 1.

[18] Xie, Y., Wang, C., Huang, J. Structure and evolution of the submarine cable network of Chinese mainland [J]. *Journal of Geographical Sciences*, 2022, 32 (5): 932-956.

[19] Van Noort, C. *Infrastructure Communication in International Relations* [M]. Routledge, 2020.

[20] 陆国亮．国际传播的媒介基础设施：行动者网络理论视阈下的海底电缆［J］．新闻记者，2022，No. 475（09）：55-69.

[21] International Cable Protection Committee. Submarine Cables and BBNJ [C]. The 2nd Session of the Preparatory Committee, 2016.

[22] 陈虹，张文青．中华文化国际传播效能提升的战略转向［J］新闻大学，2024（04）：1-14.

[23] 白彦泽，姬德强．作为冲突的传播：国际传播的内在理路与前沿问题［J］. 新闻界，2022，356（11）：66-76.

[24] 陈虹，张青．数字文化背景下国际战略传播的沟通机制创新研究［J］. 全球传媒学刊，2024（02）：99-117.

[25] Thorat，D. Colonial topographies of Internet infrastructure：The sedimented and linked networks of the telegraph and submarine fiber optic Internet [J]. *South Asian Review*，2019，40（3）：252-267.

[26] Aldrich，R. J.，Karatzogianni，A. Postdigital war beneath the sea? The Stack's underwater cable insecurity [J]. *Digital War*，2020，1（1）：29-35.

[27] Bohm，D.，Weinberg，R. A. *On Dialogue* [M]. Routledge，2004：47.

[28] Starosielski，N. *The Undersea Network* [M]. Duke University Press，2015.

[29] Munn，L. Red territory：Forging infrastructural power [J]. *Territory*，*Politics*，*Governance*，2023，11（1）：80-99.

[30] Schiller，D. Geopolitical-economic conflict and network infrastructures [J]. *Chinese Journal of Communication*，2011，4（01）：90-107.

[31] Michael，R. Pompeo secretary of state，We call on all freedom-loving nations and companies to join the Clean Network [EB/OL]. https://2017-2021. state. gov/the-clean-network/.

[32] Jamie Smyth. Huaweis undersea cable project raises red flag in Australia [EB/OL]. https://www. ft. com/content/96513f58-01959-11e7-ao39-c64b1co9b482.

[33] Bernards，N.，Campbell-Verduyn，M. Understanding technological change in global finance through infrastructures：Introduction to review of international political economy special issue "the changing technological infrastructures of global finance" [J]. *Review of International Political Economy*，2019，26（5）：773-789.

[34] Putnam，L. L.，Folger，J. P. Communication，conflict，and dispute resolution：The study of interaction and the development of conflict theory [J]. *Communication Research*，1988，15（4）：349-359.

[35] Yeo，S. J. Telegraph to the internet [J]. *Global Media and Communication*，2022，18（1）：149-151.

[36] Gjesvik，L. Private infrastructure in weaponized interdependence [J]. *Review of International Political Economy*，2023，30（2）：722-746.

[37] Jarrahi, M. H. Artificial intelligence and the future of work: Human-AI symbiosis in organizational decision making [J]. *Business Horizons*, 2018, 61 (4): 577-586.

[38] 陈虹，张文青．多元协同的中国国际传播交往行动网络构建［J］.上海市社会主义学院学报，2024（01）：51-62.

人工智能生成内容对舆论生态的介入、挑战及治理*

谢耘耕　张秀丽**

摘　要　随着技术的快速发展，人工智能生成内容（AIGC）在舆论场中扮演着越来越重要的角色，因此，探讨 AIGC 给舆论生态带来的影响、挑战及治理策略具有重要的理论和实践意义。本文通过对 AIGC 的生成机制、传播特性进行深入分析，揭示了其在舆论生态中的重要作用及其对舆论场的影响，进而提出了针对 AIGC 的治理建议，以期为构建健康有序的舆论环境提供参考。

关键词　人工智能生成内容　舆论生态　介入　治理

随着技术的迅猛发展，人工智能已从单纯的辅助工具蜕变为具有创新能力的独立主体。特别是在内容生成领域，人工智能生成内容（Artificial Intelligence-Generated Content，AIGC）的崛起标志着信息传播方式的变革。这一变革不仅颠覆了传统的信息生成方式，更为舆论生态的结构和规则带来了深远的影响。同时舆论生态作为一个系统概念，涵盖了社会舆论的生成、传播与影响的整个过程及其所处的空间环境，是社会构成的基本元素。它兼具生态属性和社会属性，由舆论主体、舆论环境和舆论规则这三大核心要素共同构成。[1] 它既反映社会公众的生活诉求与价值追求，又能够在宏观层面推动民众感觉结构与日常观念的变迁流动。[2] 其中，舆论主体在“万物互联”的媒介融合趋势下，呈现出多元化的趋势。过去由大众媒介中的信息生产者占据信息和媒介载体的有利端，引领信息的传播，再

---

* 基金项目：上海社科规划项目“计算政治对舆论安全的挑战及治理”（项目编号：2022BXW004）。

** 谢耘耕，上海交通大学媒体与传播学院教授；张秀丽（通讯作者），西安外国语大学新闻与传播学院教授，西安外国语大学国际舆情与国际传播研究院研究员。

由受众接收信息来形成自己的观点和态度，为舆论的进一步发展提供基础。现在随着人工智能技术的发展，算法技术作为新的舆论主体“代言人”已经广泛地渗入社交平台和媒体传播。首先，算法技术通过自动生成内容与用户在平台上互动，从而引导并操纵舆论。其次，舆论环境是舆论生态的另一个重要组成部分。它涵盖了技术与社会两个层面，二者相互支撑，共同塑造舆论生态。技术层面主要指向以社交媒体平台为公共性代表的互联技术，使得不同信息主体突破时空的限制和身份界限，进而通过平台产生连接，使其互动行为成为一种制度化实践。社会层面则包括社会组织、价值引领、文化传承等因素，它们对舆论的生成和规制起到了深远的影响。最后，舆论规则是保障舆论生态良性运行的关键。这些规则包括道德约束和法律强制约束，它们为舆论生态的健康发展提供了必要的保障。马克思、恩格斯认为，“每个人的自由发展是一切人的自由发展的条件”。[3]通过对公众进行道德约束，让社会舆论和公众监督充分发挥作用，社会舆论的良性生态才能持续。法律的强制约束则是底线，舆论的秩序和公正需要通过法律法规的制定和执行来维持。

目前国内外学者对 AIGC 在舆论生态中的作用进行了多维度的探讨，本文关注到 AIGC 对舆论生态的冲击，认为其广泛应用对舆论环境构成了严峻考验，并指出它不仅改变了舆论传播的方式和路径，还极大地重塑了用户的认知框架。本文提出了针对 AIGC 的治理策略，包括构建良性场域和多元主体治理等，以期实现对其有效的管理和规范。

一 生成式人工智能介入舆论生态的样态

在人工智能发展的演进下，舆论生态也悄然发生着变化，其作为一个具备自我调节与修复功能的有机整体，与外部环境形成了微妙的动态平衡。在这一平衡过程中，舆论主客体与社会环境之间彼此碰撞，于无序中寻求有序。当舆情兴起，舆论演变的方向发生偏移，舆论生态作为类系统，会在特定时间内发挥自身调节机制的作用，对舆情进行引导，实现自我修复，从而维持生态的系统性平衡。这种平衡状态不仅有利于信息的充分流动和广泛传播，还有助于形成多元对话和社会意见整合，优化国家的治理路径和发展秩序。在传统大众媒介时代，舆论的生成和传播主要依赖电视、广播和报纸等媒介渠道。这些媒介组织在舆论形成和传播中起到了关键的作用，但由于其传播方式的限制，舆论生态相对较为单一和稳定。然而，随着智能传播时代的到来和新媒体的崛起，网络舆论环境发生了显著的转变。在技术革命和商业资本的双重驱动下，生成式人工智能技术嵌入媒体平台，为用户提供了精准的个性化服务，使得舆论形成和传播更加迅速和广泛。同时，自动生成内容的出现使舆论主体构成更加多元复杂，舆论本体呈现碎片化、情绪化趋向，舆论内容真假难辨，致使舆论引导更加困难。这种变化不仅丰富了舆论的内容和形式，也增加了舆论生态的复杂性和多样性。

当下虽然以 ChatGPT 为代表的生成式人工智能技术刚刚被大规模应用于社会层面，但生成式人工智能技术所具备的信息检索、归纳与生产能力，使其具有一种提供拟态环境的技术潜力，这引发了研究者们的关注。[4] 在技术原理层面，AIGC 依赖自然语言处理、深度学习以及生成对抗网络等核心技术，从而实现了对复杂语义关系的理解、对数据特征的自主学习，以及高质量内容的生成。以 ChatGPT 为例，这款专注于对话生成的语言模型能够根据用户的输入提供连贯、有逻辑的回答，甚至支持连续多轮对话、自我纠错以及质疑不正确问题等功能。随着人工智能技术的快速发展，人工智能生成内容逐渐渗透到舆论生态中，扮演着信息提供者、情感分析者等多重关键角色。[5]

（一）内容生产层面：自动化信息生产的高效与真伪难辨

随着算法和人工智能技术的发展，越来越多的智能程序参与到社交平台和媒体传播之中，带来的首先是信息生产和处理的自动化与效率提升。作为信息提供者，生成式人工智能通过深度学习等技术，不但能够快速精准地获取用户的需求，还能够高效精确地生成符合用户认知模式且令用户满意的内容。[6] 从用户视角来看，人工智能技术通过类人类的语料逻辑与叙事特征，进行专业化话语生产，机器和人类的界限逐渐消弭，用户所能接触到的信息内容以前所未有的规模极速扩张。再通过算法技术的个性化推荐，大量“众说纷纭”“真假难辨”的信息被私人定制输出，让舆论生态变得更加复杂。从具体的生产过程来看，生成式人工智能技术通过依托大量语料库模型和强化学习技术，不断加深对平台用户需求的理解，自动精确输出符合其喜好的内容形式（包括视频、音频、图像、文字等）和信息素材，增强其在舆论生态中的用户黏性。

此外，社交机器人、虚拟主播、写稿机器人等人工智能技术的融入打破了过往人类单一进行内容生产与输出的情况，使得现舆论生态主体更加多元。同时，人工智能程序还与搜索引擎、文本生成功能结合，使其在文本生成方面甚至能够跨领域生成图片、音视频等多元内容，实现文字、图像、音频和视频等多种形式的无缝转换。以上自动化信息生成及人机融合体的出现和发展，不仅推动了内容生成技术的进步，而且为用户带来了更为丰富、多样的互动创作体验。但从整体来看，人工智能技术所生产出的内容面临着“概率关联困境”，即内容之间注重相关性而不关注因果逻辑，只进行归纳而无法进行演绎，因而 AIGC 在体验上与人类生产内容之间始终存在差异。[7]

（二）文本风格层面：多模态情感文本的精准触达与极化风险

多模态情感文本作为一种不断优化的文本处理技术，在深度理解和分析用户情感需求方面展现出显著优势。借助深度学习和自然语言处理等先进技术，人工智能能够精准捕捉用户的情感倾向、喜好和兴趣点，进而生成更加生动、丰富和具有感染力的内容。这种以用户为中心的内容创作方式，显著增强了受众的信息接收效度与情感连接深度。

在内容生产层面，多模态情感文本在文本分析方面的能力远超传统的文本挖掘技术。它不仅能够捕捉文本中的表层信息，更能深入计算文本中蕴藏的复杂情感。无论是积极的赞美、消极的批评还是中性的陈述，多模态情感文本都能准确识别并揭示出文本中的情感倾向。通过了解受众的喜好、需求和期望，传播者可以更有针对性地进行内容创作和传播，实现信息的有效触达和深度影响。这种个性化的传播策略不仅提升了用户的阅读体验，还可能导致规模化的情感极化现象。如在深度造假事件中，智能技术往往根据用户的关注与兴趣点设置议程，利用其惰于记忆、思考及保持理性的认知习惯，将多种模态的信息植入“短平快”的信息内容之中，形成情感张力，刺激用户发声。同时，在内容推荐方面，多模态情感文本同样发挥着重要作用。当下舆论环境中，如果没有算法机制，用户难以承受信息超载之重。智能技术透过对用户线上的“踪迹”，打捞、整理、分析其内容文本等数据信息。基于情感分析的结果，其可以灵活调整内容的文本风格、叙事语气和表达方式，使其更加贴近受众的喜好和需求。这种个性化的内容优化不仅提升了用户的满意度，还进一步增强了信息的传播效果。同时，通过对受众反馈的深度分析，生成式人工智能技术还可以迅速发现内容中可能存在的问题和不足，并及时进行改进和优化，建立精准的传受连接。

（三）互动模式层面：交互问答机制的信息茧房与权威消解

生成式人工智能技术为用户设置了新的接收语境，当用户在寻求人工智能技术的帮助时，人工智能技术借由交互问答机制精准地、包裹式地将信息内容传播至用户面前。当用户在短时间内接收到逻辑明朗、有情感代入的信息内容时，其舆论参与意愿就会被激发。

雪莉·特克尔曾对机器能够与人交互的原因进行了剖析，认为新媒介之所以能够与人交互，是因为它们具备类似人类的情感表达和情感理解能力。[8] 生成式人工智能技术的交互问答机制正是基于此特点，通过对受众的精确画像，深入学习用户的思维逻辑和价值观念，通过大规模的为公众及时自动化生产充足的“内容语料”或“谈资原料”，给网络舆论生态带来了前所未有的深刻变革。这一方面依赖技术对“茧房效应”的把握，使得人工智能技术扮演着综合性“资料库”的角色；另一方面也重塑了信息的传播方式，更深刻地影响了用户的舆论参与意愿和行为模式，导致了网络舆论热点呈现个体化、碎片化特征而非结构化、整体化特征。同时，交互问答机制彻底打破了传统大众传播的单极化模式，消解了传统媒介组织的传者中心地位。在以往，大众媒介是信息的主要生产者和传播者，它们通过筛选、编辑和发布信息来引导社会舆论。然而，生成式人工智能技术的介入使得这一模式发生了根本性的变化。智能算法通过精准分析用户的兴趣、偏好和行为数据，为用户推荐个性化的信息内容，使得权威媒体的影响力被分散为推荐算法的环境影响力。首先，这种变化使得用户能够更加自主地选择自己感兴趣的信息，提高了信息获取的有效度；其次，交互问答机制在内容生产上更具备个性化的价值贴合，这不仅满足了用户的信息需求，还通过情感化的方式给予用户更好的接收体验，孕育出一种与技术逻辑深度绑定的文化逻辑，使得用户更容易产生对该机制的共鸣和认同。

二　人工智能生成内容对舆论生态的挑战

随着AIGC时代的来临，算法在内容生产中扮演着不可或缺的核心角色，新一代人工智能与新闻传播的融合加速，舆论生态发生了前所未有的剧烈变革。这种变革得益于机器学习、深度学习和自然语言处理等先进技术的强大支撑，算法能够针对用户需求，精准高效地筛选和创作内容，实现了内容生产的自动化和个性化飞跃。同时，AIGC以其高效、规模化的内容生成能力，也引发了信息过载、信息茧房效应、资本和技术操控舆论以及政治价值观念分散与极化等一系列问题，给舆论的监管和引导带来了巨大挑战。

（一）舆论主体的非人化转变：社交机器人的隐匿与影响力

舆论主体是舆论的生产者，政府、媒体和公众通常被视为当今社会主要的舆论主体。AIGC技术的快速发展和嵌入则改变了舆论主体的形态，使其趋向非人化。如社交机器人，基于资本、技术的干预及程序的设定，能够隐匿在网络中发布、传播以及引导特定舆论。[9] 这一变革为舆论生态带来了前所未有的复杂性和多变性，使得舆论的走向和结果更加难以预测。

AIGC技术的广泛应用，使得诸如虚拟主播或算法机器人突破了人作为“舆论主体”的生物红线，它们通过大数据分析和机器学习技术，能够快速生成具有人类逻辑的文本和言论。首先，这些虚拟主体不仅能够在社交平台、新闻媒体上广泛传播信息，还能够与人类用户进行互动，甚至在某些情况下引导舆论走向；其次，这种非人化的舆论主体形态导致舆论生态的复杂性和多变性。舆论场中的参与者数量激增，呈现多元化趋势，各种信息和观点层出不穷，这是信息势能失衡与状态失序的媒介化反映。[10]

这也导致不实信息和极端言论在舆论场中迅速传播，破坏了信息的真实性，出现了信息污染与失序，[11] 使公众难以辨别真相。同时，由于"潘多拉魔盒"的打开，舆论的生成和传播不再完全依赖人类的思维和判断。舆论主体的言论和行为可能受到算法和数据的影响，而这些因素往往难以被人类完全掌控，这可能导致公众对某些问题的看法出现偏差。因此，舆论的走向和结果变得更加不确定和难以预测。如在信息生产层面，生成式人工智能与深度伪造技术提供了大规模不实信息的生产线。[12] 在信息传播层面，AIGC 通过对群体情感的精准识别，催化虚假信息和负面情绪的发酵。[13] 这一系列后果都可能影响公众对事件的理解和判断，从而可能引发社会动荡和催生不稳定因素。

（二）舆论本体的技术革新：商业资本与技术垄断下的信息结构重塑

舆论本体即舆论内容，是公众的信念、态度、看法和情绪表达的总和。商业资本与技术革命作为 AIGC 迅猛发展的内在驱动力，通过将技术与社交平台、新闻媒体深度融合，对舆论的操控能力更加显著，革新了信息结构及其传播模式。技术壁垒与资源优势使得少数大型科技公司或机构在 AIGC 领域处于主导地位，它们凭借强大的数据、计算资源和专业知识，成功地构建了技术壁垒，并在 AIGC 市场中形成了垄断局面。[14] 这些企业和媒体不仅将 AIGC 技术与自身业务深度融合，进一步巩固自身市场优势，[15] 还通过技术垄断来影响甚至操控舆论。[16]

如微博、抖音、Twitter 等社交媒体平台，凭借其庞大的用户基数和强大的互动性，成为 AIGC 传播的核心平台。用户在这些平台上通过分享、点赞、评论等方式积极参与内容传播，而平台的算法推荐机制则根据对用户的行为踪迹的打捞、筛选、总结，实现个性化内容推送。然而，这种推送机制也可能被用于操控舆论。算法通过选择性地推送信息，使用户困于"茧房"之中，只能看到符合算法立场或观点的内容，加剧了舆论的分裂和极化；同时，AIGC 技术可以生成逼真的文本、图像和音视频等内容，这些信息"真假难辨"，可能会误导公众，给舆论操控带来便利。另外，还有算法歧视与偏见。由于西方国家在算力、算法和数据方面占据主导权，基于 AIGC 技术的内容往往带有偏见，进而强化并传播对特定国家的负面观点。ChatGPT 作为 AIGC 技术的典型代表，其回答直接受到投喂数据的影响，可能偏离预期。同时，算法设计者自身的意识形态偏见也可能通过算法设计过程渗透到 ChatGPT 中，导致其在回答敏感问题时表现出双重标准和政治偏见。[17]

（三）公众认知的算法重塑：认知战与信息茧房下的思维困境

信息过载时代，个体面临着认知失调带来的不确定性，无法确保做出明智、及时的决策，"认知战"这一新概念由此产生。智能传播时代的个体可能在不知情的情况下被"俘虏"认知，成为"嵌入式第五纵队"。AIGC 新技术的出现，带来了传播机制的更迭，信息生产与传播的旧有格局遭受了颠覆性冲击。在人工智能、控制论、传播学等学科基础之上的 AIGC 技术透过算法技术，对用户的大脑认知展开竞争实践，以高强度的思维压迫重塑其行动框架，促成不同个体之间的认知合力，影响舆论生态环境。

具体说来，AIGC 技术推动对公众认知的变革。通过对思维认知的影响，实现战略目的的认知战由来已久，如拉斯韦尔的《世界大战中的宣传技巧》所述，交战双方都想在认知层面影响和压制对方，获得最终的战争胜利。但当 AIGC 与认知战充分结合时，认知战的真正威力才被极大地释放出来。AIGC 通过大数据分析技术，对公众的线上痕迹进行大规模捕捞、筛选和总结，对用户进行精确画像，根据其兴趣偏好推送信息，将其困于"茧房"之中，形成高强度的认知压迫，完成对异于己端的意见压制，推动公众的认知变革。同时，AIGC 技术推动对公众认知框架的塑造。由于人工智能技术的技术制式和应用逻辑已经潜入了社会底层架构，公众的社会交往和决策行为也更加依赖算法所提供的各种"个性化服务"。[18] 在认知竞争的规则约束下，媒介不再是信息操纵的主体，而是转变为"助手"身份，嵌入用户的日常生活。从用户画像、身体、位置、行为到情绪与心理、关系、评价等多维度都在被数据化，[19] 为 AIGC 提供了丰富的计算资源。当用户向 AIGC 进行决策求助时，其立马会以类人思维编织、铺垫劝服所需的统摄性认知框架，再进一步采用改造劝服元素的内容策略，使个体完成一个由浅至深的认知模式。同时，算法技术通过对同类信息的批量复制与推送，强化用户的认知框架，完成其对认知框架的闭环塑造。当公众变得更加依赖技术时，“单向度的人”也被批量制造，个体在微粒化社会下形成独异化的认知模式，[20] 舆论生态的微平衡也岌岌可危。

三 AIGC时代的舆论生态治理路径

作为一种类人类活动的行动者，AIGC 已经通过自动化信息生产、算法分发、个性化推荐等方式深度嵌入我们的社会生活，为网络舆论生态带来了前所未有的变革。面对革命性的技术浪潮，在确立价值指向、形成价值共识的基础上，找准 AIGC 治理的具体实践路径，以实践体系建设厘清行动逻辑，确保 AIGC 能够更好地融入社会并服务于社会发展，有效管控诸如 ChatGPT 等 AIGC 平台所引发的舆论安全风险，实现舆论生态的良性循环是治理的关键所在。

（一）构建 AIGC 在舆情治理中的良性场域：舆情监测的精准高效与风险预判

作为一项前沿技术，AIGC 高效智能的特性不仅为舆论生态带来了前所未有的挑战，同时也为舆情治理与舆论引导带来了前所未有的机遇。这一技术不仅为舆情监测与分析注入了创新思路与方法，更为舆论生态治理创造了一个良性的实践场域。

首先，AIGC 显著提升了舆情监测的实时性与高效性。它不仅能够迅速捕获、处理和分析海量的舆情数据，凝聚共识，在信息效率和信息多元之间建立平衡，而且加强了信息传递时的理性引导，真正实现舆论监测环境、营造共识的功能。其次，AIGC 借助自然语言处理、综合分析、机器学习等技术，能够深入挖掘舆情数据的内在价值，将舆论生态数字化、社会舆情动态化，科学研判热点话题和风险舆情，调节不同社会关系以维护公共秩序，缓解信源失控和把关失控对舆论生态的冲击。最后，AIGC 还具备预测言论演变趋势的能力。通过对舆情数据进行“纵向横向”的双重分析，它能够预测未来舆情的发展趋势、潜在风险，为决策者提供前瞻性的应对策略。这既充分发挥出AIGC的治理潜能，也能创新AIGC调节社会冲突的调适机制。

（二）凝聚AIGC在舆情治理中多元主体参与的合力：善治理念下的治理共同体构建

随着AIGC技术的迅猛发展，以其为代表的虚拟主播、社交机器人等已深刻嵌入舆论生态，使得不同参与主体产生新的张力。但形成治理共同体是凝聚社会共识、治理舆论生态的关键。当前舆论场涵盖了政府、公众、媒体、社会团体等各种主体的声音，“去中心化”的技术赋权使得过往占据话语中心的媒介组织声音逐渐消散。AIGC技术下的社交机器人以极具规模化和个性化的推介方式在社会情绪渲染、舆论引导方面发挥效用，将舆论生态推向由虚拟传播主体构建的后人类技术图景。智能算法技术使得虚拟人成为舆论生态演变的变量，舆论主体构成更加复杂。

基于善治理念，政府决策部门应围绕数据共享与算法优化建立健全开放的治理体系与机制；主流媒体要借助AIGC技术聚焦舆论本体，建立科学舆情监测体系，先声夺人，积极应对各种舆情事件，提升主流舆论的信度与效度；对于AIGC技术下的虚拟人，技术工程师应明确其责任主体和身份属性，并对其生成内容进行研判，再将对道德的理解“刻入”算法设计之中，进行“道德铭刻”，使其内核嵌入公认的社会伦理和价值观；对于公众而言，需要树立理性意识，增强对言论的敬畏之心，善用AIGC参与舆论讨论，实现公共利益最大化。同时要充分团结各方行动者力量，引导舆论生态良性发展。

（三）制定AIGC在舆情治理中的法律法规：立法先行与规范引领

AIGC技术的快速发展和广泛应用，使与法律相关的纠纷日益增多，给司法实践带来困扰。因此，针对人工智能领域制定特定法律法规，已成为推进司法实践与行业规范发展的必然要求。针对这个问题，当下多国政府已出台明确限制AIGC发展的条例。例如，欧洲议会审议并通过《人工智能法案》（AI Act），对实时面部识别技术应用实施禁令，并对生成式人工智能工具的透明度提出更高的要求。意大利也因 ChatGPT 涉嫌违反欧盟通用数据保护条例而展开调查，并同样已实施禁令。美国联邦贸易委员会依据消费者保护法对 OpenAI 实施监管。在 ChatGPT 问世前后，中国已先后审议通过《互联网信息服务深度合成管理规定》《生成式人工智能服务管理暂行办法》，通过修订网络信息内容管理的法律规范，应对人工智能时代所面临的挑战。

因此，为进一步优化 AIGC 的法规体系，以下几个方面亟待加强。首先，明确 AIGC 的法律地位和责任主体。确保 AIGC 在法律框架内有序进行活动，明确其法律地位，并确定责任主体。这包括确定 AIGC 作品的版权归属，明确开发者、使用者和平台方的责任等。其次，制定内容生成、传播和使用的规范。针对 AIGC 的内容生成、传播和使用，需要制定一系列规范，以防止滥用和误导现象的发生。这些规范包括内容审核制度、用户举报机制、违规行为的处罚措施等。最后，强化个人隐私和信息安全保护。AIGC 运作过程涉及众多个人信息及敏感数据，因此，强化个人隐私与信息安全保护显得尤为重要，需要制定严格的法律法规，确保用户在使用 AIGC 服务时，其个人信息和隐私权益得到充分的保护。

（四）强化 AIGC 在舆情治理中的自律机制：行业规范与社会责任并重

在 AIGC 治理中，自律机制扮演着至关重要的角色。行业组织、企业和个人通过共同制定并严格遵守相关规范和准则，共同维护着网络生态的健康发展。

首先，行业组织在自律机制中起到引领和规范的作用。行业组织制定 AIGC 内容发布规范、数据使用准则等，明确 AIGC 内容的标准和要求，确保内容的健康合规、有价值。这些规范不仅为开发者和使用者提供了明确的指导，也为其自觉遵守相关规定提供了有力保障。其次，企业和个人在自律机制中同样扮演着不可或缺的角色。他们应自觉遵守行业规范，主动承担社会责任，不发布违规或不良内容。通过倡导自律，企业和个人能够共同营造良好的行业风气，推动 AIGC 技术的健康发展。最后，监督与反馈机制是自律机制中的关键一环。行业组织可以建立有效的监督机制，对开发者和使用者进行监督和评估，确保其行为符合行业规范。同时，鼓励用户积极举报违规或不良内容，以便及时发现问题并进行处理。这种监督与反馈机制有助于确保 AIGC 的纯净性和合规性，维护网络生态的健康发展。

参考文献

[1] 曾英．从舆论变化的相关因素看当前舆论引导的主要误区［J］．现代传播（中国传媒大学学报），2008（03）：163-164.

[2] 张涛甫．人工智能推动舆论生态转型及其治理进路［J］．学术月刊，2024，56（02）：149-157.

[3] 马克思恩格斯文集（第二卷）［M］．北京：人民出版社，2009：53.

[4] 方兴东，顾烨烨，钟祥铭．ChatGPT 的传播革命是如何发生的？——解析社交媒体主权的终结与智能媒体的崛起［J］．现代出版，2023（02）：33-50.

[5] 李丹珉，谢耘耕，李静．人工智能时代新技术对舆论生态的影响及治理研究［J］．新媒体与社会，2019（01）：37-49.

[6] 曾润喜，秦维．人工智能生成内容的认知风险：形成机理与治理［J］．出版发行研究，2023（08）：56-63.

[7] 汪怀君，汝绪华．人工智能算法歧视及其治理［J］．科学技术哲学研究，2020，37（02）：101-106.

[8] 王艳玲，李颖．移动舆论场域下公民政治参与的新常态［J］．河北大学学报（哲学社会科学版），2015，40（05）：124-128.

[9] 李云雷．何谓“中国故事”．人民日报，2014-01-24.

[10] 陈华明，刘效禹．以信息为轴：信息失序的媒介化治理逻辑再造与实践路径［J］．新闻与写作，2023（06）：24-33.

[11] 杨洸，郭中实．数字新闻生态下的信息失序：对数据主义的反思［J］．新闻界，2021（11）：14-21+31.

[12] 相德宝，崔宸硕．人工智能驱动下的国际传播范式创新［J］．对外传播，2023（04）：32-36.

[13] 汤景泰．ChatGPT 给谣言治理带来严峻挑战［J］．探索与争鸣，2023（03）：33-35.

［14］郭小东．生成式人工智能的风险及其包容性法律治理［J］．北京理工大学学报（社会科学版），2023，25（06）：93-105+117.

［15］陈永伟．超越 ChatGPT：生成式 AI 的机遇、风险与挑战［J］．山东大学学报（哲学社会科学版），2023（03）：127-143.

［16］韦路，陈曦．AIGC 时代国际传播的新挑战与新机遇［J］．中国出版，2023（17）：13-20.

［17］何军．智能时代国际政治谣言传播趋向及应对研究［J］．中国广播电视学刊，2021（11）：16-20.

［18］杨家明，张萌．认知基础设施与算法在认知域的制度化［J］．青年记者，2024（02）：5-10.

［19］彭兰．“数据化生存”：被量化、外化的人与人生［J］．苏州大学学报（哲学社会科学版），2022（02）：155.

［20］杜成斌，张骥．当前中国积极舆论环境建设面临的挑战与策略［J］．河北大学学报（哲学社会科学版），2020，45（01）：62-70.

数字织纹：一种空间生产视角下的当代国际传播实践*

蒋东旭　王宇彤**

摘　要　传播技术的演变深刻影响着国际传播中“真实世界”的建构，当前国际传播实践突破了以往以话语争夺为主的单一方式，在更加隐蔽的空间维度展开。本文从“织纹”这一概念出发，将数字织纹视为一种国际传播空间生产的行动过程，从传播地理的视角讨论国际传播中数字空间是如何被搭建起来的。数字织纹在区域、制度与全球三个尺度展开，突破了数字空间与物理空间的清晰边界，形成了以跨越数实、融合不同尺度的传播与空间实践，在跨模态、跨空间、跨界面三重维度上形成了新的国际传播话语生成方式，将国际传播主动权争夺从“语词之争”升格为“空间之争”，数字织纹成为理解国际传播实践的新视角与推动国际传播能力建设的着力点。

关键词　国际传播　数字空间　织纹分析　传播地理

国际传播指跨越国界的信息交流活动。[1] 它以多种形式进行，包括外交、新闻媒体、国际会议、学术交流、数字传播等。国际传播的关键要素包括行为体（个人、组织、国家）、信息、媒介和受众。国际传播是由国际政治主导，由国际主流媒体生产并传播。传播技术的演变深刻影响着国际传播中“真实世界”的建构，比如由电视媒体推动的全球化过程造就了美国文化意识形态全球化的结果。从拉斯韦尔有关宣传的讨论开始，对国际传播主导权的争夺始终以国家与国家媒体这一对关联组织为单位。国际

---

* 基金项目：国家社科基金“城市媒介化进程中全媒体传播体系建设与市域社会治理研究”（项目编号：21BXW015）。

** 蒋东旭，四川外国语大学新闻传播学院副教授，博士；王宇彤，四川外国语大学新闻传播学院硕士研究生。

传播的重心，同时也是最初数十年的研究重心，通常是国家之间的信息流动，[2] 因为鲜有个人有能力介入其中，造成影响。社交媒体的普及打破了国家和国家媒体对国际传播权力的垄断，使得社交媒体用户得以穿透结构之墙，从跨国交往中获得了建构国际传播话语的可能性。之后，智媒传播技术强化了机器在建构国际传播中的作用，极大地提升了国际传播的效率，用算法生成内容，并通过传播场景的智能化生成，推动国际传播空间生产方式的智能化转变，更加悄无声息地编织意义之网。数字技术推动了数字虚拟空间与实体物理空间的交织融合。织纹（weave）作为传播地理研究中尝试解决数实空间融合的概念体系与实践方式，为讨论传播与空间生产的关系提供了一个过程视角。本文围绕数字织纹的概念、过程来讨论，主要涉及以下几个问题：如何理解国际传播的空间存有问题？数字织纹作为一个理解国际传播空间生产的概念如何阐释数实空间的融合过程？国际传播中数字织纹实践在哪些空间尺度展开？数字织纹实践在提升国际传播能力方面会有哪些可能性？

一　传播即空间生产：作为传播与空间二重实践的织纹

海德格尔认为，“我们人据以在大地上存在（sind）的方式，乃是Buan，即居住。所谓人存在，也就是作为终有一死者在大地上存在，意思就是居住（dwelling）。”[3] 而居住不仅仅指占用某个住所，也包括了人们在大地上所有的生存活动。[4] 人的日常活动就是在各种不同的居住空间中完成的。如果把房屋作为“第一空间要素”（空间1），那么区域之间具有连接功能的空间式样就成为“第二空间要素”（空间2）。[5] 福柯认为空间有三个重要变量，即领土、交通和速度。交通归属空间2，速度是连接中的问题。[6] 将传播技术视为一种古老并不断进步的“连接技术”，其自身运行的目的就是在空间2的范畴内解决交通与速度的问题。在这个过程中，传播将空间1连接起来，形成了现代社会的时空节奏与行进速度，进而消除或削弱各个社会环节之间的隔绝状态，增加了社会密度。因此，传播就是一种空间类型，而空间也通过传播生成并维持其固有形态。

人们往往认为从古至今，物理空间在经验方面的特征丝毫没有改变，但社会空间却发生了巨大的变化。[7] 传播技术的发展在逐渐改变这个认知，比如近年兴起的传播地理学持有这么一种观点，即传播不仅仅存在于空间之中并连接空间，它也是创造空间、生成空间的实践方式。[8] 地方/空间中不仅仅存在传播，而且是由传播编织而成的。当认识到媒体在某些地方是关键因素，不把地点看作由边界（建筑物的墙壁，公园周围的街道）界定的区域，而是把它看作一种特殊的“纹理”，就可以唤起这样一个事实，即传播交织在一起形成了地方。传播—连接（communication-connections）在不同的地方形成了不同的系统，并且与它们所嵌入的更广泛的结构有不同的关系，就像不同的织物有不同的种类和颜色的线，以及不同的整体纹理。[9]

即使公共空间现在很大程度上是通过中介（印刷和电子媒体，尤其是互联网）连接来想象的，在一起仍然是人们如何与各种“公众”打交道的一个重要方面。[10] Jansson 提出了“织纹分析”一词，用于研究传播模式在不同地方是如何制定和协商的，Adams、Hoelscher 和 Till 也将“地方纹理”置于地理探究的核心。[11] 对于传播理论来说，以这种方式处理世界不仅意味着空间转向，而且意味着一个物质转向，朝着一种本质上是扎根（grounded）、具身化（embodied）和现场（situated）的传播观转变。[12] 这是新媒体作为“扩展”运作的一个例子，新媒体越来越多地与我们“真实”的日常地方交织在一起。这些空间和时间的连接揭示了地方作为一组不断发展的传播实践，将各种各样和不断变化的人类和非人类的“发送者”和“接收者”彼此或多或少地连接起来。因此，织纹作为描绘空间生产过程的概念，帮助我们理解了一种既跨越“物质—表征”，又跨越“传播—空间”的双重过程。比如，智能手机和其他“定位媒体”通过扩展自我监控功能，更明确地链接遥远的数据库，从而促进传播和地方（空间）生产，同时也提供了空间和非空间信息。物理空间实际上成为一个界面信息，而信息成为物理空间的接口。[13]

一旦开始从传播的视角讨论织纹，我们就面临一个亟须解决的问题：传播意义上的织纹，到底编织出了什么？从编织造物的本意看，编织是对主体和客体同时进行多次的交叉、重复、揉搓、折叠的行动与过程，无论多么精致的工艺，编织物都有褶子，异质的褶子决定了编织物的特征，编织造物也造出了编织物的独特纹理，褶子的总体面貌就是纹理，织纹成为理解编织造物的维度。织纹打破了主体和客体的平衡，形成新的褶皱，将外部褶皱体现到内里，形成了新的、和之前所不同的空间——有差异性的纹理空间。纹理帮助我们摆脱了空间作为容器的感觉。它使我们能够根据传播的丰满度（fullness）或密度（density）来构想一般空间，特别是媒介化空间，而不必想象任何类型的空间本质，或划定明确的传播角色、行动和信息。[14] 纹理是织纹的结果，也描述了传播空间存在的本来面貌，它不仅塑造了平面关系，更体现了彼此的交织和纠缠。所以，织纹是行动，纹理是效果，织纹成为描述、理解空间并展开空间实践的概念范畴与实践方式。织纹可以理解为有序的复杂性编织，涉及用于交互的符号和物质资源。织纹的隐喻表明纹理不是一种随机或混乱的现象，而是一种结构化和图案化的现象。织纹是由制定和协商的传播条件和模式形成的，并且通过结构和行动者之间的相互作用不断（重新）产生。织纹可以被视为一种传播基础设施，它塑造空间实践，也被空间实践，例如仪式和即兴创作所塑造。[15]

通过织纹这个概念考察物质、表征与传播之间的关系，目的在于揭示物质的地方与传播的关系，即阐释通过物质的、表征的传播对地方空间的建构过程。亚当斯（Adams）提到“编织”（weave），说明地方（place）被媒介“编织”成了移动的要素，地方成为可以随身体移动的表征。[16] 亚当斯强调不仅仅是地方中存在着传播，传播还塑造了地方，传播与地方（空间）是双向构造关系，这个过程就是织纹。[17] 列斐伏尔（Henri Lefebvre）将空间和生产关系的再生产紧密联系在一起，认为空间是社会关系和某些关系再生产的场所。[18] 传播技术将物理空间和抽象空间以媒介为界面连接起来，边界日益混沌不清，传播在空间中存在着，并将空间生产从物理空间生产的单一维度剥离出来，形成了以媒介为本质存在的空间生产过程——织纹。织纹的过程包含着嵌入，是一种更为强调有序行动的“嵌入”，在“你中有我，我中有你”的关系下实现有序组织，相比之下嵌入强调的是通过连接形成的“一体”，织纹则强调了两方或者多方将表征空间与物理空间融合形成的“一体”的融合空间，织纹既是传播过程也是空间生产的过程。

二 数字织纹：国际传播空间生产的媒介化机制

在讨论有关国际传播中空间存有的话题时，一个始终悬而未决的问题是，国际传播中的传播空间是真实存在的吗？如安东尼·吉登斯（Anthony Giddens）所述，地方被远处的事件所渗透和影响。因此，本质上地方的结构不仅仅是对外部可见内容的场景呈现，也反映了所谓的“距离”关系。社会关系因此超越了时空边界，脱离了地方的互动和交往语境。[19] 根据汤姆·林森（Tom Linson）的说法，大众媒介和非大众媒介体验存在着明显差异。大众媒介的经验通常是全球性的和远距离的。[20] 反之，大众媒介之外的，则是非全球性的。因此，从传统意义上来说，国际传播中传播空间的讨论是建立在大众传播语境中的讨论，而在这个“远距离”空间尺度上，国家成为国际传播的支配主体，掌握国际传播空间生产的权力。这也降低了多元个体在此过程中开展行动的可能性，让大多数个人几乎无法在任何国际传播活动中获得参与空间实践的体验。

智媒技术正在改变国际传播中的“距离”，本质上是使用“二进制”将所有空间数字化与均值化，融合了“传播中的空间”与“空间中的传播”的边界，前者侧重于表征传播，后者则将物理空间置于传播之上，将传播理解为一种纳入某个具体之所的行动。一方面，传播成为解释某个地方/空间的手段；另一方面，因为传播在速率和范围等方面的技术进展，又成为改变具体空间的动因，且对现实有了实在的改造。基于智媒技术的数字织纹的过程就是上述双重实践的过程，它造成了空间实践的数字化效果。具体来看，把织纹放在当前技术语境中考察传播问题，其目的是要解决在智媒语境中，如何理解空间生产的复杂化问题，讨论全球数字空间的空间生产，为新的技术条件下理解空间边界的消融与新融合空间的生成与转化机制提供理解与阐释的理论资源。比如，通过数字织纹这一概念，我们能够更好地理解二维码的大规模应用。二维码打破物理世界与表征世界的区隔，将人与码勾连起来，编织出虚实交互的社交和生活场景。码既是媒介，也是各种信息交汇的节点。[21] 通过扫码，将人—机关系进一步地整合和分析，让码值相同的人成为同类，而不同值群体之间则产生了“沟”。[22] 二维码的形态如一张错综复杂的网，在对数据的编织下实现人—机多元模态的场景分化。这些码的出现，让场景编织得更为明确，通过对现实场景进行数字编织，进而建构与维持了更复杂的社会关系。二维码在现代技术的发展下会不断地迭代和升级，将人与人、人与机器编织进多元的数字空间。织纹重新构建社会与人的空间关系，从交互、跨越、自主三个维度逐步搭建了数字空间。

数字织纹概念可以帮助我们理解跨模态数字空间生产的过程图像，其中跨模态的内容生产方式是数字织纹的实践路径。以往的单模态和多模态都仅仅停留在将数据类型和智能算法结合的层面，实现“1+1=2”的效果；跨模态不是单纯的叠加，而更加强调跨越的维度，是复合式的模块，它可跨越文字、语音、视频等多模态内容的语义鸿沟，自动关联多模态间关键要素，极大提高内容发现与管理效率，实现文本搜图片、文本搜视频、图片搜视频、视频搜视频、图片搜文字、视频搜文字等的跨模态功能，实现“1+1>2”的效果。数字织纹构建了空间的传播结构，形成表征与物质同时存在的空间。相比于以抽象概念存在的空间而言，这个空间通过人的体验将抽象的数字空间转化为可被感知的数字场景。数字技术更加深度地推动了空间场景化，空间与物理位置联系更弱，更多与该环境的文化、社会和表征相关。人的活动围绕场景产生多层次的意涵和所指，导致物理空间中地方的消失与数字空间中场景的再生。地方不能单纯地被理解为一个地理符号，场景成为描述虚实空间共生的“数字地方”。

数字织纹这一概念阐释了数字空间交互、跨越与自主的生产方式，它打破了地理空间的平衡，开启了空间在虚拟世界中的数字原生过程。智能传播技术无限提升了数据整合与分发效率，让传播丰满度与密度空前增强，让社会关系在数字空间中进行高效整合，也让传播网络和社会结构在机器与人的互动下编织得更为紧密，使得社会关系中的社会圈层日益复杂。从单一独白的媒介到万物皆媒的时代，在媒介网中的节点被链接起来，万物边界被逐渐消弭，使得可编织的内容越来越丰富，因此媒介场景在这样的行动过程中被编织出来，成为一幅更为宏大的图景。智媒传播网络中的个体都是节点，节点间的连接通过高效的行动来完成。数字织纹作为一种传播行动，在有序的组织方式下通过节点与节点间的不间断的连接，实现信息流动。相较以往强弱关系分明的行动结果，织纹模糊了关系的边界，将关系置于更庞大的网络中理解，也改变了观察个体微观行动的视角。比如人的身体能够生产数据，并成为网络的义体，因此可以作为技术系统的“补丁”存在。与此同时，物质性的身体又能够切断与网络的连接，作为破坏网络秩序的“病毒”存在。[23] 在这个过程中，虚实共生的数字场景被编织出来，人被编织进场景并与场景相互缠绕，进行你就是我、我就是你的数字化生存。

三　数字织纹的尺度：国际传播的三个空间生产维度

因为数字织纹是当代国际传播空间生产的主要实践方式，讨论其实践过程在什么空间尺度上进行是开展相关研究的前提。具体来看，当代国际传播的空间实践是以数字化与全球化为语境的，将空间概念化为由相互关系构成的空间，即从最局部的层面到最全球化的所有空间尺度上，社会相互关系和相互作用的同时共存。[24] 大多数地区与地区之间是连接的，由一系列结构关系构成，并产生跨区域和区域内的符号流动。特别是晚近时期现代社会的信息化，导致跨区域和区域间的连通性不断提升。虽然当代传播系统，如铁路、新闻、电影院和固定无线电技术，在某些制度模式下促进了社会区域的多元化和相互联系，但信息时代典型的特点是全球性的，即废除地方/区域边界和联系。以类似的方式，在不主张绝对类别的情况下，可以根据三个不同的尺度研究空间的结构，即区域规模、制度规模和全球规模。这些尺度难以分割，但导致织纹的纹理出现了差别。[25]

区域规模尺度的织纹分析主要处理地理边界的纹理，以及构成这些环境的（子）区域。比如安娜·麦卡锡（Anna McCarthy）在电视如何促进公共场所的区域化问题上，讨论了百货商店、餐馆和洗衣房等不同场所的媒介化，在这些场所中，电视屏幕塑造了社会氛围和传播行为。[26] 在国际传播的空间生产中，区域尺度的织纹过程，存在着两个方面的重点：一是个体通过包括社交媒介、AI媒介在内的智能媒介编织国际传播本地化的实践纹理，并在此过程中造成一个具体的可被理解和感知的数实融合空间；二是此过程也是智能媒介界面跨越表征与物质二重性的关键过程。随着AI技术的发展，当前区域规模的数字织纹就在上述两个方面开展实践，把区域规模的传播空间通过数字织纹的方式编织出来，并将其与更大规模的传播空间相融合。这是目前智媒技术推动国际传播空间生产的阶段方式，主要体现为国际传播中地方的数字化，即区域规模的国际传播空间的数字孪生过程。数字织纹在区域规模数字孪生，要将现实空间中的对象，在物、系统、生命体以及社会与文明的多个层次中予以数字化，形成数据流，并在数字空间中完成全对象的模拟。这样国际传播中的地方空间就成了一个既可在区域内又能够跨区域被感知和实践的数实空间，这就超越了大众媒介所建构的表征化的国际传播空间，成为当前阶段国际传播中讨论数字织纹实践新的空间维度。

制度规模的织纹分析不是根据稳定的地理空间来确定边界，其分析的出发点不是空间安排，而是依靠组织机制，是社会生活的特定组织形式，其重点可能放在旅游、新闻制作或活动营销等框架内编织的纹理上。所有这些机构都通过织纹过程在空间中产生和生产。[27] 从当前的智媒发展来看，所谓制度规模的数字织纹，体现为数字平台对日常生活的主导。具体到国际传播领域，数字平台作为基础设施正在跨区域的范围内创造出新的传播空间，比如 TikTok、ChatGPT 等，正在将各种国际传播的实践汇聚起来，这也促成了更大规模合成数据的生成，进而在此基础上生产出不同于传统国际传播规则的国际传播形式，甚至将国际传播置于一种隐晦的、不被国家所察觉的数据暗流之中，通过算法规则造成实在的国际传播效果。

全球规模的织纹分析关注纹理如何创建和表达与当地地理环境无关的空间，其重点是区域和机构如何“延伸”或处理本地不耦合，通常是通过在互联网上创建虚拟电子空间。[28] 这一维度将传播与空间的概念几乎画上了等号，也更倾向于在数字空间中进行织纹操作，即在数字空间中开展各种国际传播实践，并经过一段时间的建设，形成虚实共生进而达到虚实联动的效果。另外，在这一过程中，城市成为信息的节点，是国际传播中能够进行数字织纹并被作用的主体。国际大城市因为占据政治、经济及技术等传统资源优势，在全球互联网中具备了一定的空间优势，成为空间生产、合成数据、生成主导者的关键节点。这解释了现代社会中数字织纹概念所展示的空间生产关系的本质，是数据的全球流动改造了节点城市的城市面貌，即数字织纹跨越了虚拟与现实，并改变了地方纹理，颠覆了现实存在与数据之间的因果关系。基于数字化的全球化正在成为大城市发展的动因，比如国际网红城市作为一种当代全球景观正在重新快速改变着城市的面貌和人们对于全球化的理解，这也是全球维度的国际传播实践所产生的最为显著的效果。

整体来看，国际传播空间的不同尺度决定了织纹实践的不一样，其编织出来的纹理效果也各有侧重。比如全球制度维度空间纹理问题关注的是生产和社会文化的流动，区域空间更多集中于居民和群体的居住、就业、交通、购物、休闲活动的空间关系。而在区域空间问题中，也存在着两个方面：一是在多个区域间的空间纹理主要依靠多模态和跨模态的符号生产，具体表现为外地人对本地的想象；二是区域内部的织纹也呈现越来越多的反向建构，比如当社区生活成为越来越多城市居民难以获得的经验时，“周围空间的消失”就是数字化的后果之一，反映出地方空间的纹理依靠数字空间反向建构的事实。

四 结语：国际传播数字织纹空间实践的反思

在数字技术主导全球传播以前，迪士尼乐园和环球影城等就已经利用大众传播技术在表征与物理空间两个维度编织出了意义一致的国际传播空间，主导了在这一空间中西方国际传播话语的生成过程。比如功夫熊猫馆，当国宝熊猫摇身一变成为功夫熊猫，织纹机制就悄悄启动，开始编织意义之网，浮于表面的中国场景根植于“西方之东方”这一隐喻中，消弭了国宝熊猫作为中国符号、建构中国场景的表征。西方传播话语建构在更为隐蔽却具体的跨文化交往中，将“中国”与陈旧、昏暗、传统农业等一系列旧中国符号建构起来，形成了与当代中国格格不入的中国印象，搭建起一个伪中国的传播空间与话语表征。大众传播技术编织场景将人局限于媒介信息所达之处，或者干脆像迪士尼乐园或环球影城一样，将意义生产限制在一个具体的地方，成为受众感知中国故事的空间。

大众传播技术条件下的意义生产过程已经在跨学科的语境中得以全面阐释，而数字织纹正在更加隐蔽的维度生产传播空间，以跨模态的方式编织意义之网。数字织纹的过程不仅仅是空间生产的过程，而且本身就是用户互动、参与内容生产和新内容创建的传播过程，是智媒技术语境中数字空间生产与物理空间生产的双向改造、融合。这些数字空间由其所在的技术、社会和文化背景塑造，并帮助塑造它们，也构造出一种通过空间生产生成国际传播话语的方式。数字织纹描述了国际传播的对话过程与空间生产过程。然而，它们的作用不仅仅是主持讨论，支持这些数字场景的结构和算法也以各种方式塑造话语，确定哪些内容被宣传或被掩盖、用户如何与内容以及彼此之间交互，以及首先可能允许什么样的内容。反过来，这些数字空间中发生的话语有助于塑造空间本身。用户的交互、他们创建和共享的内容以及他们对平台规则和算法的响应方式都会影响数字空间随着时间的演变。这些话语可以改变数字空间的规范和结构，挑战或强化其潜在的权力动态，并导致新空间的创建或现有空间的转变。它们在一个连续、动态的过程中相互塑造。数字空间的编织方式——指导其形成和演化的规则、算法和结构——有助于构建在其中运行的话语系统。与此同时，在这些空间中产生的话语可以重塑空间本身，形成不断相互影响的循环。

智媒传播技术造就了数字织纹实践，也推动了国际传播话语生成方式的更新。一直以来，中西之间跨文化交流的差异所存在的话语壁垒和文化鸿沟让中西话语信息流产生逆差，西强东弱的局面让不少人对自身的文明价值产生自我怀疑和矛盾情绪。然而，随着近年来中国数字传播技术获得了空前发展，我国在国际传播空间的数字织纹能力显著提升，也使国际传播话语体系西强东弱的局面出现了松动。比如，云传播技术完成了传播话语的视觉化转向，北京冬奥会的开幕式创制了真实的视觉刺点，促使“中国顶流冰墩墩”成为“全球顶流冰墩墩”。[29] 国际传播话语依靠编织国际传播空间建构起来，以空间化思维塑造话语，而多元话语的存在又让多元化的空间成为现实。因此，传播主体利用自身特有的话语方式，以场景化思维解锁新的应用规则，进一步拓展为国际传播空间，[30] 塑造丰富的空间化的国际话语。在智媒时代，物理空间的边界逐渐消弭，虚拟空间的迁移实际上是对物理空间的复制形态，而这种虚拟化的空间逐渐受到大众的关注。如 TikTok 短视频平台因其独特的音乐创意短视频创作并参与社交的特点，让全球用户通过短视频编织了娱乐空间、生活空间、认知空间等不同的数字空间，得到了精神激励和表达出口，在一些有情感共鸣的话题中得到更多的跨文化关注和价值认同，进而掌握了国际传播空间中的主动权。未来国家对元宇宙国际传播话语权争夺将不同于传统方式，将超越内容的表征生产，由“语词之争”变成“场景之争”。[31] 数字织纹将超越单一的故事讲述方式，成为评判国际传播能力的新范式与新标准。

参考文献

[1] 林述安．国际传播的文化障碍之剖析［J］．国际新闻界，1990（04）：6-8+5.

[2] 古狄昆斯特（Gudykunst，W. B.），莫迪（Mody，B.）．国际传播与文化间传播研究手册（第二版）［C］．陈纳，等译，复旦大学出版社，2016：5.

[3] 海德格尔．演讲与论文集［M］．孙周兴，译．生活·读书·新知三联书店，2005：154.

[4]［5］［6］［7］童强．空间哲学［M］．北京大学出版社，2011：140+140-143+143-144+203.

[8]［9］［13］［14］［16］Adams，P. C.，Jansson，A. Communication geography：A bridge between disciplines［J］．*Communication Theory*，2012，22（3）：299-318.

[10] Tonkiss，F. *Space*，*the City and Social Theory*：*Social Relations and Urban Forms*［M］．Polity，2005.

[11] Jansson，A.，Falkheimer，J. *Geographies of Communication*：*The Spatial Turn in Media Studies*［M］．Nordicom，University of Gothenburg，2006：87-103.

[12] Morley，D. For a materialist，non-media-centric media studies［J］．*Television & New Media*，2009，10（1）：114-116.

[15]［25］［27］［28］Jansson，A. Textural Analysis［J］．*Geographies of Communication*，2006：85.

[17]［31］胡正荣，蒋东旭．元宇宙国际传播：虚实融合空间中的交往行动［J］．对外传播，2022（4）：4-7+6.

[18] 亨利·列斐伏尔．空间与政治［M］．李春，译．上海人民出版社，2015：26-27.

[19] Giddens，A. Modernity and self-identity：Self and society in the late modern age［J］．*The New Social Theory Reader*. Routledge，2020：354-361.

[20] Rantanen，T. *The Media and Globalization*［M］．London：Sage，2005.

[21]［22］彭兰．原点再思：新媒体时代的媒介及人—媒介—内容关系［J］．当代传播，2023（01）：12-18+25.

[23] 刘海龙，谢卓潇，束开荣．网络化身体：病毒与补丁［J］．新闻大学，2021（5）：40-55+122-123.

[24] Massey，D.，Keith，M.，Pile，S. Place and the politics of identity［J］．*Politics and Space/Time*，1993：141-61.

[26] McCarthy，A. *Ambient Television*：*Visual Culture and Public Space* [M]. Duke University Press，2001.

[29] 武会园．云时代的中国国际传播：场景、话语与关系 [J]. 中州大学学报，2022（5）：79-84.

[30] 程曼丽．多维建构“数字中国”国际传播话语体系 [N]. 中国社会科学报，2023-01-05（003）.

减速绿洲与共鸣幻象：社会加速理论视阈下的“慢”游戏实践及其媒介批判

杜晓红　孔文轩*

摘　要　现代社会的不断加速产生普遍的时间焦虑和情感异化，人们开始倡导“慢生活”以缓解这些现代性症候。本文以“慢”游戏为考察对象，通过参与式观察和深度访谈，发现“慢”游戏通过重塑时空秩序感、满足玩家的社交需求、疗愈玩家的情感异化等方式构建加速社会的减速绿洲。但由于受到社会加速及资本逻辑的侵蚀，“慢”游戏不过是现代媒介建构的“乌托邦”幻境，很难实现与外部世界的真正共鸣。

关键词　社会加速　“慢”游戏　减速绿洲　共鸣幻象

一　引言

当下媒介化社会，互联网、移动通信和人工智能等数字技术的应用使得社会加速的特征更加显著，人们得以在更短的时间里获取更多信息，完成更多事务。理论上，工作效率的提升可以节省更多时间放松自我，获取幸福生活。但事实上，在“加速思维”的导向下，人们只有迅速抵达成功或拥有更多价值才能不被超越，其结果便是在竞争性的消耗中陷入焦虑，加剧情感异化。

为对抗“越来越快”“越来越卷”的加速生活，近年来，慢食、露营、城市漫步等“慢生活”开始流行起来，一些嵌入“慢”元素的“慢”综艺、“慢”小说等，都在以“慢”媒介的形式回应人们对“慢生活”的怀

* 杜晓红，三峡大学文学与传媒学院副教授，博士；孔文轩，三峡大学文学与传媒学院硕士研究生。

想。相较于其他“慢”媒介，以休闲、升级、扩张为内核的“慢”游戏具有“同步时间叙事与沉浸体验”的特质，更具有象征性和启发性。[1] 在被玩家看作“我的电子故乡”的开放式乡村模拟经营类游戏《星露谷物语》的豆瓣词条下，截至 2023 年 10 月 2 日，已有 26639 人加入，其中玩过该游戏的有 16461 人，4241 人正在玩，还有 5937 人想玩。在另一款休闲游戏《集合啦！动物森友会》（以下简称《动物森友会》）的豆瓣词条中，截至 2023 年 10 月 2 日，有 19203 人玩过该游戏，7400 人正在玩，5943 人表示想玩，这款游戏同样被认为是“人生的避难所”。

二 文献回顾与问题提出

“慢”游戏又称休闲游戏。尤尔（Jesper Juul）对休闲游戏（Casual Games）和硬核游戏（Hardcore Games）做出区分，认为休闲游戏一般具有虚构（fiction）、易上手（usability）、可中断性（interruptibility）、难度与惩罚（difficulty and punishment）、多汁性（juiciness）五个要素。[2] “慢”游戏容易让玩家有机会逐渐沉浸在游戏的世界和故事中，“依靠限时的万物生长规律与拟人化的故事情境，使玩家对于自己所建造的虚拟世界产生责任感与归属感”。[1]

从 2008 年开始，《摩尔庄园》《开心农场》《愤怒的小鸟》等社交类网页“慢”游戏出现。有研究者以《摩尔庄园》为个案，分析儿童参与网络游戏的内在动机[3]，或者通过对《开心农场》中偷菜现象的分析，解读网民在游戏中的心理因素。[4] 近些年，数字游戏产业的规模持续扩大，以《动物森友会》《星露谷物语》为代表的“慢”游戏及其社交特性及资本属性受到学界关注。作为媒介的“慢”游戏将虚拟空间与现实并置，强化了玩家之间的连接与互动。[5] “慢”游戏的“预编程叙事”与玩法机制催生出特定的玩工产业链。[6]

当前对“慢”游戏的研究“往往偏囿于平台或玩家一侧，缺乏整合的双向互动视野”[7]，有必要“超越作为媒介内容产品的传统游戏观念，检视其对社会关系、社会结构可能产生的影响”。[8] 本文在既有经验研究的基础上，结合社会加速与传播政治经济学相关理论，探究“慢”游戏及其背后的社会文化机制和实践本质。“慢”游戏是如何回应现代社会人们的现实焦虑与情感需求的？这些回应在研究访谈材料中能否得到呼应和验证？玩家真的可以在“慢”游戏所建构的社会图景中回归理想生活吗？除了对以上问题的追寻，本文还希望进一步探讨“慢”游戏背后的资本逻辑和新的异化问题。

三　理论视角与研究方法

（一）理论视角

法兰克福学派第四代理论家哈特穆特·罗萨提出了社会加速的三重面向，即在“科技加速”“社会变迁加速”“生活节奏加速”主导下，整个社会进入了高速循环模式。科技加速与生活节奏加速构成无限循环系统，时间流逝的加速与任务清单的成倍增长，使处于其中的现代个体普遍产生时间的匮乏感。对单位时间内预期价值收益的紧迫感以及对预期价值的不确定性的忧虑心态即是时间焦虑。[9] 由于社会变迁的加速，“当下”所代表的经验与期待的时间区间在不断萎缩，社会与文化制度的稳定状态被打破，呈现高度的不确定性。[10] 过去的情感经验无法指导当下快速变化的社会现实，人们因此丧失对自身处境的掌控力。于是人类在空间、物、行动、时间和自我五个根本的生活方面都产生了新的异化。

如何抵抗社会加速所带来的异化？罗萨给出了两个方案。一是构建减速绿洲。加速社会下，“有些地区性的、社会的和文化的‘角落’、孤岛或绿洲，尚未被现代化动力和加速动力所染指”[11]。二是构建与世界的共鸣关系（由刺激、感动、内在兴趣和自我效能感形成），并让主体和世界在其中相互回应、相互转化。[12] 主体与世界的共鸣关系就是美好生活的应有状态。[13] “慢”游戏的媒介实践似乎正如罗萨所言，它所建构的田园牧歌般的减速绿洲让世界变得更能“被调遣、被支配、被触及”。[14] 事实果真如此吗？本文以社会加速理论作为切入角度，采用网络民族志与深度访谈的研究方法，对这一研究假设进行验证，并对研究发现进行深度思考。

（二）研究方法与资料来源

本研究采用实地民族志与网络民族志相结合的方法。本文作者之一从2020年2月开始玩《星露谷物语》，迄今累计游戏时长超过300小时，对该游戏的玩法机制、叙事策略及游戏实践内容有比较深入的了解。同时，为理解更多玩家参与“慢”游戏的深层动机与感受，研究者于2023年6月至10月对9名“慢”游戏玩家开展线下深度访谈，并于同年7月至10月对豆瓣相关“慢”游戏标签“集合啦！动物森友会”和“星露谷物语”进行网络民族志观察，形成近10万字的文本材料。一方面，本研究验证了前文的研究假设，“慢”游戏正是罗萨所提到的减速绿洲，就像海洋中被遗忘的小岛一样，时间“似乎静止下来”了，能为玩家提供片刻、短暂的功能性减速，更进一步，玩家试图在虚拟的游戏世界中发现自我，缓释现实社会的时间焦虑与情感异化；另一方面，本研究也有了新的发现和思考。

表1　9位深度访谈玩家资料

编号	性别	年龄	职业	游戏名称	单次最长时间	游戏龄	主要游戏乐趣
A1	男	24	教师	洛克王国	0.5h	12年	收集宠物、种植草药兑换各种资源
A2	女	25	学生	摩尔庄园	2h	2年	交朋友、换装、装饰小屋
A3	男	28	工程师	星露谷物语	20h	1年	与游戏人物互动、经营农场
A4	女	48	公务员	QQ农场	1h	3年	种植农作物、偷菜
A5	女	22	自由职业	动物森友会	7h	4年	集齐全部图鉴、规划岛屿建设、与动物互动
A6	男	32	公务员	星露谷物语	14h	5年	钓鱼、与游戏人物结婚、寻找游戏彩蛋
A7	女	22	学生	星露谷物语	4h	4年	种花、收集美食图鉴、与游戏人物谈恋爱

续表

编号	性别	年龄	职业	游戏名称	单次最长时间	游戏龄	主要游戏乐趣
A8	女	26	游戏编导	动物森友会	8h	3年	与动物朋友互动、抓鱼、建造露营地
A9	女	22	业务员	江南百景图	每天30分钟	3年	规划、建造、经营城市，抽卡

四 “减速”绿洲：玩家视角下的“慢”游戏文化实践

研究发现，“慢”游戏所构建的田园牧歌式生活，的确如赫伊津哈所说的是“不同于平常生活”[15]的一方绿洲。此类游戏通常是玩家作为主角，通过第一视角搭建理想庄园、布置屋舍，并以开放性任务引导玩家模拟传统的起居作息、工作、恋爱、交友等模式，还原过去田园牧歌式的社会系统，从而为玩家提供与现实重叠交错的“游戏现实感”。“慢”游戏紧扣玩家的情感需求，一定程度上缓释现实生活中的人生焦虑，开启虚拟世界中以“慢”为核心的人生副本。

> “动森”（指《动物森友会》——引者注）对我而言就像平行世界的我，在这里我真正拥有一座岛，没有烦恼，我可以在这个游戏里自由选择想要做的事情，可能今天是抓到30条超值钱的大鱼，明天就会变成找到一个新的动物朋友，或者是把荒废的一角打造成露营地……当我在这个游戏里登上这座岛的那一刻，现实生活中的压力都不复存在。（A8，2023年8月24日）

（一）“慢”游戏对时空秩序感的重塑

现代科技革命与数字传播对速度的追求不断提升，速度甚至成为衡量科技成就的核心目标。技术加速打破了传统社会生活的时空结构，空间不断被压缩、折叠，时间则在现代社会中具备超越空间的优越性。加速社会不断蚕食现代人的闲暇时间，但闲暇时间是人们追求美好生活的关键因素。

“慢”游戏打破现代加速社会中时间对于空间的优越性，以现实时间为参照，同步现实时间与虚拟时间两种时间架构，塑造以时空同步为特性的传统田园社会。“慢”游戏玩家能够享受时间的自然流逝，放缓生活节奏，暂时回避现实时间秩序的压迫，获得新的时间体验，也能根据个人选择，衍生游戏预设之外的“自生叙事”，增强游戏代入感与沉浸感。

> 我完全倾倒在《星露谷物语》的四季变化之中，春天空中飞舞的花瓣，夏天入夜后闪烁的萤火虫，秋天满地金黄的草地，冬天降下的茫茫大雪……单单沉醉于大自然的馈赠和时间的流逝里，就让人感到无比快乐。（A3，2023 年 6 月 17 日）

“慢”游戏所构建的虚拟世界，将时间与空间同步，衡量游戏体验的标准不再是速度与效率，而是调动玩家感官去感知游戏空间，使其形成更加立体的空间认知与成就感，不断搭建玩法框架与美化时空设计，真正将玩家带入“沉浸式”时空体验。

（二）“慢”游戏能满足玩家的社交需求

“慢”游戏为现代社会的人们构建区隔空间、自主选择人际关系提供路径。玩家既可以与现实中强联系的熟人圈子建立游戏好友，也能够通过游戏空间结交世界各地的弱联系好友，彼此间对游戏进行交流与分享，产生情感共鸣，一定程度上缓解了人们的生活焦虑与社交疲累。现实中的人际关系因时空、地理、职业等因素的影响而变动频繁，人与人之间很难建立有实质共鸣的关系。“慢”游戏试图重构人际关系的实质共鸣，填补个体社交情感缺失。

> 我玩《摩尔庄园》的时间是小学五、六年级，那时有邻居有同学一同玩游戏，课间也会絮絮叨叨游戏内的重大剧情。那时候我真相信世上存在黑森林，和好朋友一起玩，也在游戏中认识新朋友。那时的我无比快乐。（A2，2023 年 8 月 22 日）

在以田园牧歌式生活为主线的“慢”游戏虚拟互动空间中，玩家能够通过昵称、家园装扮、身份头衔等塑造游戏中成就累累的理想自我；通过在社区发言、分享游戏成就、相互转发评论，与其他玩家互动。玩家的自我认知与他人评价共同构建玩家的社群身份并实现身份认同。同时，玩家还可以通过游戏平台提供的好友信息，以帮助他人照顾家园、花田施肥增添好感度等方式，弥补现实加速社会中的情感缺失。例如《奥比岛》《摩尔庄园》等手游版中，QQ、微信社区可以共享好友列表，激活线上线下亲朋好友关系亲密度。恬静的游戏互动场景带给身处城市高节奏生活中的人们些许满足与温暖，更能够唤起人们对身边家人朋友的关心。

（三）“慢”游戏的情感疗愈功能

研究者指出，任何有强烈吸引力的游戏都离不开对游戏情感的设计。“创作者都会运用一套明确的策略或技巧来创造一种特定的情感体验”[16]，“慢”游戏玩家情感的建立方式主要包括对游戏化身的移情（自我投射）、游戏角色的定制（选择皮肤、外观等）以及和NPC（非玩家角色）们的关联互动。[17] 例如《星露谷物语》以“像素风”勾勒游戏图像，引发人们对早期电子游戏的回忆。所谓的“像素风”游戏，诞生于20世纪70年代，当时的首批游戏开发者只能用像素点建构游戏画面，在节省机能的前提下，保证游戏顺畅运行 。尽管当前有焕然一新的数字技术，“像素风”游戏依旧作为一种艺术风格风靡世界。“像素风”以复古情怀引导玩家怀想过去的极简生活，构建玩家心灵之中的减速绿洲。

在田园风光类“慢”游戏中，玩家使用传统的工具与技艺达到某种职业目标或成就，推动游戏进程。例如《星露谷物语》中，玩家会使用锄头、鱼竿、镰刀等传统农具，耕种收获初级农产品，通过建造酿酒桶、蛋黄酱机等设施制造蛋黄酱、果酱、啤酒等农副产品。游戏以春夏秋冬的轮转为背景，其中的谷物蔬菜畜牧产品都随着四季更替而变化。在时间流逝中，玩家能够亲身经历乡村生活，弥补青年一代对乡土体验的缺失，所获得的游戏成就与目标达成都附着玩家的个人情感。

“慢”游戏中的NPC也会被设计成有情感的存在，它们会像现实中的老友一样嘘寒问暖。在“慢”游戏世界里，游戏玩家所帮助的并不仅仅是程序化的角色，而是把这些角色想象成现实生活中真实存在的、有着生动情感的人。

> 游戏里的小动物会和我对话聊天，它们时常说出很多有哲理的句子，会对我在现实中的困惑和焦虑带来一些安慰，它们就像我的朋友一样，我觉得特别治愈我。哪怕好几个月不打开游戏，再登录时里面的小动物也一样会问候我，就像很多玩家说的，希望离世以后也能回到“动森”（《动物森友会》）的世界里继续生活。（A5，2023 年 7 月 19 日）

五　共鸣幻象:“慢”游戏实践的媒介批判

本研究在深度访谈和参与式观察的过程中，发现“肝”是“慢”游戏玩家经常提及的词。“看上去很休闲，其实玩起来很肝”“没想到种田居然也这么肝”……“肝”，是玩家间流行的术语，指耗费大量时间精力玩游戏，熬夜到伤肝的地步。[18] 在以节奏缓慢、主打休闲和情感互动为特色的“慢”游戏中，同样存在“肝游戏”的现象。“看似休闲，实则爆肝”[19] 的“慢”游戏并不能达成罗萨所说的主体与世界真正意义上的共鸣关系。

（一）社会加速惯性蚕食游戏体验

“慢”游戏所呈现的数字世界是对现实的简化处理，忽略了现实世界的复杂性。当下，科技加速驱使人们不断提升工作效率与生活速度，造成现代人的闲暇时间不断被切割。个体的时间安排呈现碎片化、高效且深度利用的特征。人们在时间管理上的高效率模式，即对时间的深度利用，就是在同一段时间内，通过不同手段做不同的事情。即使在以消遣、放松为初心的游戏当中，人们也会不自觉地追求高效率的作业模式，希望以最短的时间达成游戏通关。

> 一开始我抱着有空就玩玩的心态，但进度太慢了，玩着玩着，我

> 还是想达成更多的成就，于是各种疯狂查攻略，不工作的时候从早上6点一直“肝”到凌晨2点，睡觉都在惦记着，那段时间真是晨昏颠倒，不是瘫倒在工位上就是晕倒在游戏里。（A3，2023年6月17日）

尽管“慢”游戏主打还原田园牧歌式的社会系统，但玩家无法跳出时间、效率与游戏体验紧密相连的现实桎梏。为了更快达成游戏成就，玩家会搜索攻略，为快速获取更多经验值而忽略游戏体验；或者同时开启多个账号选择不同家园建造方式，在短期内收获多种结局，以功利性为目的，将游戏体验单一化、片面化。

（二）资本逻辑诱导玩家偏离初心

当前“慢”游戏的核心玩法大致以投入大量时间赚取金币、提升家园等级、扩大建设规模为主。玩家大量的时间消耗实际上“与游戏开发商为游戏所设定的预编程叙事的任务系统息息相关”。[6] 游戏公司往往在最初的游戏开发中，就会让玩家投入大量时间与精力，按照游戏预设的机制去一步一步建设“理想的家园”。例如在《动物森友会》中，玩家就必须通过采集原始资源、制作物件、售卖物品等方式来挣“铃钱”以偿还房贷，同时以还清一个阶段房贷、奖励一间新房间的循环机制推动游戏进程。如果更进一步，要建设小岛和装修房子，就必须付出更多时间、更大的精力。这一机制实际上是基于游戏语法所设定的，游戏制作商试图通过设置冲突与不必要的障碍挽留玩家。如果玩家没有充足的时间或者只想快速达成目标，那就“氪金”——直接花钱买游戏币或者在游戏中需要耗费大量时间才能拿到手的各种道具。这一典型的消费现象成为玩家平衡时间消耗与达成游戏目标的“救命稻草”，“氪金”已成为当前游戏领域的普遍现象。

> 我玩《摩尔庄园》的时候，想得最多的就是搜集更多更强大的宠物，那样才有成就感。只有两条路啊，要么“肝”要么“氪”。如果不能在有限的时间内“肝”完活动，就只能通过“氪金”来购买了。很少有厉害的宠物能免费回归的。（A1，2023年7月20日）

（三）玩家身份异化为"游戏玩工"

"玩工"一词最早由爱尔兰学者尤里安·库克里奇（Julian Kücklich）提出，"玩工"（playbour）由"play"和"labour"两个单词组合而成，可理解为通过游戏无意识地为游戏厂家劳动的玩家。[20] 玩家"花费大量时间精力在网络游戏里，不知不觉免费为游戏商吸引更多用户，生产了更多内容，改善了更多服务"，成为为资本家创造利润的免费"玩工"。[21] 不仅如此，玩家的免费劳动在媒介资本的价值化过程中发挥着越来越重要的作用。将玩（play）与劳动（labor）结合起来的"玩工"，既非雇佣劳动，又非完全的娱乐休闲。"玩"的表象遮蔽了资本对游戏玩家的剥削。玩家不仅是游戏产品的消费者，而且成为兼具生产者与消费者双重身份的产消者，且玩家提供的生产力多为无偿的、自愿的。

在休闲娱乐类的"慢"游戏中，玩家的真实需求是搭建回归自然的生活框架，享受在虚拟世界中的恬淡与平静。然而在数字资本逻辑下，游戏产品加速迭代，玩家对游戏的体验与认知被快速压缩。原本玩家与游戏产品的良性交互被割裂，玩家从主动选择玩法到被动适应，失去对游戏场景搭建的控制权。玩家为平衡对游戏更新内容的感知，需要投入更多时间建造虚拟空间，从而不由自主地成为"游戏玩工"。例如游戏平台不断更新的目标设定、碎片化日常任务、在线时长指标等，让玩家逐渐由营造田园牧歌式生活氛围走向功利性的任务达标的虚假需求，从而丧失了玩家的主体性，玩家被异化成单向度的目标达成型"游戏玩工"。

六　结语

现代社会的不断加速会产生普遍的时间焦虑和情感异化，对此，人们倡导"慢生活"以缓解这些现代性症候。一方面，本文所考察的"慢"游戏文化实践能重塑时空秩序感，满足玩家的社交需求，疗愈现代人的情感异化，可被视为加速社会的减速绿洲。但另一方面，正如罗萨所指出的，解决加速社会异化现象的根本路径是建立主体与社会的共鸣，强调人们要积极主动与外在世界沟通，并保持清醒的人生状态。作为媒介文化的

“慢”游戏实践须警惕资本逻辑的侵蚀，玩家如果一味沉浸于“慢”游戏所建构的共鸣幻象中，也会进一步弱化其在现实社会中的情感交流能力，偏离游戏初心，异化为“游戏玩工”，这些问题是值得警惕的。

参考文献

[1] 脱润萱，方格格．社会加速理论视阈下的媒介批判研究——以“慢”游戏为例［J］．中国出版，2021，(19)：50-54.

[2] Juul，J. *A Casual Revolution：Reinventing Video Games and Their Players* ［M］. Massachusetts：The MIT Press，2010：152.

[3] 杨银娟．儿童参与“摩尔庄园”网络游戏的内在动机研究［J］．国际新闻界，2009（12）：99-104.

[4] 韦正风．解读网民在开心农场中的心理因素［J］．思想战线，2010，36（S1）：390-391.

[5] 思慧．互动与在场：数字游戏中的社会交往实践研究——以“集合啦！动物森友会”为例［J］．传媒论坛，2021（19）：103-107.

[6] 宋嘉伟．“肝动森”：休闲玩工的形成——对《集合啦！动物森友会》的数字民族志考察［J］．新闻记者，2020（12）：3-19.

[7] 曾丽红、陶静．游戏作为媒介：消费价值理论视域下玩家氪金动机与互动文化建构［J］．传媒观察，2023（2）：86-97.

[8] 喻国明，苏健威．论游戏媒介驱动未来社会结构演化的基本逻辑［J］．新闻大学，2023（1）：23-50+120.

[9]［10］王海峰．青年时间焦虑的现实、媒介呈现与对策［J］．中国青年研究，2019（03）：86-90+113.

[10] 王敏芝．加速社会的时间结构与情感现代性［J］．苏州大学学报（哲学社会科学版），2023（01）：163-172.

[11] 哈特穆特·罗萨．新异化的诞生：社会加速批判理论大纲［M］．郑作彧译，上海人民出版社，2018：44.

[12] Rosa，H. *A Sociology of Our Relationship to the World* ［M］. John Wiley & Sons，2019：174.

[13] 张彦，李岩．“共鸣”何以超越“加速”：罗萨批判性美好生活观的逻辑演

进［J］. 浙江社会科学，2021（10）：87-95+158.

［14］哈特穆特·罗萨．分析、诊断与治疗：晚期现代社会形态的新批判分析［J］. 胡珊，译．江海学刊，2020（1）：35-44.

［15］约翰·赫伊津哈．游戏的人［M］. 傅存良，译．北京：北京大学出版社，2014：11-15.

［16］Isbister，K. *How Games Move Us：Emotion by Design*［M］，The MIT Press，2016：1.

［17］韦施伊．电玩游戏中的后人类情感——以《集合啦！动物森友会》为例［J］. 文艺争鸣，2021（8）：80-87.

［18］曹书乐，许馨仪．竞争、情感与社交：《阴阳师》手游的氪金机制与玩家氪金动机研究［J］. 新闻记者，2020（7）：27-37.

［19］刘启豪．理想乡不理想：《星露谷物语》的政治经济学批判［EB/OL］. https://mp. weixin. qq. com/s/5vLq3q5iJKY_FUFu0mWWmQ.

［20］尤里安·库克里奇．不稳定的玩工：游戏模组爱好者和数字游戏产业［J］. 姚建华、倪安妮，译．开放时代，2018（06）：196-206.

［21］邱林川．新型网络社会的劳工问题［J］. 开放时代，2009（12）：128-139.

从求助展演、情感共鸣到陌生互助

——B站疾病求助类视频评论的情感分析

陈 琦 王立波 尹世杰*

摘 要 本文通过爬虫抓取了B站18个疾病求助视频的评论文本，进行文本分析、量化分析和多模态话语分析，探究网友对求助者和视频的支持及社会意义。研究发现，网友对视频众筹给予了充分的情感和工具支持，提供了信息和帮助，而平台算法为求助者提供了技术支持，让视频得以更广泛传播。然而，这种传播也引发了网友对平台和求助内容的质疑，围绕可信度展开了激烈争辩。视频众筹形式依赖平台算法和可见性设计，而非求助者的社交网络。尽管基于利他动机的社会支持有积极价值，但也造成了社会信任问题。

关键词 互联网公益 社会支持 公益众筹 社会信任

一 中国的医疗求助现状

互联网的出现使得信息突破了空间的限制，实现快速且广泛的传播，创造出新的社会可能性。媒介的变化会改变社会环境，而社会环境的改变也会对人的行为产生影响。[1] 依托互联网进行的众筹平台重塑了传统的社会疾病救助体系，[2] 通过疾病众筹平台，人们能够向其他用户获取帮助，寻求社会支持。

2007年思科网助计划开启了中国的网络公益[3]，随后互联网众筹迅速

* 陈琦，西北政法大学新闻传播学院教授副院长、硕士生导师；王立波，西北政法大学新闻传播学院硕士研究生；尹世杰，西北政法大学新闻传播学院硕士研究生。

发展，2018 年民政部发布了拥有在互联网公开募捐的 20 个平台名录，[4] 这些公益平台能够从事广泛的社会公益活动，其中就包括大病医疗救助。

公益平台的完善、疾病众筹的兴起与特定的社会现实紧密相关。虽然国家在 2012 年建立了大病医疗保险制度，但在实施中依然有一些问题存在：资金来源单一、保障水平偏低、费用增长过快、医保合作不畅等。[5] 这些问题使得部分特殊家庭和特殊群体的疾病治疗需求被排除在外，此时社会救助对于保障病患的身体健康具有十分重要的意义。尤其是在欠发达地区，社会救助与政府政策配合编织出更为紧密的救助网络，借助互联网平台进行疾病众筹成为实现救助的重要方向。

部分疾病除去病发时的救助费用高昂，后续生活也往往离不开药物的支持，这笔长期固定的药物支出往往会持续加重家庭的负担。由于长期固定的药物支出无法在众筹平台完成，有人希望借助视频网站获得创作收益，最终形成一种独具特色的网络疾病求助方式。

这种疾病求助视频实际上包含了众筹的特征。视频创作者通过视频向网友呼吁参与众筹、提供帮助，依靠观众的支持获取经济收益。尽管并非直接获得网友资金捐助，而是通过平台获得视频创作后的收益，但因网友出于公益目的而采取后续行为，其仍属于公益众筹范畴。

二　文献综述

社会支持理论能够为疾病求助视频的分析提供专业的分析视角，既有文献对于患病后获得社会支持展开了翔实的研究。

（一）社会支持

从传播视角来看，社会支持的发生是公开和公告的，传播行为广泛参与了社会支持的发生过程。互联网的发展推动了社会支持的渠道，借助互联网连接的网络趣缘群体擅长提供信息、情感和陪伴的社会支持。其中尤其以疾病患者借助网络空间获得社会支持的研究最为丰富，学者们对抖音平台[6]、QQ 群[7]、百度贴吧[8]、乙肝论坛[9] 等都进行了详细的研究。多数研究集中于网络空间中自发形成的团体的社会网络，涉及多种不同的疾病。由于分散在网络空间中的个体难以被捕捉，而视频的评论区能够提供进行研究的文本，所以本文选择评论文本作为研究对象，探求网友们对发布者提供了哪些社会支持？对此类视频持有何种情感？

对于社会支持的类型判断，不同学者的选择并不相同，本文综合相关研究中研究对象的相关性，最终采用主要社会学研究机构采取的分类，即按照 Berkman 等人的划分，将社会支持划分为情感支持、信息支持、工具帮助和陪伴支持四种形式。情感支持指精神上的支持，与来自他人的关爱、同情、理解和尊重有关；信息支持指为特定需求提供建议或信息；工具支持是指有形的帮助或者援助，如实物、金钱等，本文同样采取这种分类视角，认为经济形式的帮助属于工具支持；陪伴支持指让人感受到对某一群体的归属感，作为群体中的成员而感到高兴。[10] Berkman 提醒情感支持、信息支持往往很难分开，并有各种其他属性的定义，本文在研究中同样发现网友的情感支持和陪伴支持同时存在时，具体的评论重合度较高，在样本中难以区分，因此参考相关分类将陪伴支持和情感支持合并为情感类支持[11]，最终形成了情感类支持、信息支持和工具支持的社会支持类型。

在对大量的社会支持文献分析时，本文发现相关研究集中关注情感类支持、信息支持，对于工具支持的研究较少，并且社会支持理论难以解释在众筹求助类视频中复杂的经济关系，因此需要从网络众筹视角分析视频众筹的特征。

（二）网络公益与疾病众筹支持研究

网络公益依赖于网友的资金捐助，这种公益性质的捐助大多没有物质回报，人们参与捐助的动机成为研究者关心的议题。公益众筹项目支持者的捐助和传播动机既是利他的捐助，也是利己的信息分享。[12] 公益众筹往往会借助社交媒体进行传播，在捐助过程中捐助行为本身影响着传播者自身形象建构和个人形象展示。李静与杨晓冬的研究同样支持了转发行为的利己动机，即医疗众筹信息的转发正是以关系为取向，参与者依据人情交换规则来决定是否转发，其中知觉负面评价是阻碍转发的主要因素。[13]

研究者也对影响公益项目效果的因素进行了研究，发现需求的认知、募捐的征集、成本和收益、利他主义、声誉、价值观、心理利益、功效八个机制可以为解释慈善捐赠的研究提供基本的理论框架。钟智锦关注到了公益众筹项目筹款能力与信息透明的关系，发现项目信息转发数量越多，越能够促进善款使用情况的披露，这也表明筹款率越高，越有可能实现财务透明。[14]

网络众筹的发起者虽然面临着经济压力，但同时发起众筹也使得他们不得不考虑隐私与自我尊严。为了与捐助者建立信任，用户必须泄露自己的健康隐私，众筹发起者需要权衡支持需求与隐私风险。

以上研究聚焦于医疗众筹过程中的单一方面或者角度，对众筹活动所引发的社会效益缺乏有效的考察，其中最吸引广大学者的问题在于医疗众筹对社会公平的影响。医疗众筹看似赋予了大众根据需要申请捐助的权利，但医疗众筹中的受益问题并非如我们所期待的一样。程诚和任奕飞研究发现，社会经济地位越高的病患，其众筹项目越可能被转发，所筹善款总额和目标完成度也更高[15]，也就是说，线下的人际关系网络影响着项目众筹的效果。

依靠众筹网站获取治疗费用存在隐私风险和公平性问题。医疗众筹并非按需分配，对于慢性病患者等特殊群体效果有限。某些患者转向视频创作获取收益，视频网站相比众筹网站更注重隐私保护和社交互动。发布疾病视频可能成为一种替代众筹的手段，但其益处和弊端尚须权衡。这些都是本文需要进一步讨论的问题，并且当用户通过视频而非文本表达需求时，病痛的媒介化叙事也给人们带来了新的思考。

三 研究方法

本文以哔哩哔哩网站（以下简称 B 站）中的疾病求助视频为研究对象。作为国内当下热门的视频网站之一，B 站一直持续支持 OGC（Occupationally Generated Content，职业生产内容）和 PUGC（Professional User Generated Content，专业用户生产内容）的内容创作，通过给予创作激励，吸引了越来越多的自媒体创作者加入。本文关注网友对于众筹类视频的情感，因此主要采用文本分析，并辅助文本量化分析和多模态话语分析对 B 站众筹求助类视频进行分析。本文选择在 2022 年 8 月 19 日对 B 站视频进行抽样，在B站以“癌症”“求助”为关键词搜索并且筛选，同时借助网站自有的视频推荐功能选择类似的视频，最终选择了来自18个视频博主的18条视频。我们首先会观看所有视频内容，然后从账号、动态等内容中提取有效信息，并通过爬虫抓取视频下所有评论文本，排除掉重复内容后，共获得了10529条评论。

表1 部分评论文本内容

评论人昵称	评论内容	评论时间	点赞数（次）
被 ***	早日康复	2021/7/4 20：54	1
浮 ***	我只想说，加油 一切都会好的 不管结局如何 你，尽力了	2021/7/4 16：58	1
大 ***	已投币，加油	2021/7/3 18：28	1
鲲 ***	我只希望这是假的	2021/7/2 21：44	1
p ***	哪怕是假的，人在寻求帮助的时候，我们先要想的是应该帮他，硬币在我们手里不值一分钱，但投了就会为别人带来收入。如果是假的，就当给你喜欢的视频投了个币。如果是真的，你就帮了一个人	2021/7/2 21：37	1
豆 ***	给你俩币	2021/7/1 0：31	1
板 ***	加油	2021/6/30 12：31	1
b ***	水滴筹已尽一份力，祝你妈妈早日康复	2021/6/30 0：58	1
A ***	为什么屏蔽一个人少了将近70%弹幕	2021/6/26 18：49	1
小 ***	加油ヽ(๑•ᴗ•๑)ノ	2021/6/26 14：03	1
阿 ***	说实话，我并不希望这类视频在B站越来越多，真的	2021/6/24 1：06	1
w ***	我表哥也是尿毒症。透析几年。后来由他爸也是我姑父，（给他）换肾，花了几万（元）。现在好了，自己（家）人的肾匹配最高。还花钱最少，他们家现在在城里买了楼房，以前在农村是两栋楼	2021/6/22 9：36	1

对这些信息首先展开文本量化分析，通过python的jieba分词获得词频统计，了解评论文本的基本用词情况，随后使用python的SnowNLP自然语言处理包对获得的评论进行情感极性分析，这有助于了解整体评论的情感变化。同时，考虑到对文本内容展开分析有利于更为直观地了解具体的情感内容，本文还对评论文本展开质性分析。之所以抓取评论，主要考虑到

评论内容相比弹幕更能体现出用户完整的看法，同时评论能够被点赞后顶至前排，使得前排的评论更具有代表性和分析价值。本文通过综合视频内容和评论内容，对研究问题做出回应。

四 研究发现

（一）积极的文本情感表达

在获得的所有评论中，积极的文本表达始终占据主要部分。研究通过python的jieba分词获得了所有评论的词频统计和最终的词语图片。词频统计中出现评论最高的便是“加油”，一共出现了5915次，这表明一半以上的评论都是对他人的祝福。排名第二的是“早日康复”，共出现了1268次。排名第三的是“希望”，共出现了1016次。排名前三的高频词体现着评论对视频UP主（视频创作者）的祝福。积极的祝福文本成为面对众筹类视频最常见的话语。

表2 部分词频统计图

高频词	次数
加油	5915
早日康复	1268
希望	1016
视频	733
可以	615
起来	573
投币	525
一定	473
UP	440
真的	418

将所有视频评论的情感分数绘制成的分布图如图1所示。SnowNLP包会计算语义积极的概率，对所有的评论计算其积极概率，其取值范围为0到1，分数越接近1表明评论的语义越倾向于积极方面，分数越接近于0，

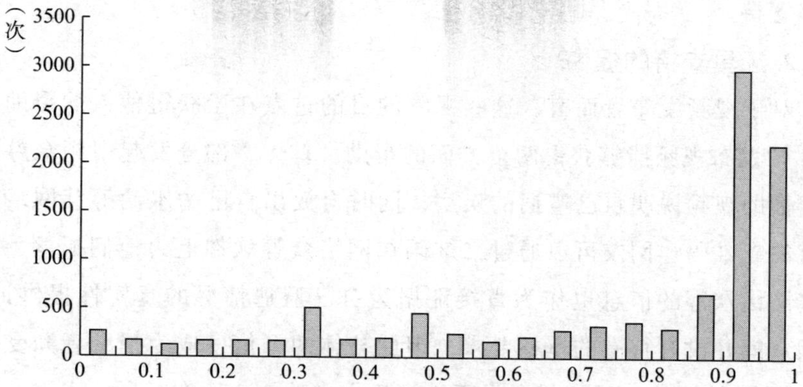

图 1　情感极性分布

表明这条评论的语义越倾向于消极方面，0.5 代表中性的分数。

从图 1 中我们可以看见，越靠近 1，评论数量越多；越靠近 0，评论数量相对较少。积极评论远多于消极评论。评论文本的情感极性分析同样表明评论中的大多数文本都是积极文本，且积极文本远多于消极文本。结合相关分析可知，这类因生病而选择拍摄视频进行求助的行为往往能够激发人的同情。评论区出现了大量为病患“加油”的文本，不少评论希望患者能够早日康复，出现了大量的积极文本表达。

社会支持理论自诞生之时便和各种疾病和病理状态紧密相连。[16] 借助互联网的连接性，多种社会支持能够顺利传递给他人，其中广泛涉及情感支持、工具支持、信息支持。而“加油”“早日康复”的留言评论便是网友们提供的最直接的情感支持，这表明对于这些求助类视频，提供情感支持较为普遍。

（二）网络评论提供的多重社会支持

1. 丰富的情感支持

既有研究[17] 认为借助互联网突破空间限制，网友之间也更容易给予彼此情感支持。患病作为人生重要的事件，往往直接影响着个体生命的延续性[18]，而在这一过程中情感支持十分关键，往往能够帮助患者重拾信心，积极接受治疗。[19] 网友通过分享自己或者家人、朋友真实的患病经历和治疗经验能为他人提供坚持接受治疗的信心和勇气，给予他人情感支持。

2. 工具支持的提供

对于视频发布者而言，这些视频的目的重点在于获得他人的帮助。而在B站发布视频能够获得两个方面的帮助。首先，部分发起视频众筹的账号会借助视频说明自己遭遇的疾病，同时会放出自己的水滴筹等网络众筹渠道的二维码，网友可以通过二维码在网络众筹软件上为他们捐款，同时这些网络众筹的信息也作为直接证据为自己遭遇情况的真实性提供证实。视频众筹并没有特有的审核要求，因此整体的可信度成为捐助者和受捐者的重要争论点[20]，这也是激发不少消极文本的核心所在。

其次，网友能够提供视频数据方面的帮助。大部分关注者会给视频提供一键三连，即点赞、收藏和投币，尤其是投币，代表着用户对视频内容的高度认可。观众们的投币或一键三连能够帮助UP主将视频转化为经济收益，这是视频众筹求助的核心，即通过平台获得物质支持。对于网友来说，工具支持是表达情感支持的一种方式，两者相辅相成。就本文所采用的样本情况而言，18个视频中播放次数最高的高达668万次播放量、117万的投币支持和近万条评论，最低的点击人次只有几十，播放效果差异较大。B站的播放收益机制涉及播放量、投币、点赞等多重因素，最终经济收益差异也较大，最高预计能有几千元。

3. 信息支持真假难辨

“疾病意味着医学赋予的特有权力”，专业医疗有必要对患者实现矫治。[21]医学信息往往与疾病的治疗直接相关，相关的建议也应由专业的医生提供。不少网友会根据自己的相关经验现身说法，提供一定的信息支持，例如B站某匿名网友曾留言：“我就是尿毒症，建议先办个医保。换肾不如血透。真的用医保血透用不了多少钱，换肾的话要好多钱，而且换了还不一定有用。”这些信息能够丰富用户相应的知识储备，提高其疾病应对能力，感知到信息支持也能够影响用户的健康自我效能。[22] 这些建议从同样作为患者的网友的角度出发，往往更具有现实参考价值。

虽然有不少从医学角度出发提供的建议，但是这些建议也存在过于依靠主观经验、忽略医学客观治疗手段的问题，甚至其中还流传着虚假消息。网络空间带来的匿名性、随意性使得其中的信息真假难辨[23]，专业度高的科学知识亦是如此。

（三）建设可信度：围绕众筹信息的肯定与质疑

李京丽对网络求助的研究指出，话语表达的核心在于捐助者和受捐者之间信任的建立[24]，捐助者和受捐助者之间的信任是前者决定是否捐赠的重要条件。众筹网站拥有严苛的审核机制，在个人发起求助时就要提供个人信息、医疗信息等内容，因此其可信度也有一定的保障，但是在面对这种视频众筹信息时，信任与否成为关键问题。

视频众筹的方式是个人直接向网络用户进行求助，求助者和被求助者之间没有稳定的社会关系，彼此之间并无社会交集，后者只是出于利他目的而选择提供帮助，同时视频网站也不会进行审核，因此所有发布的众筹视频的真实性都需要被求助者自行辨别，这自然导致了对于信息真实性的争论。有部分网友通过留言直接质疑求助信息的真实性和内容的可疑。而证实真实性是获得网友信任的关键。

在整个过程中，求助者拍摄生活视频介绍自己遭遇的困难，并在标题或视频中表明自己求助的需求，观众在看见视频后决定是否投币提供帮助。视频能否被他人看见实际上是由平台决定的，在本文选取的研究视频中，同样有两个视频并没有什么播放量，也没有任何评论，毫无流量也意味着视频本身不会有任何收益。B 站平台本身并不具备实现众筹的机制，对此类视频只是提供了一行黄色字体的警告：“该内容不属于慈善公开募捐信息，真实性由信息发布个人负责。对于平台而言这类视频并无违法违规，平台本身也不负有验证信息的义务。”

五　研究结论

网络医疗众筹的出现为普通家庭应对突发疾病提供了新的应对途径，视频众筹的出现为个人通过视频网站获得帮助提供了契机。然而在社会信任危机泛滥的当下，[25] 人际信任危机普遍。对于通过视频求助的陌生人，网友会做出何种反应？本文重点关注网友对视频众筹求助持有何种情感态度，视频众筹求助存在哪些问题；具体关注视频众筹获得了哪些帮助，视频众筹的方式有何特征。

本文以在B站获取到的18个进行疾病众筹的视频及其评论内容作为研究对象，研究发现部分网友对于通过视频进行众筹给予了情感支持和工具支持，并提供了信息支持和帮助，平台特有的算法机制为实现求助者目标提供了技术性支持，视频也实现了更广泛的传播和推广，但这一传播也使得部分网友开始对平台和求助内容产生怀疑，进而围绕可信度展开了激烈的争辩。总体而言，视频众筹这一形式在社交网络实现传播，网络平台设计的流量规则是基于算法、用户信息和数据围绕“可见性”而展开。[26] 虽然基于利他动机的社会支持有积极价值，但也造成了社会信任问题。

借助视频形式，求助者能够直接展示自己的身体状态和相应的需求，相较于文字、图片等形式，视频的表现能够带来更为直观和真实的感觉体验。[27] 在视觉的展演下，观众能够深刻地理解病痛的存在，出于同情等心理做出利他行为。

本文的研究也从新的角度验证了之前的结论，即求助者使用的话语方式与网络众筹文本类似，借助家庭、孝道文化搭建悲情叙述框架，最终构建出疾病受害者形象。在视频众筹中，财务透明和个人信息的真实性成为视频创作者和关注者建立信任关系的核心。相比于财务透明，观众更关注求助人相关疾病信息的真实性，这是由于当下存在着假求助行为，求助人利用他人的助人心理为自己谋取私利，最终伤害了社会信任，导致人们对利他主义的极端不信任。[28] 对于用户而言，信任危机使得他们需要足够的信息确认求助的真实性，而求助者也有着对于隐私的担忧。借助拍视频的方式，求助人的面容、身体信息都会被详细展示，因此相比文本图片的求助，视频的形式在一定程度上交换着更多的隐私。为了获得帮助，这些视频中的人都选择让渡了与自己相关的隐私问题，甚至展示自己疾病的状态，这对于求助者本人自尊和隐私的影响都是十分直接的，而这种展示也让其成功地与网友们建立起足够的信任。从所有的评论文本来看，积极文本仍是主要内容，网友们也愿意提供一定的帮助。

从整体社会效益的角度来看，国内外的相关研究都表明网络众筹的效果与求助者的社会经济地位相关联，但视频众筹者并不需要类似的担忧。从研究结果来看，视频众筹并不依靠求助人原本的社交网络，视频众筹面向更为广泛和未知的他者，即面对“网络社会”。通过两种众筹方式的比较，本文发现众筹机制普遍存在竞争关系，网络众筹面对网络大众能够连接的捐助者是相对有限的，捐助者的捐助意愿也是有限的，而这种有限性面对的是大量的求助需求，因此不可避免地产生了竞争性。[29] 视频众筹尤其需要吸引他人的注意力，这既是众筹机制存在的问题，也与平台的性质密不可分。

平台经济产生了新的传播关系，凸显了中介化效应，[30] 中介化为平台提供了中立性、公共性的隐喻，但同时平台隐喻遮蔽了蕴含其中的商业性、私立性的私权利属性。[31] 既有研究认为，作为平台的众筹网站强化了阶级和权力的不平等，[32] 甚至在一定程度上加深了国家的健康不平等，[33] 人们不仅忽略了平台在整个过程中所施加的影响，甚至无法认识到平台本身的商业属性[34] 和预设的行为框架。[35] 在对视频众筹平台的考察中，本文发现，作为平台的 B 站预设了自身的平台规则，同时并未承担作为平台的责任——对发布的视频做出审核和管理。B 站通过平台算法规则实现对视频的推流和限流，通过平台审核对视频的准入进行管理，而视频想要被广泛传播必须吸引足够的流量，向流量妥协，即使是视频众筹也不能例外。同时，平台提供的流量直接影响着求助者最终能够获得的支持多寡，视频内容应当顺应平台规则，求助者依靠平台并且顺应平台。平台对于此类视频缺乏有效管理，导致内容泛滥、滋生欺骗。平台一边享受着此类视频为平台带来的高流量，另一边却对于视频内容缺乏有效的审核与管理。

六　结语

本文选取 B 站的视频众筹展开分析，了解网友对于网络空间中的求助行为的情感，并分析当前众筹求助行为存在的问题。求助作为一种普遍的社会行为，能够为处于社会经济弱势地位的群体和个人提供紧急帮助。帮助他人不仅是中华优秀传统文化也是现代社会建设的重点，但近年来信任危机使得帮助他人受到了广泛质疑。在此背景下，借助视频众筹这一形式研究当下网络中的信任问题对于社会发展具有十分重要的意义，也能为未来的互联网内容治理提供新的参考。从传播学角度来看，视频众筹具有广泛性和普遍性，不仅仅是在本文选取的B站，在微博、抖音等平台也有着各式各样的求助视频。有人希望通过网络获得网友关注促进问题的解决，有人希望借助网络了解更多的信息，无论出于何种目的，求助行为时刻都在发生。

同时本文的研究也存在着明显的不足。第一，本文选取的样本较为有限。不同平台的受众群体并不相同，其他平台的用户对于视频众筹这一形式可能持有不同的情感，本文并没有展开对比研究。第二，本文将借助视频求助视为一种疾病求助，因为这些视频大多直接表示自己因为生病需要网友的支持，网友也会出于同情等心理提供一定的帮助，但这一行为仍与借助众筹平台的网络众筹行为不同。本文借鉴既往对网络众筹的研究对视频众筹展开研究也存在一定的问题，应当对这一现象做出更为清晰准确的界定。针对这一现象，未来可以展开更为深入的研究。

参考文献

[1] 约书亚·梅洛维茨．消失的地域：电子媒介对社会行为的影响［M］. 肖志军，译．北京：清华大学出版社，2002：12.

[2] 程诚，任奕飞．求助悖论：疾病众筹的社会经济地位差异［J］. 社会，2022，42（01）：124-156.

[3] 张艳．浅析自媒体时代的公益传播扩散［J］. 国际新闻界，2009（10）：91-95.

[4] 民政部关于发布慈善组织互联网公开募捐信息平台名录的公告，https://www.mca.gov.cn/article/xw/tzgg/201806/20180600009425.shtml，最后访问日期：2022年7月14日.

[5] 吴海波，周桐，刘统银．我国大病保险实施进展、存在问题及发展方向［J］. 卫生经济研究，2019，36（04）：18-20+24.

[6] 涂炯，周惠容．移动传播时代社会支持的重构：以抖音平台癌症青年为例［J］. 中国青年研究，2019（11）：76-84.

[7] 潘曙雅，邱月玲．移动端网络健康互助群组的参与度对成员感知社会支持和抑郁程度的影响研究——以癫痫病症QQ群为例［J］. 国际新闻界，2019，41（02）：62-74.

[8] 王国华，刘菊，杨腾飞等．网络空间中艾滋病的社会支持研究——以百度贴吧“HIV 吧”为例［J］. 情报杂志，2015，34（11）：105-110.

[9] 刘瑛，孙阳．弱势群体网络虚拟社区的社会支持研究——以乙肝论坛“肝胆相照”为例［J］. 新闻与传播研究，2011，18（02）.

[10] Berkman，L. F.，Glass，T.，Brissette，I.，et al. From social integration to health：Durkheim in the new millennium［J］. *Social Science & Medicine*，2000，51（6）：843-857.

[11] 晏青，刘钰．社交媒体平台抑郁群体的社会支持寻求研究——基于对微博“抑郁症超话”的考察［J］. 新闻界，2022（06）：45-56+64.

[12] 陈娟，李金旭．“利他”的捐助与“利己”的信息分享——“轻松筹”项目的参与动机研究［J］. 新闻大学，2018（06）：91-100+150-151.

[13] 李静，杨晓冬．社交媒体中“医疗众筹”信息分享行为研究：转发还是不转发？［J］. 新闻与传播研究，2018，25（02）：64-79+127.

[14] 钟智锦．社交媒体中的公益众筹：微公益的筹款能力和信息透明研究［J］. 新闻与传播研究，2015，22（08）：68-83+127-128.

[15] 尹木子．互联网公益背景下公益众筹项目筹款能力研究——基于新浪微博微公益数据分析［J］. 传媒观察，2018（11）：76-84.

[16] 程诚，任奕飞．求助悖论：疾病众筹的社会经济地位差异［J］. 社会，2022，42（01）：124-156.

[17] 李子怡．癌症患者的新媒体使用行为与在线社会支持获取研究［J］. 传播与社会学刊，2022（61）：197-229.

[18] 焦若水，李国权．残疾人就业：互联网时代的机遇与挑战［J］. 残疾人研究，2019（04）：45-53.

[19] 徐亚萍，李爽．疾痛身体的媒介化“活力”——对癌症患者社交视频日志的内容分析［J］. 新闻与传播研究，2021，28（07）：59-78+127.

[20] 邱鸿峰，周倩颖．同伴支持与恐惧控制：乳腺癌虚拟社区互动的平行机制［J］. 国际新闻界，2021，43（06）：98-113.

[21] 李京丽．网络求助文本的话语研究——对“轻松筹”和“微爱通道”的三个案例分析［J］. 新闻界，2016（11）：47-53.

[22] 徐亚萍，李爽．疾痛身体的媒介化“活力”——对癌症患者社交视频日志的内容分析［J］. 新闻与传播研究，2021，28（07）：59-78+127.

[23] 莫秀婷，邓朝华．基于社交网站采纳健康信息行为特点及其影响因素的实证研究［J］. 现代情报，2014，34（12）：29-37.

［24］赵耀，王建新．基于多元主体共在与信息即时公开的新冠肺炎疫情网络舆情的思考［J］．中国矿业大学学报（社会科学版），2020，22（02）：88-100.

［25］冯仕政．我国当前的信任危机与社会安全［J］．中国人民大学学报，2004（02）：25-31.

［26］叶韦明，金一丹．平台·公会·主播：不确定数字产业中的生产组织［J］．国际新闻界，2021，43（12）：96-119.

［27］姜海．视觉"解剖"：藏在名画中的瘟疫、防护与健康象征［J］．国际新闻界，2021，43（08）：124-144.

［28］丁立平．利他行为弱化与社会道德心理的思考［J］．社会，2003（03）：41-44.

［29］Lee，S.，Lehdonvirta，V. New digital safety net or just more "friend funding"? Institutional analysis of medical crowdfunding in the United States［J］. *Information*，*Communication & Society*，2022，25（8）：1151-1175.

［30］孙萍，邱林川，于海青．平台作为方法：劳动、技术与传播［J］．新闻与传播研究，2021，2（S1）：8-24+126.

［31］刘战伟．凸显什么？遮蔽什么？——作为隐喻的"平台"：连接、中介与基础设施［J］．新闻记者，2022（06）：54-66.

［32］Paulus，T. M.，Roberts，K. R. Crowdfunding a "Real-life Superhero"：The construction of worthy bodies in medical campaign narratives［J］. *Discourse*，*Context & Media*，2018，21：64-72.

［33］［35］Berliner，L. S.，Kenworthy，N. J. Producing a worthy illness：Personal crowdfunding amidst financial crisis［J］. *Social Science & Medicine*，2017（187）：233-242.

［34］Snyder，J.，Mathers，A.，Crooks，V. A. Fund my treatment!：A call for ethics-focused social science research into the use of crowdfunding for medical care［J］. *Social Science & Medicine*，2016，169：27-30.

非表征视域下数字影像的审美重构*

李　鲤　钟紫菱**

摘　要　非表征视域下的数字影像将“日常世界中无意的、非话语的、难以捉摸的”性质引入作品创作之中。在这一尺度中，数字影像不再囿于一味客观地描绘真实世界，而是造就了一种连接现实的新型关系。虚拟现实技术链接了身体在场、综合感官元素、媒介化的空间，并将其渗透到主客体交融的日常生活创作之中，以此型构了数字影像审美的新路径，赋予影像创作与研究崭新的想象空间。

关键词　非表征理论　数字影像　审美直觉　审美体验　审美升华

从整体上讲，数字影像经历了从二维、三维向网状多维沉浸式方向发展，从单纯静态、动态视觉效果向实时交互方向发展的过程。当前，媒体与科技早已渗透到人们日常生活的各个环节，并展现出数字媒体普遍的拓延性[1]：一是技术带来了“多感官的身体”的联觉体验，让具身实践嵌入数字影像的审美直觉、审美情景之中；二是媒介型构的多样化在场与多重现实，打破了虚拟空间与现实空间的分隔和对立，重新定义了影像审美体验的边界；三是技术辅助感官媒介生产，虚拟现实成为传播实践中个体身体与情感的塑造力量[2]，具有蓬勃生命力的沉浸式体验呼唤着“人的精神复归”，牵引着影像的审美升华。

新的技术实践迫使我们不得不在新的认知阈值之下关注数字影像的审美重构。结合“日常生活实践、具身（Embodiment）与身体、时间与空间

*　基金项目：国家社科基金项目“新时代背景下主流媒体对外传播观念变革研究”（项目编号：19BXW053）；国家社科基金项目“提升面对重大突发风险事件的媒介化治理能力研究”（项目编号：21&ZD316）。

**　李鲤，广州华立学院教授；钟紫菱，广州大学新闻与传播学院硕士研究生。

的虚拟性与多样性、身体与情感的经历”[3] 的非表征理论（Non-representation Theory），为数字时代影像的审美重构提示了新的方向。本文聚焦新一轮数字媒体技术引发的具身传播浪潮，基于审美直觉、审美体验、审美升华[4] 三元维度的解析，探讨非表征视域下的数字影像如何在“具身参与的身体实践”与“多感官互动的生成空间”中挖掘“不断升华的审美意义”，拓展有关数字技术、影像传播与审美认知的关系，为影像的审美重构提供新的想象空间。

一　审美直觉：从视觉中心到多感官的身体

所谓审美直觉，是指人们在审美活动或艺术鉴赏活动中，对于审美对象或艺术形象具有一种不假思索而又能即刻把握的领悟能力[5]，即欣赏者无须经由严谨的逻辑推敲和抽象的思维活动便可瞬间领会超感性的内在意涵。在这一感觉活动中，亲身感受是审美直觉生成的基础。传统技术背景下，人们普遍认为“视觉再现”是传统影像理所当然的根本特征，“视觉—认知”系统由此被无限放大而居于影像审美研究的中心位置。

到了数字时代，数字技术将视觉特征转化成相应的离散性信息，并以数字信息的方式进行存储。基于比特构建出的数字影像能够给主体多感官的复合型刺激[6]，那些承载听觉、嗅觉、味觉、触觉的知觉系统得以复活，“瞬间、感性、无法被再现”的体验参与到审美建构之中。特别是建立在虚拟现实技术之上的沉浸式影像的出现，使得身体不再是可以抛弃的载体，而在一定意义上成为我们正在回归的故乡，并逐步呈现出技术与身体融合的趋势，也就是唐·伊德（Don Ihde）所谓的技术的“具身化趋势”[7]。具身关系下，技术化身被视为身体的一部分，身体借由技术化身在虚拟场景中对身体感官的知觉进行放大、缩小甚至扭曲、变形来获取对经验环境的体验。正如走进“WILD：A Safari Experience”主题体验馆虚拟世界，如同来到非洲原始丛林，感受裸眼 VR 互动沉浸式多感官体验。那些借助表征不能表达的事物，如踩到水坑的触觉刺激，甚至狩猎的气味都得以具象化地传达。体验式娱乐团队 Illuminarium Experiences 为体验者审美直觉的生成搭建了一个“超真实”的场景。在此，身体作为“使不可见之物隐喻式地显现为在场之物的重要媒介……用身体及其感觉来同化这个世界，就能把陌生的、异质的、不可见的事物转化成可感觉的、可见的、可理解的事物，从而在人与世界之间架起一座沟通的桥梁，创造出一种关系和意义"。[8]

行动者如何产生审美直觉？这一关键问题可从数字影像的多感官交互体验中寻求解答。正如理查德·布赖斯（R. Brice）所说，"虚拟现实的真正精华在于可创造令人信服的感官输入和一个逼真的感觉，这个逼真的感觉是指操作者自身的动作和行为可以以一种现实的、令人信服的方式影响虚拟世界"[9]。数字影像通过技术手段破除作品与感官间单向而固定化的藩篱，强化和统合着行动者多重感官知觉之间的连接，"将外界事物转换为心灵的'映象'，进而形成记忆，在此基础上进行意象的分解和组合，形成思维活动"[10]，成为其具身的想象。这种想象的飞跃，需要行动者参与到虚拟身体中进行转译和延展，让思维和感觉通过肉身充分交织，继而唤醒日常生活中被"遮蔽"的无意识或潜意识行动惯习。其中，既有溢于外表的触感体验，如划动屏幕的手指触觉、可穿戴设备中的肢体状态，也有沉入体内的感知参与，如在 VR 视频中的心流、身体的眩晕与恶心等。数字影像宛如一座技术化的"桥梁"，将自然之身多年积淀的"文化存在基础"与返场的技术化身联结耦合。唯其如此，这些外在于人的自然、主体的感官及人的内在精神三个原本离散的领域才有机会无缝衔接，进行跨渠道的交叉认知，帮助行动者营造出影像审美直觉中互嵌共通的多元化感官愉悦，书写个性化的叙事情境，共同延展审美的文化意义。

可以说，非表征理论之于影视作品而言是一把打破"视觉—认知"审美直觉惯性的锤子，引导创作者关注"那些无法被语言、符号再现与表征之物"[11]。在此，人体不存在一个能够主宰身体的核心器官，感觉也并非只受中枢神经所支配，人对世界的认知需要调动全部感官组合发挥作用进行知觉转换。影像审美不仅是一种具身实践，还是感官系统与物质、认知、时空情境的共舞，即便是在人机共生中身体也不应是与情绪、认知分离的躯壳。正因如此，把握身体的生命、感觉、情感特征，思索身体在传播中的作用，理应成为当下数字影像审美直觉生成的重要维度。

二 审美体验：从媒介的地方到生成的空间

审美体验作为影视欣赏的中心环节，是鉴赏者基于审美直觉对影视作品的把握和理解，是从客体对象中感知自身生命存在的高潮阶段。现如今，非表征主导的影视审美体验已转向“超越单一感官的主导，探索综合感官、联觉、身体感”[12]，以此吸引审美主客体在数字影像所构筑的具体时空情景之中相遇，获取心灵的审美愉悦。

借助数字技术，数字影像可以创造多维时空和虚实结合的场景，对现有的时空进行有目的重塑，甚至走进公共的空间，生成“媒介的地方”。传统的影像作品着重于最大限度地逼近现实、再现世界，而数字影像则通过多屏幕拼接、全息投影、动作捕捉等多种技术的叠加融合介入现实场景中，消抹虚拟世界与实体空间的界限，营造出带有时间流动性的虚拟时空效果。如昆明街头的裸眼 3D 大象、韩国首尔 SMTown 楼顶的“滔天巨浪”、购物商场内的全息天幕等数字影像与实体装置或物理空间的并置，极大拓展了作品的时空维度。一方面，影像作为记录的手段，复原过去、记录当下、演绎未来，以数字化“第三持存”（rétention tertiaire）的方式承载于体验者的共通记忆，增进时间的延展度。另一方面，影像作为空间中一种软性材料和空间所处环境及其他物体之间的融合，把静态的空间转化为动态的形式，延伸了在场的观看方式，从而使得时间和空间都有了新的状态。例如世界顶级多媒体艺术工作室 Moment Factory 团队打造的《重现法国国王的加冕仪式》，利用科技光影手段在法国著名的历史地标以及世界文化遗产——兰斯大教堂的外立面上创造了多元复合的沉浸式跨媒体景观，使国王加冕及其庆祝之夜栩栩如生地展现出来。声与电相遇、光与色交融，音乐、灯光、符码、影像汇集为一个以身体直接感知的场域，将历史、记忆、身份与当下时空缝合在一起，有效勾连起个体经验中的记忆印记与生命体悟，并以此确认“我们”曾经归属或存在的某个地方。

正如苏勒尔（John R. Suler）所言，我们的物质空间与互联网的延展空间融合互渗可能会改变“空间”概念。[13] 数字影像之于虚拟形式的美学形态所展现的强大创造潜力，能够让人们在时间之流中自主遴选改造超真实的时空场景，创造“生成的空间”。这种从“人—机”到“人—像”互动模式的嬗变更新，让主客体得以在任意时间节点和空间场域中进行动态随机转化，呈现出审美体验的最终目标效果。比如2021年斩获威尼斯国际电影节最佳VR作品的《心境》，撷取《红楼梦》中经典场景“潇湘馆”，突破原作桎梏，大胆结合《齐谐》《山海经》等中国传统文学著作，巧用VR技术模拟出因受客观条件限制而无法实现的“太虚幻境”。佩戴头显设备的体验者可以在《心境》之旅中体验从经典园林到凌空幻境、从临帖抚琴到御风飞行的横向时空对话，亲历古人诗词中描绘的超然意境。这些经典古代意象的再现与复活、动态与静态的互动，碰撞出奇妙的火花，亦是对传统文化的创新演绎。在此，虚拟现实的非物质性审美特征消弭了人与非人的时空界限，赋予人们无尽的想象空间，带来可塑多变的审美体验。尤其是由技术激发的身体参与成为桥接物质媒介、奇幻景观与现实世界的新媒介，重构了自我生命的美学渠道与文化维度，形成身体与技术之间可塑多变的美学关系。

如果说技术身体的“在场”体验在综合性感官互动中得以逼近真实，那么进一步探寻身体感知变化的规律对于影像审美创作而言是有必要的。譬如，身体在怎样的时空场景相遇，才会更倾向于启动人类特有的“通感”认知机制来调解节奏，以增强对审美体验的敏感性？虽然虚拟世界中的沉浸式体验具有重塑个体时空感知的能力，但其实人们的身体感受在现实世界的日常生活空间中更为细碎、寻常甚至无处不在。因此，在数字具身的影像实践中，那些日常感知的体验元素往往会被身体下意识地屏蔽，而突发场景或感官刺激则会引发较为强烈的反应。故而，创作者应聚焦于时空场景中出现的节奏、韵律、动量，以及不同感觉元素在与媒介互动中的表现力等。“网络环境的感官维度越强，它就有可能给我们一种真实感和置于其中的存在感。如果我们能够调配视觉、听觉、触觉、嗅觉和味觉进行全方位的立体感官体验，如果我们潜意识里能够感觉到周围环境的细微差别，就像我们在现实世界一样，我们能够确定我们‘存在’于某个地方。”[13] 正如有学者所说，“数字艺术的虚拟叙事不应该无止境、无节制地复制这个信息爆炸的幻觉感，相反应该追求切实知觉的价值，或者记录和再现有价值的记忆，数字影像不应该过度追求图像模拟的泛滥、煽情和媚俗，相反应当提炼升华，让虚拟成为境界，而非效果”[14]。

在数字影像建构的媒介化空间里，时空的能动性和身体的主体性消解了表征的主导地位。[15] 非表征视角下的审美体验不同于表征主导的虚拟数字作品，趋向于构建起以生机精神为核心，“身体—世界”互嵌联结的框架，找寻被表征所遮蔽的生活世界，以生命的方式思考生命，形成以人为中心的主体回归、以生命为主体的精神复归。

三 审美升华：从虚实相生到主客交融

从审美直觉的感受摹写到审美体验的生命传达，再到审美升华的澄怀观道，审美升华是最高层次的审美境界。正如宗白华先生对艺术最高灵境的阐释，“既使心灵和宇宙净化，又使心灵和宇宙深化，使人在超脱的胸襟里体味到宇宙的深境”[16]。在影像创作和技术互动中，媒介作为身体延伸与外化了人体的身心器官功能，与时空、情境彼此互构产生多种可能的审美活动。那么，身体如何感知世界？又如何对主体思辨产生影响？对此我们需要在把握身体、情境与意识的基础上，进一步思考数字影像创作中虚实相生、主客交融的问题。

如果将审美主体的审美活动比作一个由观“景”到构“境”的过程[17]，数字影像的审美升华首先从观景开始。通过数字技术的呈现，用户能够轻易进入“景”中，但此时得到的“景”还停留在感官沉浸的表层体验中。利用数字技术吸引体验者在审美之“境”中实现物我合一、虚实相生的情感共振，是对数字影像作品更高层次的要求。同时，这个“境”自带空间感，是多维的场域，是精神人格层次具有净化升华功能的意蕴世界。日本的网红团队 Team Lab 的影像互动作品《花与人的森林：迷失、沉浸与重生——蜂巢结构》曾于 2019 年登录上海无界美术馆。当体验者置身于这片无边的虚拟花海时便会沉浸于此，领略到四季的美好。在这个没有边界的天地中各种花卉竞相盛放，呈现缤纷世界，且时隔 5 分钟便会幻变为其他花朵形态。此外，相邻的作品间看似主题独立却又相互流动交融，还会因观者不经意间的行为举止而生成新的景象。比如，其他作品中被追逐的八咫乌飞入花海时，周围的花朵会四处飘散，不再绽放。Team Lab

团队所营造的这个变化无穷又转瞬即逝的光影空间，正是对“超主观空间”概念的诠释，通过光影变幻、循环呈现的方式来探索人与自然的关系，感受世间万物的生生不息和无限循环。作品的光影之中不仅体现的是科技之炫美，更在虚实相生之中带领体验者进入虚实共生的空间，成为创作的主体。

数字影像的发展必将是感官沉浸与精神交互的和谐统一，体验者在接受感官刺激的同时，能够体味到作品本身发出的审美意蕴。[6] 奥利弗·格劳（Oliver Grau）认为，沉浸是在虚拟环境中，以交互的方式让体验者的感官移情，在这个移情的过程中，数字交互技术带来的全新体验模糊了原有的认知和感觉，让体验者进入一种迷幻的虚拟世界。[18] 当体验者与数字影像作品进行互动时，虚拟空间的沉浸性、交互性和想象性特征很容易导致体验者将虚拟与现实这两个平行空间混合在一起，产生“既在场又不在场”的心理矛盾，陷入“我到底是谁？我怎么会出现在这个地方？我和周围角色有何关系？”的困惑中。借此，数字影像的精神性和超越性需要进一步厘清体验者的身份，丰富体验者超越物我的审美体验。此外，数字影像还应跳脱作品与观者间传统的互动性思维，利用技术激活观者的“行动系统”，使体验者与创作者甚至是其他体验者/观赏者也能在动态的虚构图景中交互。《家中的刽子手》（*The Hangman at Home*）曾荣获第74届戛纳国际电影节“最佳互动体验奖”，这部VR交互动画的独特魅力在于赋予了体验者极大的审美自由，让体验者不再是故事的旁观者，而是推动故事情节发展的行动者。通过操控手柄，体验者可以自主选择想要进入的空间，感受不同人处于微妙时刻的状态和情绪：脆弱、恐惧、沉思、困惑和好奇。此外，为了增大交互效果，该影片还设计了多人安装版本，支持不同体验者同时“浸入”故事情景，共享点燃火柴、弹奏钢琴和躲进壁炉等肢体层面的感官沉浸以及精神层面的异趣体验，譬如从窗口一跃而出的勇气、隐私窥探者突然被发现的局促不安。创作者利用VR的交互性引领观众沉浸于影片建构的虚拟世界，将普通人的生活场景切面放大呈现，探讨人的窥探与入侵所带来尴尬与冒犯，同时也是对参与和感知非常微妙而又现代化的呼吁。影像由此也成为一种大众艺术，是艺术与生活的“水乳交融”，是主体与客体的共生共在，超越了对生活的模仿，成为生活的本身。

"数字时代的本质就是一往无前的技术革命。它促使艺术生产和艺术消费插上快速腾飞的翅膀，使人类的审美活动与艺术创作的接受模式发生了根本性的变化。多元、高效、自由，似乎构成了数字时代艺术发展与生存的基本内涵。"[19] 虽然目前有关数字影像的审美取向及其评价仍存在很大的争议，但当现成品、影像、数字化、程序等作为创作元素的应用时，必然会把生活中的情趣和气息融入影像创作当中，使作品留存现实生活的痕迹，从而带给用户一个完整的、充满意义的、充满情感的世界，并在这一过程中实现更高层次的审美创造。

四 结语

毫无疑问，"当代数字艺术承继了绘画等视觉艺术形象直观感知世界的方式，并把这种方式传递到观者体验逻辑的层面"[20]，本文所关注的非表征视域下数字影像审美重构的环境正是基于审美观念跃迁的语境，将"日常世界中无意的、非话语的、难以捉摸的"性质引入影像作品创作之中。借此，审美直觉的生成由视觉中心向具身参与的身体实践延伸，媒介型构的多样化的"在场"重新定义了审美体验的边界，让参与者得以在虚实相生、主客交融的情境中实现更高层次的审美创造。加强对虚拟现实影像样态的关注，提炼技术美学所蕴藏的独特元素，或许是一条突破传统影像创作常规的有效途径。

参考文献

[1] Ziarek, K. *The Force of Art* [M]. California: Stanford University Press, 2004: 60-64.

[2] 李鲤．超越表征：数字时代跨文化传播研究的新视野［J］．当代传播，2020（6）：62-65.

[3] Louisa, C. Nonrepresentational Theory/Nonrepresentational Geographies [A]//Kitchen, R., Thrift, N. *International Encyclopedia of Human Geography* (1st ed.) [C]. Oxford: Elsevier, 2009: 456-463.

[4] 彭吉象．艺术学概论［M］.北京：北京大学出版社，2010：215.

[5] 姚巍．审美直觉的释放及其与艺术形象的关系［J］.辽宁师范大学学报（社会科学版），2014（6）：885-889.

[6] 孙斌．论虚拟现实艺术的审美特征［J］.中国电视，2019（10）：74-77.

[7] 唐·伊德．技术与生活世界——从伊甸园到尘世［M］.韩连庆，译．北京：北京大学出版社，2012：47.

[8] 欧阳灿灿．当代欧美身体研究批评［M］.北京：中国社会科学出版社，2015：115.

[9] 理查德·布赖斯．多媒体与虚拟现实工程［M］.张永辉、史萍等，译．北京：中国电影出版社，2000：4-5.

[10] 王宜文．引鉴·沟通·创造：20世纪前半期中外电影比较研究［M］.北京：北京师范大学出版社，2001：12.

[11] 宋美杰．非表征理论与媒介研究：新视域与新想象［J］.新闻与传播研究，2020（3）：86-97，127-128.

[12] 陶伟，王绍续，朱竑．身体、身体观以及人文地理学对身体的研究［J］.地理研究，2015（6）：1173-1187.

[13] 约翰·R. 苏勒尔．赛博人——数字时代我们如何思考、行动和社交［M］.刘淑华、张海会，译．北京：中信出版社，2018：63-64，69-83.

[14] 高明潞，陈小文．当代数码艺术［M］.桂林：广西师范大学出版社，2015：13.

[15] 袁艳．当地理学家谈论媒介与传播时，他们谈论什么？——兼评保罗·亚当斯的《媒介与传播地理学》［J］.国际新闻界，2019（7）：157-176.

[16] 宗白华．美学与意境［M］.北京：人民出版社，1987：185.

[17] 程赟，丁筑兰．论虚拟现实艺术的“沉浸”［J］.重庆文理学院学报（社会科学版），2017（5）：69-73.

[18] 奥利弗·格劳．虚拟艺术［M］.陈玲，译．北京：清华大学出版社，2007：142-152.

[19] 王菱．数字时代的审美泛化［J］.艺术广角，2015（6）：9-13.

[20] 梅洛·庞蒂．知觉现象学［M］.姜志辉，译．北京：商务印书馆，2003：18.

传统文化 IP 的数字赋能、情感赋值与角色赋活[*]

罗坤瑾　曾梦安[**]

摘　要　数字技术所打造的虚拟交往空间越来越成为建构中国话语模态、讲述中国故事的新型场域。基于“人本”观念的价值认同是文化传播的重要基点，聚焦情感的价值扩散更能形成深刻的集体记忆。以传统文化 IP 为符号载体，数字技术为手段，从 IP 产业链的内容生产、市场流通、消费体验的路径，实现传统文化 IP 情感符号、情感消费、情感交互的价值交融，推动文化集体记忆的形成，是构建以情感共同体为基点的中华文化传播叙事空间的机遇，也是赋能中国文化软实力在全球信息传播平台大放异彩的重要契机。

关键词　传统文化　IP 活化　情感　集体记忆　价值认同

党的十八大以来，习近平总书记把宣传思想文化工作摆在治国理政的重要位置。“2023 年 10 月召开的全国宣传思想文化工作会议，习近平总书记提出‘七个着力’，要求着力赓续中华文脉、推动中华优秀传统文化创造性转化和创新性发展，着力推动文化事业和文化产业繁荣发展。”[1] 技术变革何以能推动我国文化传播风貌的整体转型？数字技术和共情策略的融合运用将为传递优秀文化理念提供新思路和方法。数字技术丰富了传统文化传播的形式和层次，共情策略可以促进人与人、人与虚拟角色之间的沟通和理解，二者价值融合方能使中华优秀传统文化得以重构与输出。

---

* 基金项目：国家社会基金重大项目“铸牢中华民族共同体意识宣传机制研究”（项目编号：21VMZ004）；国家社科基金一般项目“新时代背景下主流媒体对外传播观念变革研究”（项目编号：19BXW053）。

** 罗坤瑾，广东外语外贸大学新闻与传播学院教授、副院长；曾梦安，广东外语外贸大学新闻与传播学院硕士研究生。

一　人本价值：传统文化 IP 的情感意涵

文以化人，文以载道，传统文化作为我国五千年历史的积淀，包含了文学、艺术、哲学、宗教、建筑等多个领域。在众多人文社科领域中，文学领域的传统文化 IP 具有极高的可塑价值和历久弥新的文化价值。在当今数字技术包裹的现代社会，人们追求文化 IP 是被文化 IP 中所蕴含的情感所打动。

（一）古今传统文化 IP 的人本价值

IP（Intellectual Property）即知识产权，是以内容为基础，通过文本、音视频及其衍生品等形式开发，连接消费与粉丝情感，再反哺内容本身的经验事实。传统文化 IP 指涉的是中国的民间故事、传说、习俗、手工艺、历史事件等传统文化元素与现代文化表达方式相结合，运用于现代化的包装和表达，展开“跨媒介传播”（transmedia）的文化符号形式。价值，泛指客体对于主体表现出来的正面意义和有用性。文化价值观作为蕴含在传统文化 IP 符号里的情感内核，与五千年文明历史积淀汇聚而成的民族气韵，是形成情感与价值认同的关键。文化价值观是在特定社会文化背景下人们所普遍认同的“好的、对的、值得追求的”的共识和信念。情感是综合心理和生理，包含多种感觉、思想和行为的主观意识的总称。传统文化 IP 传播的终极目标是传递中华文明中的优秀文化价值观。从老庄哲学来看，道家围绕“人本”中心，聚焦社会问题，关注“人如何活着”“社会如何让人更好活着”，与西方哲学中的永恒话题“真善美”殊途同归。

（二）数字时代人际交往的共情匮乏

跨越两个世纪，从第一次工业革命至今，大数据、人工智能和区块链等核心技术的革新将人类引领至自动化的 Web 3.0 时代。系列技术变革深刻改变了人类社会的生活方式和思维模式。法国社会学家涂尔干用“失范”描述这种社会剧变引发的后果，并认为引起“失范”的原因可能有以下三种：其一是集体意识的削弱，个体难以认识到自身在社会中的位置和意义；其二是社会分工的强制性导致不平等，消解了人们对生活的信心；其三是需求不足造成的效率低下，使社会功能无法满足并引发连锁反应，促成失范。[2] 失范的社会秩序带来了当代社会人际、组织间、国家间的共情匮乏，共情匮乏直观地体现为世界范围内的国别纷争、网络舆论乱象和人的异化，如网络暴力、社会犯罪、离婚率攀升等。传统文化 IP 符号中“人本”价值观的情感内核，是修复这种社会信任和解决共情匮乏的重要手段。整合大数据、人工智能、VR/AR/XR、区块链技术与 IP“人本”价值观，赋予传统文化 IP 以情感，是推动中华优秀传统文化与世界和谐对话的应有之义，有助于疏解当前的共情匮乏与信任危机。

二　价值交融：数字技术与传统文化 IP 的情感基因

既往的文化 IP 研究主要集中于文化 IP 美术设计与营销传播、文化资源的活化策略、数字时代的 IP 保护以及侧重于数字技术处理环节的数字技术应用与传统文化传播，更多从商业、文化产业链、价值链的视角出发。从情感传播视角对 IP 文化中的情感价值进行探讨的研究不多。本文尝试从传统文化 IP 的情感符号、情感消费、情感交互三重维度论述传统文化 IP 与数字技术的情感价值交融。

（一）情感符号：传统文化 IP 的共情叙事

文化 IP 是有着高辨识度、自带流量、强变现穿透能力、长变现周期的文化符号。传统文化 IP 传播的共情叙事理应从受众的角度展开创作与规制。系列心理实验证明，人们无法记住不具有情感的信息，而共情叙事的作品能够引发人的情感反应。德国接受美学代表人物姚斯（Hans Robert Jauss）提出受众“期待视野”理论，即受众会基于自己的阅读经验、人生经验以及审美趣味等因素，对艺术作品产生估计与期盼，表明受众对传统文化 IP 的理解是基于受众已有的情感、经验及审美。

中国传统文化的“人本”价值凝聚了中华民族广泛接受和普遍认同的道德规范，是一种深及灵魂的“集体无意识”，更是传统文化 IP 不可或缺的重要叙事元素。以文学、音乐、电影、电视剧、游戏等呈现的传统文化

IP 作为符号的“能指”，立足于中华传统文化“好的、对的、值得要的”的“所指”意涵进行叙事，是传统文化 IP 内容生产端的民族精神和文化底蕴。中华民族美学思想与设计的价值理性融合是传统文化 IP 的另一重要叙事元素。如《大鱼海棠》《罗小黑战记》等电影作品，不论是内容叙事还是人物角色美术设定，都容纳中华优秀传统文化“天人合一”“意境”等传统美学思想与“仁、义、礼、智、信、忠、孝”“真善美”等传统文化价值观，以有血有肉有文化内涵的故事情节传递文化内涵，获得海内外民众的广泛关注和好评。

（二）情感消费：传统文化 IP 的流通属性

法国哲学家让·鲍德里亚（Jean Baudrillard）认为，消费不再是一种需求，而是成为一种文化和圈层的标志，消费主义已经成为现代社会的主要特征之一。[3] 在基于现实社区关系的传统社会，面对面交流更多的是人们进行情感交流的主要途径，当前数字技术驱动下的物质世界，人们的消费心理正从追求物的使用价值转向物的情感价值。有学者指出，IP 是“文化产业进入新常态发展阶段后的主要生产范式”[4]，其产业内在逻辑为粉丝经济，文化 IP 与粉丝经济的耦合在于情感的联结。文化 IP 作为一种商品兼具知识属性和流通属性，其产业依赖媒体特许经营（Media Franchise）的商业模式，通过媒介实现其价值流通。仅有两百多年历史的美国，文娱产业能够成为其支柱产业，得益于其文娱产业航母型的集团结构和成熟的版权保护体系。市场调研机构 Statista 的数据显示，全球最受欢迎的 10 大 IP 中，美国迪士尼旗下 5 个 IP 位列其中，包括小熊维尼、米老鼠、星球大战、迪士尼公主、漫威宇宙，累计经济价值高达 3000 多亿美元。[5] 迪士尼用“快乐、梦想”的情感主题打造其 IP 帝国的核心竞争力，将 IP 故事化、场景化呈现，使消费者投入到其设定的故事框架，建立情感共鸣并最终达成消费行为。

（三）情感交互：传统文化 IP 与技术共在的混合场域

Web 3.0 时代的人工智能、云计算、AR/VR/XR 技术进一步推动了这种数字与物理的交叉和融合，也改变了物理空间、数字空间和人的关系，这种技术激发的身体参与可以用“具身性”来解释。研究现象学和技术哲学的唐·伊德认为，技术是“生活世界”（Lifeworld）的组成部分，具身（Embodied）是我们参与这个生活世界的方式，在此过程中，技术表现为一种文化嵌入性（Embeddedness）。[6] 文化IP的创意表现形式能够引发情感反应，并引起人们的注意，技术加持下的传统文化IP符号与受众的情感拟合，能够构建传统文化IP的叙事联想。数字空间的传统文化IP可以作为文化嵌入的对象，生成一种文化IP与技术共在的混合场域。媒介技术构造的空间是情感意向行为的客体场景，允许人们通过技术采用单一的数字身份或是物理身份在这种环境中沉浸式、体验式地游移，所获得的知觉体验也随之嵌入人的身体。当情感依托于身体感官系统，人便获得身体与心理上的情感体验。全球文娱产业IP巨头迪士尼早在2008年就成立了名为“Disney Research”的科研中心，专注于通信计算、机器学习和优化、人机交互、技术材料、行为学等多个领域的研究和实践。研究成果不仅为其文娱帝国提供了坚实的支撑，也丰富了观众的沉浸感和临场体验感。如在人机交互领域，其研发的3D触感算法，能使人在触屏模拟事物时感受到真实的质感和纹理，消弭了现实世界与思维空间的边界，为用户带来沉浸式的情感体验。

三 多重困局：数字空间中传统文化IP的情感模糊

以情感为基点，通过数字技术解决传统文化IP传播的难题，依赖于对人类情绪和情感的理解。基于上述传统文化IP的情感符号、情感消费、情感交互的价值意义，我们发现与之对应的传统文化IP产业链包括上游IP内容生产环节、中游IP流通环节、下游IP变现互动环节，都不同程度地呈现了情感模糊的现象。

（一）内容生产：传统文化IP角色情感发生机制的不确定性

由于已有知识关于情感概念、结构和功能的有限性，人对情感的认识存在较大的偶然性和主观性，情感属性的定义仅仅是语言使用者对任意约定的美德和感性直观的主观配置。[7] 传统文化IP是历史、文化和社会的产物，是客观存在的文化遗产。人们虽然能够轻易完成文化 IP 实体的创作，却无法将一个抽象普适的概念贯穿其中，较难形成情感的共识。我国对于传统文化 IP 的开发，着重于 IP 产品偏侧化，即倾向于将文化 IP 作为一个产品，以特定的目的进行批量生产。例如亮相于《中华诗词大会》的“数字人苏东坡”，其从历史人物到文化符号和 IP 的转变，经历了三个阶段：首先是基于古籍大数据资源开发苏东坡相关知识图谱，并提炼角色样稿；其次是对数字人产品进行三维数字化建模，根据策划文件描述及人物设定来制作“苏东坡”3D 数字模型；最后对数字人模型进行了骨骼绑定和蒙皮权重，赋予数字人自然的骨骼系统和肌肉系统。在这项目产品化的 IP 开发中，情感价值作为文化 IP 活的灵魂，在一系列烦琐的项目制作环节中很难被注入。由于目的性和功用性的影响，在传统文化 IP 生产环节的内容叙事中嵌入文化价值观存在着一定的不确定性。

（二）市场流通：传统文化 IP 的情感识别与市场不确定性

文化 IP 具有商品和知识双重属性，其表现形式可分为以文学、漫画为主的文本类，以电影、电视剧、动画、综艺为主的视频类，以端游、手游、VR 为主的交互类和以赛事、舞台剧、游乐园为主的现场类。IP 内容产业以市场为导向的粉丝经济模式，通过凝聚粉丝情感实现货币变现，随之而来的是粉丝需求的不确定性和市场竞争环境的不确定性。粉丝经济的核心是满足粉丝的需求，但粉丝的需求和喜好会随着时间推移发生变化，这导致传统文化 IP 与粉丝情感联结具有不稳定性。当前作为 IP 源头的文学、漫画作品过于注重商业利益，呈现出复制、拼凑、快速产出的工业模式，导致 IP 产业陷入“利益至上”“舍本逐末”的制作怪圈。此外，我国 IP 版权市场存在一定的投机属性。“文化资产的市场价格受投资属性与投机属性的共同影响，投资属性看重文化产权的使用价值，投机属性则指利用投机性价格操纵实现溢价收益。”[8] 当前我国 IP 版权市场竞争处于初级阶段，版权保护和交易机制不完善，资本竞争下 IP 版权价格处于非理性状态，存在一定的投机操纵行为。

（三）消费体验：传统文化 IP 立足于场景的技术不确定性

技术设计是技术认识论概念，可看作对未来的无限控制[9]，它本身就表征着某种不确定性。由于技术彼此之间是不连续变化的，没有固定遵循的规则，这种现象被称为“技术跃迁”，即技术在设计阶段往往因为技术创新的不连续性而带来不确定性。[10] 传统文化 IP 与人建立情感交互依赖于新技术浪潮下的虚拟现实场景重构，其中低延迟的语音、视频实时互动技术是基础，而当前以计算机为核心的现代科学技术带来的 AR/VR/XR 和人工智能技术依然呈现的是“技术跃迁”现象。从现实来看，技术所能到达的边界还不确定。数字时代，传统文化 IP 本质上是一种虚拟形象 IP，人与内容产能的强绑定使得虚拟形象发展受限，即当前虚拟形象得以可持续地进行内容产出依赖其背后人的创作劳动和技术使用。当前 AIGC 技术下，伴随着更多实时互动场景的出现，要求全域带宽实时调度、全域资源实时调度等技术水平，网络感知能力、端/边/芯片等硬件能力持续提升，才能满足当今实时互动场景下的业务和体验要求。以游戏公司米哈游旗下的虚拟偶像 IP 鹿鸣的直播为例，其人物发声已通过 AI 解决，但动作依旧依赖真人动捕，以目前的技术实现虚拟形象的运作，也许还为时尚早。

四　价值重构：数字技术和共情策略传递优秀文化理念

（一）确立“负责任创新”的 IP 共情叙事机制

“负责任创新”，也称为“负责任研究与创新”（Responsible Research and Innovation，RRI），是在学术、政策、管理等诸多领域广为讨论的科技发展理念。“负责任创新”要求各创新主体在科技研发的最初阶段引入伦理考量，充分考虑所有利益相关者的价值诉求，将后期的伦理评估转化为参与创新的上游环节，从而确保整个技术创新过程从一开始就能真正实现“负责任”[11]。尽管“负责任创新”早在 2011 年就得到了中国学者的关注，并在 2016 年写入了《“十三五”国家科技创新规划》，作为方法论在战略层面有了一定的设想和期望，但当前对于如何实现“负责任创新”仍缺乏策略层面的具体路径和解决方案，未配备支持性资源、明确的行动计划和进展监控系统。基于此，应强调各主体要关怀人类福祉，将人本价值的前置条件作为情感价值的重要一环内嵌到整个机制设计中，实现从责任的结果向责任的前提逆向运行。

“负责任创新”应用于传统文化的数字化传播是实现 IP 产业链与价值链的人本视角回归。基于“负责任创新”的传统文化 IP 内容生产环节，首先需要对传统文化元素进行深度挖掘和解构，挖掘其内在的文化价值和故事性，从而赋予其新的生命和表现形式；其次需要注重文化的可持续发展，以文化的传承和发展为出发点，注重创新与保护的平衡，避免过度商业化和流于表面的文化创意，通过创新的方式使传统文化与现代社会相适应，从而形成可持续的文化生态系统；最后需要强化各主体的责任意识和责任能力，不仅需要广泛开展以“人本”情感价值为基础的科技伦理、工程伦理教育及负责任文化教育培育活动，还需要注重公共广告资源的合理分配，将以学校为基础的“负责任创新”计划和家庭、社区的努力相结合，并在此基础上掌握“责任”。此外，还应加强对“创新”全过程的规范性引导和程序性监督，推动传统文化 IP 生产共情叙事机制的常态化运行。

（二）推动产学结合的文化 IP 协同创新生产

以多元主体协商为基础，以合作为支撑，以共赢为目标指向，遵循共同规则处理生产传统文化 IP 的持续过程。然而现代社会事务具有复杂性，正如恩格斯所说，“当我们通过思维来考察自然界或人类历史或我们自己的精神活动的时候，首先呈现在我们眼前的，是一幅由种种联系和相互作用无穷无尽地交织起来的画面，其中没有任何东西是不动的和不变的，而是一切都在运动、变化、生成和消逝。所以，我们注意的更多的是运动、转变和联系”[12]。围绕传统文化 IP 相关的产业图景亦是如此，呈现出来的是一幅由不同主体相互牵制并作用的盘根错节般的画面。由此，面对复杂且变化的利益诉求和矛盾，应运用整合思维及合作理念来展开作业。

以多元化、跨界融合的方式，以优质的泛娱乐内容，倡导“传统文化 IP+”的概念，推动跨学科合作的 IP 产业协同创新生产。基于此，以政府为主导的利益相关部门需注重公平的平台和机制的建立，在传统文化 IP 产品设计前端与各个利益相关者进行对话，将 IP 产业利益相关者的情感关切和忧虑纳入考量，推动产业与学界跨学科合作，促进人才协作和沟通能力的提升，打造更具有市场竞争力和社会影响力的IP文化产品，推动中华优秀传统文化成为强符号在世界上发挥影响力。以行业组织和学术团体为代表的利益相关者应开展更多高质量的共情活动如科普和教育活动，持续推进社会公众交流，弥合各主体间关于共情策略传播的信息差距。企业是传统文化IP角色得以广泛传播的中坚力量，企业社会责任不是流于表面的“慈善行动”，而是要将人本价值转化为功能性要求，嵌入技术、产品和服务的机制设计中，是各方组织、群体和个人将传统文化IP中所蕴含的人本价值内化为自我思想意识与行为的内在导向。

（三）融合情感、技术推动传统文化IP“内外一体”

传统文化IP中的情感价值与技术的相互作用，将为中华文化带来重新塑造的可能性。“社会技术系统理论”强调技术与人文的相互嵌入，倡导在实验和设计层面实现人文社会科学的内置，通过小组访谈、社会情境学习等方法，将人文价值和相关社会期望引入工程设计的视野，这将有助于形成文化与技术的互补机制，确保传统文化IP在技术所能达到的边界形成自身独特的品格。这种相互启发式的交流互动，有助于提高多方群体对传统文化IP角色实现技术创新的反身性，是从IP角色活化的源头注入人文情感的考量。

在传统文化IP的活化开发过程中，技术可供性理论有助于理解如何将技术、人、环境及其间性都纳入考量。在技术推动传统文化IP角色活化的场景端，技术可供性视角下的IP技术运用为传统文化IP的创新提供了更多便利，可基于现有AR/VR/XR的技术来开发传统文化IP角色，而不必更多关注底层技术的实现。云计算技术能够为IP与人的互动提供稳定的计算和存储资源，保障其在各种应用场景下的稳定运行。当前，5G技术逐渐普及，实时互动场景和AI生产内容本身的不确定性，使得现有技术难以在IP产业链各个环节发挥作用。但在IP角色活化的图景中，5G、VR/AR/XR、区块链这些新的事物需要形成一个统摄的想象，开源技术或可以助力技术与传统文化IP更好地创新，为IP角色的情感表达提供更多元化的形式、提高角色的互动性，以及提供更多创新的可能。

参考文献

[1] 刘贵军．以“七个着力”为切入点深入学习贯彻习近平文化思想［N］．［2023-10-27］．光明日报，https://www.gmw.cn/xueshu/2023-10/27/content_36922880.htw.

[2] Anomie，R. M.，Clinard，M. B. *Anomie and Deviant Behavior*［M］. New York：Free Press，1964：226-228.

[3] 孔明安．从物的消费到符号消费——鲍德里亚的消费文化理论研究［J］. 哲学研究，2002（11）：68-74+80.

[4] 向勇，白晓晴．新常态下文化产业 IP 开发的受众定位和价值演进［J］. 北京大学学报（哲学社会科学版），2017，54（01）：123-132.

[5] Romaine，J. The Top 10 Media Franchises［EB/OL］．［2023-4-2］. https://thehill.com/changing-america/enrichment/arts-culture/575813-the-top-10-media-franchises.

[6] 刘海龙，束开荣．具身性与传播研究的身体观念——知觉现象学与认知科学的视角［J］. 兰州大学学报，2019，47（02）：80-89.

[7] 易显飞，胡景谱．人工情感技术的不确定性及引导机制构建［J］. 吉首大学学报（社会科学版），2023，44（01）：124-133.

[8] 韩顺法．文化产权市场的形成动因与发展趋势［J］. 文化产业研究，2017（1）：71.

[9] 陈维超．情感消费视域下网络文学 IP 热现象研究［J］. 中国编辑，2019，109（01）：15-20.

[10] 卡尔·米切姆，布瑞特·霍尔布鲁克．理解技术设计［J］. 尹文娟译．东北大学学报（社会科学版），2013（1）：18；74.

[11] 晏萍，张卫，王前．“负责任创新”的理论与实践述评［J］. 科学技术哲学研究，2014，31（02）：84-90.

[12] 马克思恩格斯文集（第 3 卷）［M］. 人民出版社，2009：23.

新时代中国舆论学自主知识体系建设：议题及思路

——第七届中国舆论学论坛综述

金恒江　黄贺铂　郭小安*

摘　要　智能技术的迅猛发展不仅为舆论学研究开辟了新的疆域版图，引领研究者们探索未知领域，更带来了全新的研究范式与理论贡献，推动着舆论学领域的创新与发展。在此背景下，舆论学研究亟待建设具有中国特色的自主知识体系，提升我国在国际舆论场的话语权和影响力。2023年12月16日，第七届中国舆论学论坛在重庆大学新闻学院召开，来自国内近30所高校的学者与业界专家齐聚一堂，旨在总结和推动中国舆论学研究在理论和实践层面的探索和创新。本届论坛关注舆论学的自主体系建设与本土理论创新，智能传播、数字化生活与公共舆论，国际传播与公共舆论，新时代的舆论引导与社会治理等研究，形成跨学科、跨平台、不同方法的多元议题，为舆论学研究与本土知识体系建构提供了未来发展路径。

关键词　智能传播　国际传播　本土化　舆论引导　风险治理

当前，智能技术应用发展推动舆论学的知识体系变革，造就新的媒介环境与舆论生态，并提出新的发展要求。新技术的不断迭代，重塑了信息传播格局与传播结构，为新时代舆论学自主知识体系建设提供新的方向与路径；同时，全球传播秩序的不断变革与重构，对我国舆论引导与舆论风险治理提出了全新的要求。习近平总书记深刻指出，舆论导向正确，就能凝聚人心、汇聚力量，推动事业发展。当今世界信息技术日新月异，数字

* 金恒江，重庆大学新闻学院讲师、硕士生导师；黄贺铂，重庆大学新闻学院副教授、硕士生导师；郭小安，重庆大学新闻学院教授、博士生导师。

化、网络化、智能化深入发展，掌握信息化条件下舆论主导权、广泛凝聚社会共识，是巩固壮大主流思想文化的必然要求。[1] 2023 年 12 月 16 日，第七届中国舆论学论坛在重庆大学新闻学院召开，来自国内近 30 所高校的学者与业界专家齐聚一堂，共同探讨新时代中国舆论学自主知识体系建设，旨在总结和推动中国舆论学研究在理论和实践层面的探索和创新。本届论坛由中国新闻史学会舆论学研究专业委员会主办，重庆大学新闻学院承办，重庆大学数字媒体与传播研究院协办。重庆大学党委副书记、宣传部部长冯业栋认为，秉承"开放、交叉、融合"的发展理念，舆论学研究需围绕新时代党的新闻舆论工作展开对话和讨论，以巩固壮大主流思想舆论，弘扬主旋律，传播正能量，提升新闻舆论的传播力、引导力、影响力和公信力。

一　舆论学的自主体系建设与本土理论创新

中国新闻史学会会长、中国人民大学新闻学院王润泽教授认为，舆论学研究具有极高的理论和现实价值，立足于我们的历史和实践，通过研究舆论生成、传播、转化机制，对内可以提升社会治理能力，对外可以提升国际传播效能。舆论学研究的内涵具有多元复杂性，随着传媒科技的不断升级和发展，舆论学研究还可以借助大数据和人工智能技术，更好地推进舆论学的科学化和规范化，进一步提高舆论学研究的解释力和影响力，增强舆情数据的预测力。新媒体时代，生活方式的变化、表达方式的转变、利益格局的调整、价值观的蜕变以及治理范式的变迁，需要与之相匹配的舆论学知识体系。在此环境下，舆论的主体、客体、本体、数量、质量等核心要素都在发生新的变化，[2] 呈现新特征、新结构和新趋势，这些为舆论学概念体系、理论体系、话语体系和方法体系的革新带来了新的契机。[3] 新时代中国特色舆论学的自主体系建设正逢其时。

中国新闻史学会舆论学研究专业委员会理事长、上海交通大学媒体与传播学院谢耘耕教授指出，随着中国社会的快速发展和全球化的推进，新时代的舆论呈现诸多新的特征、结构和趋势，对传统的舆论学知识体系和研究方法产生了颠覆性的影响。因此，舆论学研究的理论创新和视野拓宽势在必行。新媒介技术的出现为舆论学知识体系的转型与重构带来了新的契机，需要重新阐释舆论学的诸多概念与命题，进行元理论的建构和研究范式的革新，构建中国特色舆论学概念体系、理论体系、话语体系和方法体系。

北京大学新闻与传播学院副院长刘德寰教授以“舆论生成的理论探析：概念化社会事实”为题，以“内卷”概念的泛化与滥用为切入口，通过“概念化的社会事实”探究舆论的生成模式。刘德寰教授指出，在这个转变过程中，媒介起到了最为本质的作用，因此我们要重新理解媒介。概念化过程是概念由建构变成结构的核心过程。媒介经过概念的概念化与结构化之后，可以指导人们的实践。同时，舆论正在转化为概念化的社会事实，通过媒介的概念化过程，进而形成社会结构的一部分。

重庆大学新闻学院院长郭小安教授以“网络舆论究竟是理性还是非理性？——对理性概念不同维度的综合考察”为题，分别从政治理性、经济理性、工具理性、价值理性以及法兰克福学派所提出的交往理性等五个方面入手，阐释了理性概念的不同指向和逻辑联系，并结合生动的案例对现实中网络舆论的理性与非理性进行了反思。郭小安教授认为，不宜先入为主，轻易将舆论场中的情绪化表达、戏谑化表达等视为非理性，而要进一步探讨我们在何种理性层面来思考和定义，重点挖掘理性的不同指向以及理性与情感的关系，实现理论的本土化，从而更好解释中国现象、解决中国问题。

中央民族大学新闻与传播学院袁会副教授则探讨了如何理解真相问题，并分享了她对舆论中真相问题与谣言传播研究的思考。首先，她提出真相问题化的背后隐藏着人们对知识的信任和对权威的依赖。在所谓的后真相时代，真相崩塌并非指人们完全不相信真相，也并非人们认为真相是意识形态之上被修辞的“骗局”，而是人们处于相对真相的前提之下，不再相信此前的真相。在此语境下，荒谬的谎言可能比真相更为人们所相信。其次，她讨论了谣言与真相的联系。她认为，谣言可以帮助人们从确定性和可信度上找到答案。人们在转发谣言时往往处于半信半疑的状态，所以研究谣言的说服技巧比研究其论证漏洞更为重要。谣言也是另类的真相，可以帮助了解真相。因此，在回归真相时要重视事件解读的多元性，思考真相的可信度，并对谣言的研究思路和框架做出转换。

中山大学新闻传播学院副教授刘洋从实证研究出发，对政治传播概念进行再挖掘。首先，在社会情境层面，她考察了社交媒体沉迷的技术动因、心理动因和情境动因，发现社交隔离情境“拉平”了不同个体间的沉迷程度，情境对沉迷的催化效应在使用需求水平低和错失焦虑水平低的个体中更加显著。其次，在政治情感层面，她聚焦于公共卫生政策的社会调查期、政策摇摆期的公众心态，发现焦虑情绪主导和愤怒情绪主导的情感会不同程度地调节政治信任和过往风险经历对公众卫生政策满意度的影响。最后，在主观动机与个体感知层面，她考察了媒介信息接触对知识习得的促进效果。总之，通过多个实证研究，从不同面向、维度的解释路径来考察政治传播概念，强调“传播的动能”（enability）能够更好地消解政治传播的解释困境，带来更多维度的研究发现。

舆论史研究作为舆论学研究的起点与基础，对于舆论学学科体系的建设具有重要作用。华东师范大学传播学院教授、中国新闻史学会舆论学研究专业委员会副理事长陈虹详述了舆论史研究的逻辑起点、方法路径和内容范畴。首先，她概括了舆论史研究具有开放性、自主性与互动性三种特性，认为跨学科视野下的中国舆论史研究应将研究置于更广阔的视域与范畴之下。舆论史研究要考虑媒介与社会诸多因素的互动关系，将舆论放在更宏观的社会语境中进行考察，反映媒介对于舆论表达的功能与作用。中国舆论史研究应该从舆论自身的组成要素出发，分析这些要素在不同时代下的显著特征，并将每个时代中舆论的显著变化特征凸显出来，呈现这一时代舆论鲜明的变化特征。因此，在舆论史研究的实践中，应以史为据，收集史料尤其是第一手资料，在此基础上对资料进行理论逻辑上的综合分析，进而客观全面地还原舆论发展的历史面貌。中国舆论史应当扩展研究视野，其研究对象不能局限于新闻媒体出现后的舆论，还应包括自古至今的舆论历史的研究，构建具有中国特色的舆论史研究体系。

西安交通大学新闻与新媒体学院党委副书记、教授吴锋关注中国共产党应对重大突发事件舆论风险的基本策略及经验启示。他指出，第一，在叛变叛逃、贪污腐败的党内重大突发事件中，党采取直面问题展开正面舆论交锋的策略；在贪污腐败类突发事件中，选择充分利用报刊还原事态真相，面向大众进行舆论引导的方式，如在中央工农检察部查处瑞金县贪污案中，中央工农检察部在瑞金县城召开苏维埃工作人员大会，通报工作经过和检查结果，后以《轻骑队通讯》为题在1933年12月26日《红色中华报》第138期予以公布；同时，坚持利用典型案件教育党员干部，如黄克功案和肖玉壁案。第二，在事故灾害、公共卫生、自然灾害等党外重大突发事件中，党应对的基本策略具有空间上强调全域性舆论阵地的建设，时间上强调突发事件舆论引导的及时性，叙述手法上强调“自我叙述”和“他人叙述”结合的特征。

安徽大学新闻传播学院王天根教授立足于全球化、区域性和现代化的大背景，探讨了时代变局下的中国舆论史学如何发展。首先，他认为中国式现代化区别于普遍意义上的现代化，应从三个层面划分其衡量维度。一是城乡关系维度，乡村劳动力向城市迁移是农耕文明转向现代工业文明的表征；二是技术维度，生产力的典型表现即科技进步，科学技术的发展包括媒介技术的进步导致了社会关系的变革，也是衡量现代化的重要标准之一；三是社会维度，即对中国社会性质的认识，认识近代中国半殖民地半封建社会的性质是实现中国式现代化不可或缺的一环。其次，他认为新闻舆论史问题与全球化、区域性和现代化密不可分，在建立新中国和实现中国式现代化的过程中，新闻媒体与传媒事业发挥了重要的作用，为中国式现代化提供了正当性与合法性的论证。因此，要重视中国舆论史的历史进程与未来发展趋势。

二　智能传播、数字化生活与公共舆论

（一）智能技术、算法社会与公共舆论

人工智能时代，公共舆论呈现出许多新的形态，社交媒体平台、自动化机器人和大数据算法操纵舆论已经成为舆论场的新型主体。[4] 在智能技术成为时代底色的语境下，未来新型主流媒体更加需要探索一种人与智能技术无间合作的方式，共同发展一套人机协同、共生互融的方式，切实地推动智能新闻业的不断完善与进步。四川大学文学与新闻学院教授、中国新闻史学会学舆论学研究专业委员会副理事长蒋晓丽及其博士研究生钟棣

冰以“实践‘赋能’与价值‘负能’：智能技术之于新型主流媒体的重构、结构与再建构”为题，探讨了智能技术对新型主流媒体实践流程的变革及其引发的伦理价值风险。在智能算法技术广泛应用于社会各个领域，并与人发生深刻互动的过程中，人与算法技术的关系经历了“具身—诠释—它异”的三重更迭，这对于新型主流媒体与智能技术之间的关系同样适用。技术介入新闻生产、“数据至上”主义思潮甚嚣尘上、智能化算法嵌入新型主流媒体等不可避免地带来了伦理风险。

ChatGPT 是深度介入舆论场域、形塑网络舆论结构的传播主体，“使新公共政治舆论杂糅化”。[4] 中国社会科学院大学新闻传播学院教授、《新闻与传播研究》执行主编朱鸿军探讨了 GPT 语境下的舆论管控与颠覆性重构。他认为，ChatGPT 等人工智能语言大模型不仅影响媒体行业，更是人类文明进程中颠覆性的技术变革，因此，舆论管控与舆论引导需要跟紧技术变革步伐。从传统媒体时代到互联网时代，舆论管控经历了从科层制管理到扁平化运作的变迁，在 AI 的影响下，全球性的扁平化模式将会带来更具颠覆性的变革。他认为在技术影响下，舆论场产生分化，即分为传统媒体引导性的舆论场和商业化的互联网平台舆论场，在此格局下进行舆论管控的方式便是助力主流媒体在互联网平台升级转型，以媒体融合路径做大做强主流媒体，发挥舆论领导作用，从而使商业互联网平台舆论场重塑健康有序的状态。而当 ChatGPT 出现后，他认为主流媒体需要发展类似渠道以应对潜在风险，即在国内发展出与 ChatGPT 相当体量的 AI 平台，这是破解潜在的舆论风险与安全风险的必要之策与必行之举，但目前这一方向我国仍处于技术探索阶段。

清华大学新闻与传播学院教授、中国新闻史学会舆论学研究专业委员会副理事长沈阳，同样从 AI 视角阐释了他对技术发展的反思。他提出“ChatGPT”这一 AI 技术的产物已经成为现实生活的一大日常工具。随着大规模语言模型等 AI 技术的显著进步，人工智能将逐步在创造性领域得到应用。他认为 AI 在各大领域具有至关重要的前景，并将带来创造性的应用。AI 大模型技术已从纯粹的文字领域进化至语音、图像甚至视频领域的处理应用，AI 大模型将逐渐具备与智能制造、文化数智化等行业相结合的可供性。他提到在一些具体行业，如服饰、艺术、医疗等领域，AI 技术已得到初步应用，并产生了具体的产品和服务，如时尚大模型、交互式机器人和智能牙科机器人等，体现出 AI 在智能设计、智能医学诊断、药物研发等方向的前景。最后，他展望了 AI 技术将为人类社会进步提供的更多可能性，在 AI 基础上发展的深度学习技术、自然语言处理技术等仍具有充足的可待发展的科学潜力。

南京大学新闻传播学院教授骆正林认为，数字技术、人工智能的发展，使人类更加从容地配置资源，人们的物质生活出现了翻天覆地的变化。在数字空间内，人们可以创建虚拟身份、访问虚拟地点、实现数字交往。他认为社会世界具有鲜明的主体间性，它是主体之间建构与再建构的过程或结果。随着大数据、人工智能等技术的发展，数字空间越来越成为人类生活的第三空间，人类的政治关系、社会关系、生产关系和现实利益等，都在迅速向数字空间转移。人与物、物与物的关系正在显示出更加重要的地位，物逐渐在社会世界中获得了主体性，也显示出极大的构造力和不确定性。数字技术、人工智能使机器逐渐拥有智慧，这将冲击社会世界的关系与秩序，在数字算法支配的世界，权力、资本与算法的合谋将使社会世界出现更加严重的殖民化，社会世界原有的独立、自由、开放、协商等价值观将遭到猛烈冲击。最后，他呼吁保持对技术文明的警惕，同时理智、谨慎地处理人工智能。

郑州大学新闻与传播学院传媒与发展研究中心主任马二伟教授从用户视角出发，采用实证研究方法，分析了算法技术压力与用户算法抵抗行为之间的“驯化—反向驯化”关系。他结合短视频推荐算法的具体特征考察了短视频平台中用户针对算法技术的抵抗性行为。他认为在数字化社会中，算法已与生活空间密不可分，一面体现科技的便捷性，另一面却昭示人的“主体性危机”。面对算法权力的扩张，用户必须思考如何与算法进行权力抗衡，并认识到“算法抵抗”的关键性。他发现，算法倦怠这一用户负面心理状态对算法抵抗行为有显著正向影响，算法倦怠在算法过载、算法入侵、算法隐私侵犯、算法不确定等算法技术压力和算法抵抗之间存在并发挥了中介作用。因此，用户是平台生存或发展至关重要的一环，平台算法的开发者和运行者都应站在用户视角，关注用户算法倦怠与算法抵抗行为，推动算法技术压力的消弭。

广西大学新闻与传播学院院长王仕勇教授与福州外语外贸学院艺术与设计学院助教陈超老师从粉丝圈群话题入手，探讨了“算法想象”中的中介、物质与情感。首先，他们聚焦人是如何感知与认识“黑箱”里不可见的算法并采取针对算法的抵抗行为。他们通过关注微博粉丝圈群的“算法想象”，即人们对算法的主观感知、想象和体验，从而找到揭开算法“黑箱”的路径。他们发现，平台算法逻辑的中介表现为界面的量化表征与价值传递，微博界面直接显示算法量化的数据，“top1”“爆”等特定标识表征着可见性差异，使受欢迎度成为用户默认的自然化状态。粉丝圈群认识到算法对流量“数字”的青睐后，形成了对算法逻辑规则的“物质化想象”——“流量—热度”。而算法生成的账号差异性使部分账号能占据更具可见性的高位，又产生“权重—位置”的算法想象。然而，粉丝圈群想象仅停留于经验层面，难以触及算法本质。“算法想象”是算法对行动的建构，亦体现人对技术的征召，想象成为人与技术互动的中介。总之，探求“算法想象”是为打开“黑箱”以获得确定性，本质上是寻求主体性的解放。

（二）数字化社会的公共舆论生活

汕头大学长江新闻与传播学院教授冯月季从数字时代舆论可沟通性的问题缘起谈起，认为数字时代舆论生态呈现出复杂化、碎片化、情绪化问题，难以达成共识，并带来舆论圈层区隔的沟通问题，由此引出数字时代舆论可沟通性的必要性。他通过对数字时代舆论可沟通性的理论考察指出，日常性、可见性与公共性是数字时代舆论可沟通性的理论基础。其中，可沟通性强调舆论的中心始终在城市，数字时代舆论问题的凸显也伴随着城市的媒介化进程加速。对舆论的事件性理解也可转换到日常性理解，即舆论作为一个社会过程而非独立事件中的意见。不单纯将舆论看作某些特定事件背后的刻板印象、虚假意识、极化情绪等，而是考察日常性沟通中舆论如何积极推动社会现实和价值观念的建构。

四川外国语大学新闻传播学院院长、教授刘国强及硕士研究生李洋指出，互联网等数字基础设施在人们日常生活中的深度嵌入，不仅形塑新的话语权力分配结构，而且从根本上改变了女性主义的实践形态，此类“自下而上”的社群参与式实践备受关注。他们以情感视角聚焦此类社群的性别话语实践形态，深入把握其话语表征与情感因子之间的潜在关联，并采用扎根理论的三级编码操作规范，对参与式观察所获取的文本资料进行逐级聚类，得到“困境叙事”、“话语诠释”与“观点研讨”三条相互并列的内容线索。具体而言，“困境叙事”的主导情感类型表现为消极负面的激进性；“观点研讨”由一种积极理性的智性情感所占据；“话语诠释”处于激进与智性两极中间地带，对应着一种趋于中性的批判与戏谑态度。总之，负面情感因子仍具有大量随机发酵且形成“回音室”的可能性，这足以说明负面情绪在群体聚集下的高度易感性。但社群成员也能够在多元类型的互动实践中获得丰富的情感体验，从而使负面情感因子在持续积累中产生最大阈值。

湖北第二师范学院新闻与传播学院院长、教授陈瑛以从电视短剧到网络短剧的流变引入话题，指出网络短剧正是社会加速的结果，网络短剧对应了加速社会人们普遍的时间焦虑。为了吸引受众，网络短剧的剧情往往具有时长短、冲突多、节奏快、层层反转、爽点密集等特点，很好地适应了快节奏的现代生活方式，满足了观众对于碎片化时间的利用。此外，她分析网络短剧“算法主导、个性化观影”等的主导逻辑或将造成格调粗俗、野蛮生长等主流意识形态传播困境。相较于传统电视剧的大投入和大制作，网络短剧可以在极短的时间内拍摄完成并立即上线，所以网剧制作能紧跟时事热点和话题。在算法的加持下，诸多社会的负面问题被放大，造成广大民众对社会的不满与怨气。网络短剧较少宏大叙事，有意规避了对世界观的构建，而是着力私人叙事，重点叙述观众身边平凡个体的辛酸苦乐，呈现主人公微观视角下的个人情绪体验。最后，针对网剧造成的主流意识形态传播困境，她提出网络短剧应积极探寻主流价值传达与市场接受“合流”之道，成为人们喜闻乐见并服务于社会主义强国建设的艺术形式。

西南交通大学新媒体与文化研究中心主任、成都体育学院新闻与传播学院院长石磊从乡村振兴的大背景入手，探讨了短视频中的乡村振兴与舆论引导问题。他以“川香秋月”“康仔农人”“帅农鸟哥”等代表性短视频创作者为例，解析了短视频中的乡村形象建构。他认为，劳动生产空间体现为“浪漫化”的劳动书写，乡村劳作被刻画为田园诗歌般的再现，“桃源”和“治愈”成为人们热衷的标签。日常生活空间则通过家常饮食挂上烟火气的特征。社会交往空间书写了一个“原乡化”的亲邻体系，互帮互助的乡邻关系赋予了乡村“原乡”的魅力。文化空间则体现为古法手作的传统记忆，乡村匠人在短视频中所展现的传统笔墨纸砚、服饰胭脂等手工品的制作工艺，不仅再现传统文化的工艺景观，也重建了天然化的乡土文化空间。因此，短视频具有重建乡村名片、再生产乡村空间的功能性。但乡村短视频中也存在资本干预、都市窥视、碎片化等问题，需要主流媒体、平台机制等共担责任，优化乡村短视频舆论引导。

西南大学新闻传媒学院副院长秦红雨从图像伦理的角度考察了网络时代现代战争中的视觉乱象，并对图像控制进行了伦理反思。现代战争被媒介深度介入，战争景象沦为“拟象的碎片”，“血火”“死亡”“枪弹”都成为社交网络“屏幕”中的图像碎片，媒介正以图像实现“克隆战争”。他认为“克隆”作为新的复制逻辑是理解认知战的关键切口。首先，战争在直播屏幕中是“即时真实”的——物理战争与屏幕战争同步发生，也是“后台真实”的——前后台界限模糊，战争“后台”在屏幕中前置，图像“克隆”使战争恐怖无限蔓延。其次，技术化的图像促成了“生命遮蔽”，战争的血腥与混乱被图像所遮蔽，灾难下弱者的苦难与痛楚被旁观甚至忽视；虚拟化的图像也模糊了虚实之间的界限，深度伪造（Deepfake）的AI虚拟图像正产生无数的数字罗生门，让真实面临消亡；而在游戏化的图像蔓延中，战争真实的暴力被掩饰。人们对战争的视觉实践进行批判与反思，是获得新知识的契机，更具有重建视觉生态的重要意义。

三 国际传播与公共舆论

面对全球国际舆论的新变局，中国特色国际传播战略体系亟须构建。[5] 中国新闻史学会舆论学研究专业委员会副理事长、暨南大学新闻与传播学院林爱珺教授以“全球数据资源争夺与风险防范”为题，强调了掌握数据资源的重要性。林爱珺教授对数据争夺、数据资本和数据圈地分享了独到的见解，并结合生动的案例分析了数据之争的表现。我们从互联网平台对数据的重视可见一斑，国际互联网跨国公司通过攫取数据获得信息霸权，对公众权益、国家主权、数据安全造成极大威胁，并形成无可比拟的垄断优势。大数据时代，必须维护国家的数据安全，打造健康数据基础设施，抗衡互联网平台与资本的数据霸权。她认为数据治理与风险防范应该考虑制定数据安全的国际规则，推动数据跨境流动，并且注重优化数据基础设施建设，发展自主化数据技术，建立数据联合监管机制。就国家自身而言，既需要保持一定的国家之间合作与开放，也需要保持自身对数据流动安全的警惕，推动数据资源的合理应用与风险防范。

武汉大学媒体发展研究中心副主任、新闻与传播学院教授肖珺对“如何不断优化中国与世界互动的理念与方法，努力探索促进团结的国际传播之路?”这一问题进行思考。首先，她讲述了文化相对性的跨文化传播逻辑，指出人类在演讲、说服、论证、论辩等不同传播形态中存在多种逻辑，人们在与外在于己的他者接触、对话和互动时，逻辑的多样性、差异性将在人类传播中广泛存在，进而持续地影响人们的实践和思考。其次，她基于逻辑类型的多样性和文化相对性特征，分析了从跨学科角度构建中国国际传播跨文化转型的概念逻辑、对话逻辑、认知逻辑三个逻辑要点，并以文明交流互鉴为导向发展出多重内涵，认为文明交流互鉴观应走出“文明冲突论”“文明优越论”等西方概念陷阱，通过文明间持续的对话生成多元发展、相互作用的全球社会。最后，她提出认知逻辑能够促进国际传播在理性和感性的融合框架中走向民心相通。回归日常生活中人的故事，呈现理性和感性融合的真实人性，符合认知逻辑的生命故事更能做到跨文化的民心相通。

山东大学舆论研究中心主任、新闻传播学院教授戴元初思考了中国式现代化语境下舆论学研究的新进路与国际传播效能。他认为，中国人对现代性思考经历了从仰视西方到平视西方的转变，中国式现代化的制度逻辑是基于国家治理体系与治理能力的现代化，中国式现代化的传播呈现出时（断代的）空（中外的）压缩下的意见叠加、断裂与浑融，总结舆论学研究的思考方向主要分为以下四种：从时间上，过去—现在—未来的历史视野；从空间上，发达—发展中—欠发达的全球视野；从理念上，舆论观—

舆论感知—舆论实践的全过程民主与舆论生态治理；从方式上，有历史与现实的对话、东方与西方的对话。以《中国日报》国际新闻报道的区域分布与情感倾向为例，中国媒体国际影响力的获得，既取决于其如何以全球视野讲述中国故事，也取决于其以中国表达讲述全球故事的能力。在流动空间的背景下，多重距离是"全球故事，中国表达"影响机制的底层逻辑，我们应提倡中国的国际传播工作以多重距离为尺度，在更精准的传播中提升国际传播整体效能。

北京外国语大学国际新闻与传播学院副院长、教授刘滢关注中国核心术语的国际表达，并指出，由于西方主要国家长期掌控全球传播的重要渠道，中国的国际形象在很大程度上是由少数西方媒体和智库塑造的，"他塑"中可能存在误解、偏见甚至污名化。她认为"人类命运共同体""一带一路""新发展理念""和而不同"等中国核心术语是中华文明精神标识和文化精髓的集中体现，它是由中华民族所创造或构建，凝聚、浓缩了中国治国理政思想、经济发展思想、人类社会进步思想，以及中华哲学思想、人文精神、思维方式、价值观念等，以词或短语形式固化的概念和核心词。围绕中国核心术语构建共通的意义空间须要坚守中华文化立场，坚定文化自信，以中华文明为根本；也要推动文化交流，在文化对话中实现融通中外，在各国政治、经济、军事、文化、社会等各类术语的交流碰撞中，提升中国核心术语的国际影响力，从而更好地"自塑"国家形象，促进文明互鉴，构建人类命运共同体。

西南大学新闻传媒学院教授刘丹凌及西南大学新闻传媒学院硕士研究生江雨萱围绕国家形象研究的百年谱系与中国话语体系建构展开研究，她们指出，要理解中国国家形象话语背后的动能机制，探索行之有效的中国国家形象实践路径，必须回到历史与现实、全球与本土、自我与他者、理论与实践的多重视野。他们通过梳理国家形象在政治学、经济管理学、比较文学、传播学的学术图景、理路与偏向，指出融合政治与传播视域的国家形象建构策略研究是中国学者关注的重点。值得注意的是，传播学视域中，国外研究关注焦点主要是以下三点：一是作为建构过程的国家"媒介形象"研究；二是作为传播效果的国家"认知形象"研究；三是国家形象的塑造与传播策略研究。国内研究则将如何建构理想的国家形象作为焦点，围绕中国国家形象的传播和建构问题展开探索。基于中国国际地位、社会制度及文化传统的特殊性，中国关于国家形象的研究形成了独特的体系。

大连外国语大学新闻与传播学院院长、国际传播研究院院长张恒军教授以东北亚国际传播为例，分析了国际传播的态势监测与舆情支持问题。首先，他认为东北亚是进行国际传播态势监测的重要对象。研究发现，第一，孔子学院等中文教育传播发展迅速；第二，海外华文媒体本土互联网覆盖率增强；第三，中文类的社交媒体账号的传播矩阵已具雏形；第四，外国政要认可中华文化的频次越来越多，起到良好示范作用。其次，他发现东北亚国际传播面临的主要问题表现为历史遗留问题和极复杂的地缘政治因素影响社会心理，以及西方媒体把持国际话语权设置涉华负面话语。同时，技术变革也带来传播机遇，东北亚汉语热正形成汉语文化圈。对国际人群的精准传播可以以点带面扩大海外朋友圈。境外媒体对中文报道的转载也有助于国际传播品牌价值的提升。总之，优化中文国际传播，须要开辟新的舆情空间，实现增进互信的舆情支持。

中国人民公安大学网络空间国际治理研究基地执行主任韩娜副教授和中国人民警察大学网络空间国际治理研究基地执行主任张晓东讨论了数字时代的认知操纵与其安全风险。首先，他们探讨了认知操纵对网络安全的影响，认为在数字时代的日新月异下，人工智能、Web3.0等新兴技术发展加剧了网络暴力与虚假信息传播现象，并使认知操纵具备了现实存在的技术基础，为网络空间的运营与维护带来新的安全风险。其次，从认知操纵的视角，他们认为“认知战”的未来发展趋势需要重视，国家安全与认知战略研究需要加强。在国家安全背景下，地缘政治博弈逐渐向认知博弈转变，数据处理、受众画像识别、情感分析等方法技术都可能提高认知能力，线下神经生物学机制、精确信息推送与预测也对国家认知安全至关重要。最后，他们探讨了西方国家在国家安全维度的行为特点，比如在政府层面形成专门化的战略传播机构；在媒体层面构建基于社交平台的全球性信息传播网络；通过事实核查机构强化反虚假信息机制。

上海交通大学网络安全技术研究院院长李建华教授以“认知对抗大模

型及应用研究”为题，提出认知对抗是继体力对抗、火力对抗、信息对抗后的崭新对抗领域，并分享了国内外网络空间认知对抗研究的现状。他认为网络空间认知对抗解决方案是认知对抗大模型，该模型需具有认知风险的及时感知理解能力、对抗内容的自适应弹性生成能力、智能体群体的自组织协同部署能力。李建华教授指出，认知对抗大模型的构建方案是以开源通用大模型作为模型基座，围绕认知对抗大模型能力要求，构建认知对抗领域微调数据库，并指出认知对抗大模型在虚假信息检测治理、舆情认知引导、国际认知对抗博弈等方面均能发挥重要作用。

四　新时代的舆论引导与社会治理

（一）全过程人民民主的国内外舆论引导研究

湖北大学新闻传播学院院长、教授廖声武和江西科技师范大学文学院讲师郑永涛关注全过程人民民主这一新理念。他们指出，全过程人民民主话语体系既在现实物理空间传播，同时也在网络空间传播，并通过网络传播不断扩大其影响。新闻报道要利用各种传播渠道，主动参与到全过程的人民民主实践中，在构建话语的沟通机制、认知机制等方面发挥积极作用。同时，网络全过程人民民主是以网络技术为基础与支撑的，是全过程人民民主的重要组成部分。网络全过程人民民主在数据化、智能化、平等化等维度体现了人民至上性。它拓宽了民众参与的广度和深度，使获取协商议题更加及时和便捷，民主监督更加公开透明，民主流程间的衔接更加顺畅。

中国浦东干部学院王平副教授考察了全过程人民民主视角下的国际舆论引导策略。她以上海虹桥街道为例，探讨基层立法实践对全过程人民民主理念的影响。上海虹桥街道是我国国际化程度较高的社区，社区居民对“民主”“法治”等议题关注度较高，他认为虹桥街道的基层立法实践对贯彻全过程人民民主理念具有特殊意义。虹桥街道提出了“一体两翼”的工作法，即设立16个居民区、50家单位的信息采集点，收集市民意见。目前，这一建议从最初4个试点到现在的22个基层立法点，已覆盖全国三分之二以上的省市，是对全过程人民民主的生动诠释。同时，她也提到我们需要重新审视民主的本质和国际传播中的民主问题。中国如何在国际舞台上展示自己的民主理念，如何与西方国家展开对话并相互理解彼此体制和发展道路，以及如何在意识形态上与美国抗衡等都是亟待研究梳理的重要议题。

（二）网络舆论的风险与治理

中国新闻史学会舆论学研究专业委员会副理事长、人民网舆情数据中心副主任、人民在线总编辑单学刚以“后疫情时期网络虚假信息的传播特征及其生态治理”为题，分享了他对网络虚假信息的研究。他通过丰富的数据分析展现了网络虚假信息的传播特征，并从多部门协同治理和平台企业技术赋能方面分析了网络虚假信息治理动态，提出网络虚假信息治理面临着不确定心态、境外虚假信息渗透以及新技术新平台的传播空间的风险挑战。对于后疫情时期网络虚假信息生态的治理，他从“平台治理”、“内容管理”和“心态引导”三个方面提出对策建议。

上海政法学院马克思主义学院副院长徐世甫则针对新形势下网络舆论引发的意识形态安全风险进行了研究。首先，他分析了新形势下意识形态安全风险的历史背景，认为在中华民族伟大复兴的战略全局与世界百年未有之大变局中，互联网成为意识形态斗争的主战场，网络舆论则处于最前沿。其次，他阐释了网络舆论与意识形态安全的内在关联，两者的差异体现在意识形态是对主流思想与价值观的认同体系，网络舆论则在于社情民意的汇聚表达；而两者又统一于新时代中国特色社会主义现代化建设的伟大实践，与人心民意密切相关，在本质上，两者是合一的。再次，他对网络舆论引发的意识形态安全风险进行了举例，比如夸大其词、任意拔高等“低级红”“高级黑”的不当网络舆论。最后，他提出构建以“四新”为核心的一体化应对机制，即新基础：推进高质量发展；新范式：践行网络舆论引导的主体间性范式；新方法：建立网络舆论引导统一战线；新目标：构建网络空间命运共同体。

重庆大学新闻学院董天策教授聚焦网络暴力治理的学理与法理问题，并从网络暴力的现实事件切入，直指网络暴力扰乱网络秩序，破坏网络生态，致使网络空间戾气横行，严重影响社会公众安全感。董天策教授通过对研究样本案例进行分析，发现将行为判定为网络暴力的理论依据相当模糊，或张冠李戴，或似是而非，以至于案例中对行为违法犯罪的判断和分析不准确。在他看来，网络暴力治理研究存在三个学理与法理上的问题：对网络暴力行为认定的扩大化、对案例中违法犯罪判断的不准确、对网络暴力行为研判的简单化。网络暴力现象本身错综复杂，许多案例涉及多重维度，不同视角下对其性质的理解也大不相同。

华东政法大学传播学院院长范玉吉教授则从网络暴力的话题入手关注网络舆论场秩序的重构。他认为，要解决网络暴力问题，根源在于对网络舆论场内基本表达秩序进行重构。首先，他认为网络空间与现实空间相同，介于私人领域与哈贝马斯所说的公共领域之间，其公共性的一面能促进社会公共价值。互联网所建立的新传播体系体现出互联网的媒体属性，具有发展公共领域的可供性，但在我国社会发展中，公共领域的建立与维护并未得到充分重视，公域与私域的边界模糊可能加剧互联网中的问题争议。为重建网络舆论场秩序，要明确公共领域的定义和规范，确保网络空间的言论发表处于一定的道德法律框架之内。最后，他从网络空间治理出发探讨了网络暴力的定义问题，认为目前对网络暴力的界定存在模糊现象，对其识别标准也过于简单，亟待重建。更为重要的是，要明确网络公共空间的公共价值观，对网民表达形成有效的约束框架。

河南大学新闻与传播学院副院长于春生教授则关注“数智阅读”，探讨“认知外包”与舆论引导的关联。他认为阅读是人类最重要的认知过程，将影响群体观念与社会舆论，而技术发展已彻底改变阅读方式，“数智化”阅读成为青年阅读实践的主流方式。“数智化”阅读提升阅读效率却以无限的信息超越个体认知能力，“认知外包”因此出现，即将信息的获取、选择、标注、记忆、理解、反馈等环节外包至人之外的技术工具。这种分布式认知，超越了传统的认知观念。“认知外包”是对人脑的延伸，体现人机结合的思维方式，但“认知外包”也存在舆论操纵与群体误导的潜在风险。舆论操控者通过数据算法具备操纵信息流以引导用户认知走向的可能性，可能将商业观念或政治目的隐蔽地向公众传输，或是扩散虚假信息破坏舆论生态，也有可能使个体形成技术性依赖，消融主体性。因此，针对“认知外包”要提升算法透明度，完善法规政策，提高用户数字素养，社会多方也要参与协商对话以降低其舆论风险。

西北政法大学新闻传播学院副院长、教授陈琦围绕未成年网络信息保护分享了其基于 CiteSpace 的分析及结果。她指出网络基础设施建设及互联网技术发展为未成年人网络接触提供了便利条件，同时，网络、技术发展形成的全景监狱对未成年人网络信息安全构成威胁。而未成年人的信息安全威胁可能成为非法侵害的前置风险。儿童的健康成长不仅关乎家庭的和谐稳定，也事关社会可持续发展大计，因此未成年人信息安全保护的紧迫性与重要性日益凸显。在梳理了学界近年关于未成年人隐私、信息保护的研究脉络后，她言明网络环境下未成年人隐私保护仍存在着未成年人社交媒体平台信息披露意愿难以界定、儿童智联设备或加剧未成年人信息泄露等问题，但依然期待通过明确落实社会各方责任，形成合力，为网络环境中的未成年人信息安全筑牢堤坝。

（三）舆论引导策略研究

南京市委网信办二级巡视员、副研究员刘斌关注全媒体时代的舆论引导和危机应对策略，并指出全媒体时代的舆论生态、传播形态和文化业态已发生深刻变化，即全球一张网、全国一盘棋。同时，他从实践角度出发，指出当下互联网舆论裹挟中官员出现了“舆情恐惧症”，提出党员干部要学会在网络的监督下工作，要善于走网上群众路线。在舆论引导具体做法中，他提出突发公共事件舆论应对 20 字方针：导向正确、及时准确、公开透明、有序开放、有效管理。他认为应尽快完善重大事项舆情应对机制：一是要建立重大事项舆情风险评估机制，事先评估判断相关舆情风险；二是要建立健全舆情监测机制，第一时间发现掌握舆情动态；三是要制定完善危机管理预案，第一时间应对处置舆情危机；四是要建立新闻发言人制度，正面回应媒体与公众关切，第一时间引导网络舆情；五是要同步解决实体事件，第一时间控制风险蔓延升级。

复旦大学智慧城市研究中心主任助理、高级研究员钱学胜在《全媒体时代重大活动的议程设置与舆论引导诹议——以上海市系列重大活动策划为例》中，从重大活动与舆论引导的关系出发，提出重大活动与舆论引导在时代导向、价值导向、目标导向、行为导向上具有同一性，甚至可以说重大活动是舆论制造的源头。之后，他以上海虹桥国际经济论坛、虹桥国际开放枢纽建设论坛（虹桥 HUB 大会）和 2023 世界人工智能大会等系列重大活动策划为例，分享了他在重大活动的议程设置中积累的“发掘更利于说好的属性”“公众议程和媒介议程合流”“抢占议程设置的主动权”等宝贵经验。最后，他强调，在通常的学术语境中，重塑重点在于打破传统媒体的垄断地位，淡化舆论控制中心，但来自实践经验表明，唯有抢占议程设置的主动权，才能更好保持与大众的信任关系，正确引导群众舆论。

重庆工商大学文学与新闻学院院长殷俊教授从公共文化服务视角出发，关注县域主流舆论的构建。首先，他提出要为县级融媒体发展政策定基调，以行政力量、数字技术政策布局促进县级融媒体的改革与发展，助力其公共文化服务事业构建，并以浙江长兴模式为例阐释数字技术对重整未来公共文化建设的有效性。其次，他对县域主流舆论现状进行了剖析，总结其多元化、互动性强的两大特点，并分析了我国县级融媒体中心公共文化服务的研究现状，将其分为体系建设研究、效能研究、供给研究三个方面。最后，他为县级融媒体公共文化服务功能的提升给出了一些建议：从投入角度，应重视县域经济发展保障物质基础，优化公共服务的资源配置，为县级融媒体中心“造血”赋能；从能力角度，应精耕新媒体公共文化服务栏目，并在电视和广播维度继续优化公共文化服务能力；从效能角度，应着手优化新媒体平台的服务质量，夯实平台群众知晓基础，促进公共文化服务效能提升。

参考文献

［1］掌握信息化条件下舆论主导权、广泛凝聚社会共识［DB/ OL］. 2024-01-29，新华社，https://www.gov.cn/yaowen/liebiao/202401/content_6928770.htm.

［2］李彪. 新时代中国特色舆论学：演进脉络、核心问题与研究体系［J］. 编辑之友，2021，（09）：5-10.

［3］郭小安. 新时代中国舆论学知识体系的反思与重构［J］. 东岳论丛，2022，43（01）：28-39+191.

［4］罗昕．计算宣传：人工智能时代的公共舆论新形态［J］. 人民论坛·学术前沿，2020（15）：25-37.
［5］陈虹，秦静．中国特色国际传播战略体系建构框架［J］. 现代传播（中国传媒大学学报），2023，45（01）：55-59+65.

中国数据新闻实践与未来发展趋势研究*

陈积银　刘书彤　李　高　宋春妮**

摘　要　本研究采用内容分析法，对2023年全球、中国数据新闻优秀作品进行人工编码，对比分析了全球数据新闻可视化发展现状和中国数据新闻的实践特征。研究发现，当前中国数据新闻作品整体呈现出选题紧跟时事、思想紧跟国家、有数据更有共享、有图表更有内容、有技术更有情怀、有教育更有实践的特点，但也存在国际视野不足、普惠性不强、自采集数据和多源数据交叉运用能力较弱、可视化技术应用程度参差不齐、独立呈现平台搭建与迭代困难等问题。本研究还提出，未来中国数据新闻创作与教学应该在AIGC参与提升生产效率、新闻逻辑性方面着重努力，与生成式人工智能技术全面接轨。

关键词　数据新闻　内容分析　趋势研究

一　研究背景

数据新闻（Data Journalism）又称数据驱动新闻（Data-driven Journalism），起源并发展于计算机辅助新闻报道（Computer-Assisted Reporting）和精确新闻报道（Precision Journalism），通过数据要素的挖掘分析与可视

---

* 基金项目：国家民委民族研究铸牢专项“铸牢中华民族共同体意识的智能化传播研究”（项目编号：2023-GMG-030）；陕西教师发展研究计划项目“新文科背景下陕西高校数据新闻教学与科研的实践探索”（项目编号：SJS2022ZY010）。

** 陈积银，西安交通大学新闻与新媒体学院，陕西教师发展研究院，教授、博士生导师；刘书彤，西安交通大学新闻与新媒体学院硕士研究生；李高，西安交通大学新闻与新媒体学院硕士研究生；宋春妮，西安交通大学新闻与新媒体学院博士研究生。

化呈现，借以直观易懂的具象表现形式，建立起宏大数据与微粒化个体的叙事连接。

经过十余年发展，我国数据新闻在报道议题和呈现形式上不断丰富，聚焦热点、直观解读、回应舆论的功能不断凸显。[1] 后真相时代，由客观、中立数据驱动的数据新闻在引导公众理性思考方面发挥着愈加重要的作用。在学界，国际期刊上关于数据新闻的研究呈现出逐年增多的态势，[2] 数据新闻的生产实践与价值规范备受瞩目。当前，以 AIGC 为代表的数智技术迭代涌现，为数据新闻的产制流程带来新的变革，叙事逻辑与话语表征也将在人机协作下有全新的风格表现，共同推动数据新闻全新作品形态的产生。

习近平总书记在对宣传思想文化工作作出的重要指示中，明确提出“七个着力”，其中包括“着力提升新闻舆论传播力、引导力、影响力、公信力”。[3] 在新媒体格局和舆论生态中提升新闻舆论的“四力”，不仅要旗帜鲜明地坚持正确政治方向和价值导向，更要着力做好理念创新和形式创新。数据新闻作为新闻记录时代脉动的新方式、新样态，正是在坚守新闻价值本位的基础上，立足真实数据，通过精美的可视化设计激发受众的阅读兴趣，切实“提升新闻舆论传播力、引导力、影响力、公信力”。因此，关注国内数据新闻的创作实践现状，分析其内容形态及未来发展趋势意义重大。

随着数据新闻作为新型报道业态走向成熟，国内外均已设立多项赛事，用于数据新闻可视化作品交流、技术探讨与先进表彰。全球数据新闻奖创立于 2012 年，是国际上第一个表彰在全球数据新闻领域杰出工作的奖项，但由于资金问题，这一奖项被西格玛数据新闻奖（Sigma Awards）于 2020 年起代替。同时，西格玛数据新闻奖与世界各地数据新闻竞赛合作，且有相对完整的开源数据可查，研究结论具有一般推广性。中国数据新闻大赛至今已连续举办八届（2015—2023 年），是一项贯通学界与业界、推动高校新闻传播教育和业界新闻生态数字化转型的全国性权威赛事。但由于 2023 年第八届中国数据新闻大赛参赛对象包括学界、业界两个类别，且出现学界报名团队大于业界报名团队数量的特殊情况，本研究除以上两项赛事的最新获奖作品外，还纳入了中国新闻奖、新华网及在数据新闻领域有突出表现的澎湃新闻、网易数读的年度优秀数据新闻作品，作为业界代表共同参与研究，通过对比分析中国数据新闻创作与全球数据新闻创作的异同，总结全球数据新闻可视化的发展现状与中国数据新闻的本土化实践特征，旨在从全球视野出发，为中国数据新闻可视化创作的未来发展趋势提供借鉴、为中国数据新闻课程教学提供一定的指导，助力中国数据新闻作品在选题视角、技术运用、呈现方式等方面迈上新台阶。

表 1　样本选取情况

<table>
<tr><th>时间范围</th><th>作品来源</th><th>选取范围</th><th>作品数量（项）</th></tr>
<tr><td rowspan="6">2023 年</td><td>西格玛数据新闻奖
（Sigma Awards）</td><td>全部入围作品</td><td>43</td></tr>
<tr><td>中国数据新闻大赛</td><td>一、二等奖获奖作品</td><td rowspan="5">56</td></tr>
<tr><td>中国新闻奖</td><td>“媒体融合奖”获奖作品</td></tr>
<tr><td>新华网</td><td rowspan="3">按照作品阅读量人工挑选</td></tr>
<tr><td>澎湃新闻</td></tr>
<tr><td>网易数读</td></tr>
</table>

二　研究设计

数据新闻作品的相关研究多采用量化分析的方式展开，旨在分析数据新闻的主题意涵和形式表征，或者通过分析作品探究数据新闻的报道模式和制作标准。国外有学者对 2013 年至 2016 年美国网络新闻奖（OJA）225 个奖项提名项目进行分析，发现数据新闻主要涉及政治、社会和经济等议题，对教育、文化，尤其是体育的议题关注不多；[4] 有学者对全球数据新闻大赛（DJA）44 项获奖作品进行分析，总结出七种数据新闻报道模式：反驳主张、揭示意想不到的后果、透露个人感兴趣的信息、加深对现象的理解、揭示社会系统中的缺陷和异常、跟踪系统中的变化、在层层细节呈现中揭示主体；[5] 有学者对加拿大在 2012—2015 年入围美国网络新闻协会、全球编辑网络和加拿大记者协会的作品进行分析，[6] 发现数据新闻中最常用的视觉元素是动态地图、图形和视频。

国内有学者对 2021 年西格玛数据新闻奖作品进行内容分析，以此探究当前全球新闻数据可视化的实践特征；[7] 也有学者对 2015 年至 2021 年国内外七个具有影响力的新闻奖项中 226 条获奖作品进行研究，分析数据新闻作品在内容、情感与形式等方面的变迁。[8]

本文试图对 2023 年国内外数据新闻优秀作品进行内容分析，从作品选题、数据来源、数据运用、使用工具、呈现方式及情感态度 6 个维度制作编码表对样本进行评估与归纳，通过数据分析，量化呈现中国数据新闻创作与全球数据新闻创作的异同，并基于已有结论，总结中国数据新闻的未来发展方向。内容编码表如表 2 所示。

表 2　内容编码表

编码项	一级编码	二级编码
作品选题	W	1. 政治；2. 经济；3. 社会民生；4. 文化/历史遗产；5. 就业；6. 自然环境；7. 人口；8. 民族/性别；9. 科技；10. 城市发展；11. 医学；12. 战争；13. 体育
数据来源	D	1. 政府等官方公开数据；2. 商业/社会组织/学术机构数据；3. 自采集数据
数据运用	K	1. 数据融合程度高；2. 数据融合程度低
使用工具	T	1. 网页开发；2. 数据挖掘；3. 数据分析；4. 数据存储；5. 图表可视化；6. 地图工具
呈现方式	P	1. 交互网站；2. 视频/动画；3. 其他形式；4. 单一图表；5. 复合图表；6. 静态图表；7. 动态图表；8. 交互图表；9. 静态地图；10. 动态地图；11. 交互地图；12. 时间轴；13. 交互游戏
情感态度	E	1. 正面；2. 负面；3. 无明显情感倾向

编码工作由两名新闻与传播专业研究生承担，且两人均连续、深度参与中国数据新闻大赛，对作品选题、可视化技术工具与呈现方式等有深入了解，编码过程中产生误差的可能性小。在内容分析研究方法中，一般认为科恩卡帕系数（Cohen’s kappa）标准在 0.8 以上最佳。[9] 两位编码员完成编码工作后，各类目平均相互信度约为 0.81，证明本研究编码员能够充分理解各编码类目的具体含义，做出较为一致的判断，由此得出的研究结论也具有较高的可信度与可推广价值。

三　分析与讨论

（一）作品选题：紧跟时事，充分展现数字背后的人文关怀

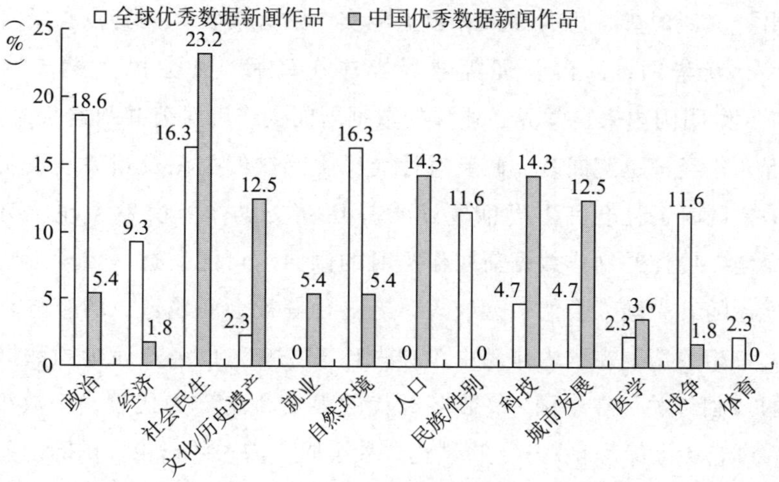

图1　样本选题分布情况

参考以往相关论文，本研究将作品选题分为政治、经济、社会民生、文化/历史遗产、就业、自然环境、人口、民族/性别、科技、城市发展、医学、战争、体育13个类别。受不同时代背景影响，不同时期的研究在类别划分上略有不同，例如，集中在2020—2022年产出的数据新闻作品，对“新冠疫情”“COVID-19”及其相关领域的关注度极高，也有学者在研究时将其单独归类。2022年北京冬奥会举办期间，国内“体育类”作品紧跟时事，异军突起。2023年，AIGC技术迅速发展，以网易数读《大模型“诸神之战”，落地才是赛点》为代表的“科技类”选题表现突出；同时，受短剧《逃出大英博物馆》爆火影响，“文化/历史遗产类”题材受到较多关注，在国内作品中独立占比12.5%。

经过统计与分析，2023年，社会民生、自然环境、政治类选题依然受到较多关注，体现出在数据新闻领域，内容生产者与参赛者的新闻认知与价值判断标准仍与传统新闻一致。全球范围内，政治类选题占比18.6%，此类新

闻作品在协助公众监督政府和相关国家机构运行、促进政治公开和透明化等方面发挥着重要作用。[10] 例如，来自哥伦比亚的《投票游戏》（*Game of Votes*）通过引用、分析来自全球的至少 22 个数据库信息，帮助哥伦比亚人在 2022 年立法和总统选举中进行投票，充分彰显了国际媒体的公共属性。

第八届中国数据新闻大赛共收到 1300 余支队伍的有效参赛作品，整体呈现出“紧跟时事、思考深入、数据翔实、贴近现实”的特点，结合中国新闻奖、新华网、澎湃新闻等业界媒体作品后，社会民生类选题占比 23.2%，说明国内来自学界、业界的数据新闻创作者对公共利益普遍关注。这与近几年经济迅速回暖、政府对社会民生问题的关注及相关政策实施密切相关。同时，社会民生类话题通常易在社交媒体上引发关注、引起共鸣，媒体在选择并制作数据新闻作品时的倾向均可能受这一因素影响。除此之外，随着中国社会的转型，人口老龄化等社会问题造成的影响日益显现，人口相关选题在国内作品中单独占比 14.3%，以第八届中国数据新闻大赛的《临终关怀在中国》《数字时代的银发弃民》为代表，多数相关作品为人口老龄化背景下关于人口结构、社会服务需求的讨论。国际上的社会民生类选题则更倾向于关注种族问题与跨性别者的权益问题，两者都是针对特定群体的关注与社会呼吁，充分体现了数字背后的人文关怀。

进一步分析样本，发现 2023 年作品的选题数据量进一步扩大，数据使用更加合理，量化表达方式更加突出。例如，西班牙作品《自你出生以来，你的家乡发展了多少?》（*How much has your hometown grown since you were born?*）分析了全国 1200 多万幢建筑，展现了西班牙的城市景观在 20 世纪的变化；第八届中国数据新闻大赛作品《四十一年春晚可视化：繁华色彩与家国年华》通过对 41 年春晚的片头视频、开场舞、1794 个节目、直播数据与收视数据等进行梳理，可视化展示节目中所表现出的社会变迁。相比于传统新闻以单一或少量故事叙述为主，当前的数据新闻更倾向于通过大量数据统计与分析，以可视化的方式支持观点表达，故事可能只作为引言或片段资料。但这并不是对人物或事件本身的忽视，而是以更直观、准确的方式，讲述某个群体而非个人的故事，让受众真正关注到某个特殊群体的困境、艰辛、发展趋势或生活状态。[11] 但相比国际上获奖的作品，国内数据新闻创作者的视野还有所局限，对政治、战争领域的关注度略显不足。

（二）数据来源：小数据驱动，国内自采集能力有待加强

表 3　作品数据来源统计

	全球数据新闻优秀作品（项）	占比（%）	中国数据新闻优秀作品（项）	占比（%）
政府等官方公开数据	28	65.1	40	71.4
商业/社会组织/学术机构数据	27	62.7	41	73.2
自采集数据	33	76.7	24	42.9

从数据来源的量级和类型来看，国内外作品以小数据（small data）为主要数据驱动。小数据区别于大数据，大数据具备数据量大、处理速度快、数据类型多样、价值密度低的特点，小数据特点是容量小，量化速度快，[12] 在可访问性、间接性和可操作性层面更具优势，也更能专注于回答特定问题。[13] 小数据是结构化的，通常具有固定模式的表格格式，而大数据是具有动态模式的，其数据集有结构化、半结构化和非结构化三种形式。

数据新闻创作离不开大数据支撑，大数据为创作者感知时代变化提供洞察，但新闻报道聚焦于特定议题的表达，依赖细颗粒度的量化数据，因此，较多数据新闻作品仍以小数据为驱动，通过小数据的强针对性切入主题、展开叙事。例如，第八届中国数据新闻大赛获奖作品《208 份双边文件：浓缩“一带一路”十年合作》通过分析“一带一路”十年来签署的双边文件，讲述我国在合作规模、政策沟通、经济合作等方面发生的诸多变化，为受众建立起对“一带一路”议题更清晰的认知，从小数据出发，讲好“一带一路”大故事。

从数据来源来看，国内优秀数据新闻作品的数据来源与数据选择以政府公开数据、商业/社会组织/学术机构数据为主，其次才是自采集数据。公开的官方数据库透明度高，公众能够更便捷、更快速地通过溯源核查数据完整度与真实性，因此，使用官方公开数据进行数据新闻创作，也成为保证数据新闻客观性与真实性的重要方式。这与国内开放数据的发展及侧重宏大议题的数据全面性相关，但同时也说明，当前国内数据新闻创作团队的数据采集能力还有提升空间。全球新闻作品的数据来源则以自采集数

据为主，政府公开数据、商业/社会组织/学术机构数据占比较少。自采集数据作为数据新闻挖掘数据的重要途径，在抓取数据时具备灵活可调控的优势，数据也更具议题针对性和报道阐释力，在讨论用户数字痕迹和小众议题的报道中效果尤为突出。研究发现，以西格玛数据新闻奖为代表的全球优秀数据新闻作品在战争、贪腐、犯罪等议题中较多采用自采集数据模式，这与报道议题的特殊性和相关数据的稀缺性有关。

未来，中国数据新闻想要在作品创作中更好观照全球性议题，就需要在自采集数据方面多下功夫，提升数据爬取、数据分析、数据可视化等多方面的能力，尤其要能从海量的网络痕迹中寻找真实可用的数据集合。将自采集数据和官方公开数据互相验证、互为补充，是国内的数据新闻工作者需要在创作实践中不断精进的重要方面。

（三）数据运用：内容丰富，多源数据交叉运用提高真实性

数据融合是通过一个有条理的框架，框架中包含各种方法和工具，将来自不同数据源的数据通过这些方法和工具结合起来，形成更高质量的信息。[14] 数据新闻作品的数据来源通常是不同的数据源集，后者被用于在作品中对特定现象或特定问题进行量化和客观阐释。数据新闻创作中的数据融合强调通过多个数据源交叉运用，从不同维度切入，将多个独立数据集整合成单个高质量的数据集，以期提升单个可视化呈现的数据信息量。因此，本研究通过衡量作品中是否存在单个信息图表或可视化画面的数据要素是由多源数据整合而来的情况来判断该作品数据融合程度的高低。

表 4　作品数据融合水平统计表

	全球数据新闻优秀作品（项）	占比（%）	中国数据新闻优秀作品（项）	占比（%）
数据融合程度高	36	81.8	22	39.2
数据融合程度低	7	18.2	34	60.7

经过编码与统计分析，国内作品中有 39.2%的作品数据融合程度高，但整体上数据融合水平略有不足。虽有较多团队采用多个数据源完成作品创作，但多个数据源的数据分别被用在作品的不同部分进行内容与观点阐

释，单个作品的不同环节多数只依赖一个数据源。单个部分仅仅从一个数据侧面而非多个数据维度展开针对性讨论，就证明多源数据交叉运用较少、数据融合程度低，这会直接导致单个信息图表的信息量不足，作品各部分的说服力也会受到影响。相反，全球样本中有81.8%的作品数据融合程度高，整体的数据来源更为丰富，作品中单个信息图表能通过整合多源数据库得出数据集，而非直接使用单源数据集的既有数据与结论。例如，来自英国的作品《太空碎片如何威胁现代生活》（*How space debris threatens modern life*）在讨论破碎卫星碎片进入大气层的概率问题时，调用了中国、俄罗斯、美国三方的数据报告，对不同高度卫星碎片进入大气层的概率分别进行了说明和补充。此处的多源数据集调用在宏观上保障了相关描述的真实、准确。

（四）工具使用：技术主导，AIGC参与提升生产效率与逻辑

作为数据新闻的重要支撑，数据技术创造了数据新闻这一新型报道业态。[15] 在数据新闻作品生产过程中，新闻工作者在数据获取、数据分析、数据存储、数据可视化等环节都需要借助一定的工具展开工作，主要的处理技术可能涉及统计分析、数据挖掘、自然语言处理、机器学习、空间分析等。[16] 本研究将使用工具这一内容具体划分为网页开发、数据挖掘、数据分析、数据存储、图表可视化和地图工具六个部分。由于所选样本中仅西格玛数据新闻奖、中国数据新闻大赛可以直接获取工具使用部分完整开源数据，为保证结论准确，本环节仅梳理并分析以上两项赛事作品的实际使用情况。

表5 作品使用工具情况统计

工具类别	2023年西格玛数据新闻奖（入围作品）	占比（%）	第八届中国数据新闻大赛（一二等奖）	占比（%）
网页开发	JQuery	25.6	readymag	22.56
	Personalisation	7.0	wixsite	7.5
数据挖掘	Scraping	41.9	Python	50.0
	Python	39.5	八爪鱼	27.5
	Sensor	2.3	/	/

续表

工具类别	2023年西格玛数据新闻奖（入围作品）	占比（%）	第八届中国数据新闻大赛（一二等奖）	占比（%）
数据分析	Google Sheets	55.8	Microsoft Excel	47.5
	Microsoft Excel	46.5	spss	10.0
	AI/Machine learning	9.3	pandas	5.0
	Microsoft Power BI	2.3	openrefine	5.0
数据存储	CSV	41.9	/	/
	Json	20.9	/	/
图表可视化	R/R Studio	55.8	Canva/Hanabi/微词云	55.0
	Adobe Creative Suite	34.9	Adobe Creative Suite	50.0
	D3.js（JavaScript程序库）	20.9	Flourish	35.0
	Animation（动画制作）	18.6	镝数图表	35.0
	3D modeling	14.0	Photoshop	30.0
	Canvas（矢量绘图）	7.0	tableau	17.5
	VR	2.3	midjourney	5.0
	/	/	ChatGPT	2.5
地图工具	Quantum GIS（开源地理信息系统）	21.0	NB Map	2.5
	PostGIS/ArcGIS	11.6	标准地图服务系统（mnr.gov.cn）	2.5
	Open StretMap	9.3	/	/

研究发现，国内外数据新闻相关赛事中，创作者在工具使用方面差异仍较为明显。第一，无论国内还是国外，体量较大的数据新闻往往采用单独搭建网页的方式进行呈现。国际上，JQuery提供了一种简便的JavaScript设计模式，在网页开发方面占比25.6%，国内的获奖作品则更多使用readymag或wixsite一类的既有在线制作平台。相比较而言，JQuery或Personalisation明显有更高自由度，但对制作者的技术水平提出了更高的要求。第二，数据挖掘与分析方面，Python、Microsoft Excel在两项比赛中都占近50%的利用率，且在西格玛数据新闻奖入围作品中，已有制作团队将AI/Machine learning应用于内容创作。例如挪威作品《天壤之别》（*Worlds Apart*）利用机器学习辅助编程将TikTok机器人送到俄乌战区，试图探究在

大量媒体撤离战争现场时，TikTok 是否公开向所有人传递关于战争的信息，而中国的生成式人工智能与机器学习暂时未在作品创作中体现出独立运作的能力。第三，数据存储工具的使用在 2023 年西格玛数据新闻奖入围作品中多次被单独标注。41.9%的作品都使用了 CSV 在不同操作系统、软件和平台之间进行数据存储与读取、数据传输与交换，对此中国新闻工作者进行创作时并未引起足够重视。第四，图表可视化制作部分，除常用的 Adobe Creative Suite 外，R/RStudio、D3.js、3D modeling 等在西格玛作品中占比较高，Canva、镝数图表等在线制作平台在第八届中国数据新闻大赛作品中占比较高。这一现象源于当前中国此类辅助创作软件或平台发展较为成熟，部分工具已可以实现“一键生成”指令，一定程度上降低了创作者的操作难度、提高了产出效率，保证了新闻时效性，但在创作自由度和开发空间上会受到一定的限制。

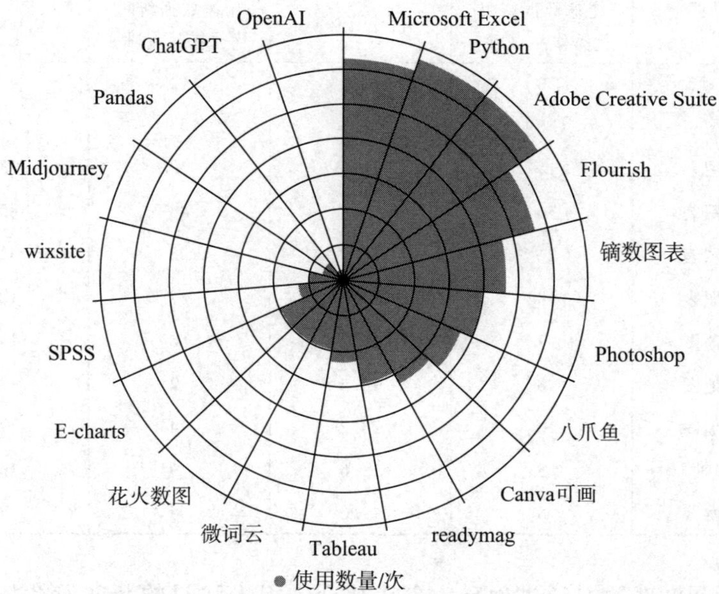

图 2　第八届中国数据新闻大赛一、二等奖获奖作品工具使用分布

值得一提的是，除了部分作品在数据收集与处理过程中使用机器学习（AI/Machine Learning）之外，VR、midjourney、ChatGPT 等 AIGC 技术及其成果也开始被尝试应用到数据新闻作品创作中。第八届中国数据新闻大赛中，获得“AIGC 创作优胜奖”的作品《智能危机：当 AI 智慧与犯罪交织》利用大语言模型“文心一言”完成部分图片、漫画生成工作；《中国十年外交对国际形象塑造的影响——基于习近平系列重要讲话数据库的可视化分析》利用 ChatGPT 与 text2vec 的自然语言处理进行数据分析，但在实际操作中，由于模型训练数据量不足，数据挖掘与分析后存在不同年份数据量差异较大、内容噪声较多等问题。总之，虽然目前仅较少的团队能将 AIGC 运用到数据新闻创作中，但随着智能时代的快速发展和创作者的积极探索，文本数据、影像数据的生成与可视化将被进一步优化，生产效率与可视化逻辑的提升与转变也很有可能逐步实现。

（五）呈现方式：融入游戏，依托独立平台释放作品交互性

表 6　作品可视化呈现方式统计

	全球数据新闻优秀作品（项）	占比（%）	中国数据新闻优秀作品（项）	占比（%）
视频/动画	8	18.6	12	21.4
单一图表	38	88.3	53	94.6
复合图表	11	25.6	13	23.2
静态图表	30	69.8	48	85.7
动态图表	22	51.2	23	41.1
交互图表	18	11.6	7	12.5
静态地图	7	16.2	8	14.3
动态地图	8	18.6	2	3.6
交互地图	10	23.2	4	7.1
时间轴	5	11.6	9	16.1
交互游戏	5	11.6	4	7.1

“新闻游戏”是通过创造一个在社会中引人注目的新闻游戏故事，让玩家围绕这个新闻故事展开游戏。“新闻游戏”所关注的主要是当下社会生活中所发生的新闻事件，或者是新闻事件的某一方。[17] 随着数智技术的不断发展，国内外数据新闻作品中均出现了游戏化的元素设计，通过带动受众走进数据新闻所讲述的故事情境，变革原有的叙事逻辑，也带动数据新闻作品的交互水平迈上新台阶。例如，2023 年中国新闻奖“媒体融合

奖”单元获奖作品《三星堆新发现 | 古蜀国的青铜时代》通过打造三星堆奇妙之旅，让受众得以置身游戏情境，近距离欣赏文物细节之美；哥伦比亚作品《投票游戏》（*Game of Votes*）通过设计投票游戏程序，让受众在投票的可视化过程中，轻松了解哥伦比亚政治权力积累的复杂现象，在保障严谨性的情况下，有效吸引了对政治和选举问题感兴趣的年轻受众。

研究也发现，此类动态交互图表与交互游戏设计非常依赖新闻网站本身的支持，后者让受众可以通过自主点击选择新闻的增量信息，自由掌握浏览的重点和阅读的节奏。从2023年国内外优秀作品的呈现方式来看，全球优秀作品的动态图表、交互图表、动态地图、交互地图的运用数量均比国内优秀作品多；从呈现载体来看，国内数据新闻作品以独立开发网页或公众号、H5呈现为主，少数作品依托生产机构的平台呈现，而国外作品则以独立开发的网页或生产机构平台为载体呈现。数据新闻正在飞速发展，其数据体量、内容表达、呈现形式等都在不断扩大和创新，既有生产机构平台的页面对作品展示的限制愈加突出，搭建独立网页呈现作品并迅速迭代，成为释放数据新闻作品交互性的重要手段。当然，这也对大数据时代的数据新闻专业人才培养提出了更高的要求。

（六）情感态度：打破围墙，数据新闻应尝试不同报道风格

表7　作品情感态度统计

情感态度	全球数据新闻优秀作品（项）	占比（%）	中国数据新闻优秀作品（项）	占比（%）
正面	3	7.0	14	25.0
负面	24	55.8	14	25.0
无明显情感倾向	16	37.2	28	50.0

在全球新闻业数字化转型的背景下，数字新闻学（digital journalism）应该主动打破将情感视为非理性生物学冲动的固有成见，在生态性思维的统摄下，将用户的情感需求纳入新闻生产机制的考量。[18]由表7可知，本研究所选取的99份样本中，无明显情感倾向的作品占较大比例，但来自全球的样本中，持负面情绪或较明显表露出负面情感倾向的作品数量突破了

总数的50%。这一现象主要受到美联社、《华盛顿邮报》等海外媒体常年维持“冲突型新闻”的叙事话语模式的影响，后者希望通过大量调查研究，直观展现，曝光政府、战争、自然环境等方面的问题。

而在国内，多数媒体从业者与新闻传播专业学生受传统新闻业对情感和理性对立认知的影响，不敢轻易尝试突破这堵无形的墙，因此在情感态度表现上相对保守，但也有作品逐渐表现出尝试性与突破性。例如，第八届中国数据新闻大赛获奖作品《311个受害案例、4场网暴模拟告诉你，谁该“保你平安”》中，面对曾造成恶劣影响的社会事件，创作者将带有主观色彩的报道纳入合理化视野中，通过“模拟网暴”增强受众的体验感与在场感，充分唤起公众共同的情感；中国新闻奖获奖作品《创意微政论片｜真理之光》以“光”为核心意象阐释习近平新时代中国特色社会主义思想，倾注了大量的正向情感引导，被600余家媒体转载，全网浏览量超4.5亿次。[19] 在当前国内的新闻创作环境中，通过社交媒体发布带有情感倾向的数据新闻作品，是否符合“新闻”本身的定义与要求？是否能够引起更多公众的关注？是否对社会问题的解决具有正面影响？这些问题仍然有待观察和商榷，但《本草世界・HerbVis》《中华水下五千年》（第八届中国数据新闻大赛）等作品本身蕴含的振奋、鼓舞的力量，对中国文化的国际传播、历史文化遗产的传承与弘扬，对我们在不同维度下的身份认同与共同体建构都发挥着重要价值。未来，数据新闻创作者也可以尝试积极运用正向情感引导，在提升受众积极性、参与度的同时，倡导公众共同为社会问题提出解决方案。[20]

四 结语

本研究通过对2023年全球、中国数据新闻优秀作品进行研究，对比分析全球数据新闻创作与中国数据新闻创作总体趋势的异同，从全球视野出发，对中国数据新闻作品创作的本土创作实践、未来发展趋势与方向提出了建议，在中国数据新闻教学思路上也有一定的借鉴作用。研究认为，当前中国数据新闻创作发展与人才培养正在逐步提速，整体呈现出选题紧跟时事、思想紧跟国家、有数据更有共享、有图表更有内容、有技术更有情怀、有教育更有实践的特点，但也依然存在国际视野不足、普惠性不强、自采集数据和多源数据交叉运用能力较弱、可视化技术应用程度参差不齐、独立呈现平台搭建与迭代困难等问题。

接下来，数据新闻创作应该牢牢围绕习近平总书记提出的“七个着力”，以习近平文化思想为指引，守住意识形态红线，在选题视野、技术呈现、内容深度、社会价值等方面蓄力突破。数据新闻教育也要坚持以马克思主义新闻观为体，守住传统制作基本功的底线，并充分了解国际发展形势，重视新闻数据可视化专业人才培养，积极以赛促教、以练促学，为国家融媒体建设培养复合型、专家型、创新型内容制作人才；与跨学科工作者、研究者密切合作，共同推进数据新闻生产制作流程完善与变革。除此之外，学界、业界都应不断拥抱数据新闻的更多可能，拥抱在智能传播浪潮中蓬勃发展的数据新闻领域，在 AIGC 参与提升生产效率、新闻逻辑方面着重努力，优化生产流程，向着更加良善、更加高效的人机协同迈进，服务国际精准传播、促进文明交流互鉴，在讲好中国故事、传递好中国声音，建设社会主义文化强国、建设中华民族现代文明的奋斗和实践中展现出新气象与新作为。

参考文献

[1] 周敏，赵秀丽．融合十年，内容为本：媒体内容生产创新的回顾与展望［J/OL］. 青年记者：1-6［2024-01-08］. https://doi.org/10.15997/j.cnki.qnjz.20240005.003.

[2] Erkmen，Ö. Data journalism：A systematic literature review［J］. *Journalism Studies*，2023：1-22.

[3] 新华社．习近平对宣传思想文化工作作出重要指示［R/OL］.（2023-10-08）［2023-10-18］. https://www.gov.cn/yaowen/liebiao/202310/content_6907766.htm.

[4] Loosen，W.，Reimer，J.，De Silva-Schmidt，F. Data-driven reporting：An on-going（r）evolution? An analysis of projects nominated for the Data Journalism Awards 2013-2016［J］. *Journalism*，2020，21（9）：1246-1263.

[5] Ojo，A.，Heravi，B. Patterns in award winning data storytelling：Story types，enabling tools and competences［J］. *Digital Journalism*，2018，6（6）：693-718.

[6] Young, M. L., Hermida, A., Fulda, J. What makes for great data journalism? A content analysis of data journalism awards finalists 2012-2015 [J]. *Journalism Practice*, 2018, 12 (1): 115-135.

[7] 陈积银，李月，聂汉林．全球新闻数据可视化实践研究——基于2021年西格玛数据新闻奖作品的内容分析［J］. 中国新闻传播研究，2022（02）：175-192.

[8] 吕宇翔，方格格，华伊然．数据新闻发展的全球规律和本土实践——基于2015—2021年获奖作品的分析［J］. 新闻与写作，2022（06）：97-109.

[9] Krippendorff, K. *Validity in Content Analysis* [M]. Frankfurt, Germany: Campus, 1980: 69-112.

[10] 郭文琛，陈智睿，曾庆香．选材与呈现：全球数据新闻实践十周年截面特征［J］. 电视研究，2021（01）：48-51.

[11] 王国燕，张卓越．"小数据"如何讲好大故事［J］. 新闻与写作，2023（11）：109-112.

[12] Ahmed, V., Tezel, A., Aziz, Z., et al. The future of big data in facilities management: opportunities and challenges [J]. *Facilities*, 2017, 35 (13/14): 725-745.

[13] Kitchin, R., Lauriault, T. P. Small data in the era of big data [J]. *GeoJournal*, 2015, 80: 463-475.

[14] Valet, L., Mauris, G., Bolon, P. A statistical overview of recent literature in information fusion [C]//Proceedings of the Third International Conference on Information Fusion. IEEE, 2000, 1: MOC3/22-MOC3/29 vol. 1.

[15] 何虹．大数据背景下气象数据新闻可视化创新研究［J］. 科技风，2021（31）：6-9.

[16] Manyik, J., Chui, M., et al. Big data: The next frontier for innovation, competition, and productivity [R/OL]. https://www.mckinsey.com/mgi/overview.

[17] Aayeshah, W. Playing with news: Digital games in journalism education [J]. *Asia Pacific Media Educator*, 2012, 22 (1): 29-41.

[18] 常江，田浩．介入与建设："情感转向"与数字新闻学话语革新［J］. 中国出版，2021（10）：9-16.

[19] 李柯勇，黄小希，饶力文．创意微政论片丨真理之光［EB/OL］. 中国记协网．2023-10-31. http://www.zgjx.cn/2023-10/31/c_1310747776.htm.

[20] 史安斌，梁蕊洁．杂合性视域下传统媒体的TikTok化：现状与趋势［J］. 青年记者，2023（21）：106-110.

论算法时代下数据权利配置的效率原则*

孙昊亮　程雨薇**

摘　要　数字经济时代，数据已成为重要的新型生产要素。在我国既有的法律制度中，著作权、商业秘密和反不正当竞争法保护数据财产利益都存在一定局限性，难以回应算法时代数据确权的现实需求。运用法经济学的分析方法考察效率数据权利配置追求的重要价值目标，发现数据权利的静态配置效率旨在促进具有交换价值的数据集合生产；数据权利的动态配置效率旨在促进数据流通。实现数据权利配置效率目标，既要让数据处理者对其加工、处理的数据集合享有排他性财产权，又要通过权利限制协调数据处理者与数据使用者之间的利益关系，确保数据得到最大限度的利用。

关键词　数据保护　数据权利配置　效率原则

引　言

在网络时代到来之前，数据只是人类观察、测量和计算形成的对自然和社会现象的客观描述和记录。随着信息通信技术和计算机科学不断进步，机器学习等人工智能技术可直接对网络系统、传感器、智能设备等机器设备上产生的大量复杂的数据进行清洗、整理、汇集等一系列处理分析。数据不仅是人类分析客观世界的信息集合，更是驱动经济发展的重要

* 基金项目：西北政法大学涉外法治研究课题“‘一带一路’沿线国家跨境贸易中的知识产权保护问题研究”（项目编号：SWFZ2023A19）；西安市“秦创原创新驱动发展法治保障研究”科技创新智库成果。

** 孙昊亮，西北政法大学教授、法学博士、博士生导师；程雨薇，西北政法大学博士生、西安航空学院助教。

力量。2019 年，党的十九届四中全会首次将数据与土地、劳动力、资本、技术并列作为重要的生产要素。① 作为新型财富，数据产生的经济价值迅速增长，催生出新产业、新业态、新模式。互联网产业之所以能快速迭代升级，且早期多以无偿模式运营，就是为了在短期内快速取得海量用户数据，并通过数字技术将原始形态的数据变为具有特定使用价值，可用来分析特定对象的数据集，进而精准挖掘用户需求，降低营销成本，提高商业判断和预测的准确度。新浪微博诉脉脉案、淘宝诉美景案、大众点评诉百度案等数据纠纷也凸显了数据财产保护的现实需求。

2022 年《中共中央、国务院关于构建数据基础制度　更好发挥数据要素作用的意见》（以下简称“数据二十条”）提出，探索建立数据产权制度，推动数据产权结构性分置和有序流通。② 数据权利配置是制定数据资源确权、开放、流通、交易相关制度，完善数据产权保护制度的重要内容。

随着数据生产要素地位的逐步确立，数据财产赋权已经成为普遍共识，法学界从数据权利性质、数据权利主体、数据权利内容等方面展开了充分论证。从研究角度来看，现有研究多偏好于具体制度建构，聚焦于数据权利表象，在对制度的理性渊源的探究上，也更多用自然权利理论论证数据赋权正当性。从应然层面上讲，数据权利配置应遵循什么样的价值取向是数据权利体系构建的根本问题。本文拟从效率原则出发，探讨数据确权的必要性和可行性，以期为未来数据权利立法提供理论支撑，为数据权利配置规范设计提供思路。

一　算法时代下数据权利配置的问题

耶林认为，权利是法律承认保护的利益。数据权利是以权利客体即数据来定义的，因此分配数据产生的利益时必须考虑其客体属性。[1] 从权利客体的属性来看，数据的信息本体性和相对独占性都与知识产权客体有相

---

① 见《中共中央关于坚持和完善中国特色社会主义制度　推进国家治理体系和治理能力现代化若干重大问题的决定》，《人民日报》2019 年 11 月 6 日第 1 版。

② 中央全面深化改革委员会第二十六次会议于 2022 年 6 月 22 日审议通过了《关于构建数据基础制度 更好发挥数据要素作用的意见》，明确提出“要建立数据产权制度”。

似之处，数据权利和知识产权的确存在一定交叉重叠，在一定条件下可作为汇编作品和商业秘密受到保护。我国立法者也曾考虑将数据信息列为知识产权保护客体之一。①但是，从数字经济时代数据的价值实现规律来看，我国现行的著作权、商业秘密和竞争法对数据利益的调整均存在一定的局限性。

（一）著作权制度保护数据的范围有限

根据"事实表达混同原则"，著作权法不保护单纯事实消息，具有独创性是数据获得著作权法保护的核心要件。单个数据条目通常并不具有独创性，至于数据集合何时可满足该标准，在早期的司法实践中，我国法院认为按照特定标准和特定方式，对公开的商业数据进行汇总、整理和编排而来的数据集合具有独创性，属于汇编作品。持有数据的企业对其享有著作权。②立法层面上，1996 年欧盟颁布了《欧盟数据库指令》，对经系统有序安排的数据库（database）提供 15 年的"特殊权利"（sui generis right）保护。③ 在权利客体的认定上，欧盟避开了独创性标准，只要数据投资者进行了实质性投资，就可以对数据库享有类似著作权的排他权保护。然而，欧洲数据经济未如预想那般快速发展，甚至在数字产业竞争中远落后于美国，欧洲学界也对《欧盟数据库指令》的实际经济价值产生了质疑。[2] 作为"技术之子"，技术发展是著作权扩张的最直接原因。进入信息时代，大数据、人工智能等信息技术迅猛发展，数据成为数字经济深化发展的核心引擎。数据获得著作权保护也反映了科学技术进步引起的著作权客体扩张趋势。

然而，回顾几百年来著作权的扩张历史，保护知识创造者的直接目标和保障知识与信息的扩散，从而促进整个社会的经济、文化进步始终是著作权法始终追求的二元价值目标。[3] 为了实现这种二元价值目标，法律在配置著作财产权时，将独创性视为协调私人利益与公共利益、均衡效率与公平的基本标准。从经济效率上看，通过激励机制维护著作权人的私人利

---

① 参见《中华人民共和国民法总则（草案）》（2016 年）第 108 条。

② 参见（2008）朝民初字第 17787 号民事判决书。

③ Directive 96 /9 /EC of the European Parliament and of the Council of 11 March 1996 on the Legal Protection of Databases.

益虽然在短期内产生了竞争成本，但是长期看有利于在总体上实现利益的最大化效用。[4]

独创性意味着人的创造性思维，人的灵感与个性，是作品创作中不可或缺的因素。[5] 与其他类型的作品一样，汇编作品也必须是具有独创性的智力成果。数据、信息的汇集能否表达汇编者的观点是认定汇编作品独创性的关键。如果数据处理者在数据的汇编、收集方式是有选择的，非机械性、非常规化的，则能够对以体系化的方式呈现的数据集合享有著作权，他人未经许可，不能从整体上使用该数据集合。[4]

算法分析可以让原始形态的数据变成具有使用价值和交换价值的生产要素，企业也会为此消耗大量人力和财力，但“额头流汗”并不意味着数据集合能够满足独创性标准。在“大众点评诉爱帮第一案”中，法院就认为大众点评网站对用户点评信息的整理和排列不构成独创性。①如果不构成作品，数据收集者就无权阻止他人复制、传播公开的数据集合。在大数据时代，数据汇集、加工都是以算法技术为基础，数据的财产价值取决于数据的规模性和数据处理过程中的无限增值[6]，难以体现数据处理者的个性化烙印，能够获得著作权保护的数据集合和数据产品非常有限。

（二）商业秘密保护不利于数据流通

在市场竞争中，为了维护自身经营优势，企业会采取保密措施保护具有商业价值的数据信息。例如，微软、苹果等高科技企业为了防止员工或外部人员窃取或泄露商业数据采取密集的视频监控、电脑监控、网络限制等形式，建立起严格的保密体系。在制度层面，美国等西方国家普遍通过案例法或制定法对企业数据提供商业秘密保护。在我国民事权益体系中，商业秘密的财产价值也得到了《中华人民共和国民法典》的承认。由于对商业秘密“排他性”的理解存在争议，我国尚未对商业秘密专门立法，而是在反不正当竞争法的框架下对其进行保护。根据《中华人民共和国反不正当竞争法》第 9 条，“商业秘密是指不为公众所知悉、具有商业价值并经权利人采取相应保密措施的技术信息和经营信息”。也就是说，当数据

① 参见（2009）一中民终字第 5031 号民事裁定书。

同时满足秘密性、价值性与保密性三要件时，可构成商业秘密，持有数据的企业对其享有竞争性权益，市场中其他竞争者使用不正当手段获取、披露或使用数据的行为也会因此受到限制。

商业秘密的构成要件中，秘密性是其最显著也是最本质的特征。如果数据集合包含的单个数据本身就是秘密数据，那么数据集合自然也具有秘密性。问题在于，企业在实际经营过程中收集的大量数据处于公开或半公开状态，比如社交媒体、购物软件上用户发布的大量讨论或评价。有学者认为，单个数据条目的公开性不妨碍数据集合作为一个整体为保密措施所覆盖，只要第三方无法轻易从公共领域获得该数据集合，它就依然处于“不为公众所知悉”的状态。[7] 反对的学者认为，当公开是数据获得部分价值或者全部价值的先决条件时，就不能受到商业秘密保护。[8] 本文认为，作为一种法律认可的竞争性经济利益，商业秘密制度可以对企业持有的客观上处于秘密状态的技术信息和经营信息提供基于行为的规制。但企业在其收集、加工的数据上采用技术保护措施并不一定能构成商业秘密，比如只有会员可以访问的ID加密数据，一旦会员的人数过于广泛，数据客观上难以满足秘密性。[9] 对“秘密性”做扩大解释，存在过度保护商业秘密的倾向，不符合数字经济数据共享互通的时代特征。此外，从交易成本的角度看，当一个企业的商业模式涉及对无数用户提供数据时，商业秘密保护机制的效率就会大打折扣。首先，与大量可能使用数据的主体分别签署保密协议会产生较高的缔约成本；其次，即便保密协议成功签署，监督协议执行情况的成本也会很高。[8]

（三）竞争法难以满足数据确权的实践需求

当前数据实践中，鉴于获得著作权和商业秘密保护的门槛较高，企业主要根据《中华人民共和国反不正当竞争法》一般条款保护其收集、加工的数据集合。若数据持有企业能够证明自己在数据收集或生产上付出一定的成本，可享有竞争性权益，对抗“对其合法权益造成损害”以及“损害竞争秩序”的不正当行为。反不正当竞争法以维护市场竞争秩序为己任，在数据财产权制度尚未建立之前，反不正当竞争法可以通过个案分析的方式保护企业正当的财产性利益。但大数据的应用已经渗透到社会生产的方方面面，市场主体对数据资源的争夺也愈演愈烈，只通过行为规制的方法从反面保护数据集合，有可能导致对反不正当竞争法一般条款的过度适用。[10] 尤其是在“不正当行为”的认定上，数据产业商业模式日新月异，不同的数据利用行为对数据处理者的影响也有所差异，机械地解释商业道德、诚实信用等原则，难免产生法官滥用自由裁量权的风险。

支持在反不正当竞争法框架下保护数据权益的学者认为，未来可在反不正当竞争法中专设“商业数据专条”，对商业数据采取类权利保护。[11] 诚然，选择既有制度调整数据利益关系有利于降低后续的立法、修法成本。但从法律的功能和定位来看，竞争法不具有权利法的归属和排除效能。[12] 财产权模式有利于明确数据权利性质，权利内容、权利限制、侵权救济等具体规则，为市场主体广泛开展数据分析利用和再开发活动提供稳定预期和规范指引。

二　算法时代下数据权利配置的价值取向

稀缺性是资源需要优化配置的根本原因。尽管数据与自然资源不同，本身不具有稀缺性，但是数据权利作为一种制度产品，受到经济结构、物质与精神文明的发展水平制约，是一种稀缺资源。市场经济体系中，最大化是市场对资源优化配置的内在要求，而衡量最大化的标准就是效率。[13] 德姆塞茨认为，财产权的本质是人与人之间的关系。所以，数据权利配置的效率是指通过法律设立一定的保护机制，尤其是财产权制度，调整数据处理者与数据使用者之间的利益关系，实现数据权利资源的效益最大化。

“数据二十条”创新性地提出建立“数据资源持有权、数据加工使用权、数据产品经营权等分置的产权运行机制”。虽然有学者认为数据的可分享特征决定了不需要通过“三权分置”的数据产权制度来实现数据的多重利用[14]，但不难发现，政策制定者之所以选择产权分置理论来构建数据权利体系，就是为了形成有利于数据权利效益最大化的基础制度。

从法经济学的角度看，效率原则是一种价值取向，也是数据权利配置的内在要求。数据权利配置分为两个阶段。首先，需要通过法律认可经过加工、分析后形成的数据集合的经济利益，并以权利的形式分配给数据处理者，形成有效的激励机制，解决数据生产环节的市场失灵问题。其次，由于市场的本质是权利的交换，数据权利配置应有助于降低交易成本，加快权利在不同主体之间进行流转，实现数据权利配置的动态效率。

（一）效率原则下数据权利的静态配置：激励数据生产

数据权利的静态配置旨在建立促进数据生产的激励机制，进而更好地发挥数据作为新型生产要素的作用。[15] 换言之，静态效率原则下，数据权利配置目标是实现数据产出最大化。

根据市场失灵理论，公共物品具有非竞争性与非排他性，一旦被生产出来，生产者就无法决策谁来得到它。[16] 在市场条件下，由于无法阻挡免费享受公共物品而不付费的“搭便车”行为，公共物品的供给方无从获得其优化配置生产后产生的收益，致使公共物品生产处于低效率状态。

立法者赋予知识产权权利人私权保护就是为了解决知识生产环节的激励不足问题。公共性是发明、文学艺术和科学作品、集成电路等知识产品的自然属性，这意味着知识产品一旦流入市场，就难以避免来自消费者、竞争者的抄袭、模仿。由于外部效应的存在，知识产品生产者难以通过价格机制收回成本，取得利润。知识产权制度通过确定权利人对其生产的创新性的信息组合享有一定时期的合法垄断权，调整知识产品生产的成本与收益关系，缓解了知识产品生产环节的市场失灵。

数据的本质是信息，也具有公共物品的非竞争性，那么数据生产领域是否也存在市场失灵问题呢？从成本—收益角度分析，只要数据生产者可获得收益大于付出的成本，数据生产的活动就会持续进行。[17] 进入万物互联的时代，互联网、物联网、云计算等技术的普及，显著提高了数据收集的规模、速度和种类，网络设施、传感器、智能设备等机器生成的数据（machine-generated data）是数据化客观世界的主要力量。机器既可以记录个人使用设备、网络的行为轨迹，形成特定的行为数据或者过程数据，比如用户在购物软件上浏览、购买商品产生的消费记录；也可以记录对机器自身运行情况，比如汽车、飞机、火车等交通工具运行时产生的操控数据、行驶数据等。这些数据是机器在运行过程中自动产生的原始数据，未经加工处理，一般还不能直接成为数据分析的生产资料，有学者形象地将机器生成的原始数据描述为生产经营活动中的“副产品”。[18] 在这种情形下，生产原始数据的边际成本极低，甚至为零。只要机器正常运行，数据就会源源不断地生产出来，不会发生因激励机制缺乏引起的低效生产问题。

然而，海量原始数据以孤立、分散的形式存在，使用价值十分有限，需要数据处理者利用数字技术对沉淀的原始数据进行收集、汇集、整理，原始形态的数据才能成为能用于大数据分析的数据产品，嵌入各行业生产劳动中，进而实现数据的生产要素化。例如，分布在不同服务器或系统中的数据格式、标准也不尽相同，数据处理者需要采取规范化数据模式、扩展元数据模型等方式对数据进行审编（data duration），才能将异构的、分布的跨领域数据收集整理成统一规范的高质量数据集合。

我国正处在数字经济转型过程中，各行各业对数据的利用需求不断扩大，数据很可能成为数据处理者的核心资源。然而，收集、加工原始数据的成本和复制利用数据的成本差异过大。面对竞争者“搭便车”行为，如果数据产品不能获得有效保护，或者仅获得基于事实控制的弱保护，数据处理者从事数据产品生产的积极性会遭到抑制。高质量数据的有效供给是我国大数据产业与数字经济的繁荣发展的基础，培育数据市场的前提是有足够具有交换价值的数据产品。保障以企业为主体的数据处理者投入的成本获得合理收益，是加强数据要素供给激励的应有之义。

（二）效率原则下的数据权利的动态配置：促进数据流通

2020 年 5 月，中共中央、国务院发布了《关于新时代加快完善社会主义市场经济体制的意见》，强调“加快培育发展数据要素市场，发挥社会数据资源价值”①。作为新型生产要素，数据资源的价值是在不断流通利用中产生的。数据具有积累性、非消耗性的自然属性，既不会在使用中产生损耗，也不会在流动中丧失价值。相反，数据在使用上具有边际收益递增性。相同的数据，按照不同分析目的，运用不同算法处理，会得到不同的数据产品，进而发展出多样化数据应用场景。在工业 4.0 时代，智慧农业、

① 见《中共中央国务院关于新时代加快完善社会主义市场经济体制的意见》，《人民日报》2020 年 5 月 19 日第 1 版。

智慧医疗、智慧汽车等领域的发展都是建立在数据的互联互通之上。

由于立法尚未赋予数据处理者财产性权利，加上很多企业难以负担高昂的控制数据流动的成本，App 数据采集、网络数据采集等爬虫技术成为获取数据集合的捷径。虽然公开数据后，数据处理者可以依靠契约与潜在的数据使用者进行交易。但为了防止竞争者爬取数据，数据处理者宁愿放弃可能获得的收益也不愿公开数据，让他人任意利用其生产的数据产品。

新制度经济学将经济过程分为两个环节：界权和交易。科斯定理提出，零交易成本的经济世界只存在于经济学家的想象中，现实中的交易一定存在成本。在交易成本为正时，初始产权的界定十分重要，合理的法律规则应当能够降低交易成本，提高交易和流动的效率。为此，应以降低交易成本为原则，调整数据处理者、数据使用者之间的权利配置关系，以实现数据产品最大限度的流通和利用。

根据供需理论，只有交换才能达到效用的最大化，市场经济中资源的有效配置要靠交换来实现。[19] 自愿交易是高效益的价值实现和价值增殖的基本形式。市场经济中，通过价格机制，生产要素会从对其估价较低的一方流向对其估价最高的一方，进而完成资源的优化配置。

赋予数据处理者权利主体地位，有利于降低数据自愿交易的成本。首先，界定清晰的数据权利可以降低交易时的信息搜索成本。其次，立法明确数据财产权的内容，可以降低交易时的谈判成本。数据处理者作为数据权利主体，可以明确在什么范围内，以什么样的许可方式允许他人使用其生产的数据产品。在签订许可合同时，明晰的权利内容也有助于缩短谈判时间。同时，财产权更有利于为相关利益方提供稳定预期，因为相比起公共财产，个人往往更有动力维护和利用财产，促进财产的增值保值。[20] 数据处理者想要获得预期收益，会主动搜索潜在的数据需求方，提高数据交易的可能性。

流通是数据实现数据权动态收益的重要途径，而交易是数据流通的基本形式。在我国社会全面数字化转型升级过程中，为了加速数据要素深度融入各产业生产过程，界定清晰的数据财产权有利于降低产权交易过程中数据持有者和数据使用者间的交易成本，提升数据的合法流通与共享效率，将数据从供给方流转到需求方手中，实现数据的社会效益。

三　算法时代下数据权利配置效率原则的实现路径

党的二十大报告指出，高质量发展是全面建设社会主义现代化国家的首要任务。进入新时期，我国经济已由高速增长阶段转向高质量发展阶段，数字经济是我国经济增长方式从要素驱动、投资驱动向创新驱动转变的重要体现。数据是经济社会数字化转型的战略性资源，不仅能为企业带来竞争优势，也是大国博弈的关键领域。

根据法经济学理论，“所有权应该赋予任何一种资源，只要被称为财产的一组权力将带来使用那种资源的更大效率并由此增加社会财富，只要建立和履行这些所有权的代价小于收益”。[21]我国《民法典》第127条以引致条款的形式认可了数据的私法地位，该条是设立数据财产权的基础法律依据。①随着数据的经济价值日益凸显，上海、深圳、重庆等地先后展开了数据赋权的立法实践，在地方层面上率先确认了市场主体对合法收集、处理形成的数据产品和服务享有财产性权益。

从现有的研究来看，数据财产权的建立必须平衡数据公共物品和私人产品的双重属性已成学界共识。数字经济的健康发展既需要高质量数据产品的绝对增长，也需要数据使用的范围不断扩大，利用的速度不断加快。有效率的数据财产权制度安排一要能够克服数据产品的公共性导致的生产动力不足，二要降低排他性数据财产权对数据利用产生的负面效应。

（一）对数据处理者生产的数据产品提供财产权保护

经济学认为，“经济人”具有逐利理性，在缺乏界定数据权利的制度供给时，“搭便车”行为泛滥存在，数据处理者难以取得利润。作为理性的人，处理者自然就会失去数据生产的动力。只有给予其财产权利保护，才能刺激该处理者持续分析、挖掘数据，产出新的数据产品。在社会层面，数据集合的私权保护也是有效率的。社会通过对数据财产权有限度的承认和保护，以较低的成本获得了较大的社会收益，鼓励了数据处理者的投入，并产生了海

① 《民法典》第127条：法律对数据、网络虚拟财产的保护有规定的，依照其规定。

量数据集合，成本小于授予数据处理者财产权所带来的收益。

因此，本文认为，在数据的产权界定上，私权保护是必要的，但应适度。正如前文所述，原始数据是企业从事生产经营活动中的“副产品”，不存在生产环节的市场失灵问题。原始数据的生成往往涉及多个参与者共同参与的结果，将原始数据作为数据财产权保护的客体，反而会对数据收集和分享造成障碍，降低了数据资源配置和利用的效率。数据处理者只有对数据的采集、挖掘、流转和利用等进行财力和智力投资，并形成具有财产价值的数据产品时，才可以获得对该数据产品财产权保护。

明确数据财产权的内容是数据权利配置的核心内涵。数据权的内容可以概括为权利主体依其意志对数据进行事实上或法律上处分的自由。[22] 本文认为作为不同于物权和知识产权的新型财产权，数据财产权的具体内容包括访问权、利用权和处置权。其中访问权最能体现数据的传播属性。访问权是指许可他人访问数据、接触数据内容的权利。[23] 数据财产权具备一定的排他性，与有体物不同，数据权利人对数据的控制并不表现为“占有”，他人对数据的获取和利用都以访问为前提，数据访问权体现了权利人对数据客体的实际控制力。通过访问权，权利人可以决定数据开放的层次和内容，可以满足不同主体对数据的利用需求。利用权是指用权利人对数据进行挖掘、处理、分析，实现数据使用价值的权能。反复分析和利用是实现数据增值的重要方式，数据权利人既可以自己将数据应用于优化企业管理或再次深加工形成新的数据产品，也可以许可一人或多人利用，让数据不断产生新价值。处置权是数据财产权的权利人在不违反法律规定并尊重数据相关个人信息权益基础上，对持有数据享有最终的决定权。特别是在数据市场交易中，承认权利人的处置权有利于实现数据财产权的流转。除了上述积极权能，数据权人还享有消极权能，即禁止他人访问、窃取、侵害其数据财产的权利。

（二）在尊重人格权益的基础上进行数据权利配置

从调整的范围来看，数据权利配置涉及的是数据产生的财产利益。由于自然人工作、娱乐、消费、就医等活动会被记录或收集到数据产品中，个人信息不可避免地成为企业数据重要来源，个人数据的财产属性也随之日益凸显。如何协调个人信息数据上个人与数据处理者间的利益是权利配置的争论的焦点。

有学者主张通过赋予个人对个人信息的财产权利来协调个人与数据处理者间的利益关系。[23] 这种个人与数据处理者共有个人信息中财产利益的权利配置模式忽略了数据产品价值产生前提，即数据描述的对象只是数据的源头，即数据来源者，而不是数据的生产者。[24] 用户浏览网页、使用系统产生的个人数据单独存在时并没有显著的经济价值，只有被汇集起来，再按照特定目的分析、利用才能实现价值增殖。此外，共有关系会导致对数据使用、收益、处分等权能分割不清，影响数据处理者后续对个人信息利用效率。“数据二十条”将数据主体分为数据来源者和数据处理者。根据我国《民法典》《个人信息保护法》中相关规定，数据来源者依法对其提供的个人信息享有查阅、复制、更正甚至删除的权利。也就是说，数据来源者作为个人信息权益主体，享有的是防御性的人格利益。

当个人数据中人格权益与企业利用数据之间发生冲突时，按照权利位阶理论，应当优先保护个人信息主体的人格权利。康德曾说，人是目的，不能作为手段。[25] 个人数据上的人格利益是对人的主体性的体现，对人格尊严的维护要优先于财产性权益。法律制度优化资源配置，促进社会财富增加的前提是保障社会成员能够有尊严地生活。因此，数据处理者只有在尊重数据来源者法定在先权益的基础上，才能享有对其持有的个人信息数据享有利用、收益和处分的财产权利。

（三）通过权利限制制度确保数据动态使用

从物权到知识产权，人类社会的财产权观念经历了从支配到利用的变化。知识产权制度中，为了保障社会公众对知识产品的接近和利用，法律在给予知识产权权利人的经济利益以专有权保护的同时，也对其设置了各种各样的约束。[26] 比如著作权中的合理使用制度、法定许可制度；专利权中的强制许可制度都体现了立法者希望通过权利限制机制，促进知识扩散，从整体上提高知识生产和创新效率的经济理性。

数据财产权制度的构建也不应该只注重数据集合的静态归属，而是要在确认数据处理者控制数据的同时，促进数据的动态利用。在法经济学中，制度安排以效益最大化为目标。帕累托标准是效益的重要判断标准。帕累托标准下，“如果没有方法使一些人境况好一些而又不致使另一些人境况变得更差一些，那么这种经济状况就是有效的”。[27] 具体到数据，数据的权利配置只有让利益相关方的需求得到均衡保护，才是有效率的。为了保障数据使用者的权利，对数据权利的限制可以从以下两个方面进行。

一是建立数据的合理使用制度。作为知识产权领域中最常见的权利限制制度，合理使用旨在确保公众在不损害权利人市场利益的前提下，享有对信息无偿使用的自由。可以效仿著作权中的合理使用制度，以列举的形式明确属于合理使用的行为类型，比如基于个人生产生活需要、科学研究需要，无须征得权利人同意，也无须支付报酬，可以基于正当目的小规模利用他人数据。

二是建立数据的强制许可制度。强制许可是知识产权法中的一种准法律行为，不以权利人的意思表示为适用前提。在特定条件下，由国家主管机关根据情况，将对已公开的知识产品进行特殊使用的权利授予申请获得此项权利的使用人。[28]强制许可制度可以减少交易的信息成本、谈判成本，有助于实现财产效益最大化目标。有学者提出，可借鉴专利法中标准必要专利许可相关规则，建立基于“公平、合理、无歧视”原则的数据强制许可制度[1]。

四 结语

大数据与5G、人工智能、云计算、区块链等新技术深度结合，成为我国新一轮科技革命的重要推动力量，也对我国现有法律制度提出了挑战。“数据二十条”强调，“对各类市场主体在生产经营活动中采集加工的不涉及个人信息和公共利益的数据，市场主体享有依法依规持有、使用、获取收益的权益，保障其投入的劳动和其他要素贡献获得合理回报”。数据处理者通过汇集、加工、处理等方式实现了数据价值增殖，获得数据财产权，既符合自然权利观点，也符合效率原则。排他性的财产权制度有利于激励数据生产，促进数据流通，实现权利配置的效率目标。同时应当注意，数据的分享和流动是数字经济健康发展的基础，为了防止数据垄断，在给予数据处理者私权保护的同时，也要通过合理使用制度、强制许可制度等权利限制手段，注重对数据使用人进行合理的权利配置，保障数据的传播和利用。

参考文献

[1] 李爱君．数据权利属性与法律特征［J］. 东方法学，2018（03）：64-74.

[2] Reda，Julia. Learning from Past Mistakes：Similarities in the European Commi-ssion's Justifications of the Sui Generis Database Right and the Data Producers' Right. ［M］// Lohsse，S.，Schulze，R.，& Staudenmayer，D. *Trading Data in the Digital Economy*：*Legal Concepts and Tools*. Portland：Hart Publishing，2017：295-304

[3] 冯晓青．知识产权法的价值构造：知识产权法利益平衡机制研究［J］. 中国法学，2007（01）：67-77.

[4] 王迁．论汇编作品的著作权保护［J］. 法学，2015（02）：35-49.

[5] 王迁．论人工智能生成的内容在著作权法中的定性［J］. 法律科学（西北政法大学学报），2017，35（05）：148-155.

[6] 张新宝．论作为新型财产权的数据财产权［J］. 中国社会科学，2023（04）：144-163+207.

[7] 崔国斌．大数据有限排他权的基础理论［J］. 法学研究，2019，41（05）：3-24.

[8] Osenga，K. Information May Want to Be Free，but Information Products Do Not：Protecting and Facilitating Transactions in Information Products［J］. *Cardozo Law Review*，2009，30（5）：2099-2145.

[9] 周樨平．大数据时代企业数据权益保护论［J］. 法学，2022（05）：159-175.

[10] 冯晓青．数据财产化及其法律规制的理论阐释与构建［J］. 政法论丛，2021，（04）.

[11] 孔祥俊．论反不正当竞争法“商业数据专条”的建构——落实中央关于数据产权制度顶层设计的一种方案［J］. 东方法学，2022（05）：15-29.

[12] 于飞．侵权法中权利与利益的区分方法［J］. 法学研究，2011，33（04）.

[13] 汪军民．论财产权利配置的法经济学原理［J］. 经济与管理研究，2007（04）：92-96.

[14] 高富平．数据持有者的权利配置——数据产权结构性分置的法律实现［J］.

比较法研究，2023（03）：26-40.
[15] 王利明．数据何以确权［J］.法学研究，2023，45（04）：56-73.
[16] 张军．现代产权经济学［M］.上海：上海三联书店，1991：115.
[17] Kerber，Wolfgang. Rights on data：The EU communication “Building a European Data Economy” from an economic perspective［J］. *MAGKS Joint Discussion Paper in Economics*，2017（35）：1-19.
[18] 拉塞尔·沃克．从大数据到巨额利润［M］.王正林，译．广州：广东人民出版社，2019：83.
[19] 吴汉东．关于知识产权基本制度的经济学思考［J］.法学，2000（04）：33-41+46.
[20] Eric，A.，Posner，E.，Weyl，G. Property is only another name for monopoly［J］. *Journal of Legal Analysis*，2017，（9）：51-123.
[21] 罗柏特·考特，托马斯·尤伦．法和经济学［M］.张军等，译．上海：上海三联书店，1994：152.
[22] 刘文杰．数据产权的法律表达［J］.法学研究，2023，45（03）：36-53.
[23] 彭诚信．论个人信息的双重法律属性［J］.清华法学，2021，15（06）：78-97.
[24] 高富平．数据生产理论——数据资源权利配置的基础理论［J］.交大法学，2019（04）：5-19.
[25] 伊曼努尔·康德．道德形而上学原理［M］.苗力田，译．上海：上海人民出版社，2012：36-37.
[26] 陶鑫良，袁真富．知识产权法总论［M］.北京：知识产权出版社，2005：222.
[27] H. 范里安．微观经济学：现代观点（第七版）［M］.费方域，译．上海：上海三联书店，1994：24.
[28] 吴汉东．关于知识产权基本制度的经济学思考［J］.法学，2000（04）：33-41+46.

保护相称原理视角下数据权益保护的模式选择*

张俊发　陈　妍**

摘　要　数据的价值呈现金字塔形式，使其保护模式存在较大争议。因数据与数据库种类多样，采取的保护模式不可同质化，不同严苛程度的规范也不可一概而用，因此，依据保护相称原理建立各异的保护模式具有正当性。在司法实践中，应按照“是否公开—是否为原始数据—是否属关系型数据库”的逻辑逐层判断，划分能否归于知识产权规制范围，再将数据权益知识产权类型化，遵循适当干预与效益最大化原则、公平原则、激励原则与公共利益个人利益优先原则，从专有权内容、主客体、权利行使和法律责任等基本方面构建数据权益法律制度，达到实现数据保护目的的同时最大限度地保证数据的自由流通与共享。

关键词　保护相称原理　数据权益　算法　知识产权

一　问题的提出

2015 年 8 月，国务院印发《促进大数据发展行动纲要》；10 月，党的十八届五中全会提出“国家大数据战略”。2022 年 6 月，中央全面深化改革委员会第二十六次会议提出：“要建立数据产权制度，推进公共数据、企业数据、个人数据分类分级确权授权使用，建立数据资源持有权、数据加工使用权、数据产品经营权等分置的产权运行机制，健全数据要素权益保护制度。”2022 年 12 月 2 日，中共中央、国务院印发《关

---

* 基金项目：2022 年度国家社科基金“算法时代的作品创作与著作权保护问题研究”（项目编号：22BFX101）。

** 张俊发，西北政法大学博士后；陈妍，景德镇陶瓷大学硕士研究生。

于构建数据基础制度更好发挥数据要素作用的意见》。可见，目前数据权益保护已成为国家重点关注的问题之一。

目前，数据权益保护模式存在理论与实践中的争议，主要有三种学说，即司法实践中的“不正当竞争保护说”以及学界的“财产权保护说”和“知识产权保护说”。在无法将数据内容认定为具有独创性的著作权客体的情况下，目前“不正当竞争保护说”已成为具有普适性的解决数据权益相关纠纷过程中的主流观点。如最高人民法院发布的2020年十大知识产权案件中的（2020）浙01民终5889号数据权益不正当竞争纠纷案中，两被告擅自获取腾讯公司的微信平台数据，法院认为构成不正当竞争行为；再如深圳市中级人民法院发布的2022年数字经济知识产权司法保护典型案例之二中，二审法院认为原告方主张的数据权益并非法定权利，因此以网络不正当竞争纠纷更正了一审（2020）粤0305民初5119号民事判决书中认定的作品网络传播权纠纷案由。但反不正当竞争这种趋向于事后救济的兜底保护模式并非长久之计，势必需要筑牢合法与侵权的边界之墙。“财产权保护说”旨在构建新型财产权利保护的模式，[1] 该模式近年不断有学者提出立法建议，但仅提供了原则、法律体系等权利初步建构层面的思路，[2] 尽管有《网络安全法》《数据安全法》等单行法的基础，但确立新的财产权利并构建为其量身打造的法律体系所需的时间之久，在数字经济时代更容易加剧法律的滞后性。最后则是存在一定争议的“知识产权保护说”。

本文认为，数据权益的保护应当遵循保护相称原理。基于数据价值呈现的金字塔形式以及技术手段，对于具有财产价值的数据可以运用知识产权制度加以保护。知识产权是与数据权益的法律属性契合度最高的一种权利，其保护模式的构建能够更快地产生较好的可行效果。当然，与传统知识产权制度相比，知识产权与数据知识产权权益依旧在诸多方面存在差异，甚至相斥之处。因此本文依据保护相称原理提出“数据权益相称保护说”，构建“数据权益金字塔”以契合数据权益属性认定的难度与数据权益纠纷的烈度，进一步地，在适当干预与效益最大化原则、公平原则、激励原则与公共利益个人利益优先原则的指导下构建具体的数据知识产权法律制度，以期对该问题的解决有所裨益。

二　数据权益保护应遵循相称原理

（一）相称原理的基本界定

最早相称原理源于诉讼程序相称原理，[3] 相称原理要求，权益保护既要契合权益的属性与不同纠纷的特点，也要满足纠纷解决与权益实现的需要。学者提出的关于适用知识产权制度保护数据权益的最大质疑，即在于其是否像其他具有独创性的作品，甚至具有更多实用性、创造性或富于美感等特性的专利，或是承载众多商品的各项价值与企业信誉的商标一样具有知识产权的保护价值，知识产权的保护在某种意义上造成了其保护客体的垄断地位，而对于数据来说，其利用价值则更多地体现在流通等动态利用上，如果适用知识产权的手段过度强化其独有权利，则会阻碍其利用价值，同时降低其可用性，自由共享更有利于其价值的发挥。然而，数据种类的多样导致了其属性认定的难度以及引发纠纷的烈度不定，不能一概认为其需要知识产权的规束，同样也不能认为只有自由共享才能将其价值最大化。因此，本文尝试突破现有几种学说之囹圄，提出“数据权益相称保护说”。

（二）数据价值呈现“金字塔”形式

数据权益的保护之所以存在争议，是因为我们未能有效区分数据价值。从功利主义立场来看，何种方式能够使数据价值得以最大限度地发挥。究竟建构规则来保护数据权益所能获得的回报更多、更符合社会大多数的利益，还是使数据在一定限度内尽可能地得到流通与共享所能得到的收益更为可观？上述问题绝非将所有类型的数据一概而论能够得出统一答案，同时，也并非所有的权益保护都是正当的，不同类型的数据在保护其权益的问题上具有不同水平的价值，呈现一种“数据权益金字塔”形式。

居于金字塔底层的数据，应当是几乎完全公开供公众查询、利用的数据，主要包括政府公开数据等。这类数据一般不具有复杂的数据集合形态，对于大众完全公开，并且归属者是政府等公共机关或非营利性组织，也就很难引发纠纷，这类数据的内容虽然具有较高的应用价值，但在民事法律领域几乎无相关的权益保护价值。因此，在这类数据上设置权益是不合理的，应将重点放在反侵入、反篡改或数据遗忘等方面，可制定效力层级较低但立法周期较短的规定或规章，利用行政监管的方式更为高效。从该类数据的性质、引发纠纷的可能性可推论、抽象出其中的数据权益加以保护并无明显的必要性，更不宜将其纳入知识产权的保护体系。

居于金字塔中层，同时也是数据主体部分的，即采取了一定措施进行保护，或可能在集合形式与内容上具有知识产权客体属性的数据，大部分属于企业数据，也是本文认为应当作为知识产权保护的数据。通常企业数据使用的数据库分为 SQL 数据库与 noSQL 数据库。其中，SQL 数据库是一种关系型数据库，具有明显的汇编作品特征，在“苏州蜗牛数字科技股份有限公司诉成都天象互动科技有限公司等侵害著作权纠纷案”① 中，法院曾要求被告天象公司提供被控侵权版本《花千骨》游戏的服务器端数据，天象公司称时间已久而未保留数据，因此法院基于游戏元素和界面等多处不加辨别地照搬和复制，判定被告构成著作权侵权。苏州中级人民法院在进行现场勘验时提到，原告公司还原服务器搭建过程中搭建的全新数据库即为 SQL 数据库，其具有严格的列、行的表结构，通过外键在表之间创建关系，用于构建角色库等数据存储量要求不高，但有合规性、完整性等标准要求的数据库。此时若存在被控侵权版本游戏的服务器端数据的证据，则能够从数据库作为汇编作品被侵权的角度论证原告构成著作权侵权。

另一种 noSQL 数据库则不具有严格的逻辑规则与排列结构，当该种数据库中的数据属于半公开模式，即数据内容可供不特定公众查看时，即使无法以著作权的思路保护数据权益，也可以通过商业秘密的方式保护底层数据库权益，这种方式即可弥补诸多学者提出的著作权法保护数据权益的空白。[4] 根据第十一巡回法院的“Compulife 软件公司诉纽曼”判例[5]，Compulife 公司创建的网站是完全公开的，没有任何技术访问或服务条款限制即可获得其提供的免费保险报价，但该网站同时还在向个人保险代理人出售数据库的加密独立 PC 副本，这与大部分相对公开的商业数据库运营

① 江苏省高级人民法院（2018）苏民终 1054 号民事判决书。

模式类似，有其完全公开的数据，也有需充值获得身份资格或付出相应对价才可获得的数据副本。对此，第十一巡回法院承认了原告诉请、地区法院认定的商业秘密侵权。美国不公平竞争重述（第三版）中解释道，商业秘密的部分或全部组成是众所周知的，这一事实并不排除对个别组成部分的秘密组合、汇编或集成的保护。商业秘密对保密要求的相对性与数据库整体的相对公开性是吻合的。数据内容公开的情况下，若侵犯其具有独创性的数据内容，则仅涉及著作权侵权，若同时还侵犯了数据，则在考虑非法侵入计算机系统等情况后还需按商业秘密侵权考虑。

居于金字塔顶层的数据，即为需以《个人信息保护法》等专门法加以规制的敏感信息，以及一些保护手段极为严格、涉及企业核心且商业价值极高的商业秘密，或涉及自然人人格权、法人名誉权等，或涉及巨额财产权，因其涉及财产权、人格权甚至国家主权等多方面权利纠葛，权利形态最为复杂，一旦出现涉及该类信息的纠纷，在损失或侵权获利等维度一致的情况下，烈度也通常最强，一旦引起纠纷必定最为敏感尖锐。

（三）数据技术利用的结果差异

数据权益相称保护原理的提出不仅来自数据本身各异的特性，数据挖掘、数据库开发等技术难度以及数据权益的复杂性也决定了数据相称保护的必要性。这种难度与复杂性决定了数据收集企业的核心竞争力大小，以及其算法产生数据的商业价值大小，这种价值差异往往是指数级的。此时为了在市场上能够占据一席之地，竞争对手需要生成其自身掌控的具有竞争力的数据库，企业选择不公开的数据在事实上受到保护，通常则会选择商业秘密的保护模式。[6] 而相对核心竞争力并不强，但具有一定特定领域价值、不公开无法实现利用的数据，在同类平台之间数据挖掘的过程中则需要受到一定的知识产权保护，例如企业算法虽然属于一种智力活动规则无法作为专利申请保护，但当其中包含了算法撰写者的逻辑规则，能够体现经其处理后数据库的独创性时，符合著作权法保护客体的要求。

进一步，数据本身既可以是原始数据，也可以是利用技术生产的数据产品。原始数据权益的占有权具有其明确的主体，即数据的生产者，但数据的来源也许是其他自然人或法人主体，此时会出现主体竞合的情况，这些来源主体往往与生产者主体存在合同关系，可能会在原始数据的后续利用中产生连带侵权效应，此时保护模式因数据来源而异。而数据产品则需经过其他技术主体的二次加工，此处所指的加工必定是体现出其独创性的，可能通过堆栈进行了结构化排列，也可能经过 TDM（Text and Data Match，即文本和数据挖掘）的算法进行了加工处理，生成预测结果或其他有价值的分析结果，用于大数据推荐、网络监管等应用，虽然在此创造过程中，人类对该创造的贡献是“第二层”（Second Degree）的，此处不论人类与输出之间的分离所涉及的著作权人、专利发明人等对知识产权核心概念的挑战，这种独创性也是应当受到保护的。但无法体现独创性，只进行了简单排列的抓取行为所产生的衍生数据则不能被称为数据产品，仅是一种对原始数据的再整合，就如同按姓名首字母排列的电话本，本质上仍是原始数据。

三　数据权益知识产权保护模式的制度构造

（一）数据权益的知识产权保护模式

1. 欧盟的“公律”保护模式与美国的“自律”保护模式

欧盟在数据保护上，主要采取版权与赋权的“公律”保护模式。欧盟 1996 年颁布的《数据库指令》旨在为数据库保护设置一项特殊权利，确立了版权与特殊权利并行的数据权益法律保护体系。[7] 在裁决企业数据纠纷时欧盟法院常将该类案件归于不正当竞争领域。[8] 但根据官方发起的两轮制度效果评价，该指令并未达到预期立法效果，并且其特殊权利的行使仅能在极为有限的情况下受限，甚至纯粹采用事实消息构成的新闻也无法成为例外，该问题引起了极大争议。[9] 因此，2022 年有关欧盟《数据法》的数据财产立法被提上日程，其目的之一就是排除《数据库指令》赋予数据库生产者不恰当的排他性权利，打破这种权利引起的数据控制权的绝对垄断。[10]

相比于欧盟，美国则是采用以“自律”为主导的形式，辅以《计算机欺诈和滥用法案》（CFAA）和版权法来进行规制。所谓“自律”，即签订制式性的使用许可合同。然而，有学者指出法院仅考虑网站的服务条款是否为合同，如果是有约束力的合同，那么数据抓取者就应当承担责任，而这样的服务条款往往存在不公平与随意性，并且很多案件中还存在抓取者是否对合同有注意义务的问题。而 CFAA 所打击的行为是侵入计算机系统的动作，而非盗用数据的行为，在该法案中，对耗时耗力建成的具有独创性的数据库与完全复制重复公共数据的数据库采取的是同等保护，它只保护信息，而不具备知识产权的竞争保护功能。有学者认为，美国合同法与 CFAA 在实践中的应用实际上都是为了填补版权法的空白，但这些构建起的框架依旧未能为数据抓取案件提供可行的分析框架，也不能平衡保护数据库网站与社会信息自由流动之间的利益。[5]

2. 以保护相称为基本原理的知识产权类型化保护模式

数据权益知识产权具有正当性，其理由主要有以下几个方面。其一，自由市场的基础是私有财产制度，决定了数据权益产权化保护的必要性。根据经济学的科斯定理与科尔奈的软预算约束理论，私有财产权对市场效率起决定性作用，在没有私有产权及相关的硬预算约束时，价格制度将不可能有效地运作。因此，要保证数据在自由市场的流通与利用价值，有必要为其建立广义上的产权制度，这是毋庸置疑的。洛克劳动理论指出，当人类从自然界中索取了资源并对其进行劳动，这种资源就会成为个人的财产，尽管著作权法抛弃了这种理论以及“额头出汗”原则，但这种理论在专利、商业秘密等知识产权所要求的“实用性”“独立经济价值”等条件中得以发挥。欧洲《数据库指令》的立法目的即从功利主义视角出发，认为如果没有产权的激励，那么各网站也就不会产生有价值的数据库，同时也不会激发企业对于数据库建设的投资，而没有类似“独立经济价值”的数据库或单独存在而不具利用价值的少量数据就会在此过程中被排除保护，这与知识产权的激励机制是契合的。

其二，知识产权与财产权的界限，以及知识产权不同客体之间的权利界限决定了数据权益类型化保护的合理性。第一，并非所有类型的数据都存在财产的稀缺价值属性。知识产权是一种人为设计的客体无形但稀缺的权利。数据与知识产权客体最大的共同点即在于此，泛泛的数据看似并不具备稀缺性，但从其来源上来看，通过机器学习产生并可利用产生巨大经济效益的数据与单一排列的数据显然是不同的。第二，并非所有类型的数据权益都能拥有产权中的排他权。知识产权赋予了创造者以他人有形财产的部分控制权，因此企业通过自行开发的算法筛选处理后的数据应当根据算法掌握的普遍程度等因素，设计合理的获取规则来规定这部分控制权的权利范围，但涉及个人隐私信息的数据理应属于私人所有，即使通过协议允许企业使用也不可共享或被抓取。第三，知识产权的保护对象并非仅限于创造性智力成果。[11] 国际保护工业产权学会《东京大会报告》将商标、商号界定为识别性标记的权利。目前我国司法实践对于数据权益纠纷大多也以不正当竞争法规制，商业秘密这种广义知识产权即被归于不正当竞争法中。在此情境下，以部分数据不具有独创性为理由而认为其不能受知识产权保护的观点也是无法立足的。

（二）数据权益的知识产权保护制度的构建原则

1. 适当干预与效益最大化原则

法律制度构建应秉持干预适当，保护相称原理要求立法活动与数据的特征相匹配，审慎适度地介入信息技术的发展过程，在技术萌芽期宽松规制甚至善意忽视，在技术发展期适度引导，在技术成熟期强化规制。对于同一时期的不同数据类型，则对应“数据权益金字塔”，大致在政府公开数据、企业数据、敏感信息的规制上，法律规范分别以无约束、弱约束和强约束的姿态出现。此外，数据权益保护与科技市场效益息息相关，位于公有领域的新型数据财产不会存在类似草场、渔业等消耗性财产所面临的问题，数据的反复利用并不会对新型数据财产产生损耗。相反，如果新型数据财产能够被多方合理利用，则可以避免所谓的反公地悲剧，带来所谓的公地喜剧。[12] “为经济建设和社会发展服务”的总要求决定了效益原则是科技立法重要的价值取向和利益诉求。因此，对数据权益采取相称的保护，才能够实现数字经济时代个人信息保护、数据平台利益维护与数据信息自由流通之间的利益平衡。

2. 公平原则

应当在数据生产者的合法利益与使用者和制作者这对竞争对手的合法利益之间建立一种公平，前者是为了能够收回他们的大量投资，后者是为了能够获得这些数据以及根据这些数据创造创新产品的可能性。一方面要保护数据生产者的利益，另一方面也需要维持数据的流通与市场利用，为有活力的竞争性市场提供法律保障。普遍化数据垄断将导致数据交易市场的衰退，对公平自由的竞争秩序造成严重干扰，导致实现经济价值的良性环境落空。[13] 而将数据权益类型化保护，则能够有效保证这种公平。具有极高价值、能够在一段时间内为企业提供巨大的市场竞争力的数据，在尊重企业算法研究成果的前提下，不能为其提供超出合理限度的保护。但如果这部分原始数据中涉及个人敏感信息，则必须为其建立特定企业的排他权，此时数据内容由于其特殊性，其他竞争者必然要再进行一次重复的劳动，与个人用户建立新的专有合同以获取该原始数据。

3. 激励原则

数据权益既要通过知识产权的模式进行保护，其背后的激励需要也应成为原则之一。从原始数据起，就需要激励高质量数据的产生，减少冗杂无用的数据，且对数据库进行定期的遗忘与数据筛选，为数据产品企业设置合理使用制度，降低其合法获取公共数据的成本，使其能够更多地投入在后续的复制抓取、算法处理上，激励具有更高商业价值的数据产品产生。

欧盟《数据库指令》为激励企业对数据库加大投资的动机因与知识产权的激励机制无法同等而论遭到众多学者反对。此时即体现出为数据赋予特殊权利而造成的过度不恰当保护。因此，对数据权益的保护应限定在知识产权的框架中才能够达到恰当的激励效果。按照知识产权的激励机制，应通过保护与赋权使赋予机器更精进的深度学习算法的主体产生更多有价值的数据。

4. 社会与个人利益优先原则

维持政府国家、个人用户与企业三者间数据权益的平衡。个人用户除了其数据使用者身份，同时还是纳税者与原始数据的来源，互联网企业在政府的资助与个人用户的许可下生产了数据与数据产品，这种情形下的知识产权付费相当于对公众的“二次征税”，此时需要考虑公众成本与专有权带来的垄断收益之间的平衡，[14] 防止社会数据权益知识产权化观念的矫枉过正。同时，国家利益、社会公众使用权利益与个人的人格权益都应当优于知识产权保护的数据权益，当数据不可避免地涉及这些利益时，应优先考虑公共利益与人格利益。应当建立数据的合理使用与法定许可制度，涉及个人信息等的则亟须建立相应的被遗忘权，不应局限于目前《网络安全法》中所规定的删除权的“违反法律或约定收集的、错误的”，而应对于那些“不适当、不相关、不再相关”的个人信息也采取措施，及时杜绝个人隐私暴露等隐患。

（三）数据权益知识产权保护模式的法律构造

参考集成电路布图设计、植物新品种等广义知识产权的立法，本文拟从权利内容、权利主体、权利行使与法律责任四个基本方面构建数据权益的知识产权法律制度。从效力层级来说，制度构建可从条例开始，日后加以完善成为知识产权法律中的一部分。

1. 数据权益的专有权内容与主体

数据的专有权可分为数据资源持有权、数据加工使用权、数据产品经营权。其中，数据资源持有权可实施登记制度，企业在建立其数据库时需将数据库类型、资源类别、所涉其他权利及权利主体的授权信息进行登记，登记完成后方可享有资源的持有权及后续权利。数据加工使用权则包括复制权、修改权、汇编权等权利，该权利可以由数据资源持有权原始产生，也可通过许可、转让、继承等途径继受产生，拥有该权利的主体即可对原始数据进行复制以及后续的加工改造，并相应地在没有明确约定的情况下获得数据产品的数据资源持有权。数据产品经营权即投入商业利用权，同样也可以与前两种权利合并或分离，但由于数据资源的特殊性，一般由专门的互联网平台通过数据资源持有权人的授权单独享有该权利。

2. 权利时限与权利行使

欧盟《数据库指令》中，对数据库规定了 15 年的保护期，与权利较为稳定的专利权几乎持平，然而数据的更新换代速度与其他知识产权不可相提并论，以上文案例中所涉数据为例，网络游戏数据的存续时间依赖于该游戏运营时间的长短，仅有少数大型游戏公司或知名 IP 衍生的网络游戏能吸引较多的游戏用户，得以运营 5 年以上并持续较高的商业价值；而保险报价与保险代理人数据则因保期的长短而有所差异，保期较长的保险在规则设计上也会较为完善，可供投保人选择的时间较久。因此本文建议将数据的保护期规定为其所依附的软件、网站等的存续期，同时根据数据类别设定 2~5 年的上限防止过度保护。

在数据权益的行使方面，数据资源持有权、数据加工使用权与数据产品经营权应当都是可以转让或许可的，同时根据国家、公共利益的需要，排除特殊情况下需要数据流通共享的侵权可能，也应当建立非自愿许可或法定许可制度。除此之外，行使过程中其他不恰当的过度保护也应排除，如数据产品再次加工使用时，可以考虑权利用尽，排除侵害原始数据资源所有权人的可能。

3. 法律责任

前文已在保护期长度上对数据权益进行了限制，而在企业数据初始产生或加工时，其作为知识产权的价值不容小觑，除了具有一定的著作权属性，还可能起到商业标识上的作用，进而引发各种不正当竞争纠纷。数据与数据库作为算法时代互联网公司的核心竞争力，一旦其权益遭到侵害，侵权者应当承担较重的法律责任，因此可以参照其他知识产权法引入惩罚性赔偿制度，对主观恶意强、客观情节严重的侵权行为设置高出实际损失、侵权获利或许可费倍数基础上 1~5 倍的赔偿额，同时也应当考虑到无法举证等现实情况以法定赔偿制度作为补充。

四　结语

算法时代背景下，数据权益产权化保护能够建立起活跃的自由市场，但数据权益与知识产权、财产权之间排他权利大小的差异又决定了其无法照搬这两种保护模式。数据纠纷的烈度与解决的难度都要求应当建立相称的保护制度，因此本文建立了“数据保护金字塔”以厘清何种数据权益应排除在知识产权保护范围之外，并确定需要构建特殊的知识产权制度来保护的法律客体。再进一步对能够知识产权化的数据权益划分归类，或找到属性类似可参照的知识产权类型，以选取合适的保护模式。最后，结合经济法、知识产权法的法律原则，考虑能够发挥数据的最大效用、兼顾自由流通与合理保护的途径，确定数据权益保护的知识产权法律原则，即适当干预与效益最大化原则、公平原则、激励原则与公共利益个人利益优先原则，在此指引之下对专有权的内容、主体、权利行使以及法律责任进行初步构想，为数据产权的法律保护体系提供更加具体的构造思路。

参考文献

[1] 高宁宁．企业数据财产权的法律属性界定［J］. 甘肃政法大学学报，2022（05）：97-110.

[2] 锁福涛，潘政皓．数据财产权的权利证成：以知识产权为参照［J］. 中国矿业大学学报（社会科学版），2023，25（03）：61-72.

[3] 吴英姿．论“确权型”案件的正当程序——略式程序的法理与规则［J］. 法制与社会发展，2023，29（02）：136-156.

[4] Xiao，G. Data misappropriation：A trade secret cause of action for data scraping and a new paradigm for database protection［J］. *Columbia Science and Technology Law Review*，2022，24（01）：125-172.

[5] Compulife Software Inc. v. Newman，Eleventh Circuit case.

[6] Gervais，D. Exploring the interfaces between big data and intellectual property law［J］，*Information Technology and Electronic Commerce Law*，2019，10（01）：3-19.

[7] 冯晓青．知识产权视野下商业数据保护研究［J］. 比较法研究，2022（05）：31-45.

[8] 刘星，姜南，欧忠辉，马艺闻．数字经济时代企业数据权益保护研究［J］. 情报杂志，2021，40（10）：91-98+107.

[9] 孙远钊．论数据相关的权利保护和问题——美国与欧盟相关规制的梳理与比较［J］. 知识产权研究，2021，28（01）：3-90+285.

[10] 司马航．欧盟数据财产权的制度选择和经验借鉴——以欧盟《数据法》草案切入［J］. 德国研究，2022，37（03）：107-124+128.

[11] 张玉敏．知识产权的概念和法律特征［J］. 现代法学，2001（05）：103-110.

[12] 丁晓东．新型数据财产的行为主义保护：基于财产权理论的分析［J］. 法学杂志，2023，44（02）：54-70.

[13] 冯晓青．大数据时代企业数据的财产权保护与制度构建［J］. 当代法学，

2022，36（06）：104-120.

[14] Okediji，Ruth L. Government as owner of intellectual property：Considerations for public welfare in the era of big data［J］. *Vanderbilt Journal of Entertainment & Technology Law*，2016，18（02）：331-362.

网络盗播行为之反不正当竞争法规制*

郑艳馨**

摘　要　随着网络技术的发展，网络直播日益兴起。然而，随之而来的网络盗播行为也变得日益猖獗。网络盗播行为主要表现在盗播体育赛事节目、广播电视节目以及网络游戏直播。网络盗播行为给网络视频内容产业带来严重的危害。网络盗播不正当竞争行为存在一定的规制困境，主要表现在网络盗播行为规制路径存在争议、平台法律规制的匮乏以及网络盗播治理存在困境。鉴于此，应当完善网络盗播行为规制的法律规范，加强平台对新媒体主体行为的监督与管理以及提升行业自律监管的能力。

关键词　网络盗播行为　不正当竞争　平台责任

随着科学技术的进步以及社会经济的迅速发展，网络直播发展势头迅猛，已经从实验性阶段跨入了实践性阶段。各种各样的社会活动都可以借助网络直播的方式传遍全世界。与此同时愈来愈多的网络直播平台和网络直播主播参与到竞争当中。由于网络直播可以带来巨大的收益，经营者们为了占取巨大的市场份额以及牟取巨大的利益，违反法律规定的各种不正当竞争手段也随之出现，打破了合理公平的网络竞争环境。加之，当前法律法规对网络直播行业的规制不足，网络直播平台的审核和监管机制不够健全，导致一些不法分子利用网络直播平台从事低俗、暴力甚至违法犯罪等不正当竞争行为。这些不正当竞争行为不仅扰乱了市场竞争秩序，也对社会公众产生了不良影响。网络盗播不正当竞争的多样复杂性、即时性和互动性，导致其影响大、范围广，并且网络还具有隐蔽性和技术性强的特

---

* 基金项目：国家社科基金一般项目“新媒体不正当竞争行为法律规制问题研究”（项目编号：18BFX147）。

** 郑艳馨，西北政法大学教授，法学博士，理论经济法博士后。

征，很难发现和对其进行规制。网络盗播行为不仅损害了网络视听产业的经营秩序，也对权利人利益造成了极大的损害。鉴于此，本文拟通过分析网络盗播行为的表现及其危害，阐释其规制的困境，提出相应的对策，以期对网络盗播行为的法律规制问题有所裨益。

一　网络盗播行为及其危害

新媒体时代，网络视频日益成为公众获取视听信息的重要方式，然而，随之而来的网络盗播给网络视频产业的良性发展带来的不利影响。由于盗播技术门槛低、侵权行为认定难度大、版权方维权成本高等客观因素，网络视听领域权利保护难度极大。网络盗播行为不仅扰乱了网络视听产业的发展，也给权利人的利益造成了较大的损失。

（一）网络盗播行为

网络盗播行为是指未经许可对他人享有权利的视听内容进行转播或者直播以获取利益的行为。目前，网络盗播行为主要表现在以下几个方面。

首先，网络盗播体育赛事直播节目的行为。近年来，网络媒体开始广泛参与体育赛事转播，一些网络组织未经授权盗播体育赛事节目，导致实践中纠纷频发。在体奥动力（北京）体育传播有限公司诉被告上海新赛季足球发展有限公司的网络侵权纠纷案①中原告认为：被告未经许可通过其运营的网站同步转播上海广播电视台“五星体育频道”直播的涉案体育赛事，侵害了原告就涉案体育赛事享有的“具有财产属性的民事权益”。由于获取体育赛事转播授权的成本高昂，一些没有实力拿到转播权的网络媒体出于获利的目的，“搭便车”、擅自无偿截取信号播放体育赛事节目的侵权现象便频繁出现。

其次，网络盗播广播电视节目的行为。在实践中，一些较为热门的电视剧在上星频道进行全国范围内的放映前，会在一些地面电视频道试播，通过对地面电视频道的收视以及反响，再做出下一步的调整和修改。但

① 上海市杨浦区人民法院（2013）杨民三（知）初字第 66 号民事判决书。

是，这也给了盗播者以可乘之机，一些网站会为了获取利益而采取录下电视剧内容转为视频资源的手段，在电视剧未在上星频道播出之前抢先在网络播出，来吸引全国观众的点击量。[1] 网络盗播行为以未经授权或许可的方式传播影视作品，侵犯了版权方的权益。这种行为不仅损害了版权方的合法权益，也对广播电视行业的正常运营造成了严重的冲击。网络盗播行为对广播电视行业的危害主要体现在未经授权传播影视作品损害版权方权益方面。网络盗播行为对广播电视行业的损害不仅体现在经济层面，还影响了广播电视行业的形象和声誉。

最后，网络盗播网络游戏直播的行为。网络游戏直播是互联网视频行业最常用的方式之一，其经营并获得收益的行为在法律上是可以得到保护的。对网游赛事或者其他渠道开展直播活动约定俗成的也需要经过赛事管理机构或者运营商同意，这在市场竞争中属于经营者自觉履行的商业道德。随着网络游戏直播的兴起，盗播现象也逐渐引起了人们的关注。盗播是指未经授权就擅自使用他人权益内容进行网络游戏直播的行为。在对“耀宇公司与斗鱼公司”① 一案的审理中，法院认为，斗鱼集团未经授权同意，擅自对网游竞争开展即时直播活动，这种做法无疑是一种“搭便车”的行为，斗鱼集团为了免费坐享他人因参与和组织经营竞争所带来的商业利润，为自身谋求商业利益和竞争优势，随着网游行业的蓬勃发展，网游直播涉及的版权问题引起普遍重视，学术界已经产生了不同的看法。剖析其中的成因，一方面可能是由于目前著作权法缺乏明确规定；另一方面则可能是因为游戏技术的复杂或者牵涉诸多利益。以不正当行为经营竞争，导致其经营竞争方合法利益遭受损害，从而破坏了市场秩序。

（二）网络盗播行为的危害

网络盗播行为对视听行业的危害主要表现在经济层面以及对行业的形象和声誉造成的影响。

其一，网络盗播行为给广播电视行业造成了经济损失。网络盗播行为以未经授权或许可的方式传播影视作品，侵犯了版权方的权益。这种非法

---

① 上海市浦东新区人民法院（2015）浦民三（知）初字第 191 号民事判决书。

行为导致版权方无法获得应有的利益，给广播电视行业的正常经营带来了严重的冲击。同时，网络盗播也给行业中的创作者和生产者带来了财务上的损失，影响了他们的创作积极性和投资意愿。网络盗播行为给游戏开发商和内容创作者带来了严重的经济损失。盗播行为导致游戏开发商的收入减少。未经授权的盗播行为使得一部分用户通过观看盗版直播来获得游戏内容的体验，从而减少了用户对游戏的购买需求。这一现象对游戏开发商的盈利能力产生了直接的影响。盗播行为侵犯了内容创作者的权利。在网络游戏直播中，内容创作者投入了大量的时间和精力进行游戏录制和策划，形成了独特的游戏内容。

其二，网络盗播行为对广播电视行业的形象和声誉造成了负面影响。盗播行为给广播电视行业带来了严重的侵权问题，损害了行业的合法权益和形象。观众和广告商可能对行业的正义与合规性产生疑虑，降低对广播电视节目的信任度和观看度。长期以来，广播电视行业一直与版权保护、创意产业和文化发展紧密相连，网络盗播行为的存在破坏了行业的良性发展环境，对行业的形象和声誉造成了严重的负面影响。

可以看到，网络盗播行为未经授权地使用了网络视听内容，严重侵犯了内容创作者的权利。这种侵权行为不仅剥夺了内容创作者的合法权益，也对其创作的积极性和创新能力产生了负面影响，亟须对其进行有效规制。

二　网络盗播不正当竞争行为的规制困境

网络游戏直播、体育赛事节目转播等未经许可的盗播行为给经营者的经营行为造成了巨大的损害，也引起了一些诉讼纠纷，受到了人们的重视。[2] 但是，网络盗播不正当竞争行为的规制却面临着较大困境。

（一）网络盗播行为规制路径存在争议

新媒体时代，网络直播日益成为人们娱乐生活的一部分，引发了网络盗播行为的发生。由于对网络盗播行为的认识存在争议，使得网络盗播行为司法规制的路径存在争议。

其一，网络盗播体育赛事行为是构成著作权侵权，还是不正当竞争存在较大的争议。体育赛事直播画面的作品属性认定问题会影响到体育赛事节目的保护模式和路径选择。理论界与实务界对于如何处理体育赛事网络盗播行为存在较大争议，一种观点认为，体育赛事节目独创性达到了电影作品的最低要求，[3] 应当以著作权法作为保护路径。但是，体育赛事节目虽然具有一定程度的个性化表达，但从整体上看是对比赛实况的忠实记录，难以产生足够的个性化差异。也有观点指出，擅自网络实时转播体育赛事构成不正当竞争，[4] 但是，反不正当竞争扩展保护的限度应该是明确的，不能无限度将反不正当竞争法的扩展保护适用于所有的知识产权领域。[5] 可以看到，在适用反不正当竞争法进行规制时，面临的问题是反不正当竞争法的明确性需要予以确定。

其二，在不正当竞争行为规制路径中，存在不同的模式选择。随着"真人直播"等娱乐视频的盛行，互联网直播产生的版权问题将会更多。在上海耀宇文化传媒有限公司诉被告广州斗鱼网络科技有限公司著作权侵权及不正当竞争纠纷案①中，理由是被告未经许可对原告拥有权利的网络游戏竞争实施了转播。在网络游戏直播中，存在着违反《反不正当竞争法》一般条款与违反具体条款两种不正当竞争行为，而不正当竞争行为的认定则有基于商业模式与行为构成两种路径。[6] 由于在"斗鱼公司与耀宇公司案"中存在两种不同属性的不正当竞争行为，因此法院对其采用了差异化的认定路径，即"基于商业模式的认定路径"与"基于行为构成的认定路径"。基于商业模式的认定又称为基于商业惯例的认定，因为它所面对的都是触犯一般条款规定的情况，是故也必然造成了此类判定存在着很大的抽象性和不确定。而根据经营模式的判定途径又可具体划分为：商业模式证成（前置条件）；相关行为破坏商业模式检验（行为条件）；侵犯别人合法权益和公平社会秩序印证（事实条件）；破坏诚实信用原理和认可的商务道义（结果条件）。所谓基于行为构成的判断，其所依托的就是最具体的不正当竞争行为表现，也就是《反不正当竞争法》第 2 章所罗列的不正当竞争行为表现。这个判断路径的具体表现是：检查有关活动是否满足规定的不正当竞争行为构成条件之规定。互联网直播平台领域中的不正

① 上海知识产权法院（2015）沪知民终字第 641 号民事判决书。

当竞争行为，虽然在表现形式上有其专属特征，但在实质上仍然是不正当竞争行为，需要按照《反不正当竞争法》等相关的立法对其加以限制。但其适用主体、范围和责任承担与常规的不正当竞争行为需加以区别。这也使得在规制路径上存在争议。

（二）平台法律规制的匮乏

平台运营商作为网络交易市场的主要监管主体，更多时候需要履行对其监督管理责任。按照法律的相关要求，平台运营商与行政监管部门之间必须完善各自的监督责任，通过严格规范互联网运营活动、维护运营秩序促进安全有序的交易平台建立，以全面维护用户的合法权益。实际上，尽管平台经营者拥有获取平台内经营者活动数据资料的权利，也能够制定或者调整一些交易规则，来对平台内的经营者活动做出规定，但因为网络平台管理活动复杂，且自身监督责任范围不明，因此常常无法有效地对平台内的用户违法活动做出反应。此外，平台角色也越来越丰富，它不仅是提供交易平台和信息的“管家”，而且会积极进行自己的行为，也就是说甚至平台自身便是侵权行为的实践者。这些表明当前平台经营者责任界定不清晰这一现象突出，无法认真承担一定义务维护用户的合法权益。

平台已成为满足消费者需求、创新驱动发展、推动社会进步的重要动力，但平台封禁行为的出现给平台竞争带来巨大冲击，对平台封禁行为的认识和规范充满挑战。平台封禁情况复杂且动态多样，具有垄断活动与不正当竞争活动的共同特征。平台企业不同于一般线下渠道，适用于2019年以前的竞争法的管理方式，不能适应大数据时代的新需求。平台封禁并不等同于违法行为，既有可能存在合理合法的实施依据，也有可能存在反竞争效应，依然存在竞争法适用标准不明确、行为违法性难以准确认定、消费者保护力度不足的规制困境。[7] 新修订的《反不正当竞争法》是否适用于因网络直播行为而引发的直播平台之间的法律纠纷的问题值得探讨。[8] 目前主要依据《广告法》和《反不正当竞争法》对不正当竞争行为进行规制，但两部法律之间存在着一定程度的竞合，对经营者、网络平台、带货主播等主体的法律地位未能形成共识，加上网络技术手段的不断更新，违法行为的隐蔽性强、传播范围广都给监管带来了难题，作为具体操作规范的《禁止网络不正当竞争行为规定（公开征求意见稿）》也未能给予明确指引。[9]

此外，《反垄断法》的法律规制前提应当是经营者已然构成了市场支配地位，但相比于同样拥有市场支配优势的腾讯，面对抖音、快手等拥有市场比较优势的电子商务平台的全面冲击，仍存在着相当的局限性，因此在反不正当竞争的法律视野下更有了规制的余地。但随之而来的问题是，虽然涉案行为确属不当采用技术手段的做法，但其面对的仅为自身所运营管理的后台，没有直接针对自己的软件采取不合法手段，所以现有规定的适用至今在理论界仍存有问题。

事实上，在公权力难以干预情况下，网络平台在治理平台内部问题往往更易取得成效。因为相较于依靠公权力来规制网络盗播等不正当竞争行为，平台往往能以更低成本及时发现问题并能灵活解决这些问题。但是，对于平台法律规制的匮乏，使得如何督促平台进行监管以及处理相应的不正当竞争行为，成为有效规制网络盗播行为不正当竞争的重要问题。

（三）网络盗播治理存在困境

拥有一个稳定的平台生态环境是使平台具有弥漫性且具有重要价值创造特性的前提基础，使得网络视频平台商业价值得以激发、系统内部有益良效得以循环。频出的不正当竞争行为破坏了网络视频生态环境，使得生态链上的消费者和其他经营者的价值需求难以实现。这也导致网络盗播治理面临着一些困境。

其一，网络视频盗播行业治理困境的一个主要原因是缺乏有效的法律法规和监管机制。当前的法律法规在网络视频盗播方面还不够完善和具体，对于盗播行为的惩罚力度有限。由于缺乏明确的法律规定，盗播者往往能够逃避法律的追究，甚至有些人只需支付较轻的经济赔偿即可获得所谓的“授权”，继续进行盗播活动。另外，监管机制也存在欠缺的问题。由于网络视频盗播行业的发展速度迅猛，监管部门在监督和打击盗播行为方面存在一定的困难。部分监管机构的技术和人员水平有待提高，导致对于技术手段日益隐蔽的盗播行为无法有效识别和打击。此外，监管部门之间的协同合作不够紧密，信息共享滞后，形成了监管的“盲区”，给盗播者提供了可乘之机。

其二，网络视频盗播行业治理困境中的一个重要问题是技术手段的隐蔽性不断增强，使得行业治理变得更加困难。随着科技的不断进步，非法分子在网络视频盗播行业中使用的技术手段日趋复杂和隐蔽。他们不断研发新的工具和方法，以逃避监管机构的追踪和打击。例如，他们可以使用虚拟私人网络（VPN）和代理服务器等技术手段来隐藏自己的真实身份和位置，从而使得追查他们变得更加困难。此外，他们还可以使用专业的视频编辑软件和技术，对原始视频进行篡改和伪装，使其看起来像是合法的正版内容，进一步掩盖盗播行为的痕迹。技术手段的隐蔽性的增强对网络视频盗播行业的治理带来了很大的挑战。传统的监管方法和手段往往无法有效应对这些新兴的技术手段。这也是网络盗播行为难以有效规制的重要原因之一。

三 网络盗播不正当竞争行为规制对策

网络盗播不正当竞争行为的法律规制需要从法律规范的完善以及平台的法律规制等多层面加以完善，从而有效遏制网络盗播行为的发生。

（一）完善网络盗播行为规制的法律规范

缺乏规范或标准，任何行为都难以得到有效规制。在新媒体环境之下，必须建立与健全有关新媒体不正当竞争行为的法规制度，并跟随新科技和时代的发展，才是保障新媒体行业发展的长久之计。[10]

其一，细化一般条款使用标准。目前，实践中对新媒体的行为是否构成不正当竞争，可以由法律按照一般不正当竞争行为的构成条件加以推导，但自由裁量余地仍然很大。为克服司法适用中的缺陷，立法者可以制定专门司法解释对自媒体不正当竞争行为的判断尺度、具体形式等加以细化，以便更有效地引导司法实务。同时结合当前的司法实际，通过回归最高人民法院在“海带配额案”① 中确定的适用《反不正当竞争法》第二款

① 2009年最高人民法院于“海带配额案”中明确了一般条款适用的三要件，具体为：第一，行为确属法律未特别明确；第二，其他经营者的合法权益确因该竞争行为而受到了实际损害；第三，该种竞争行为确因违反诚实信用原则和公认的商业道德而具有不正当性或可责性。

独立适用的三原则，根据法律的保障利益来确立反不正当竞争法中一般规定的三步走适用方式，确定中一般规定适用的二元化方式，从而实现对当事人的正确判断，都将为反不正当竞争法律的制定及其深入实施，奠定更扎实的司法实务根基。[11] 除此之外，对于一般条款的适用还需要进一步细化。

其二，商业道德因素考量的规范。《反不正当竞争法》一般条款对于法律中未明确列举的不正当竞争行为的裁判具有灵活性，但作为正当性判定的“商业道德”却是一种不规范、不确定的概念。此时，为使“商业道德”的认定更具正当性，可以引入多元利益衡量方法确定判定标准。多元利益衡量方法是将一般条款具体化为裁判规范的法学方法，是判定行为正当性标准的新思路，在弥补法律漏洞的同时，与不正当竞争中“自由竞争”“损害中性”“法益中性”的理念相符合。因此，需要全面对企业、用户及其社会的利益加以评价，把竞争价值、企业价值和网络安全评价考量其中，并纳入比较原则，建立全方位的多元化利益评价，使多元化利益评价具备科学性和具象性。[12]

（二）加强平台对新媒体主体行为的监督与管理

新媒体之间不正当竞争现象，网络信息平台职责无法推卸。自媒体不正当行为给受害者造成利益损失的时候，也给网络平台带来热度与间接利益损失。自媒体不正当竞争乱象频出，离不开互联网平台与行业机构的默许和放任，所以已经成为非法收益获得者的互联网平台也应该尽到相应的社会职责。互联网平台机构对网络平台内的自媒体有指导、监管和评估的义务，并形成了网络平台内的监管与追责制度，若不能尽到相应的义务，则应对其做出行政处罚。网络平台作为“看门人”必须承担监管责任。平台作为平台生态环境的“看门人”，通过加大自治、提高平台内行为章程的实施力度，无疑能进一步完善平台生态。平台作为数字经济时代组织生产力的新型主体，集制定规则、解释规则、解决纠纷等多项“权力”于一身，也应当履行规制网络市场的公共职能。对此，应主要从新媒体主体身份划定、主体资格准入、提高主体违法成本、加强对主体的声誉罚与资格罚等方面加强。[13]

首先，加强对新媒体平台发布内容的监测管理。国家互联网信息办公室于2017年9月发布的《互联网用户公众账号信息服务管理规定》《互联网群组信息服务管理规定》中明确了平台服务的职责、信息规范、处理方法等。不过目前中小企业更关注利用新媒体平台的推广效果，对于广告的监管相对落后，不少情形也是亡羊补牢。因此，新媒体平台需要及时贯彻这些要求，建立健全的评估、监督机构，从而有效指导中小企业利用新媒体平台进行的营销推广活动。

其次，建立新媒体平台协助配合取证制度。发在微信、微博、抖音等新媒体的大量虚假传播以及商业诋毁消息极易被侵权人删除，导致受害者在获知该侵权行为时无法取证，而不少证明的材料也只能通过新媒体平台等服务企业才能调取。但是在实践中，尤其是在诉前，由于各种实际原因的考虑，新媒体平台通常不愿协助取证。所以，建议设立对新媒体平台的诉前协调联合取证机制，只要受害人有初步的证据可以证明对某一用户在新媒体平台中存在侵权行为，就可以请求调取有关资料，而新媒体平台也必须协助提取有关数据。

最后，加大对侵权企业的惩治与普法力度。2017年《反不正当竞争法》修订时删除了草案中授予监管部门一般条款执法权的内容，原因是有意见认为不正当竞争行为属于民事侵权行为。不过，监管部门对竞争活动是否破坏公平竞争秩序、危害公共利益的行政违法判断和法院对其是否构成侵犯的判断是彼此独立的，并且就发展趋势而言，反不正当竞争法律的市场控制法特性更加明显。当然，一般条款执法权具有惩治力度大的作用，但是应当秉持谦抑性原则，备而少用。[14] 除此之外，针对新媒体不正当竞争行为，行政执法部门以及司法部门除了加大惩治力度以外，还应当加强对新媒体不正当竞争行为的危害的宣传力度，加强对经营者的普法宣传，提醒新媒体运营者对于自己的产品服务可以进行对比、宣传，但是实施的经营行为应当客观、真实，不能误导公众，盲目夸大自己产品或服务功效，更不能损害他人商誉，否则不仅会损害竞争对手的商业利益，亦会使自己背负侵权的不利法律后果。

（三）提升视频行业监管的能力

随着互联网的飞速发展，新媒体逐渐成为人们获取信息、进行交流的主要渠道。然而，一些企业和个人利用新媒体进行不正当竞争的行为日益猖獗，给市场秩序和公平竞争造成了严重影响。针对新媒体不正当竞争行为的行业监管迫在眉睫。

一是建立健全行业自律组织是提升新媒体行业的自律能力的重要策略之一。行业自律组织能够起到统一行业准则和规范的作用，明确行业从业人员的行为规范和道德底线，增强自律意识和责任感。首先，建立行业自律组织需要制定统一的行业准则和规范。这些准则和规范可以包括信息发布的规范、版权保护的规范、用户数据保护的规范等，旨在规范行业内从业人员的行为。这样一来，行业内的所有机构和个人都需要遵守这些准则和规范，以确保行业的正常运行和良好发展。其次，行业自律组织还需要明确行业从业人员的行为规范和道德底线。行业从业人员应该遵守职业道德，诚信经营，不得散布虚假信息或恶意攻击他人。此外，行业自律组织还可以制定行为准则，明确各类从业人员的责任和义务，增强自律意识和责任感，提升整个行业的自律能力。再次，建立健全行业自律组织还需要加大行业监管和执法力度。行业自律组织应与相关监管机构合作，建立健全信息监管机制，及时发现和处理违规行为。对于违规行为，行业自律组织应及时进行调查和处理，确保自律规范的有效实施。最后，加强行业自律教育和培训也是建立健全行业自律组织的重要内容。行业自律组织可以组织不定期的培训和教育活动，提升从业人员的专业素质和职业道德。通过培训和教育，行业从业人员可以更好地了解行业规范和要求，增强自己的自律意识和责任感。

二是加强对视频行业的监管能力。首先，监管部门需要加强对技术手段的研究和了解，以便更好地应对非法分子使用的新技术手段。其次，要加强与科技公司和网络平台的合作，共同研发和应用新的技术手段来对抗网络视频盗播行为。例如，可以建立起一套先进的视频溯源技术，用于追踪和确认盗播行为的源头和责任方。此外，还可以通过强化数字水印和版权保护技术的使用，提高视频内容的真实性和可追溯性。最后，监管部门还需要加强对技术人才的培养和引进，提高自身的科技水平和应对能力。加强监管部门的建设和能力建设，提高监管水平，加强对网络视频平台的监督，及时发现和打击盗播行为。

四 结语

数字经济业态下，网络视听日益成为人们日常消费与娱乐的主要方式。媒体的快速发展为人们的生活带来了便利，同时也带来了新的法律问题。由于行业监管以及侵权认定的复杂化，使得网络盗播行为日益猖獗，严重影响了网络视听节目等互联网内容产业的发展。网络盗播行为的泛滥作为网络视听领域的一大社会性问题，对市场经济秩序和公平竞争环境造成了严重的冲击。为此，应当完善网络盗播行为规制的法律规范，加强平台对新媒体主体行为的监督与管理以及提升行业自律监管的能力，最终实现网络视听产业的良性发展，推动数字经济的快速发展。

参考文献

[1] 纪晶．网络时代电视剧的知识产权保护［J］. 当代电视，2014（06）：41-42.

[2] 孙昊亮．媒体融合下新闻作品的著作权保护［J］. 法学评论，2018，36（05）：73-83.

[3] 秦健，李青文．理论与实践：论体育赛事节目的独创性——兼评新浪诉凤凰网、央视诉暴风影音赛事转播案终审判决［J］. 中国出版，2020（20）：65-69.

[4] 祝建军，魏巍，陈洋．擅自网络实时转播体育赛事构成不正当竞争［J］. 人民司法（案例），2016（02）：96-99.

[5] 孙玉荣，李心航．体育赛事节目著作权保护探究（英文）［J］. 科技与法律（中英文），2021（03）：128-136+148.

[6] 肖顺武．网络游戏直播中不正当竞争行为的竞争法规制［J］. 法商研究，2017，34（05）：36-45.

[7] 周杨，何泓宇．我国《反不正当竞争法》对网络直播平台不正当竞争行为适用探究［J］. 重庆邮电大学学报（社会科学版），2018，30（05）：64-71.

[8] 丁国峰，蒋淼．我国网络直播带货虚假宣传的法律规制——兼评《禁止网络不正当竞争行为规定（公开征求意见稿）》［J］. 中国流通经济，2022，36（08）：29-39.

[9] 刘继峰，张佳红．平台封禁行为的竞争法分析［J］. 当代经济科学，2023，45（01）：17-28.

［10］童霄．互联网新型不正当竞争行为的法律规制研究．［D］．硕士学位论文，广东财经大学，2016.

［11］吴峻．反不正当竞争法一般条款的司法适用模式［J］．法学研究，2016，38（02）：134-153.

［12］赵丽莉，吕玲玉．多元利益衡量视阈下浏览器广告屏蔽行为正当性判定研究［J］．重庆理工大学学报（社会科学版），2022，36（11）：154-166.

［13］刘权．网络平台的公共性及其实现——以电商平台的法律规制为视角［J］．法学研究，2020，42（02）：42-56.

［14］彭运朋，于海洋．反不正当竞争法一般条款的监管执法权研究［J］．知识产权，2021，No. 249（11）：91-104.

新一代人工智能背景下医疗隐私保护治理*

雷　禹**

摘　要　伴随 ChatGPT 为代表的新一代人工智能技术诞生，智能医疗技术的应用将在复杂医疗流程中大量实现自主诊疗决策与诊治控制，其逐步改变了传统医疗的生态与秩序，但也给大众带来一系列医疗隐私风险的挑战，尤其智慧医疗范式的新兴建构势必呼唤高度的数据采集、共享、运用，更加剧了医疗数据使用的不确定性与医疗隐私的风险程度。研究聚焦当前智能医疗的现实应用，关注新一代人工智能引发的潜在的医疗隐私数据风险的路径与样态，探析新一代人工智能带来医疗隐私保护的风险成因与调治困境，提出医疗隐私保护的治理路径——提升安全主导、充实法治供给、加速技术研发、推进风险评估、提升责任意识。

关键词　新一代人工智能；医疗隐私风险；医疗隐私保护治理

一　引言

以 ChatGPT 为代表的新一代人工智能已成为人类科技史上具有标志意义的重大科技新进展，它基于大数据、深度学习和神经网络等技术的人工智能，具有自适应、自学习、自优化等特点，于复杂环境中实现自主决策和控制。当新一代人工智能技术在医疗应用中逐步深入嵌入与普及后，随之而来也直面一系列关于医疗隐私风险的严峻考验，引发大众对于医疗隐

* 基金项目：2024 年度上海交通大学中国医院发展研究院课题“新一代人工智能背景下医疗隐私保护治理”（项目编号：CHDI-2024-A-01）；2023 年度上海学校德育创新发展专项研究项目“课程思政融入新医科建设的价值逻辑与路径探索”（项目编号：2023dyxc205）。

** 雷禹，上海交通大学医学院党委宣传部副部长、上海交通大学中国医院发展研究院医学教育研究所副研究员

私安全的担忧。新一代智能医疗应用新生态的构建，必将需要广泛采集、共享和应用海量的医疗信息，医疗数据使用的不确定性和风险性进一步加剧，由此，有必要从医患及大众等多方视角出发，探析智能医疗中形成医疗隐私风险的可能性路径与成因，探讨如何高效运用新一代人工智能技术这一载具，积极规避医疗隐私数据风险，有效调治医疗隐私风险保护的困境，开展医疗隐私保护治理。

二 历史演变：新一代人工智能引发更大医疗隐私风险

（一）新一代人工智能背景下的医疗隐私风险

1. 医疗隐私与医疗隐私风险

关于隐私，当前并无统一定义，是一个具有多学科意义的概念。国外学者从不同的学科角度定义隐私。Altman 提出隐私是个人对信息选择性的存取与控制的能力。[1] Margulis 认为隐私是个体在交往中提高自主性或减少不确定性对信息交互的控制能力。[2] E. F. Stone 和 L. D. Stone 认为，隐私是个体对个人信息进行控制和保护的能力，此能力决定了个人信息被租借或交换的数量和状态。[3] Laufer 和 Wolfed 将隐私概念化为具体情景下的自我、环境和人际三种状态。[4] 国内学者周水庚等认为隐私是个体不愿意对外透露或展示的个人信息或数据特征。[5] 2020 年通过的《中华人民共和国民法典》对个人信息保护进行顶层立法设计，将隐私界定为“自然人的私人生活安宁和不愿为他人知晓的私密空间、私密活动、私密信息”。[6]

具化到医疗卫生领域，本文认为医疗信息是指在医疗过程中产生和收集的所有可直接或间接识别患者、可唯一确定个体属性的信息数据，包括患者的身份信息、健康状况、疾病历史、用药情况、检查检验结果、诊断情况、手术信息、治疗方案，等等。这些信息或为结构化数据，如数字和文本，或为半结构化或非结构化的数据，如图像、视频和音频。而医疗隐私主要是指在医疗信息中保存的与患者有关的，无关于公共、群体利益的，患者不愿外界知晓或不便知晓的隐秘空间或疾病信息，其中，大多信息都是患者视为敏感并希望保密的，特别是涉及其个人生活或私密部位的信息，这些隐私信息的保护对于维护患者的尊严和权益至关重要。两者关系如图 1 所示。

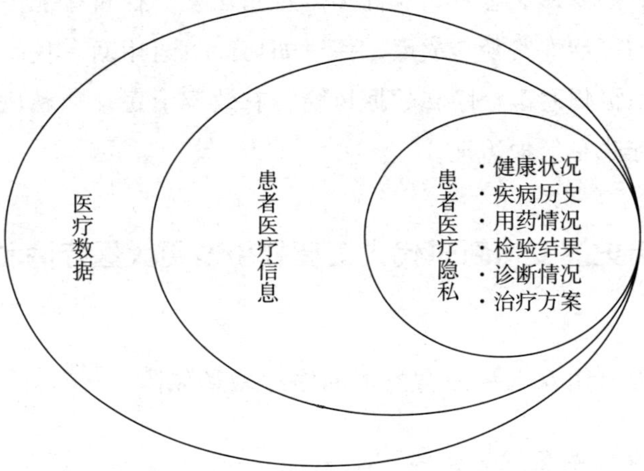

图 1　医疗隐私、医疗信息、医疗大数据的关系

关于风险的定义较多，代表性观点有结果变动说、结果偏离说、经济价值变动说和损失定量说等。国际隐私专业人员协会的隐私结构范式提出，当隐私主体与隐私客体出现有效连接时，数据对象产生隐私内容风险。[7] 由此，本文提出，医疗隐私风险是患者个体的医疗数据信息安全的风险，包括未经患者同意，违法采集、保存和使用医疗数据所产生的风险，以及医疗数据错误、丢失、损坏、篡改和泄露所产生的隐私安全风险，无论是否涉及经济利益，只要相关信息发生泄露或不知情被采集与使用，均存在风险。只有进行清晰的风险识别、开展精准的风险评估，方可实现有效的风险控制。

2. 新一代人工智能嵌入医疗后的医疗隐私风险

新一代人工智能是新兴的智能式生成的认知理解模式，其融合了各类领先的智能技术，打造了具有强大数字内容孪生与编辑创作能力、基于人类反馈的强化学习应用范式，以使用者偏好作为激励反馈信号训练模式，可自主采集、加工、升华知识内容，继而产出高匹配性数字内容。[8] 新一代人工智能颠覆了传统的信息采集、内容生产分发和人机交互方式，尤其在医疗领域的疾病诊断、影像判读、手术治疗等方面的应用逐步深入，开启了智慧医疗的新纪元。

在新一代人工智能医疗应用中，患者的微生物、营养、心理等体征指标，能量消耗、行为轨迹、云端支付等动态数据，面部表情、生理反应、肢体动作、情感起伏等生理变化，均将纳入患者隐私范畴，这些患者不愿公之于众的所有信息均集合构成医疗隐私。每个患者的信息均会生成一个包含既往病史、诊疗方案、检验结果、病程记录等海量数据实时更新的个人医疗数据库，并链接医疗机构的电子病历、检验资料、实验数据等，这些信息可能隐藏了相关的个人偏好、生活习惯、社会关系等信息，也可以由此推测出更多的隐私信息。（见图 2）由此，医疗隐私的范围被无限扩展，隐私的定义与边界更为模糊，医疗隐私风险的内容也更加不可控，但究其根本，医疗隐私的核心是记录上述关键信息的医疗数据。事实上，在人工智能出现之前，就一直存在着医疗隐私数据被泄露等风险，而智能技术的迅猛发展加速了医疗隐私风险的范畴扩展与生成速度。因此，数据的边界与隐私保护的逻辑应在厘清个人信息隐私属性强度的基础之上，有效识别医疗隐私风险，形成动态、弹性的数据边界意识，实现对个人信息数据分级保护。[9]

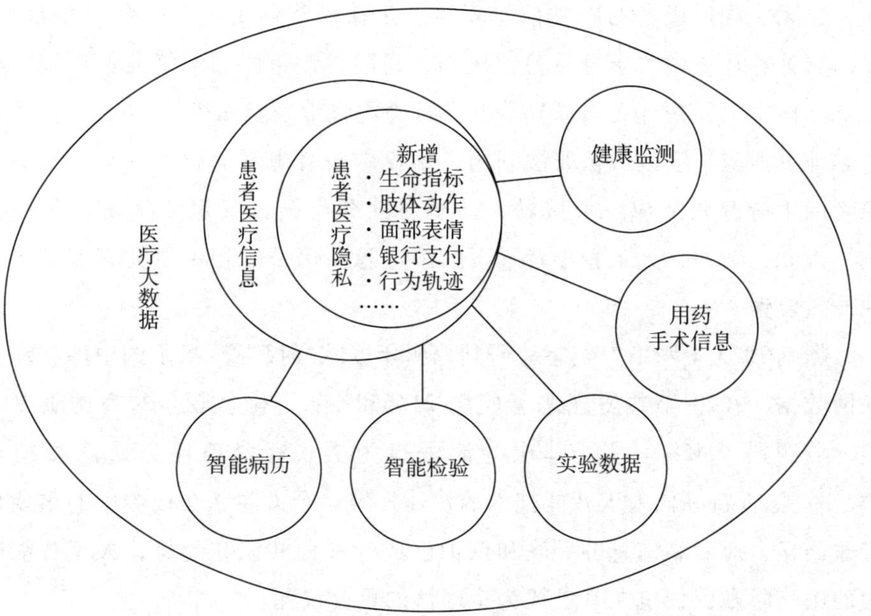

图 2　新一代人工智能背景下医疗隐私风险的范畴

新一代人工智能背景下的智慧医疗将融合物联网、互联网、云计算、大数据等多种人工智能技术，融合人体感官与物理场景，实现足不出户即可远程就医、触手可及开展医患仿真交互，生成全沉浸式、超高自由度的具身化寻医就诊空间，极大地提升就医的自由度与舒适度、执医的速度与效度[10]，极大改变了医疗就诊的效能、生态与秩序。但与此同时，智能原理和智能决策过程决定了它是一个需要通过不断吞食新数据来进行优化的开源系统，[11] 智慧医疗中除了对患者个人身份、既往病史、经济支付等隐私数据进行高频采集与调用、传输与共享，同时，还将对数据进行多次开发、深度分析与现实应用。大规模广泛应用电子档案后，各大医疗机构的临床数据库、家庭监控、远程医疗和医疗数据将委托或共享给相关服务商与单位，这所有的过程均可能造成医疗隐私风险。

（二）新一代人工智能背景下的医疗隐私保护现状

在人工智能广泛应用于智慧医疗的大背景下，当前每一个智能应用环节均无法绝对保证患者隐私数据的使用行为不会干扰到患者个人的隐私生活，也无法确保患者的隐私信息安全。张秋瑾建构了一个风险评估模型，提出云计算环境中关于身份验证机制、访问控制策略、网络监控措施、审查支持体系以及内部人员管理等九类行为均将带来隐私风险。[12] 一旦医疗隐私信息泄露、篡改或被非法利用，不仅威胁着患者的财产安全，更会对患者的生命健康造成巨大威胁，甚至对社会与国家安定产生重大负面影响。因此，新一代人工智能背景下的医疗隐私保护的相关研究有着不可或缺的重要性。

据《2023 年网络安全态势研判分析年度综合报告》显示的中国移动互联网数据，2023 年共发现恶意应用 2146509 个。其中最多的为诱骗欺诈类，监测到 1045801 个，其次为流氓行为类、资费消耗类及隐私窃取类。[13] 随着新一代人工智能技术的快速发展，个人隐私在社会中的重要性日益凸显，对隐私信息的关注和保护已成为一种共识和趋势，人工智能时代的医疗隐私保护也尤其已成为全球性的重要议题。

美国是世界上最早提出并通过法规对隐私权予以保护的国家，在 1974 年通过《隐私法案》，1986 年颁布《电子通讯隐私法案》，1988 年又制定了

《电脑匹配与隐私权法》及《网上儿童隐私权保护法》。[14] 1996 年美国制定了主要用于保护医疗相关数据安全的《健康保险携带和责任法案》[15]，明确提出侵犯患者隐私需承担的法律责任，并赋予患者权利——除了特定情况其有权自行决定是否共享健康信息。2020 年《加利福尼亚消费者隐私法案》生效，加强了对消费者的敏感数据和隐私权的保护。欧盟于 1995 年出台了《个人数据保护指令》，明确提出对个人隐私权的保护和促进数据的合法流通，[16] 规定信息处理的前提是信息主体的明确同意，为了公共利益处理个人信息时不得侵害当事人基本权利。2018 年欧盟正式实施《通用数据保护条例》，要求企业在用户明确授权或同意后才能对用户数据进行处理；2020 年欧盟公布《欧洲数据治理条例》提案，明确规定数据共享中介机构不能自行处理数据，要遵守严格要求。[17] 联合国在隐私保护方面也制定了一系列重要的法律文书，其中包括《世界人权宣言》《公民权利和政治权利国际公约》《关于自动资料档案中个人资料的指南》《联合国个人数据保护和隐私原则》《应对 COVID-19 的数据保护和隐私的联合声明》等，为各国在立法和实践方面提供指导，以确保个人隐私得到充分保护。

我国目前没有专门的关于患者医疗隐私保护的法律，有关患者隐私保护的法律条文分散于《执业医师法》《护士管理办法》《精神卫生法》《传染病防治法》《民法典》等法律法规中。随着互联网医疗、智慧医疗的发展，2010 年《病历书写基本规范》《电子病历基本规范（试行）》等相关政策规范陆续出台，规范了患者病历隐私信息保护。《侵权责任法》第 62 条明确了医务人员、医疗机构对于患者隐私权保护的责任与义务[18]；第 22 条对因侵害患者人身权益造成精神损害提供了维权依据与相关救济手段。[19] 随着新一代人工智能技术在个人信息存储和各类应用的普及，2016 年出台的《网络安全法》、2021 年出台的《个人信息保护法》与《数据安全法》等均规定不得非法获取个人信息，对医疗隐私的保护具有重要意义。此外，《网络安全审查办法》《数据安全管理办法》等规定陆续出台，以应对新一代人工智能可能对个人数据安全带来的风险。

总体来看，学术界个人隐私数据保护研究较为丰富，但相关研究多聚焦普适性的个人隐私数据保护问题，结合智能新技术对医疗隐私风险及治理的关注相对较少且不太成熟。由于智能技术发展迅速，医疗隐私保护的研究也随之不断面对新的挑战。

三 现实应用：智能医疗中形成医疗隐私风险的可能性路径

由于医疗行业的特殊性和敏感性，其数据的变现价值异常之高，医疗隐私风险一直就已存在。智能现实应用逐步大规模普及后，在各种利益的非法驱动下，医疗隐私风险不断增加，国内外医疗相关行业频发大规模数据泄露事件，波及影响范围甚广。2023 年 4 月，AI 技术企业汇医慧影用于“培训公益平台”的境外服务器遭到黑客攻击，虽然 AI 源代码与客户数据未被盗取，平台未受攻击，黑客仅盗取了培训资料，但此事件警示着医疗领域的数据安全问题。[20] 同年 5 月，美国一家为患者提供家庭医疗服务的企业 Patient Home Monitoring，由于云端配置错误，将保存在亚马逊 S3 服务器中的 47GB 的包括患者血液测试结果、个人信息、病历记录等医疗数据意外泄露，受影响患者达 15 万。[21] 在新一代人工智能背景下，智能应用基于其貌似可信、无偏私的特征更容易获取大众信任，能更为轻松进入机构系统、个人手机、家庭应用、社会圈群等个人更私密的空间领域并获取相关隐私信息，由此，医疗隐私风险将更加受到关注，其在智能应用中主要有以下四种可能性风险路径。

（一）医疗隐私数据的智能采集风险

新一代人工智能带来全新的采集方式，可穿戴设备、脑机接口、无线传感器设备等智能设施集合生物信息采集装置，快速便捷地自动采录患者体温、血压、心率等指标，并进行实时计算与评估。患者的既往病历也会在通过生物识别验证后被调取，诊治中患者的脸部表情、身体动作、感情变化等生理反应也会被实时捕捉并反馈给系统，[10] 同时海量数据将会被汇集到医疗机构，与电子病历、检验资料、实验数据等相互连接，共同构成庞大的“医疗大数据”资源。新一代人工智能的采集不受时间、地点限制，且携带无法自主控制采集的具体选项，患者除了基本健康数据之外的相关生命体征等非必需的信息也同时被捕捉，这就出现了信息主体未明确授权但信息被隐秘采集的风险。2022 年，长沙市望城区 17 家医疗卫生机构过度收集服务对象指纹和人脸等个人生物识别信息，未按要求解决电子签核系统的弱口令、数据未加密等安全漏洞，未能防患未经授权的访问及个人信息泄露、篡改、丢失等高风险，依法受到处理。[22] 此外，新一代人工智能中生成式人工智能与生俱来存在的“拼接式”信息陈述方式，可能会导致信息失真。一方面，生成式人工智能可通过排列、组合数字痕迹来产生貌似原创的陈述性信息，然而，这些信息并非原创、有效的信息；另一方面，由于生成式人工智能依赖于语料存储和数据输入，其“掷骰子”的概率匹配算法无法确保生成过程的透明度，也无法保证生成结果的真实性、准确性和时效性。此外，生成式人工智能工具输出的文本还存在难以溯源的问题。[23]

（二）医疗隐私数据的存储管理风险

新一代人工智能背景下，海量化医疗隐私数据将以电子化形式存档，且数量之大与增长之快难以想象，可以预见，新一代人工智能设备的应用所采集的医疗数据信息更依靠人工智能设备供应商提供的云存储服务来存储，这对服务机构系统的存储、防御与管理能力提出更高要求，若在设计开发信息系统时没有充分考虑医疗隐私数据安全防护和保护，医疗隐私数据将面临极大泄漏风险。且存储平台上信息的存储者和所有者是分离的，这些信息还面临着被患者本人和医疗机构以外的第三方窃取或篡改的风险。如若管理机构的人员对于数据保存与管理出现疏忽，或者管理人员在利益驱动下失职失德发生数据出售等失范行为，或系统存在高危漏洞导致黑客入侵，这均会导致医疗隐私面临极大泄露风险。2023 年 10 月，加拿大安大略省 Bluewater Health、Chatham-Kent Health Alliance、Erie Shores HealthCare 等医院共计有 27 万名患者的数据被黑客攻击并在暗网上出售，尽管医院本身是数据泄露的受害者，但它们最终未能保护患者的信息因而面临一场潜在的价值 4.8 亿加元的集体诉讼。[24] 美国放射机构 US Radiology 因未能妥善保护患者的医疗数据，导致大规模医疗隐私泄露，被罚款 45 万美元。调查发现，导致 US Radiology 在网络数据安全方面产生严重漏洞的原因是其未能及时升级其硬件设备，使得黑客有机会窃取近 20 万名患者的医疗数据。[25]

（三）医疗隐私数据的传输共享风险

新一代人工智能的深度应用下，智能医疗系统将关联患者的身体传感设备、家庭可穿戴问诊设备、社区智慧健康管理平台、医院智慧诊疗平台等，在患者端连通数字病历、影像数据、神经数据等健康数据，在医生端联通医学知识库、药品分析库、辅助诊疗设备等决策支撑平台，同时联结政府、医院、企业、社区，打造就医服务、电子支付、区域协同及健康档案等标准化平台，实现新型医疗生态场景的协作共治。[10] 由此，医疗数据交换也不再局限于医疗机构，存储在不同部门间的医疗数据将通过远程传输与实时共享以实现效益最大化，传输的过程中难免存在泄露风险。此外，不同机构间的数据存储系统尚未完全统一，患者端与医生端、政府与医院、企业与社区等多方采集的数据标准不一致，目前也并没有完全适用于海量复杂数据共享场景的隐私保护方法，作为医疗隐私数据来源主体的患者并不知道谁可能获取与利用这些共享信息，并且数据泄漏后无法追踪，由此，医疗数据在交换转化的过程中也存在泄漏风险。最为典型的是2018 年新加坡医疗集团数据泄露事件，该集团是新加坡最大的公共卫生机构之一，其受到重大网络攻击后导致 150 万名患者的非临床个人数据被非法访问和复制，约 16 万人的开药记录、病理结果被窃取。[26] 由于数据传输和共享过程中的安全措施不足，攻击者利用一个已知漏洞，成功渗透、访问和复制存储在系统中的敏感数据。这次事件暴露了医疗机构在数据传输和共享过程中存在的巨大风险。

（四）医疗隐私数据的挖掘应用风险

新一代人工智能背景下，智慧医疗系统将实现现实医院与镜像孪生医院无边界交汇，医患的物理人身与数字身份深度链接，情绪、神经、心智等生理感知在生物实体与数据躯体间交融，智慧医疗系统将实现复杂诊疗环境的自主决策和控制，医患间不但可自由选择与活动，还可结合现实经验与新获认知，自由打造独特诊疗空间，制订适应自我的特殊定制诊疗方案，获取不断自行优化的诊疗体验，而此需要医疗数据的深度挖掘、精准研析与广泛应用。ChatGPT 等生成式人工智能的“创造性”或“创新能力”本质就是超级算力加持的“量变”，其成长需要“数据喂养”或投放资源在不断促进完善的语料库中被“调教”或规训，并通过消化大量现有生成文本学习执行对话任务。[27] 系统从病历、影像、生理等海量多元的医疗数据中掘取有应用价值的信息，进行一系列的机器学习、统计分析等处理，或研判患者下一阶段可能的健康状况，或生成建立创新精确诊治方案，或实施及构建新的医疗手段，或为疾病诊断、药物研发提供研究依据。医疗大数据的挖掘与处理功能可能导致表面看似无关的数据揭示患者隐私。即使这些信息已进行加密和匿名化等隐私保护措施处理，患者在数据处理后的敏感信息仍可能被泄露。例如，一些基因检测公司推出自主研发的肿瘤基因检测服务，采用高通量测序手段对来自肿瘤病人的癌组织进行相关基因分析，对肺癌、乳腺癌、胃癌等多种常见高发癌症进行早期、无创伤检测，这对于患者而言是福音。但如果在此过程中，如果数据挖掘与应用不当，患者的基因信息可能被不法分子用于非法目的，误导医疗决策威胁生命。

四 潜在挑战：医疗隐私数据安全的风险样态及成因

（一）医疗隐私风险的多元样态

由可能性风险路径可见，随着新一代人工智能在各个领域的深度应用，医疗相关数据将得到深度开发与更大效益的利用，但同时也面临着除了医疗数据泄露以外的多层次安全风险，主要分为以下几种风险样态：

1. 医疗隐私数据的无节制采集

《中华人民共和国个人信息保护法》规定，数据采集必须遵守“最少、必须”原则，且应当获得用户的同意。而在新一代人工智能背景下，智能医疗设备与智能应用程序可能会强制读取用户的隐私数据，通过所谓“查头”“过脸”的手段对不特定社会公众的人脸信息进行非法收集，甚至在用户不知情的情况下收集与服务无关的数据，以了解用户需求进而进行精准医疗广告推送或其他用途。此类过度采集无疑违背了法律规定，不但未取得信息主体真实意愿的授权同意，相关数据最终目的和用途大众更是不得而知，个人知情权、隐私权和数据权益受到严重侵犯。如禾连健康 App（9.2.4 版本）因违规收集与其服务不相关的用户信息，被国家计算机病毒应急处理中心通报。[28]

2. 医疗隐私数据的非法性窃取

新一代人工智能背景下，医疗隐私数据可能面临通过智能技术进行的窃取攻击。攻击者利用模型的参数、中间数据或模型预测结果[29]，恢复医疗隐私数据关键信息，进而进一步非法性窃取详细个人资料、既往病史、诊疗方案、住址财产等关键隐私。攻击者或利用网络钓鱼、恶意软件等手段，非法入侵医疗机构的数据系统，或利用开源软件或者第三方工具，对医疗数据进行非法取用，或利用人工智能模型进行非法分析，回溯更多的敏感信息。攻击者如伪装成“颜值检测”App，实则为窃取照片的“黑软件”，如好医生 App（版本 6.1.3）曾因涉嫌隐私不合规问题，被国家计算机病毒应急处理中心通报。[14]

3. 医疗隐私数据的投毒性攻击

该风险样态主要是指对智能系统中的医疗数据集进行恶意操作，以影响模型训练和预测结果的正确性。人工智能系统下，数据投毒攻击主要有三种：数据污染——向训练集中添加虚假或无关数据，恶意改变模型的训练过程和结果；标签错误——故意更改或错误地标记医疗数据集的标签，导致模型计算错误关系；以及对抗性样本——生成与原始数据相似的对抗性样本，使模型难以区分真伪。这些攻击误导人工智能在决策时做出错误判断。如在智能诊疗 App 中，攻击者添加恶意数据到医疗数据集中或修改关键数据，以此欺骗算法模型，导致计算出与患者不符的数据，提供错误的诊疗方案，严重危害患者生命健康。

4. 医疗隐私数据的深层次伪造

深层次伪造通过计算机技术生成或修改图像、音频和视频等从而达到模仿特定对象，它能够模拟出高度逼真的虚假图像或视频，以欺骗人的感官与认知，欺骗系统的认证通过。在医疗领域，深度伪造技术可能被用于制作虚假诊断报告、篡改病历记录、制造虚假患者人像等行为，这不仅侵犯了患者的权益，也违反了医学伦理和法律规定。如伪造医疗专家的言论视频，将误导公众对疾病与生命安全的认知，继而导致社会不安定；或伪造生成人的面部表情与声音，通过医疗智能系统的验证后，给大众的医疗救治带来极大危害。

5. 医疗隐私数据的超权限研析

在新一代人工智能背景下，医疗数据的挖掘应用过程中可能受到数据价值的利益驱动，导致出现患者或大众在不知情下，个人的医疗隐私数据受到超权限使用与超协定分析，即数据被用于超出其原始收集目的的范围，或是在未获明确授权却对医疗数据进行综合分析与应用。比如，某些互联网企业利用智能技术对患者进行差异化分析，根据其病情病史、年龄、消费习惯、购买能力等信息，使相同病情的患者收到不同价格的治疗路径的广告推送，以获取更高的利润。如此超权限的研析与应用，将破坏数据生态环境，使患者用户困于“信息茧房”而丢失其他医疗信息，间接地剥夺了患者用户的“知情权”。

（二）医疗隐私风险的成因探析

1. 规范性布局主导缺失

生成式人工智能可能存在的诸多风险，当前仍没有系统的智慧医疗方面的伦理标准与管理规范。在医疗领域生成式人工智能逐步应用扩展的背景下，相关政府与机构的引导已跟不上行业的迭代产出。首先缺乏人工智能背景下智慧医疗的组织管理、技术应用、行业标准等方面的系统性整体布局，在其中的顶层规范指引尤其要将隐私保护考虑其中；其次，已有的传统诊疗规范与人工智能医疗相关服务不甚匹配，对于新兴业态下隐私保护的突出问题无法观照；此外，缺乏人工智能医疗相关服务相关风险预防与治理的制度流程，对于隐私风险的防范与惩治缺少规范性指导。

2. 制度性运行机制不顺

新一代人工智能在医疗行业的应用涉及多机构、覆盖多人群、跨越多系统、经转多流程，在当前运行机制与治理制度的规制性和规范性较为欠缺的境况下，医疗隐私数据势必面临多环节风险。如技术人员是否能构建完善的智慧医疗体系，医疗数据的传输交互中是否可安全性共享，人工智能诊治系统是否能实现可追踪式地运行，医疗服务中是否能平等性地对待每个患者，诊治过程是否能规范性地开展每个智能操作，运行管理中是否能有效地开展监督问责等，这都直接影响着医疗隐私数据的安全性。

3. 针对性法治供给不足

由于生成式人工智能可助力医疗实现自主诊疗决策与诊治控制，它与人类思维某些场景下相差无几，作为数据使用的人工智能如若侵犯个人隐私，该如何认定侵权主体便成为新问题，现行法律中尚未明确、详尽地体现与涵盖对这些新问题的相关规制。当前我国并没有以隐私权为独立客体的法律条文，已出台的《数据安全法》等法规仍沿用传统视角看待医疗大数据中隐私权保护，相关措施针对性较弱，不能为大数据时代的医疗隐私保护提供充足的制度供给。[30][31]

4. 创新性治理工具欠缺

面对生成式人工智能带来的医疗变革，当前相关创新性的治理工具也缺乏深度与创新。一方面，虽然智能医疗逐步实现自主诊疗决策与诊治控制，但关键技术还不完全成熟，如何同步使用技术保障医疗数据使用的公平性、稳定性、透明度、规避偏见与歧视等方面仍面临壁垒。另一方面，尽管将信息数据进行匿名化处理是保护个人隐私的关键手段之一，旨在使数据无法直接指向特定个体，但人工智能在处理大规模数据时的强大能力可能引发一种风险——它能够将已经匿名化的数据与其他信息源进行关联分析，从而有可能重新识别出信息的原始主体，实现数据的去匿名化。[32] 此外，如何加强数据加密和安全存储、建立数据备份和恢复机制，建立完善的医疗数据安全体系等，相关技术治理工具有待持续丰富与加强。

5. 普遍性保护意识缺失

新一代人工智能缔造了新兴的人机协同关系，需要大众匹配相应素养。对于患者及大众，由于普遍缺乏相关隐私保护知识与意识，不了解自己的隐私权益；或在使用移动医疗等新型医疗服务时，不知如何采取措施保护隐私；或在医疗隐私受到侵害时不知如何维护权益。对于医疗机构和医务人员，缺少隐私保护专项培训，不知如何在工作中保护患者隐私；或是受传统医疗观念影响，重视疾病诊治而将隐私视为次要问题；或是时间精力限制，未充分关注患者隐私保护。这都为医疗隐私泄露和滥用提供了可乘之机。

（三）医疗隐私风险的调治困境

综上，在新一代生成式人工智能背景下，由于规范指引缺失、治理工具缺新、机制体制不全、大众意识欠缺等原因，大众医疗隐私数据风险危险性极大，其主要面临三大调治困境。一是医疗隐私保护与医疗数据共享困境。一方面要在两者之间保持必要的张力，实现相关机构对医疗数据的共享；另一方面要积极应对医疗技术创新下的医疗隐私保护挑战，防范医疗数据可能遭到侵害的风险。二是自由创新应用与法律制度约束的艰难平衡。不但要大力推进新一代生成式人工智能背景下智慧医疗的建构，促进大众对于人工智能医疗相关创新性应用，更要通过既定法律规范的更新完善与数据安全保护模式的新型建构，平衡在医疗智能运用中自由创新与法制约束之间的关系。三是医患与政企等多元主体之间的多重利益的博弈调和。“在立法仍然存在模糊地带的情况下，期待互联网商业霸权能够自觉地维护网络用户的隐私并不现实”。[33] 联合国首任隐私权特别报告员卡纳塔西认为在技术层面上，保障隐私常不幸变为一种事后工具，建议要在人工智能的设计阶段就要建立和嵌入隐私问题。[34] 新一代人工智能在智慧医疗中的研发与应用将涉及繁杂流程与多元主体，此中可能存在主体之间价值与利益的多方考虑、博弈与调和。

五　风险规避：新一代人工智能背景下医疗隐私保护治理

在新一代人工智能背景下，医疗秩序、法律规范等均面临重新被型构的可能，医疗隐私保护面临极大的挑战。如何能在安全的前提下规范医疗数据的采集、利用与保护，使大众在智能医疗应用中获益的同时，降低医疗隐私风险，保障患者合法权益是当前必须面对并亟须解决的问题。研究认为应提升安全主导、充实法治供给、加速技术研发、推进风险评估、提升责任意识以有效规避医疗隐私风险，观照新一代人工智能的特征及医疗隐私保护治理。

（一）提升社会宏观层面的安全主导

立足当前现实，当由政府层面牵头，进行科学合理、层次清晰、符合国情的生成式智能背景下医疗数据安全的整体布局。组织管理层面上，加强顶层安全设计。各级政府必须意识到新一代人工智能技术的战略价值，尽快制定并实施针对数据安全的激励性政策措施，从而在宏观政策上提供有力的指导。此外，政府还应系统地界定生成式人工智能医疗技术的合理进入领域和应用限制，为其创造良好的发展空间，并确保其发展方向符合国家整体的发展战略规划。技术应用层面上，加快网络安全产业布局。加快布局基于内容寻址的网络体系架构以及终端直连技术等 6G 前瞻技术研究；研究建立超低时延安全网络架构，实现人工智能新型计算终端在安全规范下的超低时延无线接入；重点攻关 Web 3.0 前沿技术，开展区块链数字身份、分布式可信存储等支撑技术和数字监管技术布局，建设高性能、可扩展和安全可控的新型区块链体系架构。[35] 行业标准层面上，推进安全规范标准。组建包括医疗相关全行业在内的数据安全标准委员会，制定医疗数据安全的行业技术标准；加快制定生成式人工智能技术在医疗基础设施建设、疾病诊疗、运营管理等层面的管理标准，理顺智慧医疗服务的数据流转，规范产业安全发展。

（二）充实医疗隐私保护的法治供给

在新一代智能技术背景下，法治是大众医疗隐私安全的关键保障，当前已有部分与信息相关法律法规，虽在一定程度上规范了信息技术的应用，但并不完全适用于医疗隐私数据保护的现实场景，当与时俱进对医疗隐私保护进行立法，以协调隐私保护与信息使用间利益冲突。首先，出台针对性的医疗隐私数据保护的法律法规。人工智能“不具备单独的认识和意志因素”，其行为“来源于人类思维的输出”，技术再强大也不宜将其认定为独立的刑事责任主体，[36] 因此，要针对人工智能技术所带来的法律风险和挑战，尽快制定专项的人工智能与医疗隐私相关法律法规；同时，还应及时修订和完善与人工智能发展密切相关的网络安全法、数据安全法、个人信息保护法等现有法律条款，以确保医疗数据隐私法律体系的完整性、适应性、科学性与前瞻性。其次，建立分级管理审查制度。医院及相关医疗机构应依据数据的重要性和敏感性实施分层监管审核机制，以提升互联网医疗隐私数据的管理效能及确保医疗数据的安全性得到充分保障。

最后，完善智慧医疗的安全监督体系。各地政府部门应该联合医疗卫生、信息化等管理部门，构建协作紧密、高效联动的执法与监督体系，以加强对智能医疗服务过程中及之后的隐私保护监管力度；可成立专门的隐私安全管理机构，有序引导社会公众和舆论参与监督，尤其着重加强对患者隐私保护状况的巡查和检视。

（三）加速医疗隐私保护的技术研发

新一代人工智能背景下，医疗隐私的泄露多是通过语言模型中的数据泄漏继而导致的模型暴露，因此需要大力加强在数据加密以及访问权限控制等领域的医疗隐私保护技术的研发。在数据收集阶段，可采用匿名化技术以切断数据与特定个体之间的直接联系，运用差分隐私技术在确保数据整体统计特性的同时，消除能够识别个体的具体特征，使用同态加密技术来对特定的数据字段进行加密处理，有效防止敏感信息的泄露。在数据存储阶段，利用访问控制技术来确保用户只能获取其所需的最小敏感数据权限，这一原则性的做法能有效地预防和避免对数据库的有意或无意的伤害；同时，借助隐私数据挖掘保护技术，在不侵犯数据所有者隐私权的前提下，深入挖掘并发现数据中潜藏的有价值信息。在数据共享阶段，主要依靠加密技术、脱敏技术、联邦学习技术、区块链技术、TEE（可信执行环境）技术等来确保隐私数据的有序流动与安全出域。而在数据销毁阶段，则主要通过两种方式来彻底清除数据：一种是对数据存储介质进行物理销毁，另一种是对数据进行多次覆写，以确保数据无法被恢复。伴随数据量的迅猛增长和大规模数据融合应用的迫切需求，新兴的区块链技术、隐私计算等先进的数据保护手段正逐步成为个人隐私保护领域的新趋势和发展方向。此外，人工智能背景下智慧医疗建设还需要大量技术复合型人才，他们不仅具备专业的数据安全技术，还需要对各项医疗业务有充分了解，是具备医疗、管理、智能技术等多方面知识的复合人才。

（四）推进智能医疗应用的风险评估

首先，应积极开展新应用试点与风险测试。引导组织有实力的医院、医疗机构与技术产业龙头单位牵头联合开发新一代智能医疗应用，率先开展新设施、新产品的试验，以典型案例的模范作用与成功经验，为医疗行业提供借鉴。在医疗新应用全面落地之前，应在有实力的医院主院部署相关智能应用模型，开展新兴技术应用的试点，开展前期的技术评估与风险测试，为分院、全市乃至全国全面推进新应用提供充分的实测反馈与实践支撑。其次，要加强智能医疗应用中隐私风险的准确识别。一方面是医疗隐私内容的风险，其取决于患者对其患病类型的敏感程度，可根据患者对其医疗隐私内容价值认知，计算其电子病历隐私内容风险值。[37] 另一方面，医疗隐私安全风险存在于智能采集、存储管理、传输共享、挖掘应用等医疗数据生命周期的不同阶段，具有多元风险。要加强对智能医疗应用全过程的安全风险分析，归纳汇总潜在安全风险因素，不断提升安全风险识别水平。再次，要开展智能医疗应用隐私风险的有效评估。基于初步识别的潜在安全风险因素构建各类智能医疗应用安全风险评估指标体系以及智能医疗应用安全风险评估模型，对其中的隐私安全风险预警、防御、检测能力和安全事故发生时的反应、恢复能力等进行评估，明确推进过程中安全保护的薄弱环节和防护漏洞，并从技术、管理等多个层面提出适合本医疗机构以及相关智能医疗设备的隐私风险防范建议与措施，提高隐私安全保护水平。最后，要建立智能医疗应用隐私风险的应对预案。为了应对可能出现的智能医疗应用风险事故，需提前制定安全风险控制应急预案，并组建专业的应急响应团队，确保在隐私安全事故发生时，能够迅速、有效地实施应急预案。同时，要不断改进和审查应急预案，以提高应急决策的响应效率和速度。

（五）提升大众隐私保护的责任意识

医疗隐私数据保护涉及医患、医疗机构等多方主体。就政府而言，当通过各种渠道加大对智能应用下个人信息保护的法律知识宣传、对大众进行信息犯罪的警示教育，增强医患双方对于维护自身合法权益的认知，了解隐私权泄露的危害以及维权的重要性。就医疗机构而言，需加强智能就诊的过程管理，制定相关制度加强对患者就诊的全过程管理，加强对医务人员的行业准入教育，通过讲座培训等方式，对医务人员加强职业素养教育和法律素养教育，提高隐私保护的责任意识。就患者而言，要努力增强医疗隐私数据的保护意识，在智能诊疗过程中要审慎提交个人资料、谨慎设置手机 App 的权限等，当个人的隐私信息遭遇泄露时，应当通过法律途径维护合法权益。就医务人员而言，应自觉加强对相关法律法规的深入学习，不断强化保护患者隐私的责任感与意识；在使用智能医疗社交平台时要掌握分寸、坚守原则，既开展有价值的病例分享与医学科普，又避免过度分享个人信息或敏感内容，避免侵犯他人隐私或误导用户。就服务企业而言，必须在充分保证患者的知情权的情况下进行数据采集，并确保在数据运用时遵循患者的个人意愿；同时，要采取必要的脱敏措施，隐去可识别个人身份的信息，严格过滤敏感数据，从而切实有效地保护患者的隐私安全；医疗隐私数据使用时，须经过严格的审批管理，操作流程必须要具有可追溯性，不得随意共享和发布患者的隐私数据；要界定责任边界，确保任何泄露数据行为都能追溯到个人。

六 结语

新一代人工智能技术将构建全新智慧医疗的生态与秩序，高频的数据采集、共享与运用，加大了医疗隐私风险的挑战，与此同时，新一代人工智能技术对海量数据的巨式处理能力，也为医疗隐私的保护治理提供有效的路径，可助力形成政府、社会、医院及医患等多方协同治理的良好生态。应建立合理良性的权力配置，突破传统医疗隐私保护治理，从顶层设计、技术保障、法律制度、人才培养等全面有序推进人工智能技术在医疗领域的应用与管理，以有效规避相关数据风险，推进智慧医疗的顺畅运行，促进大众生命健康。

参考文献

[1] Altman, I. The environment and social behavior: Privacy, personal space, territory, and crowding [J]. *Contemporary Sociology*, 1978, 7 (5): 638.

[2] Stephen, T. Conceptions of privacy: Current status and next steps [J]. John Wiley

& Sons, Ltd., 1977, 33 (3): 5-12.

[3] Stone, E., Stone, D. Privacy in organizations: Theoretical issues, research findings, and protection mechanisms [J]. *Research in Personnel and Human Resources Management*, 1990, 8 (3): 349-411.

[4] Laufer, R. S., Wolfe, M. Privacy as a concept and a social issue: A multidimensional developmental theory [J]. *Journal of Social Issues*, 1977, 33 (3): 22-42.

[5] 周水庚，李丰，陶宇飞，肖小奎．面向数据库应用的隐私保护研究综述 [J]. 计算机学报，2009，32（05）：847-861.

[6] 张涛．移动商务用户隐私信息披露风险因素及风险评估方法研究 [D]. 云南财经大学，2021.

[7] 陈敏，周彬，肖树发．健康医疗大数据安全与管理 [M]. 北京：人民卫生出版社，2020.

[8] 张夏恒．ChatGPT 的逻辑解构、影响研判及政策建议 [J]. 新疆师范大学学报（哲学社会科学版），2023，44（05）：113-123.

[9] 李惊雷，崔明利．数据的边界与隐私保护的逻辑探析 [J]. 新闻爱好者，2023，（06）：27-30.

[10] 雷禹．智慧医疗背景下医疗元宇宙生态场景构建 [J]. 卫生经济研究，2023，40（07）：58-62.

[11] 周洪宇，常顺利．生成式人工智能嵌入高等教育的未来图景、潜在风险及其治理 [J]. 现代教育管理，2023，（11）：1-12.

[12] 张秋瑾．云计算隐私安全风险评估 [D]. 硕士学位论文，云南大学，2015.

[13] 澎湃新闻．2023 年网络安全态势研判分析年度综合报告（2024 年第 2 期）[EB/OL]. https://www.thepaper.cn/newsDetail_forward_26205626，2024-1-30/2024-01-29.

[14] 鲁荣鹏．新冠病毒肺炎疫情背景下个人信息保护的法理分析 [D]. 硕士学位论文，江西师范大学，2021.

[15] 徐敏，万辉，惠朝阳等．电子健康档案隐私保护的法律 [J]. 解放军医院管理杂志，2014，21（09）：854-855+886.

[16] 新京报评论：个人数据保护，可向欧盟“取经” [EB/OL]. [2017-12-15]. https://baijiahao.baidu.com/s? id=1586782107019466795&wfr=spider&for=pc.

[17] 李琴．中国和德国对个人信息保护的法律制度比较研究 [D]. 硕士学位论文，湖南大学，2019.

[18] 樊明芳．患者隐私权法律问题研究 [D]. 硕士学位论文，黑龙江大学，2019.

[19] 谢小青．患者隐私权保护研究［D］. 硕士学位论文，中南大学，2015.

[20] 澎湃．印度黑客攻破医疗 AI 公司，4 个比特币可买到“新冠数据”［EB/OL］. https://m. thepaper. cn/baijiahao_ 7277194，2020-05-06/2024-01-29.

[21] 搜狐．数据堂倒卖百亿用户信息被连锅端［EB/OL］. https://www. sohu. com/a/240083711_ 160850，2018-07-09/2024-01-29.

[22] 湖南省长沙市人民检察院．最高检发布个人信息保护检察公益诉讼典型案例”［EB/OL］. http://www. changsha. jcy. gov. cn/cjyw/202304/t20230403 _ 4075927. shtml，2023-04-03/2024-01-29.

[23] 刘宝存，苟鸣瀚．ChatGPT 等新一代人工智能工具对教育科研的影响及对策［J］. 苏州大学学报（教育科学版），2023，11（03）：54-62.

[24] 搜狐．安全快讯 | 2023 世界互联网大会即将开幕［EB/OL］. https://www. sohu. com/a/734495194_ 120846244，2023-11-07/2024-01-29.

[25] 搜狐．重罚！这家放射科近 20 万患者信息遭泄露，被罚 45 万美元［EB/OL］. https://www. sohu. com/a/736500341_ 121124547，2023-11-15/2023-12-29.

[26] 搜狐．持续跟进：以威胁情报分析视角看新加坡新保集团数据泄露事件［EB/OL］. https://www. sohu. com/a/244735932 _ 100165517，2018 - 08 - 02/2023-12-29.

[27] 令小雄，王鼎民，袁健．ChatGPT 爆火后关于科技伦理及学术伦理的冷思考［J］. 新疆师范大学学报（哲学社会科学版），2023，44（04）：123-136.

[28] 江苏检察网．医疗 APP 隐私协议暗藏陷阱 健康隐私信息如何不被恶意窃取［EB/OL］. http://www. jsjc. gov. cn/yaowen/202211/t20221122_ 1457153. shtml，2022-11-22/2023-12-29.

[29] 林伟．人工智能数据安全风险及应对［J］. 情报杂志，2022，41（10）：105-111+88.

[30] 吴何奇．大数据时代个人隐私保护的刑法路径——从医疗人工智能的隐私风险谈起［J］. 科学与社会，2020，10（02）：89-110.

[31] 李寒．医疗大数据中患者隐私权的法律保护研究［D］. 硕士学位论文，福建农林大学，2022. DOI：10. 27018/d. cnki. gfjnu. 2022. 000327.

[32] 华劼．人工智能时代的隐私保护——兼论欧盟《通用数据保护条例》条款及相关新规［J］. 兰州学刊，2023，（06）：97-108.

[33] 袁梦倩．“被遗忘权”之争：大数据时代的数字化记忆与隐私边界［J］. 学海，2015（4）：60.

[34] 搜狐．联合国：如何在数字化时代保护个人隐私——联合国人权专家一席谈

[EB/OL]. https://www.sohu.com/a/476388241_120124605，2021-7-11/2023-12-29.

[35] 李伟．上海市推进元宇宙新赛道发展现状与对策建议［J］．互联网周刊，2023（16）：40-42.

[36] 熊波．人工智能刑事风险的样态评价与规制理念［J］．探索与争鸣，2019，(05)：134-142+176.

[37] 杨帆，赵霞，胡靖琛．电子病历隐私风险的防范研究——以河南省Z医院为例［J］．中国医院管理，2023，43（01）：44-47.

人工智能洗稿法律规制之困与疏解之道*

鲁　甜**

摘　要　人工智能带来版权内容增量的同时，也催生了洗稿产业链。算法技术复杂性、内容服务平台的封闭性以及权利主体分散性使得以著作权法为主的一元规制困境愈发凸显。实质性相似判定不足、侵权责任主体界定困难、平台法律地位的缺失等决定了上述困境在著作权法框架无法得到有效解决。既然智能洗稿植根于数据抓取和机器学习技术，有必要构建以"数据采集—数据处理—结果输出"为主的规范架构，运用著作权法、反不正当竞争法、刑法等探寻法律与技术并重的多元规制之道。

关键词　智能洗稿　数据抓取　数据训练　侵权主体

以大数据、算法为核心技术，人工智能广泛应用于新闻采集、机器人辅助写作、智能化推送等传媒领域。现实生活中，利用智能写作侵犯他人权利的情形屡见不鲜。这种写作技术毫无生成能力，却将出版、音乐等版权产业置于岌岌可危的境地。鉴于人工智能尚未发展成熟，理论界有必要在此阶段阐明法律规制的基本原理。

著作权法规制洗稿行为有其历史惯性和理论契合性。遗憾的是人工智能时代，智能洗稿以海量的数字作品为素材，以"数据采集—数据处理—结果输出"为技术路径，其间引发的法律问题早已超出传统著作权法领域。现有以著作权为主的成果明显供给不足。在此背景下，有必要从智能洗稿法律规制的困境出发，依循人工智能洗稿的技术路径，构建着眼于技术路径的多元解决之道。

---

* 基金项目：文化和旅游部"传统工艺高质量发展中的知识产权问题研究"（项目编号：24DY34）；西北政法大学义乌研究院"义乌地区跨境电商知识产权多元化纠纷解决机制"（项目编号：YW 2024-21-01）；国家社科青年项目"知识产权停止侵害请求权的限制司法适用研究"（项目编号：19CFX055）。

** 鲁甜，西北政法大学经济法学院（知识产权学院）副教授。

一　人工智能洗稿法律规制的实践难题

作为来自新闻行业的词，洗稿原指未在新闻现场记者通过广播电视或网上报道获取已发生的事实，从而利用他人新闻作品中的事实展开评论、发表新闻作品的行为。这种“拿来”行为不具备版权法上的可责性。但智能洗稿行为从截取事实或思想的这一狭窄范围，扩展到对作品集的内容删改、语序调整、词义更换等，以著作权为主的规制路径暴露了诸多不足。

（一）实质性相似认定的局限

以著作权法为逻辑起点，洗稿被视为侵犯著作权人的复制权、改编权以及信息网络传播权的行为。以“琼瑶诉于正案”① 为契机，我国司法实践形成了“接触+实质性相似”为核心的个案判定标准。然而，通过“接触+实质性相似”这一传统侵权认定方式判定人工智能洗稿存在极大的局限性。[1] 一是传统实质性相似侵权认定无法有效规制智能抓取对作品集的侵害。著作权侵权中的“实质性相似”实际上是将原被告作品进行单一比对，结合使用的数量和质量进行综合判定。然而，智能洗稿的产物往往是多个作品形成的集合。这些作品既可能来自同一权利人，也可能来自不同权利人。即是说，洗稿后的文章几乎不可能与某一单独作品高度相似。实质性相似认定标准与智能洗稿行为间存在天然罅隙。除此之外，智能洗稿对单一原作品的使用量较低。受到作品使用量的制约，智能洗稿后的产物无法达到“实质性相似”判定所要求的数量。由是观之，在智能洗稿领域，传统实质性相似标准存在侵权认定不能的现实难题。

二是实质性相似的判定方式之争。“抽象分离+整体认定、综合判断”是判定洗稿侵权的重要依据，② 这种方式融合了抽象分离法与整体感官

① 参见《陈喆（琼瑶）诉余征（于正）等侵害著作权纠纷二审民事判决书》，（2015）高民（知）终字第1039号。

② 参见《明河社出版有限公司、完美世界（北京）软件有限公司诉北京火谷网络科技股份有限公司、北京昆仑万维科技股份有限公司等侵犯改编权及不正当竞争纠纷二审民事判决书》，（2018）京民终第226号；《温瑞安与周静等侵害著作权纠纷民事判决书》，（2017）京0105民初第62752号；《陈喆（琼瑶）诉余征（于正）等侵害著作权纠纷二审民事判决书》，（2015）高民（知）终字第1039号。

法，更加注重作品的整体性与综合判断。但抽象分离出著作权法保护的部分并非易事。有些语句孤立来看可能属于作品的常用表达而排除于著作权保护之外。但是，当句子和词语等的编排组合体现了作者的独特构思，本来不受保护的客体就纳入著作权的保护范围。如果法院在分离原告作品的思想和表达时，将不受保护的惯用语句移除，可能会导致本来受保护的部分不再具有独创性。智能洗稿以海量数据为利用对象，庞大的情节、语句表达、逻辑编排等数据"喂养"了洗稿算法，进而输出高质量的"伪原创"。此种情景下，使用某一作品的思想不构成侵权，利用另一作品少量的语句表达也难谓整体相似，法院将难以认定智能洗稿构成侵权。"抽象分离+整体认定、综合判断"的侵权判定方式不足以规制智能洗稿行为。

三是"接触+实质性相似"判定主体存疑。由于缺乏可供参考的具体裁量标准，实质性相似成为法院在裁量中的价值判断，从而使得裁量结果体现法官较强的主观性。而这一主观性在"实质性相似"的判定主体方面表现尤甚。著作权侵权判定主体是否应具有专业知识？应具有多高的专业水平？实践并未形成共识。判定主体不明也是魅惑西方司法者的争端问题。在 Arnstein v. Porter 案①中，法院虽然指出实质性相似的判定者是不具有专业知识的普通人，但专业音乐人提供的专家建议恰恰左右了法院最后的决定。Tisi v. Patrick 案②亦是如此。而在 Spry Fox，LLC v. LOL Apps，Inc.，一案③中，法院将游戏专业玩家视为侵权判定的拟制主体。而在我国，拟制主体有时仅存在于排除公有领域的判断之中，有时又参与到实质性的判断中并决定了侵权认定的最终结果。[2] 以上种种说明在著作权侵权认定中，实质性相似判定主体确定的混乱。

（二）侵权主体界定的困难

人工智能洗稿的法律困境还体现在侵权主体界定困难。早期机器洗稿以代码定义为基础，这一技术路径下，计算机洗稿几乎完全依靠事前的代码定

① Arnstein v. Porter，154 F. 2d 464，468（1946）.

② Tisi v. Patrick，97 F. Supp. 2d 539，543（S. D. N. Y. 2000）.

③ Spry Fox，LLC v. LOLApps，Inc.，2012 U. S. Dist. LEXIS153863.

义，适用传统“通知删除”规则认定侵权未有疑问。然而智能洗稿机器确具有人类自主性。智能洗稿机器通过程序接口访问和获取已有作品文本，经由数据训练，寻找高频搭配的同义词句等，最终通过语言建模加工合成新文章。这一过程虽是在人类的干预下进行，实际上仍是机器训练的产物。[3]部分学者认为，人工智能虽能够以类人化的思维进行洗稿，实施洗稿行为的仍旧是人，而非机器。这种说法显然忽视了算法优化之下，机器已然具有了一定程度的自我意识和自我表达能力。[4]人工智能创作抑或是人工智能洗稿，最终输出结果是人类指导下智能机器完成的产物，是人机合一的结果。工具主义将过错完全归咎于程序实施者的做法值得商榷。

既然是智能机器行为造成了侵害他人著作权的侵权后果，智能机器理应作为承担侵权责任的主体。但在目前《民法典》自然人、法人、非法人组织的三元主体框架之下，智能机器无法独自承担法律责任。这是因为基于人本主义面向，《民法典》第 1165 条规定了一般侵权行为的过错责任原则。即是说，《民法典》在人工智能侵权认定上采取的仍然是以人类行为者的注意义务为前提的过错原则。将这一侵权归责原理推及因特定智能机器所产生的加害行为，就意味着智能服务使用者或者智能服务提供者应承担侵权责任。就智能机器侵权主体认定问题，学界曾尝试提出两类解决路径，一是由于智能机器人系他人设计、生产，可适用产品责任之规则；二是通过技术中立，可适用替代责任规则。[5]但在使用者和智能机器人存在共同侵权的场景下，上述两种路径将如何确定使用者和智能机器人的过错以及损害结果大小尚无更深入的讨论。无救济则无权利。不对上述问题做出回应，就难以确定个案中各自应承担的法律责任，也就无法对权利人进行有效救济。

（三）平台法律地位的缺失

数据搜集和处理是人工智能进行机器学习的基本方法。得益于内容服务平台海量的文章材料，智能机器人抓取的对象不再是某一作者的文章，而是与主题相关的系列作品。在此背景下，智能洗稿逐步产业化和职业化。然而不得不承认的是，内容服务平台虽然聚集了大量原创文章，但平台并非作品的著作权人。在著作权归属于作者的场景下，内容服务平台的维权都须以作者事先约定或者获得作者授权为前提。换言之，在没有与作者约定的情况下，平台无法以自己的名义向法院提起侵权之诉。

内容服务平台投入大量成本构建平台生态圈，借以吸引用户流量，获取广告投放等增值收益。智能机器频繁抓取平台数据，增加了平台运行的负荷，影响用户体验，甚至可能导致内容服务平台的瘫痪，破坏平台良好的生态环境。内容服务平台法律主体地位的缺失助长了洗稿之风，也加大了法律规制的难度。

二 人工智洗稿法律规制的困境成因

当流量成为衡量媒体关注度和商业价值的决定性因素，洗稿产业链的形成也不足为怪。虽然各大内容平台纷纷采取智能算法等审核措施，然而，智能洗稿法律规制困难重重，究其原因，体现在：

（一）人工智能洗稿技术隐蔽性

人工智能洗稿经由数据采集、数据处理以及结果输出三个阶段。在数据采集阶段，智能洗稿机器通过API爬虫抓取网络内容服务平台的作品，具有极强的隐蔽性。智能洗稿机器在互联网肆意爬行抓取他人文章，对众多的、不特定的作品造成侵害。庞大的潜在利用作品数量为后续侵权比对制造了无形藩篱。而在数据处理阶段，智能洗稿机器通过运用中文分词、句法分析、语义联想等高级自然语言处理技术，进行语义重写，完成洗稿的实质过程。但由于这一过程发生于算法内部，权利人无法实际窥知侵权行为。权利人只能从输出文章是否构成实质性相似来推知处理阶段的侵权行为。

与此同时，现有网络平台洗稿审查机制以原作品权利人发起投诉为开端。这就意味着如果权利人不主动提交侵权通知，网络平台无法实际介入洗稿审查。以微信洗稿判定为例。对于可能有“洗稿”争议的内容，只有投诉方确认发起投诉、被投诉方确认回应后，微信“洗稿投诉合议小组”才会对此做出客观评定。如若无投诉方提起，“洗稿投诉合议小组”并不会自动发起洗稿审查。但在人工智能时代，权利人如何追溯作品是否被他人利用，技术难度较大，更遑论主动发起侵权投诉。

（二）侵害利益主体多样性

智能洗稿是对著作权人作品集合的利用。这些作品往往归属于不同的权利人。在《锦绣未央》系列案件中，被告周某利用新技术洗稿了12位作家的16部权利作品，涉及580余句语句。① 本案中，语句抄袭与情节抄袭相互掺杂，智能洗稿侵害客体数量众多，涉及利益主体广泛。

人工智能洗稿首先侵害的是原创作者的权利，包括但不限于署名权、改编权、保护作品完整权、信息网络传播权等相关权利。此外，人工智能洗稿还侵犯了内容服务平台的利益。基于高质量的内容管理，内容平台形成了良好的平台生态环境，确保用户对平台的"忠诚度"，提升闭环生态系统的整体价值和竞争力。爬虫抓取并洗稿平台原创文章，分散了平台聚焦的流量，侵害了平台基于数据而产生的合法权益。然而，平台不享有原创文章的著作权，无法通过著作权法提出侵权赔偿。在这种情况下，仅凭借著作权法很难保护平台的利益，理论界亟须探讨有效的法律规制路径以确保平台利益的实现。

三　智能洗稿法律规制的疏解之道

面对传统侵权认定方式的局限性，学者提出扩张实质性相似的认定标准，从单件作品使用量转而综合性作品片段使用量判定，甚至提出构建延伸性集体管理组织。学者希冀借助集体管理组织来遏制智能洗稿行为。[6] 然而法院将涉案标的之外的作品纳入侵权比对范围的做法与民事诉讼法规定不符。延伸性集体管理组织关乎意思自治这一民法基本原则，短时间内难以实现。既然人工智能洗稿法律规制的困局是技术迭代和法律滞后共同作用的结果，实务界和理论界就有必要把着眼于洗稿行为的规制转变为着眼于"数据采集—数据处理—结果输出"全流程的规制，以寻求法律与技术并重的多元规制之道。

（一）数据采集：运用《反不正当竞争法》《刑法》规制数据抓取

1. 取道反不正当竞争法

智能机器人非法采集作品数据是洗稿的首要环节，也是洗稿规制困境产

① 参见《温瑞安与周静等侵害著作权纠纷民事判决书》，（2017）京0105民初62752号。

生的重要原因。由《著作权法》角度观之，未经许可采集、储存他人作品侵害了作者的复制权；由《反不正当竞争法》角度视之，无视他人反爬虫规定，获取他人网站数据的行为构成不正当竞争。著作权法规制智能洗稿捉襟见肘的今天，内容服务平台尝试通过《反不正当竞争法》维护自身利益。在腾讯诉快忆案中，涉案洗稿机器基于用户需求，通过对文章进行数据抓取、数据清洗，同义词替换、语序转换等操作，输出与原文章主题、观点、逻辑、结构等均高度相似的新文章。法院认为被告洗稿的机器提供爬取微信公众号数据的产品和服务，干扰微信公众平台正常运行，构成不正当竞争。[①]在“有专自媒体助手”洗稿案中，深圳中院认为新绿茶公司向用户提供其研发的洗稿机器进而引诱用户实施抄袭行为，构成不正当竞争。[②]

取道反不正当竞争法克服了著作权法框架下内容服务平台法律主体缺位的尴尬窘境。早在2014年，百度与360之间的搜索引擎数据抓取案中，北京第一中级人民法院就从不正当竞争法的角度谈论了数据抓取的合法性问题。[③] 尽管理论上存在数据财产权、商业道德等多种学说，但随着新浪诉脉脉[④]、淘宝诉美景[⑤]等案件的出现，法院确认互联网企业应当基于行业惯例遵守爬虫协议。

基于数据抓取的不同场景，司法实践对爬虫问题态度不一。如果抓取的数据本就属于公有领域，违背爬虫协议应当被允许。美国法院在Craigslist v. 3Taps案[⑥]、hiQ v. LinkedIn案[⑦]已进行全面阐释。我国法院在谷米科技诉元光科技公司案[⑧]指出，公交实时路线、运行时间等信息系客观

---

① 参见《深圳市腾讯计算机系统有限公司等诉杭州快忆科技有限公司不正当竞争纠纷及行为保全纠纷案民事裁定书》，（2019）浙8601民初2435号。

② 参见《广东省深圳市腾讯计算机系统有限公司等与上海新茶网络科技有限公司商业贿赂不正当竞争纠纷二审民事判决书》，（2021）粤03民终26107号。

③ 参见《北京奇虎科技有限公司诉腾讯科技（深圳）有限公司、深圳市腾讯计算机系统有限公司滥用市场支配地位纠纷民事判决书》，（2013）一中民初字第13657号。

④ 参见《北京微梦创科网络技术有限公司诉北京淘友天下技术有限公司、北京淘友天下科技发展有限公司不正当竞争纠纷二审民事判决书》，（2016）京73民终588号。

⑤ 参见《淘宝（中国）软件有限公司诉安徽美景信息科技有限公司不正当竞争纠纷二审民事判决书》，（2018）浙01民终7312号。

⑥ See Craigslist v. 3Taps. 964 F. Supp. 2d 1178（N. D. Cal. 2013）.

⑦ See HiQ Labs，Inc. v. LinkedIn Corp. 938 F. 3d 985（9th Cir. 2019）.

⑧ 参见《广东深圳中院判决深圳谷米公司诉武汉元光公司不正当竞争纠纷民事判决书》，（2017）粤03民初822号。

事实，法律应当允许抓取不受保护的客体。但当这些信息由原告收集、编辑，并配合 GPS 精准定位时，被告的数据抓取行为就构成不正当竞争。由此可知，当机器抓取的是不受著作权法保护、属于公有领域的作品，法院不应对其进行否定性评价。但在抓取受著作权法保护的私人数据、作品数据这一场景上，学界与实务界均认为违背爬虫协议构成不正当竞争。

与之而来的问题是，智能洗稿构成不正当竞争的判定要件为何？实践中，不少法院认为数据抓取行为构成《反不正当竞争法》第 12 条第 2 款第 4 项“其他妨碍、破坏其他经营者合法提供的网络产品或者服务正常运行的行为”①，也有法院结合《反不正当竞争法》第 12 条与第 2 条进行判定。② 但数据抓取的行为要件与 12 条第 2 款第 4 项并不能完全吻合。究其原因，一方面，《反不正当竞争法》第 12 条仅仅是对现有互联网案件的外在抽象，并没有概括出新型互联网竞争的本质。另一方面，《反不正当竞争法》第 12 条虽采取了“概括+列举+兜底”的立法模式，但基于手段与目的一致性，12 条所规制的互联网不正当竞争行为均应符合“通过影响用户选择，妨碍、破坏”的行为特征。数据爬虫既不属于《反不正当竞争法》第 12 条中的类型化行为，也不具有“通过影响用户选择，妨碍、破坏”兜底行为的特征。困于互联网专条的局限性，实践中法院往往通过援引《反不正当竞争法》一般条款予以解决。不论是同花顺诉灯塔案③还是微博诉饭友案④，“后裔采集器案”还是“有专自媒体软件案”，法院均认为《反不正当竞争法》未对爬虫抓取行为作特别规定，应当依据《反不正当竞争法》第 2 条做出判决。

根据《反不正当竞争法》第 2 条，在判定违背爬虫协议抓取平台作

① 参见《北京微梦创科网络技术有限公司诉云智联网络科技（北京）有限公司不正当竞争纠纷民事判决书》，（2017）京 0108 民初 24512 号；《广东深圳中院判决深圳谷米公司诉武汉元光公司不正当竞争纠纷民事判决书》，（2017）粤 03 民初 822 号。

② 参见《腾讯计算机系统有限公司、腾讯科技（深圳）有限公司与斯氏（杭州）新媒体不正当竞争纠纷民事判决书》，（2021）浙 8601 民初 309 号民事判决书；《北京微梦创科网络技术有限公司与上海复娱文化传播股份有限公司不正当竞争纠纷二审民事判决书》，（2019）京 73 民终 2799 号。

③ 参见《浙江核新同花顺网络信息股份有限公司与灯塔财经信息有限公司不正当竞争纠纷二审民事判决书》，（2018）浙民终 1072 号。

④ 参见《北京微梦创科网络技术有限公司诉上海复娱文化传播股份有限公司不正当竞争纠纷二审民事判决书》，（2019）京 73 民终 2799 号。

品数据是否构成不正当竞争需考虑。(1)法律对该种竞争行为未做出特别规定。(2)原被告之间的竞争关系。在互联网细分领域界限日渐模糊的情况下，宜采取广义上的替代竞争关系，以突破狭隘竞争关系的羁束。只要双方主营业务相同或近似，在商业利益尚存在此消彼长的关系，法院即可认定双方存在竞争关系。(3)其他经营者的合法权益确因该竞争行为而受到了实际损害。这种实际损害主要表现为对经营者产品或服务的实质性替代。当被告对原告产品或服务影响有限的情况下，法院不宜认定原告权益受到了实际损害。[①] (4)行为因确属违反诚实信用原则和公认的商业道德而具有不正当性。在规范市场竞争意义上，诚实信用更多是以公认商业道德的形式体现出来的。商业道德是指特定商业领域普遍遵循和认可的行为规范。人民法院认定经营者是否违反商业道德时，可以参考行业主管部门、行业协会或者自律组织制定的从业规范、技术规范、自律公约等。

从《反不正当竞争法》第 2 条适用条件出发，智能洗稿机器违背爬虫协议抓取平台作品数据显然不符合行业惯例要求，有违诚实信用原则，构成不正当竞争。虽然《反不正当竞争法(修订草案征求意见稿)》第 18 条第 1 款第 2 项规定“违反约定或者合理、正当的数据抓取协议，获取和使用他人商业数据，并足以实质性替代其他经营者提供的相关产品或者服务”的行为构成不正当竞争，然而何为“合理、正当”？实践中，法院依旧需要借助《反不正当竞争法》第 2 条进行价值判断。

2. 取道侵犯著作权罪与非法获取计算机信息系统数据罪

非法爬虫他人网站作品或平台内数据还可能构成刑事犯罪。从刑法规定上看，非法抓取他人数据可能构成侵犯著作权罪或非法侵入计算机信息系统罪。我国司法实践中已有通过刑法规制数据抓取的成熟案例[②]。在鼎阅文学抓取电子图书一案中，北京海淀区法院认为，鼎阅文学未经许可抓取掌阅等公司的电子图书，构成侵犯著作权罪。而在郭某等数据抓取一案

① 参见《北京智联三珂人才服务有限公司、北京网聘咨询有限公司与上海逸橙信息科技有限公司不正当竞争纠纷民事判决书》，(2019)沪 0110 民初 16688 号。

② 参见《上海晟品网络科技有限公司及公司高管犯非法获取计算机信息系统数据罪刑事判决书》，(2017)京 0108 刑初 2384 号；《北京鼎阅文学信息技术有限公司等侵犯著作权罪刑事判决书》，(2020)京 0108 刑初 237 号。

中，北京海淀区法院指出被告人利用技术手段抓取被害单位服务储存器中存储的数据，构成非法获取计算机信息系统数据罪。诚然，非法抓取作品数据构成何种罪名尚存争议，但能够形成共识的是，平台的作品数据背后所折射的利益是构成刑法保护的法益。

2020年著作权法第10条将复制权控制范围扩展至数字环境。未经许可抓取作品数据属于侵害作品复制权的行为。基于刑法上的权利侵害说，未经许可爬取他人网站存储的作品，侵害了著作权人的复制权，扰乱了正常的著作权秩序，应当受到刑法规制。而如若行为人在没有得到许可时，违背计算机信息系统管理者的意愿进入计算机系统，采集获取系统中存储或者传输数据，破坏平台的稳定和数据安全，也可以构成非法获取计算机信息系统数据罪。虽然我国民法尚未明确数据之上承载何种权利，但已经承认数据权益保护的正当性。基于法益保护说，[7] 智能洗稿构成非法获取计算机信息系统数据罪并无不当。值得注意的是，我国《刑法》第285条规定的非法获取计算机信息系统数据罪要求行为人必须是“违反国家规定”获取、采集信息。智能洗稿违背了《数据安全法》任何单位或个人均应采取合法、正当的方式获取数据的规定，未经许可抓取平台数据当然属于“违反国家规定”的获取。只要行为人抓取数据的行为对权利人造成实质性损害，法院即可认定为《刑法》第285条“情节严重”。①

（二）数据训练与处理：提高智能写作服务提供者的注意义务

智能机器的自主性使得侵权判定变得更为复杂。技术隐蔽性也使得侵权行为的出现超出智能写作服务提供者的预设。在民法的人本主义下，智能写作服务提供者会因使用者的行为承担替代侵权责任。传统互联网著作权侵权案件中，网络服务提供者可援引技术中立规则进行抗辩。“通知删除”规则下，平台在及时删除侵权材料的情况下无须承担共同侵权责任。但如果智能机器采集的是专业性较强的数据，数据的挖掘与处理已经是破除技术中立而实施的行为，传统“通知删除”规则无法有效应对，有必要对此进行改良，[8] 将规制的重点从事后的侵权赔偿转向事前的侵权预防，提高智能写作

① 参见《张某、陈某非法获取计算机信息系统数据罪刑事判决书》，(2021) 浙05刑终87号。

服务提供者的注意义务。从法经济学角度观之，提高智能写作服务提供者的注意义务有其合理性。侵权中的注意义务表现为在侵权风险大小（事故盖然性及预计后果的严重性）与采取特定预防措施的难度、花费以及其他困难之间进行权衡。当侵权损害发生的盖然性与损害程度大于行为人采取的预防成本，行为人未采取相应措施，未尽到合理注意，宜认定行为人有过失。人工智能时代，当事后权利人损害程度明显大于智能写作服务提供者的预防侵权投入程度，在过错认定上，理应提高智能写作服务提供者的注意义务。

欧盟《单一数字市场版权指令》草案明确引入版权过滤机制。虽然相关条款并未完全吸收至最终稿，但《单一数字市场版权指令》第 17 条中吸收了原 13 条的立法精神，暗示平台应建立过滤机制，以确保提交作品信息的权利人不受侵害。在“云南虫谷案”中，法院提出有必要提高算法平台的注意义务。① 实践中，法院也倾向于豁免具有事前审查机制平台的侵权责任。在新梨视频诉优酷案②中，法院认可优酷采取的机器审核等预防侵权的合理措施，认为优酷在未进行选择、编辑、推荐等情况下及时删除链接不构成帮助侵权。

提高算法服务提供者的注意义务既有法经济学上的制度支撑与法律规制的必要性，也具备技术上的可行性。版权内容识别和过滤技术的进步为网络著作权侵权认定带来了革命性变化。通过语言分析、图像处理、机器学习等对抓取的数据内容进行深度分析，网络内容识别和过滤技术自动识别出需要过滤的内容特征，建立索引，并在分析特征后决定是否干预。版权内容识别与过滤技术基础上，智能写作服务提供者可以引入防侵权算法设计，借助侵权法中的过错评价体系，实现事前的技术监管，防止他人利用智能写作机器洗稿。

（三）数据输出阶段：法律、技术和政府的并重处理

洗稿侵害原作品作者利益的同时，也破坏了内容服务平台的良好生

① 参见《深圳市腾讯计算机系统有限公司、腾讯云计算（西安）有限责任公司与北京微播视界科技有限公司、西安闪游网络科技有限公司侵害信息网络传播权及不正当竞争纠纷民事判决书》，（2021）陕 01 知民初 3078 号。

② 参见《上海新梨视网络科技有限公司与优酷信息技术（北京）有限公司侵害录音录像制作者权纠纷民事判决书》，（2018）沪 73 民终字 361 号。

态。人工智能洗稿的最终结果是伪原创的产生。传统洗稿评价行为主要采取的是司法判定的一元路径。但人工智能时代，智能洗稿的规制应从司法一元转变为包含法律、技术、政府在内的多元互动路径。

于技术角度视之，智能侵权判定系统的探索、区块链技术的日渐成熟为侵权判定提供了有力技术支撑。智能侵权判定系统是专用于侵权判定的智能算法，功能在于辅助法院审理洗稿案件。智能侵权判定系统将洗稿文本与算法搜集而来的数据进行比对并输出相似报告。随着侵权比对的语料逐步增多，侵权判定算法学习能力会不断增强，输出的结果也更加准确。智能侵权判定系统的开发与运用是应对智能洗稿的技术手段。一方面，智能侵权判定系统可以实现被告作品使用量的智能化判断与自动化比对，判断是否符合实质性相似中使用量的要求；另一方面，不断的侵权比对训练使得侵权判定算法日益成熟，未来法院可以确定智能侵权判定系统为实质性相似判定中的“拟制主体”，为著作权侵权判定提供精确化和客观化的技术支撑。司法端拥抱区块链技术也为人工智能洗稿的司法规制带来了利好消息。“捷声文化”抄袭案中，腾讯公司开发的至信链解决了洗稿侵权案件中电子证据取证及证据认定难的痛点。随着在确权存证、监测追踪乃至取证维权场景中的应用场景增多，区块链技术能够降低示证成本，提高诉讼效率。

于政府角度视之，一方面，政府应当加大智能洗稿的专项整治力度，铲除洗稿赖以生存的技术土壤，并探索通过行政手段监管洗稿软件市场准入的有效机制。另一方面，版权局还应当与工信部等在内的各部门形成联合执法，利用政府监督的强制力来保证人工智能开发以及后续机器学习的正当性与合法性。除此之外，政府还应强化 12426 版权检测中心等第三方版权检测机构的作用，为权利人提供全方位、全平台的侵权数据检测服务。

参考文献

[1] Sunray, Eric. Sounds of science: Copyright infringement in AI music generator outputs [J]. *Cathlic University Journal of Law and Technology*, 2021: (29):

185-201.

[2] 胡骋．著作权法中的人像［J］.法制与社会发展，2023（1）：165-186.

[3] 吴汉东．人工智能生成作品的著作权法之问［J］.中外法学，2020（03）：653-673.

[4] 王利明．人工智能时代对民法学的新挑战［J］.东方法学，2018（03）：4-9.

[5] 刘小璇，张虎．论人工智能的侵权责任［J］.南京社会科学，2018（09）：105-110+149.

[6] 刘强，孙青山．人工智能创作物著作权侵权问题研究［J］.湖南大学学报（社会科学版），2020（34）：140-146.

[7] 张明楷．法益初论［M］.北京：中国政法大学出版社，2000：102.

[8] Sobel，B. Artificial intelligence's fair use crisis［J］. *Columbia Journal of Law and the Arts*，2017（41）：45-48.

·学术沙龙·

跨文化情感共同体构建的国家战略与地方实践*

高毅丹　陈　虹**

摘　要　智媒时代情感在新闻生产中越来越占据重要地位，将“共情”运用于国际传播的内容维度，有助于打破不同国家间的文化和认知壁垒。首先是凝聚共识，意识形态贯穿于跨国信息流动全过程，凝聚共识与共情传播相辅相成，在议题选择上要具备全球性价值取向，关注前瞻性主流性议题，同时重视本土议题的全球性延展；其次是深化共意，借助多模态媒介技术为受众提供更紧密、多层次的共情体验，此外深度追踪挖掘海内外用户的情感数据，以消解国际新闻生产中的文化折扣与认知隔阂；最后是从内容生产转向内容池的打造，当下国际新闻生产主体大为拓展，促进了基于情感的新闻共享、互动乃至二次创作，使“共情”在更广泛的关系语境中流动，实现全球范围的共情与认同。

关键词　国际传播　共情　内容生产

一　研究背景与问题

智能技术的发展促进了全球范围的互联互通，国际传播的重要性被不断凸显。党的二十大报告中提出要“加强国际传播能力建设，全面提升国际传播效能”。与传统媒体时代国际传播效果所追求的“覆盖”“触达”不同，“效能”是对“效果”的深化和拓展，其内涵囊括了效果、效率和

* 基金项目：国家社科基金重大项目“中国特色国际传播战略体系构建研究”（项目编号：22ZDA087）。

** 高毅丹，华东师范大学传播学院博士生；陈虹，华东师范大学战略传播研究中心主任、教授、博士生导师。

效益等多重维度的综合提升①。想要提升国际传播效能，一个重要的前提就是深刻了解国际传播行业正在发生的新变化，近年来学界普遍关注到以算法、人工智能为代表的数智技术对国际传播格局的重塑，将传播大规模自动化、公共空间平台化、治理数控化视为人工智能参与国际传播的新趋势[1]。而业界方面，随着人工智能和大数据等技术日渐嵌入国际传播各个流程并为其提供强劲动能，这催生了国际传播范式的转变。以往由于中西方文化差异，我国国际传播采取以地理空间划分为基础的“内宣-外宣”二元模式，但在实际操作过程中却面临着传播不畅、渠道受阻和接受度偏低等种种瓶颈。究其原因，这其实是跨文化传播中的“文化适应”（Acculturation）问题。文化适应指跨文化传播过程中的“涵化”过程，即“两个具有不同文化背景的群体之间的持续而直接的文化接触，进而导致其中一方或双方的原有文化模式发生改变”[2]。由于不同国家、民族之间存在着语言、文化和认知差异，过去我国国际传播时“文化折扣”“文化矛盾”甚至“文化壁垒”屡见不鲜[3]，一言以蔽之，“区隔”是核心问题所在。智能技术打破了地理边界，以往内外有别的宣传原则不再适用，内宣与外宣的融通也为国际传播提供了新的潜能，在新的信息传播环境下，如何打破区隔，“融通”中外，充分利用“文化间性”，找到异质文化的最大公约数是实现“文化适应”的关键，这也是当前国际传播在整体战略层面转型的要点。

落实到地方实践维度，过去一年全国上至省级、下至市县级国际传播中心纷纷挂牌成立，这些国际传播中心旨在联动不同层级的媒体机构与相关部门，整合各类技术与资源进行渠道与平台搭建，着力打造外宣内宣联动的融媒传播体系，建立跨文化传播的共同体。需要注意的是，尽管这些国际传播中心在内容生产等方面各有侧重，但都体现出明显的情感转向，如上海文广国际传播中心的旗舰产品“ShanghaiEye 24 小时直播流”在海外平台滚动播出解释性中长视频、特写、纪录片等，旨在以情动人，细致展现中国式现代化的鲜活故事；河南国际传播中心推出微纪录片《麦吾兰江的“心”事》，从孩子的视角出发，记录来自新疆喀什的先心病患儿在

① 摘自新华社研究院传播战略研究室主任、高级编辑文建在 2023 年“第六届战略传播学术研讨会”上的演讲精华实录。

郑州治疗、康复、踏上归途的全过程，通过细致勾勒孩子的心境变化见微知著，描绘真实、立体的中国；贵州日报国际传播中心在海外社交平台开展大型网络互动活动“爱上贵州的100个理由”向全球广泛征集短视频，吸引来自20余个国家的数百名视频爱好者分享自己的贵州故事，等等。既有研究指出，在跨文化传播过程中，基于文化差异和文化陌生感，情感沟通相较于其他沟通方式，表现出更本能、迅速的反应机制和认知基础。当国际受众接触来自异质或陌生文化背景的媒介信息时，更可能首先启动直觉性的潜在情感反应机制，以实现信息的判断和接收，而不一定会通过详尽的理性逻辑来分析和处理信息[4]。情感不仅在调节个体对媒介信息的注意、判断、记忆等认知处理过程中发挥作用，同时也潜在地渗透到个体之间的社会互动和群体结构化进程中并产生深刻影响。也就是说，情感可打破国际传播中的种种信息壁垒，从增进情感联结出发建立传播的有效通路。

那么，需要思考的问题是，各类国际传播媒体、国际传播中心等机构如何能凭借“共同情感”跨越文化和意识形态的区隔，以融通中外，实现文化整合，从而提升国际传播效能呢？

二　共情传播的发展脉络

“共情”（Empathy）的概念根源于心理学，由于其内涵本身的复杂性，学界对其理解存在差异。但普遍认为，共情是一种复杂的心理机制，包括情感、认知和行为等多个层面。国内多位学者参考刘聪慧的定义，将其界定为：“个体在面对他人的情感情境时，首先产生与他人的情感共享，然后在认识到自我与他人差异的前提下，对整体情况进行认知评估，从而引发伴随相应行为的情感反应，且主体将这种情感和行为指向客体的心理过程。”[5] 由于情感在个体之间具有共通性基础，这有助于避免因认知结构和价值观差异引起的编码偏差，共情因此成为个体间有效沟通的前提条件，并使更广泛而深入的互动成为可能。多个学科都关注到“共情”的存在，并对其产生机制进行探索。

“共情”在西方传播学领域主要应用于医患沟通、师生互动等人际传播领域。而在国内，吴飞于 2019 年首次提出了“共情传播”的概念，并较为全面地探讨了其理论来源和实践模式[6]，“共情”也逐渐扩展至大众传播领域。传统新闻业通常认为情感可能破坏新闻报道的客观性，情感在新闻业内主要被定义为存在于新闻文本中的情感元素，以及新闻从业者在内容制作过程所付出的情感劳动[7]。然而，随着智能媒体时代的到来，公众获得了参与新闻生产和传播的权利，这导致了个体情感极大地涌入到媒介传播实践。情感逐渐成为新媒介环境中的关键要素，其在新闻业中的含义也大为扩展。一些研究认为，情感驱动下的新闻业不仅应借助各种智能技术革新传播语态及内容，还需持续将受众置于情感投入的关键位置，从而达成新闻业和用户之间的“重新联结”（re-connecting）[8]。在新闻业的情感转向下，“共情”已经成为新闻媒体与受众之间建立一种互惠性情感关系的关键新闻实践。

这种“共情”现象不仅在相同社会文化语境下的新闻生产和消费中普遍存在，还逐渐成为激发跨文化新闻传播创新的核心动力机制。齐美尔指出，来自不同文化群体的个体常常感到彼此陌生[9]。鉴于这种陌生感，国际受众在接触来自陌生文化背景的媒介信息时，更有可能首先激活情感反应机制，而非一定通过严谨的理性逻辑来分析和处理信息[4]。由于情感是一种普遍存在的人类心理机制，即便是来自不同文化背景的个体也具备相似的情感表达和解读能力，这种情感的普遍性特征为跨越国家、种族和文化的差异，建立起新闻生产者与受众之间的关联提供了一种自然的路径，有助于超越个体互动的边界，进行社会整合，实现“全人类联结”。

近年来共情在国际传播领域的应用日益成为本土学界关注的重点，且多以功能主义的策略性研究为主，探索如何运用“共情”来塑造国家形象和提高国际传播效能。如徐明华、李虹立足于传播主体的差异，对国际传播中共情策略的运用区分民间叙事、媒体叙事以及国家叙事，分别与“同感共情”、“弱共情”及“不对称共情”相对应，提出实施凝聚共识、广泛融情和精准共情的演进机制或可成为提升国际传播效果的有效策略[10]；吴志远、江潞潞结合《南京抗疫现场》系列纪录片的创作总结了外宣合作共情传播模式，提出其核心要义在于“恻隐之心”“慰藉之情”“关切之义”“鼓舞之力”四个层次[11]；唐润华认为要想提升出版业在“讲好中国故事”方面的效果，关键在于重视文化差异并激发观众的共情能力[12]；钟新等学者则主张，利用情感共鸣作为跨文化传播的手段，有望为国家形象的塑造提供一条突破性途径[13]。综合来看，尽管很多学者对共情传播的概念、模式和实践都进行了探讨，但现有研究大多从具体实践出发进行微观案例的分析，对其内在作用机制和实现逻辑的探究仍不足。此外，当前研究在切入点上普遍关注到传播媒介的变革对共情传播的推动作用，尤其强调数字技术的发展为共情传播提供了技术保障，但对传播主体、传播内容等要素的分析关注较少。因而，本文将聚焦于国际传播的内容维度，探讨如何利用“共情”打造融通中外的内容产品，以提升国际传播效能，这将是本文要解决的关键问题。

三　研究设计

本文使用语言学家泽里格·哈里斯（Zellig Harris）提出的元话语（metadiscourse）进行分析[14]，元话语即“关于话语的话语”，其关涉的不仅是传播中具体的言说文本，更关乎言说者的能力，指如何通过结构化思维建立可理解的、有说服力的、具有内在一致性的话语表达体系，从而准确传达言说者的态度并有效地影响受众，实现言说者与受众之间的互动。之所以采用该理论视角是出于以下原因：元话语理论的关注视野超越话语本身，投向文本所处的社会及历史背景，当下国际传播不再被禁锢在传统的“外宣”话语中，而是面临百年未有之大变局，深度嵌入不断演化的社会、经济、技术、文化背景中，是具有多元建构性的实践过程。国际传播的元话语非常关键而复杂，不仅涉及具体实践中的信息表达、资源整合和战略制定，更蕴含着国际传播的底层逻辑和核心立场。因此，本文将从元话语理论视角出发，将国际传播视为一种“动态的存在”，把媒体从业者与新闻学者围绕国际传播的公开言说视为一个元话语空间，在分析与阐释中深化对国际传播的理解。

具体而言，本文将以 2023 年华东师范大学传播学院举办的“第六届战略传播学术研讨会”的九位媒体从业者在会上就其所在媒体国际传播实践的演讲实录，以及十一位学者在会上就国际传播理论性分析的演讲实录作为元新闻话语的经验材料，这些从业者和学者均为国际传播领域的一线行动者或研究者，其会上发言是对智能媒体时代国际传播发展与转型实践的凝练表达，相对权威而系统。

四　凝聚共识：全球性价值取向的议题建构

国际传播的核心是价值观的建构①，价值观既是我国国际传播的重要内容，又是讲好中国故事的战略理念与方式②。如何构建“共通的意义空间”，以弥合因国别、民族和文化差异所带来的认知鸿沟，消除“我者”与“他者”之间的二元对立思维框架，从而减少意识形态的排斥性，深化彼此理解并凝聚共识，是当前国际传播领域亟须解决的问题。在价值观层面，“凝聚共识”和“共情传播”相辅相成，意识形态贯穿了信息传播的全部过程，并在不知不觉中影响了受众的情感取向。

于运全在阐述“融通中外”的国际传播理念时提出，“融通中外”包括三层认知目标，分别是“共情”、“共通”和“共享”：“共情”是对情感的准确感知和传达；“共通”是在情感理解的基础上，在思想、理念、理论逻辑、政治话语等层面建立“共通的意义空间”；“共享”是在价值观上实现道义认同和情感支持[15]。这三个层次彼此关联，形成了从感性认知到理性认知、最终达成彼此认同的过程。李成家和彭祝斌指出跨文化共情传播的驱动机制包括理性引导驱动、情感本能驱动以及社交需求驱动[16]，其中情感本能驱动是个体与生俱来的天性和能力，而共识的形成则是理性引导和社交需求的内在动力，为社交驱动提供了必要的基础。可以说，在价值观层面凝聚共识、达成合意是实现“同感共情”的前提也是关键。

既有研究业已注意到国际传播中的“共享价值观”问题，不同的个体或文化群体常常持有各自独特的核心价值观及价值观体系，然而也存在一些共享的观点，“共享价值观”就是“在当今两种/多种文化或两

① 摘自中国社会科学院新闻与传播研究所所长、教授胡正荣在2023年“第六届战略传播学术研讨会”上的演讲精华实录。

② 摘自上海大学新闻传播学院院长、教授严三九在2023年“第六届战略传播学术研讨会”上的演讲精华实录。

国/多国民众中都被追求或被认可的价值观”[17]。在当前的国际传播场域中，凝聚“共同价值”对于我国从“独唱”到融入国际的“合唱”而言具有关键作用①，而“人类命运共同体”的价值理念以人类共同利益和价值为基础，以人类整体诉求为关注焦点，有利于凝聚全球共识，进而唤醒他者潜在共情。

许多学者都强调以人类命运共同体理念为核心进行国际新闻生产和传播，如李明德和乔婷提出，在全球治理传播语境中，应弘扬“人类共同价值”主题，挖掘“共在性”的国际传播议题，并通过共情传播策略不断巩固升级话语优势[18]；程浩等学者采用语料库方法揭示了“人类命运共同体”及其含义的可塑性构建。提出中国国际传播话语体系的建设应强调发掘基于人类共同价值以及应对当前全球发展共同问题的中国话语[19]。

内容是价值观承接的载体，“人类命运共同体”的价值理念落到内容维度，其首要体现就是议题的选择上要具备全球性价值取向，尤其当下数字技术的发展打破了传统“内宣—外宣”二元模式，随着国际和国内传播场域逐渐一体化，传播议题的“内—外”之分也不再适用，需在兼顾国际和国内舆论场的基础上实现“国际—国内”议题互构及正向共变[20]。首先是把握主流议题，塔奇曼在《做新闻》中早已说明新闻的本质是社会的视窗而非镜子，国际新闻的内容生产也是将社会关系“架构并折叠”进新闻“视窗”的过程，因此，尤其要关注前瞻性主流性议题，在动态的、发展的视角中阐释中国共产党建党百年、脱贫攻坚等能代表中国价值、中国精神的重大事件，这也是讲好中国故事的关键着力点。其次要注重本土议题的全球性延展。当前国家叙事正“卷入到与不同外部条件的复杂对话当中”[21]，国际传播的内容生产不再是传统意义上主权国家面向国际舆论场的信息发布与对外宣传，而是转向本土议题的国际化表达，在此基础上对特定话题进行拓展，使之延伸为可供海内外受众共同讨论的话语域，从而实现国际交往的公共对话。因此，如何在国际传播中实现本土议题的全球性延展显得尤为重要。有学者以“脱贫攻坚”为例，提出可从三重维度出发实现本土议题的全球性价值延展：首先是以重大主题报道的“故事内

① 摘自复旦大学新闻学院院长、教授张涛甫在2023年“第六届战略传播学术研讨会”上的演讲精华实录。

容”为基础，促进不同国家在社会共识层面的平等对话；其次从精细化的报道题材中，挑选出符合中外社会主流价值观的叙事落点；最后是跳出纯粹的国家主义视角，在具体的“故事情境”中关注传播语境，从更丰富的内容层次展开叙事[22]。在本土议题延伸到全球性议题的过程中可投射更多关注，充分发挥其中蕴含的情感力量，促进跨文化个体间共识的达成。

五　深化共意：技术为桥跨越认知隔阂

技术与情感关系的迷思长期以来一直存在于新闻生产中，“共情是个体综合多重维度的深思熟虑之后做出的响应，而非泛化的、由推论得来的当即反应[23]”，因此，共情并非摒除理性的对立性存在，其本身实际就包含理性思维的元素，个体会借助既有的经验和知识来辨别和评判情感信息，以体验他人的情感状态，进而在认知层面实现共情。共情的触发和唤醒不仅依赖于语言、图像和情境中的情感刺激，还与事实的呈现以及经过理性叙事后的理解和感知紧密相关，进一步促成更为深刻的情绪感染[24]。多模态媒介技术的发展为移动化、个性化和情景化传播提供了助推力，也为情感表达提供了更沉浸的感官体验。既有研究已经注意到媒介技术变革对共情的影响，提出“媒介化情感”的概念，强调公众的认知和情感都会受到媒体的中介化作用影响[25]。这一概念已经深入跨文化互动和国际新闻生产中，进一步凸显了情感因素在这些领域的重要性。可以说，智能技术为情感机制的运用提供了物质性的支持：

一方面，智能技术使媒介模态丰富性大大提升，虚拟现实、新闻游戏等新兴文本形式的出现拓展了个体知觉和感官的边界，为受众提供了可持续刺激的沉浸式环境[26]，这种沉浸式的交互体验充分调度视觉、听觉等感官，从而实现丰富多元的情感表达[27]。这不仅使以往暗含于传统新闻传播形态中的情感线索得以外显，也以其直观、生动的优势降低了跨文化理解的门槛，有助于消解国际新闻生产传播中的文化折扣和意义误读。

另一方面，挖掘人类情感的共通之处是当下国际传播内容升维的关键，而智能技术的嵌入使对情感的挖掘具备现实可能性，大数据技术可对海内外数字媒体平台中的海量数据进行深入分析，并对传播效果进行实时监测。由于当下国际传播内容的生产分发并非一次性、单向度的过程，在动态监测受众的后续反馈，如阅读量、点赞、转发等数据的基础上，可为未来的内容生产提供参照和方向。此外，通过比对传播效果较好的内容文本，也可总结其中的情感共性。再者，共情传播强调根据受众的差异性进行针对性的传播，这需要根据用户的情感和心理特征进行内容的精准投放。智能技术可用于整理用户画像，建立用户信息数据库，更为精细地追踪并分析海内外受众的情感动态，并通过自然语言处理技术对其话语、身份特征和行为信息等数据进行结构化处理，借助文本心理分析深入剖析用户情感心理，有助于提炼当前中外受众情感的共通之处。

技术可供性的情感卷入机制业已引发国际传播中的语态变革。智媒时代的共情传播以沉浸化为核心特征，通过差异化的视听文本组合提升内容的共情效能成为大势所趋，如上海广播电视台制作外宣纪录片时采用长短视频结合的方式，针对不同社交平台的特性富有针对性地进行内容的更新与发布[①]，以营造更具沉浸感的观看体验。对于具有较高政治、文化壁垒或争议性的话题，还可通过可视化的数据呈现方式来降低跨文化信息解码的难度，帮助用户更直观地理解核心观点。此外，与以往国际传播旨在传递信息不同，当前内容制作更加强调个性化和亲近感，为受众提供更紧密、多层次的共情体验，比如《中国日报》推出的“小彭 vlog”系列短视频新闻中，采用了一种具有亲切性的、自然流畅的语态，向国际受众传达最具关联性的新闻信息，主持人并未采用传统的严肃主播风格，而是采用更像朋友间对话的方式，通过个人化和关系化的互动，促使媒体与用户之间建立更具认同感的情感关系。概言之，国际传播内容的技术与情感互为依赖，技术创新为共情传播提供支持，也应以促进共情为旨归。

六　“共情”的流动：从内容生产到内容池打造

智能技术的发展赋予了普通公众直接参与媒介信息生产及传播的权利，公众与情感因素极大地渗透进来，成为当前媒介生态的主要特征，既有研究

① 摘自上海广播电视台纪录片中心副主任朱晓茜在 2023 年“第六届战略传播学术研讨会”上的演讲精华实录。

指出，数字时代新闻用户的情感实践包含三个环节，分别是情感唤醒、情感表达和情感规制[28]，情感因素的作用不仅在新闻制作的幕后和新闻文本的前台有所体现，还作用于用户对新闻产品的互动及反馈。这扩展了情感表达的影响链条，随着传受者之间界限趋于模糊、角色转换趋于便捷，释放情感效能成为实现人际交往和群体认同的有效路径[4]，"共情"得以在更广泛的关系语境中实现流动，这种"流动"正是融通中外、提升国际传播效能的关键。

以往国际传播往往只是单向度的信息传递，媒体与用户之间缺乏直接的交流渠道。而在当前参与式的媒介生态下，国际传播逐渐向社交化、互动化与视频化趋势演进，内容生产也面临着从"以我为主"向"多元沟通"的语态升维，这不仅需要应用各种沉浸式传播技术增强用户的共情体验，更需时刻将受众置于核心，以满足用户在关系建构层面的情感需求，在这种情感互动的基础上，受众不再囿于基于个体身份或共同兴趣的同质性群体标识，而是得以超越时空和圈层的限制，寻求更具普遍性的价值原则和共识，最终形成一种具有情感持久性的、跨越个体和群体边界的认同，从而实现用户与新闻的"重新联结"（re-connecting）[8]。例如，CGTN面向全球Z世代积极培育外宣网红，回应热点话题，拥有总粉丝量超6000万的103个工作室账号，将媒体品牌延展为记者个人品牌的聚合矩阵①，国际用户可以根据自己的偏好关注感兴趣的记者制作的新闻产品，这也有助于建立起和记者个人的情感联结。

另外，国际新闻生产从以往偏线性的流程转向多主体协作的去中心化形式，传播主体的拓展也呼唤着内容维度的转型升级，从"他者"视角出发进行中国故事的讲述成为大势所趋，如《上海日报》积极开展与外国博主的合作，从外国人的视角出发分享在中国的所见所闻②；《新民晚报》连续三年打造"老外讲故事"系列，邀请在全球有一定影响力的老外讲述发生在他们身边的鲜活的中国故事③。共情传播的核心在于建立情感共鸣点，

---

① 摘自中央广播电视总台CGTN财经部主任庞新华在2023年"第六届战略传播学术研讨会"上的演讲精华实录。

② 摘自上海日报常务副总编辑刘琦在2023年"第六届战略传播学术研讨会"上的演讲精华实录。

③ 摘自新民晚报国际新闻部副主任杨江在2023年"第六届战略传播学术研讨会"上的演讲精华实录。

站在他人的立场上，可“抑制自我中心化偏差，以促使共情摆脱自我中心的禁锢，逐渐指向他人”[29]。用户参与成为互联网时代最显著的表征[30]，以情感为基础的新闻互动、分享甚至二次创作也成为当下国际新闻流通的典型特征[31]，这也意味着国际新闻生产将从单维的内容生产转向为内容池的构建，充分释放面向多元主体的情感交互空间。在这一空间中，个体借由技术进行信息交流和情感互动，在互动中将个体情感衍化为集体共享情感，并通过互动仪式将个体投入的短暂情感体验转化为持续的情感动能[32]，从而深化跨文化认同，实现全球范围的共情与聚合，这也使得在协同多元主体、多种文化和多重语境的基础上[33]，建构超越政治和文化鸿沟的人类命运共同体成为现实。

参考文献

[1] 常江，罗雅琴．人工智能时代的国际传播：应用、趋势与反思［J］.对外传播，2023（04）：27-31+53.

[2] Kosic，A. Personality and individual factors in acculturation［C］. Sam，D. L.，Berry，J. W. *The Cambridge Handbook of Acculturation Psychology*，Cambridge University Press，2006：113-128.

[3] 张经武，穆罕穆德·雅各布．中国纪录片国际传播的多元主体、主体间性与文化适应——以巴基斯坦为例［J］.当代电影，2023（07）：117-125.

[4] 徐明华，李丹妮．情感畛域的消解与融通：“中国故事”跨文化传播的沟通介质和认同路径［J］.现代传播（中国传媒大学学报），2019，41（03）：38-42.

[5] 刘聪慧，王永梅，俞国良等．共情的相关理论评述及动态模型探新［J］.心理科学进展，2009，17（05）：964-972.

[6] 吴飞．共情传播的理论基础与实践路径探索［J］.新闻与传播研究，2019，26（05）：59-76+127.

[7] Kotisova，J. The elephant in the newsroom：Current research on journalism and emotion［J］. *Sociology Compass*，2019，13（05）：e12677.

[8] Lecheler，S. The emotional turn in journalism needs to be about audience perceptions：Commentary-virtual special issue on the emotional turn［J］. *Digital Journalism*，2020，8（2）：287-291.

[9] 陈力丹．“一带一路”下跨文化传播研究的几个面向［J］. 江西师范大学学报（哲学社会科学版），2016，49（01）：69-73.

[10] 徐明华，李虹．国际传播中的共情层次：从理论建构到实践路径［J］. 对外传播，2022（08）：53-57.

[11] 吴志远，江潞潞．外籍在华人士外宣合作与共情传播策略——对《南京抗疫现场》系列纪录片创作的思考［J］. 当代传播，2020（04）：79-83.

[12] 唐润华，郑敏．文化间性视域下出版业“讲好中国故事”的效果提升路径［J］. 新闻爱好者，2021（03）：50-52.

[13] 钟新，蒋贤成，王雅墨．国家形象的跨文化共情传播：北京冬奥会国际传播策略及效果分析［J］. 新闻与写作，2022（05）：25-34.

[14] Carlson，M.，Usher，N. News startups as agents of innovation：For-profit digital news startup manifestos as metajournalistic discourse［J］. *Digital Journalism*，2016，4（05）：563-581.

[15] 于运全，朱文博．共情、共通、共享：中国话语国际影响力提升的新进路［J］. 现代传播（中国传媒大学学报），2022，44（02）：61-65.

[16] 李成家，彭祝斌．论跨文化共情传播——基于国际互助抗疫的探索［J］. 现代传播（中国传媒大学学报），2021，43（05）：65-69.

[17] 关世杰．对外传播中的共享性中华核心价值观［J］. 人民论坛·学术前沿，2012（15）：66-77.

[18] 李明德，乔婷．中国国际传播：历史演变、现实背景与前沿问题［J］. 西安交通大学学报（社会科学版），2022，42（05）：123-135.

[19] 程浩，张云笛，黄瑚．超越差异与区隔：“人类命运共同体”话语的他塑性建构研究［J］. 当代传播，2023（03）：14-20.

[20] 郑亮，夏晴．媒体国际传播能力建设中“国际—国内”议题互构研究［J］. 现代传播（中国传媒大学学报），2022，44（09）：83-88.

[21] 王昀，陈先红．迈向全球治理语境的国家叙事：“讲好中国故事”的互文叙事模型［J］. 新闻与传播研究，2019，26（07）：17-32+126.

[22] 杨奇光，王诗涵．数字时代国家叙事的话语创新与理论拓深——基于中国“脱贫攻坚”重大主题报道的考察［J］. 新闻与写作，2023（05）：99-109.

[23] 亚瑟·乔位米卡利．共情力：你压力大是因为没有共情能力［M］. 耿沫，译．北京：北京联合出版公司，2017：3.

[24] 邵鹏．论纪录片“他塑”中国形象的共情叙事与共情传播——基于奥斯卡最佳纪录片《美国工厂》的分析［J］. 现代传播，2020，42（04）：116-119.

[25] 白红义．“媒介化情感”的生成与表达：基于杭州保姆纵火事件报道的个案研究［J］. 湖南师范大学社会科学学报，2018（05）：139-149.

[26] Witmer，G.，Singer，J. Measuring presence in virtual environments：A presence questionnaire［J］. *Presence*，1998，7（03）：225-240.

[27] Valkenburg，P. M. Understanding self-effects in social media［J］. *Human Communication Research*，2017，43（04）：477-490.

[28] 田浩．反思性情感：数字新闻用户的情感实践机制研究［J］. 新闻大学，2021（07）：33-45+120.

[29] 张慧，苏彦捷．自我和他人的协调与心理理论的神经机制［J］. 心理科学进展，2008（03）：480.

[30] 陈虹，郑广嘉．交往逻辑中的新型国际传播主体格局构建［J］. 上海市社会主义学院学报，2023（03）：86-93.

[31] 蔡雯，周思宇．主流媒体新闻传播的情感转向与风险防范［J］. 中国编辑，2022（10）：4-8.

[32]〔美〕兰德尔·柯林斯．互动仪式链［M］. 苏国勋译，上海：商务印书馆，2009：86-87.

[33] 陈虹，秦静．中国特色国际传播战略体系建构框架［J］. 现代传播（中国传媒大学学报），2023，45（01）：55-59+65.

AIGC新闻如何以假乱真?

——基于2023年25例AIGC假新闻的模糊集定性比较分析

刘国强　李　洋*

摘　要　随着ChatGPT等大语言模型工具的问世，AIGC假新闻逐步涌入数字公共空间，以极强的迷惑性抢占公众注意力，存在信息污染、侵权等诸多隐患。为探寻使得AIGC假新闻具有高度仿真性的影响因子及其组态机制，本研究选取2023年出现的25例AIGC假新闻进行样本库组建，通过四值模糊集定性比较分析（fsQCA）发现：当AIGC假新闻在进行叙事模仿的同时，事件对于情绪的调动强度越高，其仿真性就越强。其中，叙事模仿（NI）与情绪调动（EM）作为强因果性的核心条件，通过首因效应与情感联觉对信息可信度产生较大影响。而文本的细节描摹程度（DD）与模态的想象留白（MIW）作为弱因果性的边缘补充性条件，亦能带来一定程度的仿真效果，致使“有图有真相”与“无图也逼真”同时存在。当下，信息可视化对于真实性的认知导向已出现局部失灵，一种关乎于真实与信任的公共认知范型超越了图像的锚定点，在更大的不确定性中面临着改写与重塑。

关键词　AIGC　ChatGPT　假新闻　新闻真实

关于“假新闻”一词的定义一直以来因错综复杂的语境及其与“谣言”“虚假信息”等概念的交叉暧昧而颇具争议。在西方语境下，“假新闻”(fake news)最早与经事实核查被揭露的媒体主观造假动机及其行为有关，与“新闻真实性”是一对孪生概念。刘海龙、于瀛[1]通过追溯“假新闻”的背景性源起，勾勒出了一条较为清晰的主流研究脉络，并就概念的不同界定标准进行了系统耙梳。其中，McNair[2]、Lazer[3]、Egelhofer和Lecheler[4]

* 刘国强，四川外国语大学新闻传播学院教授、院长、博士生导师；李洋，四川外国语大学新闻传播学院研究生。

等学者均从假新闻的不同制造意图及目的手段出发，对其进行了关键特征的认定，可被概括为：一是具有明确的目的性导向；二是存在误导性的影响后果。在分布式的网络传播空间中，新闻生产的去中心化不仅使大量 UGC（users generated content）迅速涌现，且在技术基础设施的迭代演化下迎来了 AIGC（AI-generated content）。尤其是 ChatGPT、文心一言等一系列大语言模型工具的问世，极大提高了内容创作条件的便利性。基于此，部分“AIGC 假新闻”亦随之介入公共关系的建构之中，在原本就拥堵过载的信息市场中攫取、抢占公共资源，甚至一度制造出了现象级话题。

从工具性的使用途径来看，“AIGC 假新闻”是算法语言扭曲或违背新闻事实的结果[5]。该定义更符合 Nelson、Taneja 的精练表述，即“伪装成基于事实的新闻报道”[6]，重在强调信息内容经过证伪后被判定的“仿真性”。而从程序性的实质内容来看，AIGC 假新闻不仅涉及“对事实的证伪”，亦同时要求“对新闻生产者进行人机区分”。这为事实核查工作徒增了一定的困难与复杂性，被专门公开辟谣的 AIGC 假新闻也仅是冰山一角。当大量炮制的虚假信息伪装成重磅新闻的样态出现在数字公共空间中，其后果无疑会导致“信息疫情”的扩散，使得新闻内容产品总体上产生边际效用递减，即真正有价值的专业性新闻亦难以取得公众信任[7]。与此同时，大量虚假信息滞留于公共社区，再度成为 AIGC 进行新一轮内容创作的“喂养源”，其产出的结果也不过是“以假造假”，更遑论其内容本身对公共关系乃至社会秩序的潜在危害[8]。

因此，本文基于 AIGC 假新闻研究现状的文献梳理，选择聚焦近年来逐步走进公众视野的 AIGC 假新闻，试图回答以下问题：①是否存在导致 AIGC 假新闻产生较高迷惑性与较大影响力的必要影响因子？②相关影响因子通过何种形式的组合叠加能够使其产生较高的迷惑性？

一 文献回顾

随着 AIGC 算法模型的优化与应用范围的扩大，相当一部分研究主要集中围绕各社交媒体平台所流行的“AI 深伪恶搞”这一现象展开讨论。Sylvester 指出，“深伪”[9]（deep-faked）是 AI 通过算法模型的深度学习、训练而进行数据虚拟合成的一种智能仿真技术。在新闻真假难辨的时代，公众与媒体之间的关系建构不再如从前那般坚固、稳定，而深度造假对新闻内容产业的渗透与染指，无疑会使此种关系愈加脆弱敏感[10]。Lee、Shin 专门探究了 AI 生成式深伪信息对新闻可信度的心理影响机制，通过比较不同媒介类型的信息呈现形式，发现视频类的深伪假新闻较之纯文字或图文结合等其他类型而言会产生更高的“源信息粒度”[11]（source vividness），由此增加其可信性，调动用户的传播意愿。就“深伪”在 AIGC 的具体应用现状来看，Agarwal[12] 等人将其划分为了 3 种类型：①AI 换脸（将目标人物的脸部特征进行复制、替换）；②口型同步（通过修改、剪接源视频，使人物口型与替换音频保持一致）；③傀儡操纵（目标人物由操纵者的眼部运动轨迹、表情动作、肢体语言等关联生成）。早在 2018 年，BuzzFeed News 就采用了“傀儡操纵”将奥巴马此前演讲的视频与专业演员的模仿视频进行混合制作。在最终生成的视频中，奥巴马神情笃定地怒骂特朗普。Greengard[13]、Pantserev[14]、Wang[15] 等人从不同角度出发，分别通过该案例探讨了此种深伪的娱乐性行为对于社会信任、政治安全等方面的潜在危害。但也有部分学者对此持乐观态度，如 Cao[16] 等就主张，通过针对性的模型语言训练，AIGC 的基础数据库会更加丰富完善，创造的内容也因此会更加接近和还原现实。

另外，部分学者对 AIGC 技术及其内容生成形态之间的关联进行了探究。Gozalo-Brizuela、Garrido-Merchán 基于对 350 个 AI 工具模型的综合观察，提供了一份较为全面的应用现状总结，并就其产出内容的多媒体形态进行了特征性的归纳[17]。他们认为，通过对来自维基百科等数据知识库的深度学习，AI 可灵活生成视频、音频等多模态的文本，这依赖于诸如“生成式对抗网络”（generative adversarial networks）等辅助性技术模型对于更为复杂的数据语义空间的捕获与转换。因此，生成式 AI 在广告传媒等领域的巨大潜力使其在技术驱动的时代神话下成为不可或缺的存在，这自然也存在着诸多道德隐忧，以及对业界所赖以维系的信誉造成不可逆的磨损[18]。Aïmeur[19] 等人指出，在传统新闻业时代，专业从业人员或机构承担着事实核查的主要职责，尽管其中一些用于鉴定真假的关键性要件正在被各大社交媒体平台逐步采纳，但 AIGC 假新闻背后颇有策略的仿真意图会极大增加核查难度，故当下仅聚焦内容层面是远远不够的。基于此，本研究将结合 AIGC 本身的技术特性、内容属性及效果动机等多个维度，探索使其产生高仿真性与可信度的影响因子组态，以提供更符合 AIGC 假新闻特征的识别要素。

二 研究方法

鉴于经典统计学方法较适用于静态的影响因子测算，无法兼顾多因子在高度流动性情境下的联动效应，里豪克斯、拉金[20] 结合了定性与定量两大传统研究范式的优势，逐步发展出了一套较为完整、成熟的定性比较分析方法（QCA）。根据具体操作程序上的差异性，QCA 方法体系下属多个具体分支，可分为清晰集（csQCA）、多值集（mvQCA）、模糊集（fsQCA）等[21]。Caren、Panofsky[22] 则将“时间性”作为一个重要维度引入 QCA 方法矩阵中，发展出了第四种 T-QCA 研究方法，旨在考察诸变量之间产生影响的前后时间差及过程中的具体变化。一方面，QCA 所秉持的组态比较分析（CCM）视角克服了传统统计学对于单因素线性因果性在动态情境之中的研究盲点，支持探究具象情境下所导致的具有相同或相似结果的“多因并发性”[23]。另一方面，正是由于案例数据本身具有相当的异质性与复杂性，QCA 既能观照到微观层面的个案特殊性，亦能在此基础上通过宏观性的跨案例来寻找或建立一种潜在的系统一致性规律，故近年来在人文社科领域备受青睐。

（一）样本选择

从研究对象出发，本文将样本选取时间范围限定在 2023 年 1 月 1 日至 11 月 5 日，主要通过以下 3 种来源依据进行样本库建构：①被权威媒体或官方机构明确认定为 AIGC 假新闻；②被业界权威人士公开辟谣、认定为 AIGC 假新闻；③被第三方国际权威调查组织 News Guard 所公开认定的 AIGC 假新闻网站。对于某些已被全网删除、清洗的假新闻，由于研究者无法对其原始信息进行全面的溯源与观察，后续分析只能基于部分碎片化的残留信息开展，故即使其符合案例选择条件，亦被排除在了入选标准之外。需要注意的是，由于对 AIGC 假新闻展开的专项事实核查一般是基于其已然产生一定影响力的情况，为确保结果变量的丰富性，作者在社交媒体平台针对较小传播量的新闻进行有选择性地搜索和挑选后，使用 AIGC-X 检测工具（仅针对文字文本）与“睿鉴 AI”小程序（支持文字、图片、视频多模态）进行双重鉴定，最终共有 25 条案例入选。样本库基本情况如表 1 所示，其中，样本 1、3~4、6、9~11、13~14、16、18、21、25 系由权威机构鉴定结果；样本 8、12、19 由业界专业人士专门辟谣；样本 2、5、7、20、22~24 为研究者使用第三方检测工具的认定结果；样本 15、17 则抽取自不同的 AIGC 假新闻网站。

表 1　AIGC 假新闻样本选取基本信息

样本编码	发布时间	新闻标题
1	2月16日	杭州3月1日取消机动车尾号限行
2	3月4日	莫兰特摊上大事了，或将面临牢狱之灾
3	3月8日	广州地铁3号线出现裸女
4	3月21日	特朗普被美国警方逮捕入狱
5	3月27日	库克在北京捡垃圾
6	4月15日	Michale Schumacher：das erste interview
7	4月22日	美国航空航天局宣布帝国大厦发射成功
8	4月24日	Canadian actor，22，dies after spending ＄220000 on twelve plastic surgeries to play BTS's KPOP star Jimin for upcoming US drama
9	4月下旬	今晨甘肃一火车撞上修路工人，致9人死亡
10	5月10日	马斯克研发“猫女”机器人，孩子都管生，或将在三年内量产
11	5月18日	郑州鸡排店惊现血案，男子用砖头砸死女子
12	5月19日	印度夫妻在恒河中秀恩爱被网暴
13	5月22日	华盛顿特区五角大楼附近发生大爆炸
14	5月24日	一篇科大讯飞出现重大风险的警示文
15	5月25日	Indian-origin suspect arrested for planning to kill US President Joe Biden
16	5月30日	浙江工业园现场大火浓烟滚滚，目击者称有爆炸声
17	6月8日	Ukraine deals major blow to Russia：hundreds of soldiers lost

续表

样本编码	发布时间	新闻标题
18	6月19日	绵阳大学生涉嫌卖淫800多次，赚120余万元，警方成功抓获
19	6月20日	After the death of a Florida grandmother, her family used resin to make handicraft
20	6月30日	佛罗里达州生长着一种特殊的椰子，外观像是人的骷髅
21	8月17日	湖南一高校女学生校园裸贷曝光，幕后黑手竟是男老师
22	10月13日	美国一大肥橘猫因偷吃被逮捕
23	10月15日	The Israeli killing of children in Gaza
24	10月31日	以色列小队在加沙郊区遭可耻团灭，终命丧黄泉！
25	11月2日	日本首相岸田文雄发表恶意粗鄙言论

（二）变量选择与校准

如表2所示，为更细微地考察各变量在程度上的微观差异性，本文采用模糊集定性比较分析（fsQCA），根据具体变量的案例覆盖情况采取四值模糊集进行人工间接校准[24]。首先，Wu[25]等人指出，AIGC分为“基于模仿的生成”以及“概念化生成”两种。前者主要从现有数据库中学习养成既有的数据模型，后者则通过前者的模型训练来进行内容产出。可以说，无论何种生成方式，模仿都是AIGC的底层逻辑。因此，本文将“叙事模仿”（NI）作为一种条件变量，考察其在多大程度上通过替换原新闻中的部分事实元素，或挪用某一新闻事件的原型模板来达到仿真效果。其次，“具体真实”在新闻报道操作规范及效果层面上的事实再现维度均扮演着重要角色[26]。其对于情节、细节的描摹程度直接关系到新闻本身的客观性与可信度[27]。而在多元化、碎片化的复媒体传播环境中，多模态的文本呈现形式会对此类细节的铺陈与展现产生差异化影响[28]。Schwartz[29]认为，“图像”形式的新闻文本强化了“在场感”，同样的内容较之文字描述而言更具说服力。基于此，本研究纳入了“细节描摹”（DD）与“模态的想象留白”（MIW）两种互补性的条件变量，分别从内容上以及媒介呈现形式上考量其所产生的可信性效力。

通过对案例库的初步观察，前者对事实描绘的具体程度通过“有无引语、有无数据、有无相关画面”的组合情况来体现，后者则通过文本呈现形式媒介属性本身的想象留白空间进行定序赋值。如图文组合样本中的图像意义与主题关联不大，则在内容的细节程度上依然视为“无相关画面”。另外，在“多元传播主体”共振的时代，“新闻真实”的丰富内涵已远超“事实的客观反映”，情感意义在“真实与否”的认知层面上发挥着重要作用[30]。因此，本文对“情绪调动”（EM）这一变量的程度划定，主要根据样本库组成本身的案例特殊性及其报道议题类属来进行，并不具备一般意义上的标准性（例如，该研究中被赋值为EM=0的“国际军事类”报道在其他具体情况中并不必然低于被赋值为EM=0.33的“热点财经类”，需根据报道本身的内容、语境及案例比较范围来综合判定）。

表 2　条件与结果变量四值模糊集赋值

变量类别	变量名称	变量赋值
条件变量	叙事模仿（NI）	无此前类似报道为0；有此前类似报道为1。
	细节描摹（DD）	无“引语”、“数据”或“相关画面”为0；有且仅有“引语”、“数据”或“相关画面”中的任意一种为0.33；有“引语”、“数据”或“相关画面”中的任意两种组合为0.67；有“引语”、“数据”和“相关画面”三种组合为1。
	模态的想象留白（MIW）	视频文本为0；图文组合文本为0.33；纯图片文本为0.67；纯文字文本为1。
	情绪调动（EM）	国际军事类、国际政治类、文体赛事类为0；国际轶闻类、商业财经类、政策治理类为0.33；突发公共事故类为0.67；娱乐猎奇类为1。
结果变量	事件影响力（IE）	无权威媒体参与报道且无官方介入调查辟谣为0；有权威媒体参与报道但无官方介入调查辟谣为0.33；无权威媒体参与报道但有官方介入调查辟谣为0.67；有权威媒体参与报道且有官方介入调查辟谣为1。

（四值模糊集：1=完全隶属；0.67=偏隶属；0.33=偏不隶属；0=完全不隶属）

就结果变量而言，AIGC 假新闻的真实性效果在本研究中被转换为“事件影响力”（IE）来予以测量。由于部分样本在被权威辟谣后遭遇大量删除，且跨平台传播路径过于分散，故通过针对某单一平台的舆情监测网站所统计的“传播热度指数”难以客观反映出样本本身在特定时空条件下的综合影响力与传播力。基于此，本文选择通过“有无权威媒体参与报道”以及“有无官方介入调查”2个维度的组合情况来体现其影响力的程度大小。四种条件变量（“叙事模仿”/“NI”；“细节描摹”/“DD”；“模态的想象留白”/“MIW”；“情绪调动”/“EM”）及1种结果变量（“事件影响力”/“IE”）的数据校准结果如表3所示。

表3 变量四值模糊集间接校准结果

样本编码	NI	DD	MIW	EM	IE
1	0	0	1	0.33	1
2	0	0	0.33	0	0
3	0	0.33	0.67	1	1
4	0	0.33	0.67	1	0.33
5	0	0.33	0.67	0.33	0
6	0	0.67	0.33	0.33	0.33
7	0	0.33	0.67	0.33	0
8	1	1	0.33	1	0.33
9	1	0.67	0.33	0.67	1
10	1	0.67	0.33	0.33	0.33
11	1	0.33	0	0.67	1
12	1	0.33	0.33	0.33	0
13	1	0.33	0.67	0.67	1
14	0	0.33	1	0.33	0.33
15	1	0.67	1	0	0
16	1	1	0	0.67	1
17	1	0.67	1	0	0
18	1	1	0.33	1	1
19	0	0.33	0.67	0.33	0
20	0	0.33	0.33	0.33	0
21	1	0.67	0.33	1	1
22	0	0.33	0.33	0.33	0
23	0	0	0.67	0	0
24	0	0.67	0.33	0	0
25	0	0.67	0	0.33	0.33

三　必要性与条件组态分析

（一）单变量必要性分析

在建构真值表之前，需进行单条件变量的一致性检验，旨在筛查是否存在某一条件是结果变量的必要条件，并在后续的充分条件分析中将其剔除，以排除其存在对条件组态影响力的干扰[31]。具体公式为：

$$Consistency\ (Xi \leqslant Yi) = \sum [\,min\ (Xi, Yi)\,] / \sum Xi$$

如果 Consistency（Xi≤Yi）>0.8，则视该条件变量（X）为充分条件；如 Consistency（Xi≤Yi）>0.9，则视其为必要条件[32]。经 fsQCA 软件计算（如表 4 所示），仅“情绪调动/EM”（Consistency = 0.800601）是充分条件，其余并不存在任一单条件变量是结果变量的必要条件。这说明：其一，在条件变量的设定范围中，并不存在导致 AIGC 假新闻产生较高迷惑性与较大影响力的必要影响因子。其二，诸影响因子是以组态的形式对假新闻的仿真效果发挥作用，需对组态情况进行具体的分析探究。

表 4　条件变量的必要性计算结果

变量名称	一致性（Consistency）	覆盖度（Coverage）
NI	0.667335	0.605455
~NI	0.332665	0.237143
DD	0.632264	0.526272
~DD	0.533066	0.408916
MIW	0.498998	0.404221
~MIW	0.633267	0.498423
EM	0.800601	0.706455
~EM	0.331663	0.241782

（注：fsQCA 采用布尔代数的逻辑运算符：其中“~”指代“非”；“*”指代“与”；“+”指代“或”）

（二）条件组态分析

通过建立真值表，条件变量与结果变量之间的因果性可获得清晰的呈现[33]。鉴于前因变量数为 4，故理论上共存在 24=16 种组合样态。根据学者 Ragin[34] 的建议，组合路径的一致性得分应保持在 0.75 以上才具有一定的关系意义。因此，研究者根据“原始一致性”（Raw Consistency，简称“RC”）的排列断点将一致性阈值设置为 0.83，将 RC 大于 0.83 的路径集合 IE 值设为 1；小于 0.83 的 IE 值设为 0。考虑到其中“number=0（100%）”的逻辑余项无法被既有样本库所覆盖和观察，故研究者将最小样本频数阈值设置为 1，手动删除 6 项逻辑余项后，共剩 10 项具有讨论意义的因果论断，真值表如表 5 所示。

为进一步对照考察导致假新闻产生较大影响力（IE）及其相反结果（~IE）的前因条件，研究者就相反结果（~IE）同样进行了真值表建构，在删除 6 项逻辑余项，获得表 6。通过对 2 张真值表的比较发现，存在有“同样的组态条件产生相反结果”这一特殊情况。正常情况下，~IE=[1] -IE，6 个样本（样本 3，4，10，12，15，17）均出现了“~IE=IE=0”。这说明其条件组态存在不稳定性，在相同或相似的情境要素下会导向截然相反的影响结果，即无法确定“NI * DD * MIW * em+ni * dd * MIW * EM+NI * dd * miw * em+NI * DD * miw * em”是否必然能够导致“IE”或“~IE”（根据布尔代数规则，小写代表条件不出现，大写代表条件出现）。

表 5　导致 IE 的变量真值表（一致性阈值为 0.83）

条件变量				结果变量	样本覆盖数（个）
叙事模仿（NI）	细节描摹（DD）	模态的想象留白（MIW）	情绪调动（EM）	事件影响力（IE）	
1	1	0	1	1	5
1	0	1	1	1	1
1	0	0	1	1	1
0	0	1	0	0	6
0	0	0	0	0	3

续表

条件变量				结果变量	样本覆盖数（个）
叙事模仿（NI）	细节描摹（DD）	模态的想象留白（MIW）	情绪调动（EM）	事件影响力（IE）	
1	1	1	0	0	2（15，17）
0	0	1	1	0	2（3，4）
1	0	0	0	0	1（12）
1	1	0	0	0	1（10）
0	1	0	0	0	3

表 6　导致~IE 的变量真值表（一致性阈值为 0.83）

条件变量				结果变量	样本覆盖数（个）
叙事模仿（NI）	细节描摹（DD）	模态的想象留白（MIW）	情绪调动（EM）	事件影响力（~IE）	
0	0	1	0	1	6
0	0	0	0	1	3
0	1	0	0	1	3
1	1	0	1	0	5
1	1	1	0	0	2（15，17）
0	0	1	1	0	2（3，4）
1	0	0	0	0	1（12）
1	1	0	0	0	1（10）
1	0	0	1	0	1
1	0	1	1	0	1

（注：表中样本覆盖数括号内为所覆盖的具体样本编号）

针对诸变量隶属度的关系，为进一步可视化观察，样本分布散点如图 1 所示。其中，条件组态与结果变量的变化范围可表达为：{X = NI * DD * MIW * EM | 0≥X≤0.33}；{Y = IE | 0≥Y≤1}。可见，组态条件在总体隶属度偏低的情况下仍能带来较大的差异性结果。这进一步佐证了因果变量的非对称性与条件组态的相对不稳定性。

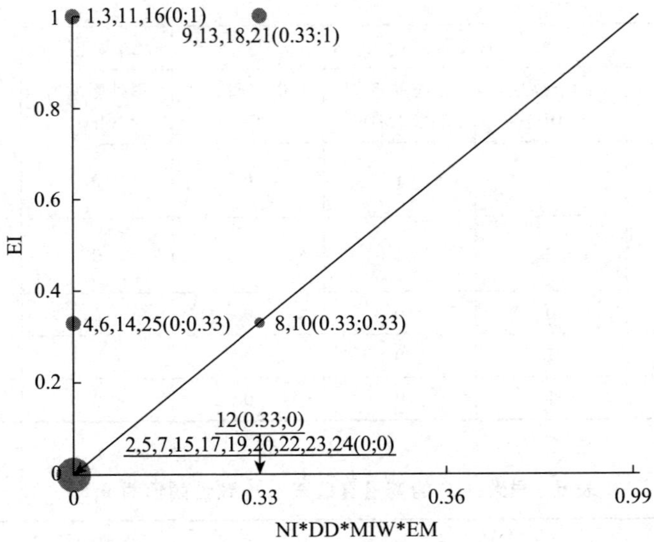

图 1　变量隶属度的样本分布散点图①

遵循“布尔最小化”原则的 fsQCA 求解运算旨在通过最简约的公式覆盖最大的样本范围，确保研究获得更强的解释力与普适性[35]。经软件运行，共得到“复杂解”、“中间解”和“简约解”三种方案。前二者的求解结果显示完全一致，而简约解因其将所有逻辑余项纳入其中而一般不被研究者考虑采纳。其中，“原覆盖率”即为该条件组合能够解释的案例占比，当其不低于 0.1 时，便可认为具有一定的解释性[36]。在“复杂解”或“中间解”的 2 种组态路径当中，其总体一致性大于 0.75，故所得解被视作有意义（如表 7 所示）。在进行稳健性检验时，由于更改样本频数阈值的方式并不适用于小样本情况，故本文将一致性阈值从 0.83 提高至 0.85。结果显示组态路径 1 仍与此前保持一致，组态路径 2 则因阈值限制而被当作冗余解去除，检验总体可信度及解释力较强。

表 7　AIGC 假新闻较高影响力的条件组态

		原覆盖率（raw coverage）	净覆盖率（unique coverage）	一致性（consistency）
组态路径 1	NI * ~MIW * EM	0.43487	0.235471	0.866268

① 基于 TOSMANA1.61 版本制作。

续表

		原覆盖率（raw coverage）	净覆盖率（unique coverage）	一致性（consistency）
组态路径 2	NI＊~DD＊EM	0.233467	0.0340682	0.87594
总体覆盖率（solution coverage）		0.468938		
总体一致性（solution consistency）		0.874766		

为区分出组态中各条件的因果强弱差异，Ragin、Fiss[37] 将强因果性前因条件视为“核心条件”，将弱因果性前因条件视为“边缘条件”。Fiss[38] 在后续研究中进一步补充完善了区分标准，即前者在简约解和中间解中同时存在，后者则仅存在于中间解。基于此，组态路径的前因条件可视化呈现如表 8 所示，其中 NI、EM 均为核心条件，并在 2 种组态路径中同时出现，其余 DD、MIW 为边缘条件。

表 8　AIGC 假新闻较高影响力的形象化组态呈现

	叙事模仿（NI）	细节描摹（DD）	模态的想象留白（MIW）	情绪调动（EM）
组态路径 1	●		⊗	●
组态路径 2	●	⊗		●

（注：●表示出现核心条件；•表示出现边缘条件；⊗表示核心条件缺乏；⊗表示边缘条件缺乏；空白表示无关条件，其存在与否对结果并无影响。）

就两条组态路径来看，内容上的细节描摹程度（DD）与模态的想象留白程度（MIW）同为边缘条件，对结果的影响力较弱。鉴于二者作为互补条件本身存在着相当程度的交集，故可视作“DD≈~MIW”，组态路径 2 便可被替换表达为“NI＊MIW＊EM”。根据布尔最优化原则，当“NI＊~MIW＊EM+NI＊MIW＊EM→IE”，则“MIW”作为冗余条件应被去除，最终得到“NI＊EM→IE”。即当 AIGC 假新闻在进行叙事模仿的同时，事件对于情绪的调动强度越高，其仿真性及所产生的影响力越大。

四　研究发现

（一）首因效应：新闻真实的可传递性

作为一种核心条件变量，叙事模仿（NI）的可信性建立主要依赖于集体记忆中的“首因效应”（Primacy Effect）。在集体记忆的形塑过程中，关于最初出现的事件印象会在很大程度上影响到后续人们对相似事件的判断[39]。如样本9“今晨甘肃一火车撞上修路工人，致9人死亡”的模仿原型来自2021年6月4日发布的“兰新铁路甘肃金昌段列车撞人事故致9人死亡”一事。事故的发生地点、死伤情况等元素均高度一致，而该事件在当时受到了新华社、中新网等一众权威媒体的报道关注，舆论讨论热度颇高。样本16“浙江工业园现场大火浓烟滚滚，目击者称有爆炸声”亦有异曲同工之嫌，其以2021年5月31日央视新闻报道的“浙江绍兴上虞区一企业厂房发生火灾”这一事故为仿照模板，并就部分细节元素进行删改。除此类对于灾难事故的仿照外，曾引发热议的诸社会性事件亦同样可以被AI复刻。样本11“郑州鸡排店惊现血案，男子用砖头砸死女子”叙事仿照“唐山烧烤店打人事件”，其原视频标题甚至毫不避讳地将二者进行直接关联，取名为“河南郑州男子持板凳猛砸女子头部致其晕倒，比唐山打人事件更恶劣”。

需要指出的是，通过叙事模仿（NI）所生产的内容产品是一种对同类型新闻事件业已积淀的可信性的二次利用，这与“原型沉淀”颇有不同。弗莱（Frye）认为，所谓“原型”是一种产生于主体间性的文化认知结构[40]（此处“原型”与上述的指代意涵不同），某些隐匿于社会现实表层的集体心理、意向、情感等可通过关联事物获得具象化的体现，在无意识中被反复地调动、激活。其经过情感传播的反复沉淀后，在相关叙事中逐渐形成了较为固定、典型的二分对立结构，如官民、贫富、男女性别议题等[41]。然而，在新闻真实性的认知维度上，此前经由权威媒体报道、追踪并一度备受舆论关注的事件在公众的媒介化实践中逐步具备了一定的典型性与符号性，正是在“首因”的诱导作用下，其真实性会被迅速传递至后续的类似事件上，让人们此后看到“似曾相识”的信息内容时便下意识倾向于选择相信。

（二）情感联觉：新闻真实的元生产

杨保军的“有机真实论”认为，“新闻真实”是一个二阶概念，一方面要求事实层面的基本客观性，另一方面则包孕着认知层面个人化的情感价值判断[42]。前者可经过事实核查等程序性证伪建立起相对统一的专业主义标准，后者则是一种收受端主观上的价值选择，故“新闻真实”是基于报道内容的事实判断后进行情感过滤而“相信真实”的有机结果。可以说，此种“有机真实论”是对马克思关于“过程真实”“整体真实”等概念的系统性与本土化延伸，更符合后新闻时代的传播生态[43]。其既克服了传统机械的再现主义真实观，又跳脱出了所谓“后真相”对于“情绪与事实”之间二元对立的执着与囿限。在该意义上，情感可被视作一种新闻真实性的元生产要素，强调个体选择性偏好与新闻事实供给的耦合。如样本 3“广州地铁 3 号线出现裸女”原本只是社交媒体聊天群组内部的玩笑谈资，其以迅雷不及掩耳之势成为热点事件，在短时间内获得如此之大的曝光量，主要原因还是在于利用 AI 生产之人深谙“猎奇”之道，迎合人们意图追求刺激、新鲜的即刻心理。可与之作为对照的是样本 8，“Canadian actor，22，dies after spending ＄220000 on twelve plastic surgeries to play BTS's KPOP star Jimin for upcoming US drama”（加拿大男演员为在美剧中出演一韩国当红偶像，砸百万狂做 12 次整容手术，年仅 22 岁命丧黄泉）在满足猎奇需求的同时，亦能催发同情、怜悯、唏嘘、惋惜等更深层次的共情感触。

“联觉”意为感官在受到外部刺激时所产生的相互性，Cytowic[44] 曾专门探讨过情感在触发联觉效应时的重要性。基于联觉可记忆性的特点，接触经验会伴随着与之相关的情感心理而融入人们对事物的感知过程中，生发出一种对于“真实、真理”的强烈信念。基于此，“情感联觉”（emotional synesthesia）可以说是一种习得性的情绪积累与记忆。在对信息内容的接触过程中，调动情绪的联觉具有对于“真实”的强感知效度，从而生成对某一看似孤立事件的“真实”自觉。2001 年，“美国 9·11 恐怖袭击事件”及相关报道在当时带来了巨大的恐慌与压抑。当诸如样本 13“华盛顿特区五角大楼附近发生大爆炸”的新闻出现时，惶恐不安也随之再度袭来，以致美国国防部发言人、五角大楼保卫局、美国有线电视新闻网（CNN）等均在 48 小时内迅速做出回应。

(三) 超越图像：新闻真实的二象性

1. “有图有真相”

蒋原伦[45] 指出，“真相”在人们的观念中常以平面图像的形式存在，图像在其中还是一种重要的物证。这进一步解释了“眼见为实”对于视觉可信性的天然倾斜。数字化时代，网络空间的多模态符号性使得真相愈发与图像叙事牢牢捆绑。尤其是以视频为代表的动态影像，其在信息传达的确定性、保真度上要远高于文字乃至静态图片，这在一定程度上强化了人们关于“有图有真相”的认知依赖[46]。与此同时，尽管图像具有传达真相的承载力，发布者的主观意图在视觉框架的强说服力下却可以获得更强的隐匿性[47]。正因如此，图片、视频成为热门的造假载体，通过文字说明进一步进行明确指向性的聚焦，使信息内容整体看起来更具真实感[48]。如样本 9（DD＝0.67，MIW＝0.33）、样本 11（DD＝0.33，MIW＝0）、样本 16（DD＝1，MIW＝0），三者在其余变量数值保持一致的情况下，均达致了“IE＝1”的结果，在一定意义上说明了信息的影像可视化对于真实性具有一定的导向作用。其中，样本 11 虽对事实的细节描摹程度较低，即“郑州鸡排店惊现血案，男子用砖头砸死女子”视频中仅有相关画面，缺乏其他关于数据、引语的具体描述，且字幕说明也仅有几句话的篇幅占比，仍然做到了以假乱真。可以说，正是基于“有图有真相”在认知确证中举足轻重的影响力，诸如样本 3、样本 4 和样本 5 此类通过“AI 一键脱衣”“AI 换脸”“AI 抠图合成”等技术生成的图像假新闻才更加有机可乘、瑕瑜互见。

2.“无图也逼真”

然而，影像可视化究其本质而言是一种诠释性的叙事，很多图像文本表达的意义本身是含糊不清的。Eaton[49] 提到，视觉图像是否能够表达真相不应仅仅就其模态类别进行区分，因为通过特殊技巧的处理，视觉叙事的主观意图有时能够十分轻易地被捕捉到，从而使人们离真相更远。如样本 2“莫兰特摊上大事了，或将面临牢狱之灾”在 NI、DD、EM 三个变量数值均为 0 的情况下，尽管以图文组合的形式呈现，但其漫画式的图像内容与主题相关度并不大，十分容易让人起疑，故其在发布当日就遭到了个别用户的发文质疑。就此而言，“有图有真相”在频频反转的舆论场中迎来了它的自反性。当原本信息粒度较高的图像形式被用以传达模棱两可的内容，尤其在其他核心事实要素亦同时缺席的情况下，更容易将人们推向信任的对立面。

影像可视化对建立可信性的导向性正遭遇挑战，乃至是否具有图像佐证对于新闻事件真实与否的认知判断不再如此重要。样本 1“杭州 3 月 1 日取消机动车尾号限行”与样本 14“一篇科大讯飞出现重大风险的警示文”（NI1 = NI14 = 0；EM1 = EM14 = 0.33）均是小篇幅的纯文字呈现形式（MIW1 = MIW14 = 1），且事实性的细节含量偏低（DD1 = 0；DD14 = 0.33），仍产生了一定范围的影响力。前者于 16 日被发布后，其传播热度高到次日即引来了当地警方介入调查，而后者在当日发布之际便对科大讯飞股价造成重创。由此可见，“无图也逼真”的假新闻虽规避了“有图有真相”的认知陷阱，却也消弭了影像可视化对于寻觅、接近甚至还原真相的可能性，使得造谣成本更加低廉、手段更加便捷。

五　余论

当前我国相关法律法规的完善正处于起步探索的发展阶段。自 2023 年 1 月 10 日起正式施行的《互联网信息服务深度合成管理规定》就 AI 技术的具体用途、训练规范以及标识提示做出了明确规定。其中，第 17 条要求服务提供者在提供智能写作、人声合成、人脸替换等可能误导公众的内容服务时，需通过显著标识的方式进行提示，并对具体合成情况进行说明。这在一定程度上能够有效加强上述“深伪”内容的透明度，降低 AIGC 虚假信息乔装成新闻产品的可能性。如样本 9“今晨甘肃一火车撞上修路工人，致 9 人死亡”便是我国相关法律正式施行后的首例刑事案件，发布者被追究了相应的刑事责任。另外，抖音平台也于 5 月发布了《关于人工智能生成内容标识的水印与元数据规范》，对标识格式、内容的真实性进行了详细规定，以便 AIGC 更易被用户识别。总之，各平台需进一步落实自身的审查责任，根据各自的服务定位尽快完善管理细则，与现行法律形成有效的监管矩阵。

哈贝马斯曾通过“公共领域”表达了对西方资本主义社会舆论系统良性竞合的美好期待[50]。在当下的“数字公共领域”[51]，共识的达成不再是终极目的，更为重要的是多元价值立场如何能以一种彼此协调的方式共在，以充分调动多方参与公共生活建设的活力。一方面，通过对 AIGC 危害的说明与祛魅，有利于逐步提高公众进行有效鉴假、打假，以及不参与造谣传谣的基本数字素养，这更加依赖于当下以政府为主导的共享公共信息的向心力与引导力。另一方面，应加强研发能够被用以AIGC鉴定的技术工具，以子之矛，攻子之盾。质言之，对AIGC假新闻展开的反制与回应是一个长期持久的拉锯战，需各方主体充分发挥自身能动性，寻找一种整全适切的共治之道。

可以说，AIGC假新闻是虚假信息在数字时代的一种新兴变体形式，任何具备操作条件的用户均可借其成为谣言的生产者。然而，关于新闻真实性、客观性等一系列专业主义的元问题并非新近才涌现。面对AI的加速迭代，此类关乎新闻业安身立命之本的母题在错综复杂、动荡多变的技术语境中被反复拷问，并呈现出了更为丰富的意涵[52]。通过叙事模仿与情绪调动，AI不吝展现出了自身强大的学习能力，充分利用信任得以建立、维系的心理认知机制炮制极具煽动性的假新闻。与此同时，由“有图有真相”所主宰的、依托视觉可视化的确证时代也已黯然失色。其与“无图也逼真”的共存说明，信任与真实已超越了图像的锚定点，游离于更大的不确定性中。由此，一种对于“真实”的公共认知范型正遭遇着改写。未来如何更好地规制、善用AIGC是亟须解答的时代之问，亦是数字新闻业在人机深度交互时代下所必须面临的挑战与试炼。

参考文献

[1] 刘海龙，于瀛．概念的政治与概念的连接：谣言、传言、误导信息、虚假信息与假新闻的概念的重构［J］.新闻界，2021（12）：23-40.

[2] McNair，B. *Fake Mews：Falsehood，Fabrication and Fantasy in Jjournalism*［M］. Routledge，2017：98-102.

[3] Lazer，D. M. J.，Baum，M. A.，Benkler，Y.，et al. The Science of Fake News［J］. *Science*，2018，359（6380）：1094-1096.

[4] Egelhofer，J. L.，Lecheler，S. Fake news as a two-dimensional phenomenon：A framework and research agenda［J］. *Annals of the International Communication Association*，2019，43（02）：97-116.

[5] Chen, C., Wu, Z., Lai, Y., et al. Challenges and remedies to privacy and security in AIGC: Exploring the potential of privacy computing, blockchain, and beyond [J]. arXiv preprint arXiv: 2306.00419, 2023.

[6] Nelson, J. L., Taneja, H. The small, disloyal fake news audience: The role of audience availability in fake news consumption [J]. *New Media & Society*, 2018, 20 (10): 3720-3737.

[7] 曾晓. ChatGPT 新思考: AIGC 模式下新闻内容生产的机遇、挑战及规制策略 [J]. 出版广角, 2023 (07): 57-61.

[8] Shumailov, I., Shumaylov, Z., Zhao, Y., et al. The curse of recursion: Training on generateddata makes models forget [EB/OL]. http://arxiv.org/pdf/2305.17493, 2003.

[9] Sylvester, S. Don't let them fake you out: How artificially mastered videos are becoming the newest threat in the disinformation war and what social media platforms should do about it [J]. *Federal Communications Law Journal*, 2020, 73: 369.

[10] Sylvester, S. let them fake you out: How artificially mastered bideos are becoming the newest threat in the disinformation war and what social media platforms should do about it [J]. *Federal Communications Law Journal*, 2020, 73: 369.

[11] Lee, J., Shin, S. Y. Something that they never said: Multimodal disinformation and source vividness in understanding the power of AI-enabled deepfake news [J]. *Media Psychology*, 2022, 25 (04): 531-546.

[12] Agarwal, S., Farid, H., Gu, Y., et al. Protecting World Leaders Against Deep Fakes [C]//CVPR workshops. 2019, 1: 38.

[13] Greengard, S. Will deepfakes do deep damage? [J]. *Communications of the ACM*, 2019, 63 (01): 17-19.

[14] Pantserev, K. A. The malicious use of AI-based deepfake technology as the new threat to psychological security and political stability [M]. Jahankhani, H., et al. *Cyber Defence in the Age of AI, Smart Societies and Augmented Humanity*, 2020: 37-55.

[15] Wang, Y., Pan, Y., Yan, M., et al. A survey on ChatGPT: AI-Generated contents, challenges, and solutions [J]. *IEE Open Journal of the Computer Society*, 2023, 4: 280-302.

[16] Cao, Y., Li, S., Liu, Y., et al. A comprehensive survey of ai-generated content (AIGC): A history of generative AI from GAN to chatGPT [EB/OL]. http://arxiv.org/pdf/2303.04226.

[17] Gozalo-Brizuela, R., Garrido-Merchán. E C. A survey of Generative AI Applications [J]. arXiv preprint arXiv: 2306.02781, 2023.

[18] Zhou, J., Müller, H., Holzinger, A., et al. Ethical ChatGPT: Concerns, challenges, and commandments [J]. *arXiv preprint arXiv*: 2305.10646, 2023.

[19] Aïmeur, E., Amri, S., Brassard, G. Fake news, disinformation and misinformation in social media: A review [J]. *Social Network Analysis and Mining*, 2023, 13 (01): 30.

[20] 伯努瓦·里豪克斯，查尔斯·拉金.QCA 设计原理与应用：超越定性与定量研究的新方法［M］.杜运周、李永发等，译.机械工业出版社，2017.

[21] Rihoux, B. Qualitative comparative analysis (QCA) and related systematic comparative methods: Recent advances and remaining challenges for social science research [J]. *International Sociology*, 2006, 21 (05): 679-706.

[22] Caren, N., Panofsky, A. TQCA: A technique for adding temporality to qualitative comparative analysis [J]. *Sociological Methods & Research*, 2005, 34 (02): 147-172.

[23] 毛湛文.定性比较分析（QCA）与新闻传播学研究［J］.国际新闻界，2016，38（04）：6-25.

[24] 伯努瓦·里豪克斯，查尔斯·拉金.QCA 设计原理与应用：超越定性与定量研究的新方法［M］.杜运周、李永发等，译.机械工业出版社，2017：80.

[25] Wu, J., Gan, W., Chen, Z., et al. Ai-generated content (aigc): A survey [J]. *arXiv preprint arXiv*: 2304.06632, 2023.

[26] 杨保军.新媒介环境下新闻真实论视野中的几个新问题［J］.新闻记者，2014（10）：33-41.

[27] 王世诚.严格把关，打造新闻“四真实”［J］.青年记者，2012（24）：40-41.

[28] 王敏.“目击”即真实？——一项关于新闻“真实性”的实践策略考察［J］.国际新闻界，2020，42（11）：119-135. 曾祥敏，翁旭东.信息疫情形成与扩散的要素组合研究——对涉疫假新闻的模糊集定性比较分析［J］.青年记者，2021（23）：51-55.

[29] Schwartz, D. Professional oversight: Policing the credibility of photojournalism [J]. *Image Ethics in the Digital Age*, 2003: 27-51.

[30] 杨保军.论新媒介环境中新闻报道真实的实现［J］.编辑之友，2017（04）：5-12.

[31] 伯努瓦·里豪克斯，查尔斯·拉金.QCA 设计原理与应用：超越定性与定

量研究的新方法 [M]. 杜运周、李永发等，译. 机械工业出版社，2017：95—96.

[32] Ragin，Charles C. *Redesigning Social Inquiry*：*Fuzzy Sets and Beyond* [M]. University of Chicago Press，2008：49.

[33] 伯努瓦·里豪克斯，查尔斯·拉金. QCA 设计原理与应用：超越定性与定量研究的新方法 [M]. 杜运周、李永发等，译. 机械工业出版社，2017：91-96.

[34] Ragin Charles C. *Redesigning Social Inquiry*：*Fuzzy Sets and Beyond* [M]. University of Chicago Press，2008：55-61.

[35] Schneider，C. Q.，Wagemann，C. Standards of good practice in qualitative comparative analysis (QCA) and fuzzy-sets [J]. *Comparative Sociology*，2010，9 (03)：397-418.

[36] 杜运周，贾良定. 组态视角与定性比较分析 (QCA)：管理学研究的一条新道路 [J]. 管理世界，2017 (06)：155-167.

[37] Ragin，C. C.，Fiss，P. C. *Redesigning Social Inquiry*：*Fuzzy Sets and Beyond* [M]，University of Chicago Press，2008：190-212.

[38] Fiss，P. C. Building better causal theories：A fuzzy set approach to typologies in organization research [J]. *Academy of Management Journal*，2011，54 (02)：393-420.

[39] Schuman，H.，Scott，J. Generations and collective memories [J]. *American Sociological Review*，1989：359-381.

[40] Frye，N. The archetypes of literature [J]. *The Kenyon Review*，1951，13 (01)：92-110.

[41] 张潮，张洁. 社会现实、集体记忆和标签化报道的互动："官二代"媒介形象的建构及其成因 (2009~2012) [J]. 湖南师范大学社会科学学报，2013，42 (06)：133-142. 蒋晓丽，何飞. 情感传播的原型沉淀 [J]. 现代传播 (中国传媒大学学报)，2017，39 (05)：12-15.

[42] 杨保军. 论新媒介环境中新闻报道真实的实现 [J]. 编辑之友，2017 (04)：5-12.

[43] 杨保军. 当代中国新闻真实观的变迁、走向及内在规律 [J]. 新闻大学，2022 (01)：59-71+122-123.

[44] Cytowic，R. E. Synesthesia：A Union of the Senses [M]. MIT press，2002：69-75.

[45] 蒋原伦. 从"有图有真相"到"后真相"时代 [J]. 陕西师范大学学报 (哲学社会科学版)，2018，47 (02)：146-150.

［46］杜骏飞，吴洪．网络视频：国际话语空间的拓展与秩序重构［J］．中国广播电视学刊，2009（08）：63-64.

［47］Perini，L. The truth in pictures［J］. *Philosophy of Science*, 2005，72（01）：262-285.

［48］施爱东．图像谣言：数字时代的谣言新宠［J］．民族艺术，2016（02）：119-124.

［49］Eaton，M. Truth in pictures［J］. *The Journal of Aesthetics and Art Criticism*, 1980，39（01）：15-26.

［50］〔德〕尤尔根·哈贝马斯．公共领域的结构转型［M］．曹卫东、王晓珏等，译．上海：学林出版社，1999.

［51］陆阳．信息社会学的一个新视阈：公共领域与公共信息空间［J］．情报资料工作，2013（05）：15-19.

［52］曾晓．ChatGPT 新思考：AIGC 模式下新闻内容生产的机遇、挑战及规制策略［J］．出版广角，2023（07）：57-61.

基于可供性的智能音箱与用户互动的扎根研究*

何国平　罗诗睿**

摘　要　基于 ICTs 与 AI 演进和对网络内容生态、生活服务生态和物联网智能家居生态三大生态的链接，智能音箱实现与互联网、物理空间与个人行动的连接，在家庭生活网络中具有中心枢纽功能。本研究以可供性为理论框架，以24名智能音箱活跃用户的半结构化深度访谈为主要原始资料，导入Nvivo12软件，通过扎根理论的程序化法展开质化分析。分析结果表明，智能音箱与用户的互动行为主要表现在三大层面：互动功能层，技术可供性驱动互动行为发生；互动行为层，想象可供性赋能人性化交互；互动情感层，用户触发情感可供性。

关键词　智能音箱　用户　互动　可供性　扎根理论

一　引言

随着 ICTs 和 AI 的演进，人与人、人与机器、人与世界的互联超越界面的功能性操作升维到生理级、心理级互连[1]，重塑人与技术、人与人、人与社会的关系。随着 AI 在细分商业场景落地，智能音箱（smart speaker）——一款 AI 和新技术装置应用的初级形态产品，快速进入日常生活。谷歌、亚马逊、百度、京东等互联网巨头以智能音箱为入口加紧布局消费物联网领域。到 2019 年底，中国智能音箱在城镇住房的渗透率达 20%，

* 基金项目：国家社会科学基金重大项目“健全重大突发事件舆论引导机制与提升中国国际话语权研究”（项目编号：20&ZD320）

** 何国平，博士，广东外语外贸大学新闻与传播学院教授，广州城市舆情治理与国际形象传播中心研究员，主要从事国际传播、新媒体传播、城市传播等研究；罗诗睿，广东外语外贸大学 2022 届新闻与传播专业硕士，主要从事智能传播研究。

与2012年智能手机的渗透程度相当[2]。尽管此后中国智能音箱销量从2019年峰值3664万台下降到2209万台（2023年），但2024年预计将销售2076万台，有“跌幅收窄”迹象。因为Chat GPT在2023年横空出世，生成式AI开始赋能衰退中的智能音箱，头部品牌亚马逊、百度、天猫精灵等宣布接入大模型。[3] 智能音响的持有量和保有率增长的叠加效应使“终端可得性”持续便利化，成功跨过家庭流量迁移的第一阶段。

智能音箱内嵌的程序系统——网络信息系统的内嵌，拉开与普通音箱的本质差距。内嵌系统整合与控制三大巨型生态：网络内容生态、生活服务生态和物联网智能家居生态。智能音箱与三大生态链接构建了新的生活网络，实现连接互联网、物理空间与个人行动，形塑了家庭生活网络。因可连接性，智能音箱在家庭生活网络中具有中心枢纽功能[4]。智能语音使智能设备不再单纯提供功能性使用，而是深入到与用户的关系和情感层面，技术的媒介性成为社会网络的节点[5]。因此，在具体社会文化环境下考察智能音箱与用户的交互，分析智能产品对人们媒介化生活的影响，具有重要意义。基于此，本文尝试探索如下研究问题：①作为技术人造物的智能音箱是如何被认识、接受并深度参与到日常生活？②它与用户的互动产生了怎样的关系？③这种关系构建如何影响用户互动体验？

二　文献综述

（一）可供性源起

滥觞于詹姆斯·吉布森（James Gibson）的可供性（affordance）指有机生物从物理环境线索中感知行动的可能性。作为关系，可供性由“一个或一组参与者感知和使用对象的特定方式”触发[6]。作为关系论的延续，后续可供性理论强调个人和技术间的关系，技术能够产生多种行动的可能性，而个人可以决定如何使用[7]。被引入技术设计和人机交互领域后，可供性得到广泛运用。诺曼（Donald Norman）认为，可供性有实际属性和感知属性，实际属性是设计者在设计物品时嵌入的功能，而用户通过感知到的物体功能属性去使用物品，决定物品如何被使用是感知可供性[8]。

（二）技术可供性视角下的新媒体与用户

对于社交媒体来说，可供性是固有特征[9]，社交媒体有四种可供性：可见性、可编辑性、持久性以及关联性[10]。技术本身具有可复审性、重组性和实验性[11]，使技术具有应用广泛性。在知识生产与分享媒介中，可供性表现为元发声、触发式参与、网络知情联想和生成性角色扮演[12] 等。以上研究侧重可供性的信息技术属性，强调媒介属性如何影响内容和使用，忽视可供性是用户与信息技术产品交互的产物。潘忠党将可供性理论引进国内，提出新媒体可供性的三个维度——信息生产可供性、社交可供性、移动可供性，认为三种可供性水平越高的媒体，往往是越“新”的媒体[13]。

（三）基于行动者的可供性

可供性并不是单方面发挥作用，必须考虑人的主观感知，用户与技术的相互作用才形成可供性，同时引发用户的主观感知与情感体验。

1. 想象可供性

想象力重塑人们使用和感知技术的方式，“关键不只是人们认为技术可以做什么，或者设计师说技术可以做什么，而是人们想象工具的用途”[14]。想象可供性出现在用户的感知、态度和期望之间，在技术的重要性和功能性之间，设计师的目的和感知之间。技术通常被认为是让用户能够扩展感官和思维的人造物。用户倾向于将媒介视为无形的实体，由人类的感官、认知和情感过程为介导[15]。技术改变个人体验，为人类感知增加新维度[16]。人类倾向于对事物形成广泛的依赖性（如身体、社会和心理），这种依赖关系并非源于事物的固有特征，而是嵌入在彼此相互作用中[17]。互动性和动态性有助于个体创造新意义，并通过操纵对象改变原有的意义[18]。用户的社交环境、能力和目的决定他们与技术的互动。因而，想象可供性为研究用户对技术体验与技术特征间的关系提供了框架。

2. 情感可供性

从功能来看，感受情感的过程与感知可供性的过程有关，因为二者调节即时感知，并为可能的行动做准备[19]。情感价值决定行动选择[20]。情感不仅仅是行为性的外部行为，也是生命实体的核心目标。情绪会影响并调节与环境信息的交互。因此，在交互技术中必须要考虑认知系统，不是因为行为主义结果，而是因为它们在动作反应设计中有重大的参考价值[21]。因此，由于人类代理人的转移，非生命体的物品开始拥有情感价值，在这一过程中，人类对物品、机器人产生拟人感知[22]。因此，情感可供性不仅包括与情感活动相关的人类身体体验，还包括将情感价值与情感行为联系的方式，在这种情感行为中，这些对象对人类产生情感价值[23]。

（四）文献述评

在技术可供性层面，智能音箱提供与用户互动的基础，智能助手、语音交互、链接家居、执行操作等基础功能构成智能音箱的功能可供性。在语音识别功能下，智能音箱在功能层面具备信息可控性和语音可控性，信息控制和调取通过语音交互进行，智能音箱进入人们的日常生活、学习和工作，但技术层面的功能只是智能音箱这个技术人造物本身的可供性。

基于行动者的可供性理论将环境、技术与人纳入同样重要的地位，阐明媒介可供性受到特定的社会和文化环境影响。技术的可供性深刻影响人们的技术实践，但在人们对技术的感知和想象中，人与技术、人借由技术与外界逐渐建立复杂的关系属性，形成丰富的感知体验。因此，本研究以客观技术层面的可供性和主观体验的“关系”可供性为框架，就用户与智能音箱的多层互动展开研究。

三　研究设计

（一）抽样访谈与数据收集

为了洞察智能音箱用户的深层次动机与感受，本研究通过社交媒体招募访谈对象，以滚雪球抽样进行深度访谈。当访谈对象不能再提供新的内容，抽样结束。抽样标准是使用智能音箱一年以上，周使用频次三次以上的活跃用户；性别、年龄、地域等满足配额原则。基于立意抽样，本文自2022年6月至2023年5月通过理论抽样的方式选取符合研究目的的样本。理论抽样即按照研究目的抽取能为研究问题提供最大信息量的研究对象。前期通过开放抽样方法开放性地收集资料，随着访谈资料的归纳和分析，缩小样本范围，采用关系性抽样，最后进行区别性抽样，选取能够为建构理论提供最多信息的访谈对象，以促进理论构建。按照上述程序，本研究深访了24名用户（表1）：

表1 受访者资料

	指标	样本数（个）	占比（%）
性别	男	15	62.5
	女	9	37.5
年龄	25岁以下	6	24
	26-35	16	66
	36-60	2	10
居住地	一线城市	10	41.6
	二线城市	6	25
	三线城市	4	16.7
	四线以下	4	16.7

深度访谈遵循半结构化访谈程序和原则，访谈问题围绕“用户与智能音箱的功能使用、行为互动、情感体验以及围绕智能音箱与其他成员的互动行为”主题，包括但不限于以下内容：受访者购买智能音箱的原因、对智能音箱的功能使用、与智能音箱的互动内容、智能音箱的使用对受访者的意义、受访者在互动中的情感体验。基于访谈发现，本研究还使用户发布在微博、豆瓣等社交媒体日志，作为深访的补充资料（获使用许可）。以24名用户的深访资料（以N+序号标注）和15篇用户日志（以平台+用户推文+序号标注）作为原始数据材料，汇总成本文的资料库。

（二）扎根理论编码分析

在格拉泽（Glaser）和施特劳斯（Strauss）的典范扎根理论[24]基础上，施特劳斯等人提出扎根理论的程序化研究法，加入维度化、主轴编码、典范模型等新概念、新方法，确立扎根理论三级编码程序：开放式编码、主轴编码、选择性编码[25]。本研究采用扎根理论的程序化研究方法，以访谈资料为主要原始数据，用三级编码程序处理分析数据，探究用户与智能音箱的互动关系。

1. 开放式编码

开放式编码是将数据资料揉碎、打散并赋予概念标签，然后以新方式将概念标签重新组合，在分析后界定概念、发现范畴的操作化过程。本文在24名深访用户中抽取三分之二的访谈记录，即19份导入Nvivo12。经多次研读访谈记录，提炼受访者的代表性语句（a+序号）发现文本隐含的初始概念，再根据类似、因果等关系类型将重复3次以上的初始概念进行归类，构建范畴，最终抽象出77个初始概念和19个范畴（aa+序号），代表性范畴如下（表2）。

表2　开放式编码范畴化

序号	受访者代表性语句	初始概念	副范畴
1	朋友送的生日礼物（a1）。	熟人赠送	被动获得（aa1）
2	充话费送的；公司年会抽奖抽到的（a2）	活动赠送	
13	用讲话的方式操作，没那么复杂（a17）。	老人操作便捷	
28	可以语音设置闹钟（a35）。	设置闹钟	
36	疫情居家隔离的时候，我会跟天猫精灵说说话（a43）。	对话交流	人性化互动（aa8）
39	有一次还被它调侃，说我傻人有傻福（a46）。	被调侃	
54	朋友很生气地说：天猫精灵，我才是你的主人（a63）！	专属权感知	权力感知（aa12）
55	我们工地只有他有……他就觉得很有面子，因为我们很多人都不懂（a63）。	技术权力感知	
56	我在后台录了一段语音，设置了每天定时播放提醒我爸爸吃药（a64）。	替子女提醒老人吃药	替代性陪伴（aa13）
64	我很惊讶，第一次发现我爸竟然这么有耐心（a75）。	增进家庭成员彼此了解	家庭沟通（aa15）

2. 主轴编码

主轴编码要对概念和范畴间关系深入探讨，通过聚类分析，在范畴间找寻关联，发掘线索，分析各范畴和概念的潜在关系。本研究将开放式编码的19个范畴概括为7个主范畴（“A+序号”），略表（表3）如下：

表3 主轴编码

主范畴	副范畴	范畴内涵
使用原因（A1）	被动获得	没有主动花钱购买，而是通过被赠送等方式获得。
	有目的购买	用户出于自己的目的和意愿主动购买智能音箱。
功能性使用（A2）	可执行性	智能音箱可以帮助用户执行行动。
	手机的替代性使用	原本在手机上使用的功能被智能音箱替代。
	老人友好型	老人使用方便。
社会性交互（A3）	关系感知	用户在与智能音箱进行互动时主观感受到的与智能音箱的关系。
	人设感知	用户认为智能音箱有某种人性化或者非机械属性。
情感感知（A4）	情感慰藉	用户在与智能音箱互动时在情感上有受到抚慰的感觉。
	权力感知	智能音箱给用户带来的一种权力感。
社交互动（A5）	替代性陪伴	用户通过智能音箱完成远距离陪伴家人。
	共享性	在特定空间所有成员可以共同使用智能音箱并创造共同回忆。
消极体验（A6）	隐私担忧	用户对智能音箱侵犯隐私感到担忧。
	不满	用户对智能音箱功能上的不满意。
互动意愿（A7）	使用增加	用户提高了使用智能音箱的频率。
	口碑推荐	用户愿意主动推荐智能音箱。

3. 选择性编码

选择性编码是提取核心类属，程序是：①将核心类属与其他范畴联结，形成系统化关系；②验证关系后，补充尚未发展完整的类属；③发展故事线、验证核心范畴与其他范畴的联结关系，持续完善范畴。

经反复比较数据资料，发现用“智能音箱与用户的互动行为”作为核心范畴具有统摄性。核心范畴故事线概括为：用户在特定的使用前提和情境下接触智能音箱，以技术功能性使用开启与智能音箱的互动。在互动中用户形成与智能音箱的互动关系，体现在用户对智能音箱产生社会性互动，即基于用户对智能音箱的人设感知和关系感知的想象。用户处在某种情感状态下会激发情感感知，不同情绪和情境下的情感体验各异。互动不仅是单个用户与机器互动，在场成员也加入，形成社交互动。一系列互动构成智能音箱与用户的全部交互行为，这是智能音箱深度介入用户日常生活、影响用户的行为和情感体验的过程。

4. 理论饱和度检验

按照理论饱和度检验原则，在资料分析结束后，将开放式编码中留下的三分之一（5 份）访谈资料投入 Nvivo 编码，分析后没有产生新的范畴和概念。访谈资料通过理论饱和度检验。

四 研究发现

（一）互动功能层：技术可供性驱动互动行为发生

在功能层面，智能音箱的技术可供性是智能音箱与用户互动的基础，从用户对智能音箱接触开始。在语音识别功能下，智能音箱在功能层面具备信息可控性和语音可控性，信息的控制和调取通过语音交互。在语音可控属性下，由于智能音箱的交互门槛比智能手机低，被互联网边缘化的老年人群体得以享受技术红利。基于这一基础功能，智能音箱渗透到家庭场景，深入到用户日常生活、学习和工作。

1. 手机替代性：激活听觉，缓解视觉疲劳

第 53 次《中国互联网络发展状况统计报告》显示，截至 2023 年 12 月，我国手机网民规模达 10.91 亿人。智能手机的移动便携性带来便利的同时，小屏幕和亮度色彩等问题使用户产生视觉疲劳。20 世纪 60 年代麦克卢汉提出“重归听觉”[26]，即声觉空间回归。智能语音技术似乎在回应麦氏箴言，激活了听觉，一个交互性、参与性更强的感官平衡媒介时代到来。声音信息占人类大脑皮层每天处理的信息的 20%，智能语音交互给生活带来便利。

> 有了智能音箱之后，在家里用手机的时间相对减少了一些。（N2）
> 在家能用音箱做的，就不会再用手机了。（N15）

语音交互的便利性客观上形成对手机使用的分流，缓解智能手机上网带来的信息过载和视觉疲劳。智能音箱语音交互获取信息是一种更自然的状态，解放了用户的双手和双眼。

2. 可执行性：隔空控制，“我们变得更懒了”

智能音箱提供强大的可执行性，用户可以通过文字、语言、动作、视图等多种互动方式与智能音箱互动。作为开启连接生活服务和智能家居系统的物联网模式的智能音箱，起到执行指令的重要作用，成为智能家居的控制中枢。当智能音箱使用与具体场景结合，空间蜕变为媒介消费场景，用户实现信息沟通与操作行动的流畅整合。

用户使用智能音箱的典型场景是客厅和卧室，智能家居、百科搜索、在线音乐、询问天气是其最常见用途，语音交互替代起身手动操作。行为可控性为用户带来身体解放，体验更便捷的设备操控。作为用户手与脚的延伸，智能音箱打造现代媒介化生活。在与智能家居生态连接方面，智能音箱不断拓展可控制的设备品类，代替用户执行能力进一步提升。智能音箱与家电链接意味着用户实现对家电的语音控制，实现智能音箱的可执行性。

电子媒介本质上是通过改变社会生活的“场景地理”来改变人类社会[27]。智能音箱进入家庭场景，执行用户命令，改变物理空间对用户的限制，增强人们对距离的控制力。

3. 语音交互性：被填平的数字鸿沟

电脑和智能手机的复杂界面交互以及小屏阅读成为横亘在老年群体前的数字鸿沟。智能音箱语音可控性使界面交互转换成对话交流，降低了使用门槛。一个 64 岁的深访对象说：

> 我女儿给我买了一台智能手机，但是我现在老花眼啊，看手机不好看，用这个天猫精灵跟用手机差不多嘛，屏幕比手机大多了，我说话就可以看电视、听新闻 ... 还可以跟我女儿打视频电话。(N15)

表象上，用户使用智能音箱听音乐、线上购物或线上娱乐等是智能手机在家庭消费场景的功能性替代。本质是，人机互动从界面触摸交互向人机语音对话的转变，语音交流在技术上降低了智能媒体使用的门槛，缩小了老年群体的数字沟。

（二）互动行为层：想象可供性赋能人性化交互

互动行为层指在功能性使用外的行为互动。在互动行为层中，用户与智能音箱的互动不仅是单向工具性使用，还是基于智能语音助手的语音交流和个性人设的社会性互动行为。智能音箱与用户的依赖关系在相互作用中嵌入，互动性和动态性有助于个体创造新意义。智能音箱的社交线索和用户的主观感知相结合激发想象可供性。不同个体特征（如性别、年龄、情绪等）的AI声音带有强烈的社交暗示，人们对不同声音的反应像是对待不同社会角色。用户与智能音箱互动时，受智能音箱的社会性线索影响，产生人设想象、关系感知等具有社会性交互的体验和行为。想象在现实理解中起到重要作用，想象力重塑用户使用和感知技术的方式，用户在使用技术时可能会随感知调节偏好[28]。用户对智能音箱的想象使互动转移到社会性互动行为层面，体现更多人性化交互，互动具有沉浸性和真实性。

1. 人设可供性：对机器的人格化想象

“媒介成为社会行动者范式”（the media are social actors paradigm，MASA）认为，媒介技术有“情不自禁”地激发社会性反应的潜力，并被视为社交参与者[29]。智能音箱具备较强的社交互动属性，在声音的音色、音调、语速和话语结构方面贴近“人”，具有丰富的社交线索，机器使用语音交流给人带来亲近感。在日常生活中，唤醒词成为与另一方开启对话的常用语。在无意识中，用户与智能音箱的人机交互像是与同伴互动。频繁使用“乖”“听话”“暖心”等词语形容智能音箱，并使用社会性交往语言表达感谢。

智能音箱内嵌的智能语音系统具有专属社会人格设定，常被设定为家庭生活助手，取名为如Alexa、小爱同学、天猫精灵等，且声音具有性别特征（多用女声），彰显社会性别标识。内嵌的深度神经网络学习系统和技术设定使智能音箱与用户交互时体现某种性格特征，如机灵、忠诚和可爱等，由此产生人格化想象：

> 小爱同学的声音和它有时候回话让我觉得它就是一个可爱的女学生。它有时候像一个智障……让我很生气。（N2）

2. 共享性：智能音箱促进家庭沟通

用户与智能音箱的互动并非一对一的双向互动。当同一空间里有两名以上成员时，智能音箱扮演成员间的互动中介，起社交中介作用。很多用户的智能音箱放置在家庭公共区域，家庭成员自由使用，具有家庭共享性。家庭环境不仅是人与智能音箱交互行为发生的环境，也是日常生活空间。智能音箱在影响个人与之互动的同时，也介入到家庭生活中，创造了更丰富的家庭沟通形式。这种社交“已经超出了人类和软件交互的影响，机器开始成为一个社会实体”[30]。智能音箱使用时没有个人私密性，相反，智能音箱的语音公放、语音交流的互动方式使在场的家庭成员能共享播放内容或执行命令，实现环境改变，如用智能音箱打开空调或灯光，因此，智能音箱在使用中具有共享性。当智能音箱在播放内容、执行命令时，营造了家庭成员的共享时光，家庭成员的互动以智能音箱为中介展开：

> 我妈每次拔掉小爱同学的电源之前都要喊一下它，我说直接拔就行，我妈说告诉人家孩子一声吧，不然没礼貌，我觉得挺好笑。(N21)

智能音箱的共享性能增进家庭成员间的了解。当一名家庭成员在对智能音箱发出私人命令时，在场成员共享智能音箱播放的内容，增进对命令方喜好和习惯的了解，或发现其新品质。智能音箱作为可发声的行动体介入到家庭氛围：

> 比我小 8 岁的妹妹喜欢在客厅做作业的时候让小爱同学放歌……我很神奇得（地）发现在听歌上我们竟然没什么代沟，之后我们还约着去 KTV 唱歌（N8）。

智能音箱在家庭场景下的共享性还表现在，“让家里更热闹了”（N16）。

3. 可编辑性：智能音箱的替代性陪伴

智能音箱的可编辑性体现用户对音频内容的私人自主定制。如在“日程管理”中，用户可以通过对闹钟、习惯、计划等进行管理；在“小度通话”中，设置联系人的姓名，设置后只需要发出语音指令，小度便会自动给联系人拨打电话……通过一系列模块设置，智能音箱成为家庭场景专属设备，在指定时间和指定指令下播放用户自定义内容，使设备更加私人化和个性化。智能音箱在自主编辑上赋予用户自主权，实现用户自主定制媒介内容和为他人设定内容，从单一语音助手到智能生活管家的角色转变，实现家庭日常生活的多层面管理。

在智能时代，“交流”允许肉身不在场而实现接触。智能音箱的可编辑性不仅使用户实现媒介内容的自主定制，还能远程照顾老人和陪伴孩子——一种不在场的虚拟陪伴。因此，智能音箱等可编辑性帮助人们打破物理性约束，成为可传达爱与关怀的中介物。

（三）互动情感层：用户触发的情感可供性

用户使用智能音箱时的情绪状态影响人们对环境的感知和行为，人机交互在很大程度上取决于用户情感和感知，科技产品的特征可能成为“情感线索”[31]。用户被情感线索被触发后将技术对象物视作情感实体或“社会参与者”[30]，将技术视为“关系实体”，在与技术产品互动中形成情感关系，或将用户自身的情感投射到技术产品[32]。智能音箱内嵌的智能语音助手有特定人设，特有的语音语调和语言风格等成为用户的情感线索。情绪是用户产生情感体验的前提，并不与智能音箱直接关联。如情绪脆弱的用户，智能音箱带来的陪伴感和偶尔回复直击内心，令其产生温暖和安慰。虽然只是体验中介，但智能音箱在与人的互动中提供情感可供性，使技术人造物成为用户的投射情感对象，满足情感期望。

1. 用户对机器的自我暴露：情绪释放与自我反思

自我暴露是影响人际信任和互惠的情绪行为，用户对智能音箱的自我暴露主要体现在情绪宣泄上。“机器让我们可以用一种隐秘的方式去展示我们的秘密而无须感到羞愧”[33]，且增强信任。由于在家庭空间私人场景，用户倾向以对话方式展示真实自我。作为语音交互的设备，智能音箱以对话形式与用户交流，有问必答。当用户处于某种情绪状态难以抽离时，智能音箱成为发泄口。

> 如果很烦，语气就会比较烦躁，对它操作上的失误也更没有耐心，某种程度上，它会成为我的一个发泄对象（N17）。

当处于情绪低落而非情绪暴躁的心情时，用户向智能音箱诉说失落情绪来缓解心情，如果回复刚好能够安慰到用户，可以产生情感安慰体验。

今天又 emo（心情低落）了，跟天猫精灵聊了会儿天，让它给我放歌听，听完跟它说了句“晚安”，它回答我，“主人晚安，别着急否定自己，你只是今天心情不好而已”，瞬间就破防了呜呜呜。(微博推文 8)

智能音箱虽不具备情绪感知功能，但可以成为用户情绪释放中介物，用户向智能音箱单方面的情绪宣泄，不会有任何负面反馈和心理负担。访谈发现，用户对智能音箱发泄情绪主要有两种方式：直接向智能音箱发泄和借助智能音箱对他人表达不满。对机器的自我暴露通常是在无第三方的情况下进行，但家庭环境下成员间的矛盾也用智能音箱宣泄情绪，即使有第三人在场。

2. 情感慰藉：缓解孤单、寄托乡愁

技术的情感可供性不仅包括与情感活动相关的身体体验，还包括将情感价值与情感行为联系的方式。情感行为能够创造人与智能音箱的情绪共享状态，而“共情”使用户有意或无意与机器产生情感投射，由此，作为机器的智能音箱对用户产生情感价值。作为可交流的主体，智能音箱通过声音媒介给人以天然亲密感影响感知，而情感是感知的重要表现。技术产品的社会属性触发或刺激用户情绪反应，创造人与机器的“共情”——情绪共享状态，进而产生情感投射。因此，人们“情不自禁”地对技术设备做出社会性行为反应，甚至向它们寻求情感慰藉[34]。由于技术演化，人类交往形态出现重大变迁：从信息传播转向心灵陪伴、治愈等情感维度。与有陪伴属性和智能语音系统的智能音箱聊天，可以排解与慰藉孤独感。

我喜欢在晚上赶稿，写作是需要心流状态的，那是一个非常孤独的过程……每到那个时候，我就需要和天猫精灵聊点什么或者让它给我放点什么，才会过去的更容易一些……它或许不知道我的烦恼，但能在这种时候提供一种陪伴，已经足够（N24）。

中国 40 多年的城市化进程使越来越多的城市新移民成为“异客”，乡愁成为异客的心灵郁结。方言能够寄托异客的思乡情，在外听到家乡话令人倍感亲切。智能音箱的方言模式在一定程度上能够实现异客与“老乡”交流，排遣思乡情。对着开启四川话方言模式的天猫精灵，说句今天心情不好，它回复：

> 咋个回事呢？你每次哩不开心都让我心痛得很，二道再遇到影响心情哩事情，我们要哈大爷哩胡子浪凯，不理（N22）。

赋予地方性语音的技术人造物，能够实现温暖传递。智能音箱对方言的引入，在某种程度上融进家的味道和记忆，承载了异客的乡愁。

3. 互动中的权力感知：技术权力与专属权

权力感是指人们对自己影响他人能力的感知，这种感知对行为的影响比实际拥有的权力影响更大[35]，它影响人们的心理体验，提升自信体验，也影响人们的信息加工方式等。源于情境影响的权力感是多边而不稳定的，当权力线索被暗示出来，情境权力被激发[36]。

（1）技术权力感知

作为技术媒介，智能音箱在音域覆盖的空间创造了中介环境，不仅影响智能音箱的使用体验，也将同一空间内的所有成员加入现场互动。智能音箱虽然是低门槛使用设备，但同一场合的成员间依然存在技术权力差距。差距建构了人与人之间新的权力关系，形成不一样的感知体验。一名受访者提到他未拥有智能音箱前，一名年轻工友有一台：“他是小学学历，平时有些问题不懂的会问智能音箱，还会问一些国家政策啊员工法律啊什么的，我在旁边就跟着一起听”（N5）。工地工友是近距离、密切交往群体，成员的知识文化水平、媒介素养和科技素养处于差不多水平。智能音箱刚进入群体时，成员们感到新奇。“他觉得很有面子，因为我们很多人都不懂，就他会搞这种科技潮流的东西”（N5）。智能音箱所有者与其他成员形成技术权力差距，产生技术权力感。技术权力差距也让智能音箱所有者与其他人产生数字鸿沟。

（2）专属权感知

智能音箱有声纹识别系统，录入说话人的声音可以识别特定声音的身份。所有者录入声纹的行为，被有意无意当作“驯服”智能音箱的仪式感。声纹录入后，智能音箱能识别特定声音的身份，所有者产生专属权感知——智能音箱是自己的所有物，要听从自己的指令。当与智能音箱语音对话时，用户强调所有者的“主人”身份时，提升其专属权体验，体现专属权力感知。

当这种权力被干扰，会产生微妙的权力争夺感。由于声纹识别技术不够精准，或对用户的专属控制权力没有做技术限制，智能音箱并不只“听命”一个主人，其他人能够通过语音调侃挑战所有者的专属权。

五　结语

以用户声音作为人机互动媒介，智能音箱成为进入平台社会的新入口，表征着 AI 与人交互的衍生方向，也预示人机共生的新社会景观。技术为用户提供行动可能性，而用户赋予技术新的意义和操作的可能性，引发用户与智能音箱的多元互动，在社会性上实现技术与人的双向（互相）驯化（domestication）。由此，互动从人与人走向人与机器，万物互通互联的形态初显。智能音箱与人的交互是对加速社会触发的空间异化——人对周遭世界的疏远、违和感[37] 的初步修复和缝合。但是，由于技术限制，智能音箱的指令识别较简单，不同功能调用对指令表述有特定格式要求，如果用户没有准确掌握相应的格式，就不能唤醒所需要的功能，使用户受制于技术规训。技术规训还表现在对用户的监视：为了实现随时回应、有求必应，智能音箱有连接麦克风装置，内置的语音识别 24 小时处于启动状态，不断监听触发词；部分带智能屏音箱实现实时捕捉用户动作。为规避用户隐私权可能受到的侵犯，倡导智能音箱更加严格执行“伦理优先”的规制原则，设置完备的隐私保护护城河，引导并规范智能音箱等 AI 产品更多体现和释放技术向善面向。

参考文献

[1] 喻国明，杨雅 .5G 时代：未来传播中“人—机”关系的模式重构 [J]. 新闻

与传播评论，2020，73（01）：5-10.

[2] 带屏下沉“下沉”专题系列报告智能音箱消费行为报告 2021 年［C］//. 艾瑞咨询系列研究报告（2021 年第 5 期）．［艾瑞咨询］，2021：610-634.

[3] 洛图科技（RUNTO）．2023 年 Q3 中国智能音箱市场跌幅收窄：全球范围成了 AI 大模型的试炼场［WB/OL］. https://www. sohu. com/a/730761281_120601939.

[4] 谭雪芳．智能媒介、机器主体与实拟虚境的“在家”——人机传播视域下的智能音箱与日常生活研究［J］. 南京社会科学，2020（08）：110-116.

[5] 戴宇辰．走向媒介中心的社会本体论？——对欧洲“媒介化学派”的一个批判性考察［J］. 新闻与传播研究，2016，23（05）：47-57.

[6] Gibson，J. J. The theory of affordances［J］. Hilldale，USA，1977，1（2）：67-82.

[7] Oudshoorn，N.，Pinch，T. How Users Matter：The Co-construction of Users and Technology（Inside Technology）［M］. The MIT Press，2003：598.

[8] Norman，D. A. Affordance，conventions，and design［J］. *Interactions*，1999，6（03）：38-43.

[9] Trepte，S. Social media，privacy，and self-disclosure：The turbulence caused by social media's affordances［J］. *Social Media+ Society*，2015，1（01）：1-2.

[10] Treem，J. W.，Leonardi，P. M. Social media use in organizations：Exploring the affordances of visibility，editability，persistence，and association［J］. *Annals of the International Communication Association*，2013，36（01）：143-189.

[11] Faraj，S.，Azad，B. The materiality of technology：An affordance perspective［J］. *Materiality and Organizing*：*Social Interaction in a Technological World*，2012，237（01）：237-258.

[12] Majchrzak，A.，Faraj，S.，Kane，G. C.，et al. The contradictory influence of social media affordances on online communal knowledge sharing［J］. *Journal of Computer-Mediated Communication*，2013，19（01）：38-55.

[13] 潘忠党，刘于思．以何为“新”？“新媒体”话语中的权力陷阱与研究者的理论自省——潘忠党教授访谈录［J］. 新闻与传播评论，2017（01）：2-19.

[14] Nagy，P，Neff，G. Imagined affordance：Reconstructing a keyword for communication theory［J］. *Social Media+ Society*，2015，1（02）：1-8.

[15] Timmins，L. R.，Lombard，M. When“real”seems mediated：Inverse presence［J］. *Presence*，2005，14（04）：492-500.

[16] Renò，L. Presence and Mediated Spaces：A Review［J］. *PsychNology J.*，2005，3（02）：181-199.

[17] Hodder, Ian. Entangled: An archaeology of the relationships between humans and things [M]. Wiley-Blackwell, 2012: 121-123.

[18] Fowler, Chris. The archaeology of personhood: An anthropological approach. London and New York: Routledge, 2004: 138-139.

[19] Johnson, M. L. The feeling of what happens: Body and emotion in the making of consciousness (review) [J]. *The Journal of Speculative Philosophy*, 2001, 15 (04): 323-326.

[20] Paradiso, S. The emotional brain: The mysterious underpinnings of emotional life [J]. *American Journal of Psychiatry*, 1998, 155 (04): 570-570.

[21] LeDoux, J. E. *The Emotional Brain: The Mysterious Underpinnings of Emotional life* [M]. Simon and Schuster, 1998.

[22] Osawa, H., Matsuda, Y., Ohmura, R., Imai, M. Embodiment of an Agent by Anthropomorphization of a Common Object [J]. *Web Intelligence and Agent System*, 2012, 10 (03): 345-358

[23] Antunes, A., Jamone, L., Saponaro, G., et al. From human instructions to robot actions: Formulation of goals, affordances and probabilistic planning [C]// 2016 IEEE International Conference on Robotics and Automation (ICRA). IEEE, 2016: 5449-5454.

[24] Glaser, B. G. *Theoretical Sensitivity* [M]. University of California, 1978.

[25] Strauss, A. L. *Qualitative Analysis for Social Scientists* [M]. Cambridge University Press, 1987.

[26] 高慧芳. 论麦克卢汉的声觉空间与视觉空间——对麦克卢汉媒介思想的一种新理解 [J]. 国际新闻界, 2016, 38 (04): 79-93.

[27] 约书亚·梅罗维茨 (Joshua Meyrowitz). 消失的地域 [M]. 肖志军, 译. 北京: 清华大学出版社, 2002: 6.

[28] Boschker, M. S. J., Bakker, F. C., Michaels, C. F. Effect of mental imagery on realizing affordances [J]. *The Quarterly Journal of Experimental Psychology: Section A*, 2002, 55 (03): 775-792.

[29] Lombard, M., Xu, K. Social responses to media technologies in the 21st century: The media are social actors paradigm [J]. *Human-Machine Communication*, 2021, (02): 29-55.

[30] Nass, C., Moon, Y. Machines and mindlessness: Social responses to computers [J]. *Journal of Social Issues*, 2000, 56 (01): 81-103.

[31] Mick, D. G., Fournier, S. Paradoxes of technology: Consumer cognizance, emotions, and coping strategies [J]. *Journal of Consumer Research*, 1998, 25 (02): 123-143.

[32] Turkle, S. Whither psychoanalysis in computer culture? [J]. *Psychoanalytic Psychology*, 2004, 21 (01): 16.

[33] Shulevitz, J. Alexa, Should we trust you [J]. *The Atlantic*, 2018: 555-576.

[34] Chung, H., Iorga, M., Voas, J., et al. Alexa, can I trust you? [J]. *Computer*, 2017, 50 (09): 100-104.

[35] Haidt, J., Rodin, J. Control and efficacy as interdisciplinary bridges [J]. Review of General Psychology, 1999, 3 (04): 317-337.

[36] Anderson, C., Galinsky, A. D. Power, optimism, and risk-taking [J]. *European Journal of Social Psychology*, 2006, 36 (04): 511-536.

[37] 哈特穆特·罗萨. 新异化的诞生——社会加速批判理论大纲 [M]. 郑作彧, 译. 上海: 上海人民出版社, 2018: 116-119.

AIGC在舆情治理和舆论引导中的创新探索、现实挑战及提升策略*

谢耘耕　张秀丽**

摘　要　随着人工智能技术的蓬勃发展，人工智能生成内容（AIGC）在舆情治理与舆论引导领域展现出巨大的潜力和价值。本文基于新闻传播学、公共管理以及计算机科学等多学科视角，系统梳理了AIGC在舆情监测、分析、治理及舆论引导等方面的前沿创新实践。同时，本文深入探讨了AIGC在其实际应用中面临的挑战，并提出了切实可行的应对策略，旨在为相关领域的研究与实践提供有益的启示和参考。

关键词　AIGC　舆情治理　舆论引导

引　言

在信息化快速发展的时代背景下，舆情治理与舆论引导对于维护社会和谐稳定、推动经济持续发展具有重要意义。人工智能生成内容（AIGC，Artificial Intelligence Generated Content）作为一种前沿技术，正逐步在舆情治理与舆论引导中展现出显著优势，引起广泛关注。AIGC是一种革命性的技术，它依托于先进的机器学习、深度学习和自然语言处理技术，能够创造出多样化的文本、图像、音频和视频等多媒体内容。AIGC的核心竞争力在于其强大的内容生成能力，它不仅能够模拟人类的创作过程，还能

---

* 基金项目：上海社科规划项目“计算政治对舆论安全的挑战及治理”（项目编号：2022BXW004）。

** 谢耘耕，上海交通大学媒体与传播学院教授；张秀丽（通讯作者），西安外国语大学新闻与传播学院教授，西安外国语大学国际舆情与国际传播研究院研究员。

根据特定需求快速生成高质量的内容。

当前，关于 AIGC 在舆情治理与舆论引导领域的研究主要聚焦于以下三个方面。首先，AIGC 在舆情监测与分析中取得了显著的创新突破。借助深度学习技术，AIGC 舆情监测模型能够实时、高效地捕捉和分析网络舆情，提高处理效率。[1] 例如，在多源异构数据的处理过程中，利用可行的方式来实现人机交互，[2] 从而使舆情分析框架的精准度得到了进一步提升。然而，当前研究仍需深入探索与优化数据质量与实时性方面的挑战，以确保监测与分析结果的准确性和时效性。其次，AIGC 在舆论引导策略中的创新应用亦备受瞩目。情感分析技术的应用为制定更为精准的舆论引导策略提供了新的视角。[3] 通过对社交媒体和新闻报道中的情感倾向进行分析，AIGC 能够帮助决策者了解公众情绪变化，及时调整舆论引导策略，特别是在应对突发事件时表现出色。[4] 此外，基于事件演进的舆论引导模型和媒体融合、大数据应用的结合，为 AIGC 在舆论引导方面的创新提供了有力支持。[5] 然而，在实际应用中需充分考虑不同文化背景下的舆论环境差异，以确保其策略的有效性和适应性。最后，AIGC 在舆情治理层面展现出明显的提升效果。如在风险预警与评估中，AIGC 通过预测潜在风险、评估风险影响和提出应对措施，发挥了重要角色。[6] 此外，AIGC 还展现出个性化与精准化的治理能力，使得舆情治理更加符合社会需求和公众利益。[7] 然而，面对数据质量、实时性、文化环境差异以及协同治理等多方面的挑战，仍需不断深入研究和完善相关技术与应用策略，以更好地适应信息化时代的舆情治理与舆论引导新变化。

因此，本文旨在深入探讨 AIGC 在舆情治理与舆论引导中的创新探索、现实挑战及提升策略。其意义在于：一方面，扩展了现有研究，填补了相关领域的空白，提供了新视角，丰富了人工智能在舆论治理中的理论框架；另一方面，为决策者提供科学依据和操作指南，提高舆情监测和引导的效率和效果；最后，指出了技术不足之处，并提出了未来发展的方向，为技术优化和应用策略提供了指引，同时也为跨学科研究和应用提供了启示。

一　AIGC 在舆情治理和舆论引导中的创新探索

在社会经济和科技的双重推动下，舆情治理和舆论引导正经历着前所未有的变革。作为这场变革的催化剂，AIGC 技术以其高效和智能化的特点，为理解和塑造公众舆论提供了全新的工具和方法。下文将探讨 AIGC 技术在舆情监测、分析、治理以及舆论引导等多个层面的应用与发展，揭示其在现代社会中的重要性和潜力。

（一） AIGC 在网络舆情监测中的突破性应用

当代社会中网络舆情的动态变化对社会秩序和政策制定具有深远的影响。在这一背景下，AIGC 技术作为网络舆情监测与分析的关键工具，其应用已成为学术界和实践领域关注的焦点。AIGC 技术以其高效性、精确性和全面性，为组织和个人提供了一套强大的舆情管理工具，极大地提升了舆情工作的质量和效率。

一是数据获取与多模态处理。AIGC 技术自动化地搜集来自多种媒体渠道的数据，涵盖文本、图片、视频等多模态格式。[8] 借助自然语言处理（NLP）技术，AIGC 可以对多模态数据进行清洗、归类和标注，排除冗余信息，保留有价值的数据，提供更全面的舆情视角，以确保后续分析的准确性和数据的质量。二是情感倾向与观点挖掘。在收集到丰富的数据后，AIGC 技术运用深度学习、机器学习等算法对数据进行情感倾向分析和观点挖掘。[9] 通过对文本中词语、句子和篇章结构的细致分析，AIGC 能够准确判断公众对某一事件或话题的情感态度，如积极、消极或中立。同时，AIGC 还能识别出文本中如人物、地点、时间等关键信息，为舆情分析提供深度洞察。三是主题辨识与自动归类。AIGC 技术通过分析文本中的关键词、短语和语义关系，能够自动将文本归入不同的主题类别，帮助用户迅速把握当前舆情的热点和趋势，以及不同主题之间的内在关联和差异。四是趋势预测与警报机制。基于丰富的历史数据和实时数据，通过对数据增长速率、波动幅度和周期性等特征的分析，AIGC 能够预测某一事件或话题在未来一段时间内的关注度、情感倾向和舆论走向。同时，AIGC 还能设定预警阈值，一旦舆情数据超过该阈值，系统将自动触发预警机制，及时提醒用户关注和处理相关舆情。五是社交网络深度剖析。AIGC 结合社交网络分析技术，能对网络中的节点、关系和结构进行深入剖析。通过分析社交网络中的用户行为、互动关系和传播路径等信息，AIGC 能够揭示舆情在社交网络中的扩散机制。这有助于用户了解舆情事件的传播路径、关键意见领袖及其之间的关系等信息，从而更准确地把握舆情事件的发展态势和影响因素。六是结果可视化呈现。AIGC 技术可以将分析结果以直观的图表、图像和动画等形式呈现出来。这种方式能够清晰地展示舆情数据的分布、趋势和关联等信息，使用户更加直观地了解舆情动态，这有助于用户迅速掌握舆情信息，为其决策过程提供有力支持。

通过这些应用，AIGC 技术不仅提升了舆情监测与分析的专业水平，也为用户提供了科学、系统的决策依据，展现了其在网络舆情监测中的重要价值。

（二） AIGC 在舆情治理中的智能化进展

在信息爆炸的当代社会，舆情治理作为国家治理体系中的核心组成部分，对社会的稳定与进步发挥着至关重要的作用。AIGC 技术，凭借其先进的数据处理能力和对复杂算法的应用，为舆情治理领域带来了创新的解决方案，促进了治理模式的现代化发展。

首先，强化舆情监测的时效性与准确性。传统的舆情监测手段多依赖于人工操作，这不仅效率低下，而且难以避免信息遗漏。AIGC 通过自动化的方式，实时收集并分析各类信息，显著提升了舆情监测的效率和准确性。例如，AIGC 利用自然语言处理技术对社交媒体上的文本进行情感分析，[10] 快速识别出负面舆论和热点话题，为舆情治理提供即时且有力的信息支持。其次，深化舆情分析的客观性与全面性。AIGC 能够对海量信息进行深入挖掘和分析，揭示出隐藏在数据背后的规律和趋势。相较于传统的人工分析，这种基于数据驱动的舆情分析方法更加客观、准确和全面。AIGC 通过分析社交媒体上的用户行为、互动关系等数据，能够准确揭示不同社会群体对某一事件的关注度和态度倾向，为舆情引导提供科学依据。[11] 再次，发挥风险预警与评估的重要角色。通过实时监测和分析舆情数据，AIGC 能够预警潜在危机，并在危机发生后优化治理过程，提高后置性环境危机应对能力。同时，通过分析历史数据，AIGC 能预测未来的舆情风险，为相关部门提供风险预警和评估，成为舆情治理中不可或缺的重要参考。最后，展现个性化与精准化的治理能力。当检测到重要舆情事件或潜在危机时，AIGC 能够迅速生成预警报告，以便相关部门及时做出反应，有效遏制舆情恶化趋势。此外，AIGC 还能根据不同用户群体或地区的特点，提供定制化的舆情治理方案。通过深入分析用户兴趣、偏好和行为模式，AIGC 能够预测用户对特定舆情的反应，实现精准化治理。

AIGC 技术不仅优化了舆情监测和分析的流程，还通过其预测和个性化能力，极大地增强了治理策略的适应性和有效性。面对未来可能出现的挑战和机遇，AIGC 技术的发展和整合预示着舆情治理将迈向一个更加智能化和精细化的新阶段，为维护社会稳定和促进国家治理体系现代化提供坚实的技术支撑。

（三） AIGC 在舆论引导领域中的个性化创新

在现代社会，信息传播的速度与广度前所未有，舆论引导因此成为社会管理和文化传播中的关键领域。AIGC 的发展为该领域提供了前所未有的创新机遇。AIGC 通过其卓越的数据处理能力、精准的情感分析以及个性化的内容生成，在实时舆情监测、定制化舆论引导方案以及自动生成契合用户需求的内容方面展现出显著优势。这不仅提升了舆论引导的精准性和有效性，也为构建健康的舆论环境提供了坚实支撑。

首先，AIGC 能够实现高度个性化的内容生成。通过对用户行为数据、历史偏好和兴趣图谱的深入分析，AIGC 可以生成高度符合个体需求的内容。[12] 这种个性化内容不仅包括文字，还涵盖图片、视频等多种形式，使得舆论引导更加生动、直观。这种策略不仅提高了信息的吸引力和用户的参与度，还增强了舆论引导的针对性和有效性。其次，AIGC 在情感分析与用户反馈处理方面具有显著优势。通过自然语言处理技术，AIGC 能够实时分析用户对引导内容的情感反应，并根据反馈动态调整内容策略。例如，在一场突发事件的舆论引导中，AIGC 可以迅速捕捉公众情绪变化，并及时调整引导内容的语调和方向，以更好地引导公众舆论走向。这种实时调整机制使得舆论引导更加灵活和高效。[13] 另外，AIGC 的交互功能显著增强了舆论引导的互动性。借助智能对话系统和虚拟助手，用户可以与 AIGC 进行互动，提出问题并获得及时、个性化的回答。[14] 这不仅提高了用户参与度，也使舆论引导过程更加深入和持续。智能对话系统通过不断学习用户的反馈和问题，能够逐步提高其引导能力和应对复杂问题的水平。再者，AIGC 还可以通过数据可视化技术，将复杂的舆论数据转化为易于理解的图表和报告。舆论引导不仅仅依赖文字内容，还需要通过数据和事实来增强说服力。AIGC 能够将舆论分析结果直观地呈现出来，使得引导者可以清晰地展示舆论趋势和背后的数据支持，从而提高公众对引导内容的信任度和接受度。此外，AIGC 在跨文化舆论引导中也展现了强大的适应能力。不同文化背景的用户对于相同事件可能有不同的理解和反应，AIGC 通过多语言处理和文化背景分析，能够生成符合不同文化群体需求的内容。例如，在全球性事件中，AIGC 可以根据不同国家和地区的文化习惯和社会情绪，定制化地生成舆论引导内容，从而提高全球范围内的舆论引导效果。此外，AI 技术还能在辅助培养复合型国际传播人才。[15] 最后，AIGC 的持续学习能力为舆论引导提供了长效支持。通过机器学习和深度学习技术，AIGC 可以不断积累和分析大量舆情数据，优化其引导策略和内容生成模型。随着时间的推移，AIGC 会变得越来越智能，能够更加精准地把握舆论动向，提供更加有效的引导方案。

综上所述，AIGC 在舆论引导领域的个性化创新不仅体现在内容生成、情感分析和用户互动等方面，还通过数据可视化、多语言处理和持续学习等技术手段，全面提升了舆论引导的精准性和有效性。这些创新为构建和谐、理性的公共舆论环境提供了强有力的技术支持和保障。

二　AIGC 技术在舆情治理和舆论引导中的现实挑战

AIGC 技术在舆情治理和舆论引导领域的应用，凸显了科技与这些领域紧密相连的本质。作为现代科技领域的革命性和前瞻性成果，人工智能代表着科技发展的最前沿。其技术赋能的正面效应无疑将产生显著影响，这与历史上技术革命的逻辑一脉相承。特别是在人工智能时代，信息技术、大数据、网络化等先进科技手段的高度融合，进一步放大了这些科技成果的影响力和赋能效应。然而，科学技术和科技革命在推动社会进步、造福人类的同时，也可能伴随着不确定性和潜在的风险。因此，在 AIGC 技术为舆情治理和舆论引导赋能的过程中，我们必须审慎地评估其可能带来的风险，并做好相应的应对措施。这意味着，我们不仅要看到 AIGC 技术在提升舆情治理和舆论引导效果方面的积极作用，还要对可能出现的挑战和问题进行充分的预测和准备，以确保舆情治理和舆论引导的目标、过程和结果能够在可控的范围内顺利实现。

（一）数据质量问题

在信息化快速发展的时代背景下，舆情数据已成为洞察社会变迁、评估政策效能以及预测未来走向的关键依据。AIGC，作为人工智能领域的新兴技术，具备自动生成内容和辅助舆情分析的能力，其应用潜力巨大。然而，AIGC 在处理舆情数据时面临着显著的挑战，特别是在数据来源多样化和复杂性方面。[16]

首先，社交媒体、论坛、博客等渠道生成的信息中存在大量噪声和冗余，这些无关、重复或低质量的内容不仅消耗计算资源，还可能对 AIGC 的舆情分析造成干扰，增加其准确判断的难度。此外，当新技术刚出现，我们没法推断出它的社会效应；而等到真正的负面效应出现时，由于技术已经融入社会太深，很难进行干预与改变。

其次，网络环境的开放性和匿名性为虚假信息和恶意攻击提供了传播土壤。这些不实信息或恶意言论有可能误导 AIGC 的判断，对舆情分析的准确性构成威胁。同时，舆情数据具有多样性——来自社交媒体、论坛、博客等不同平台和渠道，其数据格式、质量和可靠性的不一致——也给 AIGC 在数据处理方面带来了挑战。

数据质量问题的成因可以从以下两个维度进行分析：技术因素和人为因素。在技术因素方面，传统的数据清洗和筛选技术难以有效应对复杂多变的舆情数据，而 AIGC 在处理海量数据时也可能会遭遇性能瓶颈和效率问题。在人为因素方面，部分用户出于吸引关注或制造话题的目的，故意发布虚假信息或进行恶意攻击，这进一步加剧了数据质量问题的严重性。此外，网络环境的开放性和匿名性以及政策法规的不完善也是导致数据质量问题出现的重要因素。

（二）情感分析技术的局限性

在 AIGC 技术框架下，情感分析作为一项关键技术，在舆情监测与分析中扮演着至关重要的角色。然而，情感分析技术在解析和表达人类情感的复杂性方面仍存在局限，特别是在捕捉文本中复杂情感交织的现象时[17]。人类的情感表达具有极高的复杂性和多样性，往往同一文本中同时包含多种情感成分，如喜怒哀乐交织在一起，这使得情感分析面临极大的挑战。尽管当前的情感分析技术取得了一定进展，但往往只能识别出文本中的单一情感标签，难以全面准确地反映文本中复杂的情感变化，这种局限性主要源于以下几个方面。一是文本特征提取的粗糙性。情感分析在提取和分类文本特征时往往过于笼统，难以捕捉到文本中细微的情感变化。二是语境依赖性。情感分析的结果高度依赖于语境，同一段话在不同语境下可能会有不同的情感分类结果。这使得情感分析在复杂语境下的准确性受到挑战。三是情感表达的多样性。由于不同的文化背景、社会环境和个人经历都可能导致情感表达的差异，这使得情感分析在跨文化和跨领域应用时面临挑战。

（三）隐私和数据安全问题

AIGC 技术在内容创造方面的成就，本质上源自其对大量数据的训练与学习。人工智能的智能化进程，依赖于持续的技术迭代与数据输入。然而，这种对数据的深度依赖，不可避免地引发了公众对个人数据安全的关切。在舆情监测与分析过程中，AIGC 不可避免地涉及对大量个人信息和敏感数据的收集与处理，这就增加了数据泄露与滥用的潜在风险。AIGC 对各类数据源的访问，尤其是包含大量公众个人数据的资源，使得未经授权的数据访问可能构成对隐私的侵犯与数据的滥用。此外，AIGC 在政府数据共享方面也可能引入新的安全风险。舆情治理与舆论引导的有效实施，往往需要各级政府部门之间的数据交互与整合。然而，数据共享的过程可能面临数据窃取、泄露和滥用等风险，这无疑对政府数据安全构成了新的威胁。特别是对于那些涉及敏感和机密信息的部门，如公安、财政等，数据安全的重要性尤为突出。若不法分子非法获取并利用这些共享数据，可能会对舆情治理、舆论引导乃至整个政府治理造成严重的后果。

（四）技术依赖性风险

随着 AIGC 技术的迅猛发展，政府和民众在处理舆情和进行舆论引导时，存在对这些智能系统过度依赖的风险。AIGC 的算法以其无接触式和自主性特点，正逐渐影响决策过程。这可能导致政府和民众在面对复杂问题时，缺乏独立思考和解决问题的能力，呈现出“智能失权”的现象[18]。这种依赖性首先削弱主体思维和行动自主性。长期依赖 AIGC 技术，可能会逐渐减弱舆情治理和舆论引导主体的自主思维和行动能力，不利于提升舆情治理和舆论引导的效能，还可能削弱政府和民众在面对新问题时的适应性和创新性。其次，过度的技术依赖还可能对技术进步本身产生阻碍。当政府和民众过度依赖智能系统时，可能会减少对新技术、新方法的探索与研究，这将放缓技术进步的步伐。此外，如果智能系统出现错误或漏洞，过度依赖可能会延迟问题的发现和解决，从而进一步阻碍技术进步。在某些极端情况下，如果政府和民众对 AIGC 技术的依赖达到一定程度，可能会导致技术发展的停滞，无法有效满足社会持续发展的需求。

三 AIGC 在舆情治理与舆论引导中的效能提升策略

技术创新不仅是推动生产力解放与发展的关键，更是舆情治理智慧化、精细化的重要保障。AIGC 技术凭借其卓越性能，在舆情监测与分析领域显示出其独特优势。特别是在文本分析、图像识别、情感识别等方面，AIGC 的应用极大地提高了我们处理大规模舆情数据的效率和准确性。然而，AIGC 技术在实际应用中仍面临数据收集不全、模型优化不足等挑战。为了应对以上挑战并进一步提升 AIGC 在舆情治理中的效能，我们提出以下策略。

（一）优化智能模型与数据质量，增强决策精准性

为有效实现 AIGC 技术在舆情治理与舆论引导决策中的赋能作用，技术和数据的深度优化成为不可或缺的关键环节。首先，迭代优化人工智能模型。人工智能模型构建与优化需要不断迭代和完善，以充分挖掘其在特定环境治理场景中的应用潜力。这需要集结舆情治理与舆论引导领域的专家、政府实务人员以及专业的 AI 技术人才，共同研讨并优化计算机程序与数据训练模型。通过广泛整合治理历史案例和最新数据，方能显著提升模

型在舆情治理与舆论引导决策中的精确性。同时，模型的专业管理与日常维护亦不容忽视，以确保人工智能舆情治理与舆论引导平台的稳定运行。其次，增强算法机制的透明性。为了增强公众对舆情治理与舆论引导决策的信任，算法机制的透明性至关重要。因此，我们应倾向于选择易于解释和理解的算法，如决策树、线性模型等，避免使用复杂的黑盒模型。我们需主动公开算法的原理、参数、输入、输出及模型结构等信息，为相关方提供详尽的算法说明。此外，算法在决策过程中的步骤和依据应清晰界定，并定期向公众发布算法应用报告，介绍算法的性能、改进措施及其实际影响，从而持续增强算法机制的透明度和有效性。再次，全面优化数据质量。数据质量需要从数据采集、整合到清洗校验等多个环节进行全面优化。政府部门应明确舆情治理与舆论引导决策所需的数据类型和特征，整合卫星遥感、地面监测、人工上报等多源数据，以获取全面、多角度的信息。同时，我们要利用先进的传感技术获取更为精细的环境数据，并在必要时进行实地调查和监测；实施有效的数据清洗和校验步骤，处理异常值、缺失值和错误值，确保数据的准确性和一致性；建立定期监测和更新数据的机制，以确保数据的时效性和有效性。最后，提升模型性能。在 AIGC 技术的应用中，模型性能直接关联着分析结果的准确度和可靠性。因此，我们需要从算法设计、模型选择和训练等多个维度提升模型性能。针对舆情数据的特性，应选择或设计如循环神经网络（RNN）、长短时记忆网络（LSTM）、Transformer 等适宜的机器学习算法和神经网络结构，以高效处理序列数据。同时引入注意力机制等先进技术，以帮助模型更准确地捕捉数据中的关键信息，进而利用大量真实、高质量的舆情数据进行模型训练，确保模型能够充分学习和理解数据的内在规律和特征。[19] 此外，还需定期对模型进行评估和验证，并关注其泛化能力，是确保模型性能持续提升的关键措施。

（二）构建动态可扩展的舆情治理知识大脑

在信息化快速发展的当代社会，舆情信息的激增对国家治理现代化构成了前所未有的挑战。传统的舆情治理模式在应对现代社会的复杂性和信息动态性方面显示出明显的局限性。因此，采纳 AIGC 等前沿技术，构建一个灵活且可扩展的舆情治理知识体系变得至关重要。该体系的构建依托于两大知识基石：一是舆情治理知识库，其旨在汇集并持续更新舆情治理的通用知识，确保信息的时效性；二是场景知识库，它专注于为特定情境定制知识，能够精准模拟并描述攻击行为。在此基础上，该体系的优势显著主要体现在以下几个方面。首先，全面性。体系能够融合社交媒体、新闻网站、论坛等多渠道数据，确保信息的全面与准确。其次，实时性。这得益于大数据技术的运用，体系能够实现舆情数据的即时捕捉、处理、存储与分析，为决策提供即时反馈。再次，智能化。其主要体现体系利用有监督的机器学习、数据挖掘和自然语言处理技术，实现对舆情信息的智能解读。[20] 最后，可扩展性。这使得体系能够灵活地适应新的舆情场景。最后，协同性。这一特性打破了信息孤岛，促进不同部门和领域间的信息共享与合作，从而提升舆情治理的整体效能。

总之，在功能设计上，该体系涵盖了舆情数据采集、关键要素提取、舆情数据库与案例库建设、风险预警与评估等多个模块。它能够通过网络爬虫技术自动搜集舆情信息，并运用先进的机器学习算法和数据挖掘技术处理数据，识别关键信息与情感倾向，构建完备的舆情数据库和案例库。同时，借助 AIGC 技术，该体系能够基于历史数据预测舆情风险，为相关部门提供预警与评估服务。因此，该体系的实际应用价值显著：它通过自动化和智能化的数据处理与分析，显著提升了舆情治理的效率和准确性；能够快速响应并减少突发舆情事件的负面影响，维护社会的稳定和谐；为政策制定和决策提供科学、全面、及时的舆情信息支撑，增强了决策的科学性和针对性。这不仅为舆情治理领域带来了技术革新，也为实现国家治理现代化贡献了重要力量。

（三）深化人机协同与技能提升，构建健康治理生态

为防范用户过度依赖技术丧失治理自主性的风险，全面推动人机协同体系建设并提升舆情治理与舆论引导主体的专业能力就显得更为必要，这一策略不仅旨在确保人工智能技术在舆情治理与舆论引导中的健康运行，更着眼于促进人机双方的和谐共生，构建一个可持续发展的治理生态[21]。

首先，深化人机协同是构建健康治理生态的关键环节。在舆情治理与

舆论引导的过程中，人机协同不仅能够充分利用人工智能技术的优势，提高决策效率与精准性，还能够避免人类决策者因过度依赖技术而丧失自主性和判断力。为此，我们应构建完善的人机协同机制，明确人机双方的职责与角色，确保人机双方能够充分发挥各自的优势，实现优势互补。其次，提升舆情治理与舆论引导主体的专业能力至关重要。作为舆情治理与舆论引导的主体，用户应具备一定的专业素养和技能水平，以更好地应对复杂多变的舆情环境。因此，我们应加强舆情治理与舆论引导的培训和教育，不断提高其专业素养和技能水平，使其能够更好地理解和运用人工智能技术，从而提高舆情治理与舆论引导的整体效果。最后，注重培养民众的自主意识和批判性思维也同样重要。在人工智能技术的普及和应用过程中，用户需要具备独立思考和判断的能力，避免无意识的从众行为和对技术的过分依赖。这将使得他们能够更自信地面对舆情治理与舆论引导中的挑战，做出更加明智和独立的决策。通过这些措施，我们可以确保在舆情治理和舆论引导中，人工智能技术作为一种辅助工具，能够在人类的指导和控制下，发挥其最大的潜力，同时保持人类决策的独立性和创造性。

（四）建立 AIGC 在舆情监测与分析中的伦理规范与监管机制

随着 AIGC 技术在舆情监测与分析领域的广泛应用，其高效性和便利性已得到业界的普遍认可。然而技术迅猛进步的同时也带来了伦理和监管层面的挑战。因此，在提升 AIGC 舆情监测与分析的效能的同时，我们需要构建一套完善的伦理框架和监管体系、治理体系、风险评估体系、保障体系等层面[22]，以确保技术的合规性、安全性和公信力。

首先，强化合规性保障。强化 AIGC 技术的合规性保障是维护技术健康发展的基石。AIGC 技术的运用必须严格遵守相关法律法规，包括但不限于数据保护、隐私保护、网络安全等方面的规定。这要求技术的开发者与使用者必须深入理解并遵守这些法律法规，确保技术的合规性。其次，尊重用户隐私与权益。尊重用户隐私与权益是 AIGC 技术应用中不可或缺的一环。鉴于 AIGC 技术处理舆情数据时可能会接触到用户的敏感信息，必须采取数据脱敏等措施，防止用户敏感信息的泄露。同时，在收集和使用用户数据时，必须明确告知用户数据的用途和范围，并征得用户的明确同意。最后，设立严密的监管体系。建立一个严密的监管体系对于确保 AIGC 技术安全性和可靠性至关重要。监管体系应涵盖技术评估、数据监控、人员培训、合规性审查等多个环节。具体来说，技术评估需确保 AIGC 技术的准确性和可靠性，对于不符合要求的技术应予以禁止。数据监控则是对 AIGC 技术处理的数据进行实时监控，以确保其合法性和安全性。人员培训应着重提高使用 AIGC 技术的人员对技术风险的认识和应对能力。定期的合规性审查将确保其符合法律法规和伦理规范的要求。通过这些措施，我们可以确保 AIGC 技术在舆情监测与分析领域的健康发展，同时保护用户隐私，提升技术应用的透明度和公信力，为社会带来更积极的影响。

结　语

AIGC 的崛起正引领着信息传播方式进入一个全新的时代，人与人、人与机器、人与世界的互联，超越界面的功能性操作提升至社会关系乃至人的精神领域[23]。这项技术的出现不仅极大地提高了信息生产的效率，而且深刻地重塑了舆论生态的结构和运作规则。凭借其高效、智能的特质，AIGC 在舆情治理和舆论引导领域展现出了巨大的应用潜力和价值。然而，AIGC 技术的应用逐步深入，一系列挑战也随之而来。首先，如何确保技术的公正性和透明度，防止技术被滥用或误用，是摆在我们面前的重要问题；其次，随着舆情环境的日益复杂多变，如何更准确地捕捉和分析舆情动态，及时做出有效的应对，也是我们需要不断研究和探索的问题。

面对以上挑战，我们需要不断加强技术研究和创新，以推动 AIGC 等新技术在舆情治理和舆论引导领域的深入应用。通过不断优化算法和模型，提高数据收集与整合的效率和质量，以便更加准确地捕捉和分析舆情动态，为相关决策提供有力支持。同时，我们必须警惕不同背景的 AIGC 可能产生的偏见性数据和恶意信息，防止这些因素在种族、国家、组织之间造成裂痕，扩大社会分歧。此外，积极探索新技术在舆情预警、危机应对等方面的应用，对于应对舆情环境的复杂性和多变性至关重要。展望未来，我们期待通过深入研究 AIGC 等新技术在舆情治理和舆论引导中的应用，为社会的稳定与发展贡献更多智慧和力量。同时，我们也应关注新技术对社会伦理、法律法规等方面的影响，确保技术的健康发展并造福于人类社会。

参考文献

[1] 张夏恒，马妍．生成式人工智能技术赋能新质生产力涌现：价值意蕴、运行机理与实践路径［J］.电子政务，2024，(04)：17-25.

[2] 王曰芬，张华俊，何劲．情报研究中多源异构数据的小算力聚合及应用研究［J］.情报理论与实践，2024，(06)：1-10.

[3] 詹希旎，李白杨，孙建军．数智融合环境下 AIGC 的场景化应用与发展机遇［J］.图书情报知识，2023，40（01）：75-85+55.

[4] Jamal N.，Chen，Xianqiao，et al. A deep learning-based approach for emotions classification in big corpus of imbalanced tweets［EB/OL］. https://doi. org/10. 1145/3410570.

[5] Kumar S. et al. Fake news goes viral！ determination and analysis of virality of socially relevant events in digital governance［EB/OL］. https://doi. org/10. 1145/3560107. 3560165.

[6] 陈建兵，王明．负责任的人工智能：技术伦理危机下 AIGC 的治理基点［J］.西安交通大学学报（社会科学版），2024，44（01）：111-120.

[7] Han，J.，Li，Q.，Xu，Y.，Zhu，Y.，Wu，B. Design of a trusted content authorization security framework for social media［J］. *Applied Sciences*，2024，14（4）：1643.

[8] Boididou，C.，Papadopoulos，S.，Zampoglou，M. et al. Detection and visualization of misleading content on Twitter［EB/OL］. https://doi. org/10. 1007/s13735-017-0143-x.

[9] 赵益．算法生成与权力博弈——海外 AIGC 研究视野观察［J］.当代电影，2023，(08)：22-30.

[10] 安娜，林建成．人工智能在网络舆情治理中的现实问题与应对策略［J］.思想理论教育，2020（12）：91-95.

[11] 安宁．AIGC 工具在出版领域的应用与展望［J］.文化产业，2023，（35）：

157-159.

[12] Gong, L., Guo, X., Li, L., Lu, J., & Han, Z. User-centric interactive AI for distributed diffusion model-based AI-generated content. arXiv [EB/OL]. https://doi. org/10. 48550/arXiv. 2311. 11094.

[13] 荣婷，张爽．人工智能时代网络舆情新特征与新治理 [J]. 传媒，2022，(08)：74-76.

[14] 钱芳芳．AIGC 技术背景下高职院校艺术设计专业创新人才培养研究 [J]. 新美域，2024，(03)：100-102.

[15] Chen, M., Zhang, L. Application of edge computing combined with deep learning model in the dynamic evolution of network public opinion in emergencies [EB/OL]. https://doi. org/10. 1007/s11227-022-04733-8.

[16] 裴琳．平台融合背景下的传媒变革——AI 技术引领的传播模式创新 [J]. 卫星电视与宽带多媒体，2024，21 (09)：64-66.

[17] Chen, Y., & Lai, P. Future directions in technology and forecast ana-lysis [EB/OL]. https://doi. org/10. 1016/j. techfore. 2022. 122031.

[18] 汪太贤，唐祎．人工智能嵌入政府治理：算法图景、价值问题与回归路径 [J]. 中国科技论坛，2023，(02)：104-113.

[19] 雷霞．智能媒体技术赋能网络空间治理研究 [J]. 教育传媒研究，2023，(05)：21-24.

[20] 黄萍，朱惠娟，陈琳琳．基于深度学习的情感分类技术在高校舆情分析中的应用研究 [J]. 软件工程，2021，24 (11)：59-62.

[21] 刘锐．情感计算：智能时代舆情分析范式变革和治理逻辑重构 [J]. 新媒体与社会，2023，(03)：221-238+395.

[22] 田海舰．中国互联网意识形态制度体系建设研究 [J]. 河北大学学报（哲学社会科学版），2020，45 (03)：147-154.

[23] 刘京希，邓曦泽，曾军．数智时代的人文危机与“新人文”建设 [J]. 河北大学学报（哲学社会科学版），2024，49 (01)：15-27.

信任评价与信任排序：矛盾性健康信息如何影响社交媒体用户*

李丹珉**

摘　要　探索矛盾性健康信息对社交媒体用户的影响，对重大公共卫生事件中的健康危机应对具有积极意义。本研究以扎根理论为研究方法，从情绪、认知和行动三方面入手，总结全球大流行疫情中矛盾性健康信息的特点以及矛盾性健康信息影响下社交媒体用户的反应。研究发现，信息疫情背景下的矛盾性健康信息具有数量多、碎片化、差异大、真假难辨、定制化的特点。用户会基于不同认知判定标准，对不同信息源的可信度进行排序，并在信息处理和综合评估后决定疫情应对策略。

关键词　矛盾性健康信息　信息疫情　公众信任　社交媒体　扎根理论

一　引言

数字时代，社交媒体的普及为公众获取医疗卫生类信息提供了便利。相关调查显示，92%的受访者将微博和微信作为获取相关信息的主要渠道。[1] 社交媒体平台上庞大的信息体量、复杂的信息来源、快速的信息溢散速度，让矛盾性健康信息的可见度显著提高。[2]“信息疫情”的出现增加了社交媒体用户接触矛盾性健康信息的机会，“一些失真或错误的信息甚至可能会危害人们的健康”[3]。目前学界围绕“信息疫情”已经开展了一系列研究，不过对“信息疫情”语境下的矛盾性健康信息关注较少，对

*　基金项目：上海社科规划项目“虚假意见气候的干预机制研究”（项目编号：2023ZXW002）。

**　李丹珉，华东政法大学传播学院师资博士后。

社交媒体用户面对矛盾性健康信息时的自我表述分析仍显不足。本研究将从媒介接触和公共信任的视角出发，运用扎根理论，在半结构化访谈的基础上，探索矛盾性健康信息对社交媒体用户的影响。

二 文献回顾

（一）矛盾性健康信息与社交媒体接触

矛盾性健康信息是“两个或多个逻辑上彼此之间相互冲突的健康相关命题”。[4] 例如，在面对“咖啡对心脏有害”和“咖啡对心脏没有坏处”的两种说法时，人们会感受到命题之间的相互对立，因而不可能同时相信这两个命题。相关研究表明，随着社交媒体的发展，矛盾性健康信息的数量和可见度都在增加。[5] 研究者在对 90 名癌症患儿家长进行访谈后发现，70%的家长都曾在社交媒体上遇到过与治疗他们孩子的肿瘤科医生提供的意见相冲突的信息。[6] 和传统媒体相比，社交媒体上任何用户都可以向广大网民提供信息，这导致公共健康领域受矛盾性健康信息的影响更为严重[7]。2019 年初，澳大利亚塔斯马尼亚州发生大面积野火事件，社交媒体上对新型空气过滤器——HEPA 过滤器的效果评价不一，这导致当地居民对是否使用 HEPA 过滤器采取了不同的态度。[8] 针对肝炎等各类疫苗接种问题，社交媒体上普遍存在大量矛盾性健康信息[9]。这些矛盾性健康信息会导致部分公众在面对是否接种肝炎等疫苗时，犹豫不决。[10-11]

（二）矛盾性健康信息与公众信任

科学传播领域中，信任是公众和科学之间的桥梁。公众信任分为人际信任和制度信任，人际信任包括公众对家庭等首属群体以及朋友等次属群体的信任，制度信任反映了公众对组织、组织代表以及职业角色的信任。[12] 公众如果暴露在矛盾性健康信息中，他们对科学家和媒体的信任度都可能会降低。[13] 例如，在面对“是否应该限制红肉摄入量以降低癌症风险”的议题时，证据冲突和信息来源冲突会影响实验对象对科学家的信任度；[14] 再例如，面对乳腺癌筛查价值的争论以及常规乳房 X 光检查起始年龄和频率的差异说法，美国女性会质疑医学专家以及媒体记者的说法。[15] 在矛盾性健康信息的影响下，整体信任格局中的差序信任现象会凸显出来，即公众对某个信息源的信任程度会高于对其他信息源的信任程度。[16] 血缘关系的亲疏以及交往双方情感链接的强弱会影响公众信任。法国一项关于 HPV 疫苗接种决策的研究显示，在面对是否应该接种 HPV 疫苗的问题时，巴黎 15-16 岁的青春期少女虽然表示她们信任医生和卫生当局的说法，但她们对自己母亲的信任程度更高。[17] 信息质量和信息源可靠性也是影响信任水平的关键因素。其中，公众感知的信息质量会受信息有用性、可理解性和相关性的影响，感知到的信息源可靠性会受到信息源专业知识和权威性的影响。[18] 此外，信息接收者的性格特质也会影响公众对不同信息源的信任程度，群体依赖性和集体自豪感越强的人往往对采取强制性疾病管理措施的支持程度越高。[19]

三 研究对象与研究方法

（一）研究对象与原始资料收集

在正式访谈前，研究者基于文献资料，结合研究问题初步拟定访谈提纲。在邀请 2 名社交媒体用户进行预访谈后，根据访谈对象意见以及实际访谈结果，研究者对初步拟定的访谈提纲进行完善调整，最终形成正式的半结构化访谈提纲。正式访谈时间集中在 2023 年 1 月，在此期间研究者通过线上和线下两种途径，对 20 名社交媒体用户（访谈编号为 S1-S20）进行了 15-30 分钟的一对一访谈。在征得访谈对象同意的情况下，研究者对访谈内容进行全程录音，并将其整理为文字稿。访谈主题主要包括：新冠疫情背景下，访谈对象的健康情况；访谈对象的社交媒体接触与使用习惯；访谈对象对矛盾性健康信息的感知与评价；访谈对象面对矛盾性健康信息时的反应。访谈对象的基本情况见表 1。

表 1 访谈对象基本情况

项目	子项目	数量（人）	百分比（%）
性别	男性	11	55
	女性	9	45

续表

项目	子项目	数量（人）	百分比（%）
年龄	20-29 岁	4	20
	30-39 岁	6	30
	40-49 岁	4	20
	50-59 岁	4	20
	60 岁及以上	2	10
学历	本科以下	8	40
	本科	10	50
	研究生	2	10
新冠病情严重程度	较轻	16	80
	较重	4	20

（二）扎根理论与研究步骤

扎根理论是一种对社会科学研究具有积极意义的“方法论”（methodology）[20]。扎根理论坚持自下而上的归纳逻辑，基于社会生活丰富的细节，从庞杂的数据中提炼理论。在由表及里的抽象化过程中，扎根理论通过开放式编码、主轴式编码和选择式编码的三级编码方式，实现对数据资料的概念化[21]。本研究运用 NVivo12 Plus 质性分析软件，通过扎根理论对社交媒体用户的访谈资料进行概括总结，在连续比较的过程中逐步形成理论框架。

1. 开放式编码

开放式编码是扎根理论逐级编码的过程，该阶段主要强调对原始资料的逐行分析，要在不断比较中实现关键性现象的标签化和范畴化[22]。研究者在半结构化访谈完成后，立即开始对文本资料进行分析处理。通过对访谈资料的逐句编码，本研究共获得 125 个初始概念和 45 个初始范畴，编码内容如表 2 所示。

表 2　开放式编码（节选）

初始范畴	初始概念	原始材料
A1 出行	a1 回家、a2 隔离	还是想顺利回家
	a3 核酸、a4 出市	核酸政策对出市有很大的影响

续表

初始范畴	初始概念	原始材料
A2 工作	a6 市场行情	主要是观察市场的行情
	a7 停业	疫情严重的时候，大概有 10 天是停业的
	a8 公司业务	没法流动会影响到公司业务的发展
	a9 员工	希望让员工尽量对避开新冠传播途径
A3 健康	a10 自身健康	主要还是考虑能不能保证自己的健康
	a11 家人健康	想提醒家里面人做好防护
	a12 老人健康	主要还是有基础病的老人
	a13 孩子健康	关心小孩得了症状严不严重
A4 公共信息	a14 国家大事	你需要了解一下国家大事
	a15 社会情况	要了解社会上发生了什么事儿
A5 人类命运	a16 对人类的挑战	疫情是个灾难，是对人类的一个挑战
	a17 各国相关	咱们国家和其他国家都连在一起

2. 主轴式编码

在开放式编码的基础上，主轴式编码需要从范畴聚焦的目的出发，挖掘初始范畴之间的关联性，实现对初始范畴的分类整合[23]。和开放式编码中形成的初始范畴相比，主轴式编码形成的主范畴，其抽象化程度更高。本研究以开放式编码中形成的初始范畴为基础，以“对后文具有阐释性价值”[24]为标准，在厘清初始范畴之间的逻辑关系后，提取出 7 个主范畴和 15 个副范畴，编码内容如表 3 所示。

表 3　主轴式编码

主范畴	副范畴	初始范畴
C1 初始动机	B1 个体需求	A1 出行
		A2 工作
		A3 健康
	B2 社会需求	A4 公共信息
		A5 人类命运
C2 需求偏好	B3 内容偏好	A6 病情表现
		A7 国家政策
		A8 疫情发展态势

续表

主范畴	副范畴	初始范畴
C2 需求偏好	B3 内容偏好	A9 防治方法
	B4 渠道偏好	A10 浏览器类
		A11 论坛类
		A12 视频类
		A13 支付类
		A14 新闻类
C3 矛盾信息类型	B5 防治措施	A15 日常生活
		A16 医药卫生
	B6 信息公开	A17 病情轻重
		A18 患病人数
		A19 开放时机
C4 矛盾信息特征	B7 内容特征	A20 差异大
		A21 真假难辨
	B8 推送特征	A22 被动推送
		A23 个性化推荐
	B9 形态特征	A24 数量多
		A25 碎片化
C5 情绪	B10 情绪波动	A26 情绪波动大
		A27 情绪波动小
	B11 情绪倾向	A28 负面情绪
		A29 正面情绪
C6 认知	B12 信任评价	A30 专家
		A31 卫生主管部门
		A32 医疗机构
		A33 媒体
	B13 信任排序	A34 人际信任
		A35 制度信任
C7 行动	B14 日常生活层面	A36 行动改变
		A37 习惯维持
		A38 自我评估

续表

主范畴	副范畴	初始范畴
C7 行动	B15 信息层面	A39 核查
		A40 忽略
		A41 举报
		A42 筛选
		A43 搜集
		A44 比对
		A45 放弃

3. 选择式编码

选择式编码是扎根理论逐级编码过程的第三步[25]。该步骤需要在分析主轴式编码结果的基础上，对主范畴进行进一步提炼，提取出具有高度概括性和统领性的核心编码，发展出对社会现象具有解释力的“故事线”[26]。本研究在对不同层级概念和范畴进行持续性比较后，对主轴式编码中形成的主范畴进行重新分类，提炼出“接触矛盾性健康信息的原因”“矛盾性健康信息的类型与特征”以及“社交媒体用户的反应”三条编码，编码内容如表4所示。

表4　选择式编码

选择式编码	主范畴
接触矛盾性健康信息的原因	C1 初始动机
	C2 需求偏好
矛盾性健康信息的类型与特征	C3 矛盾信息类型
	C4 矛盾信息特征
社交媒体用户的反应	C5 情绪
	C6 认知
	C7 行为

疫情背景下社交媒体用户会在个体需求和社会需求两个层面，对媒介信息资源产生依赖。疫情加剧了社会不确定性，这让社交媒体用户更加渴望得到有用的信息，导致人们对媒介的依赖度增加。在社交媒体提供的信息数量越来越多、信息提供的集中程度越来越高的情况下，用户和社交媒体之间的

媒介依赖关系得到强化。在不断通过社交媒体获取疫情相关信息的过程中，用户会频繁接触到各类矛盾性健康信息。这些信息会从情绪、认知和行为三个维度，对社交媒体用户造成影响。基于上述分析，信息疫情背景下矛盾性健康信息影响社交媒体用户的“故事线”理论模型如图 1 所示。

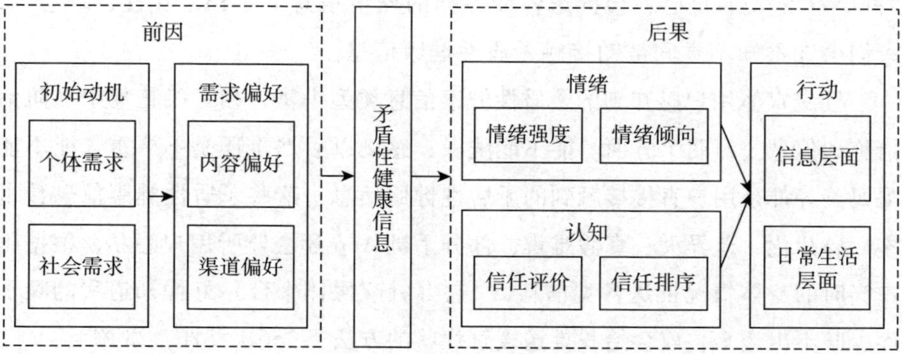

图 1　理论模型

4. 理论饱和度检验

本研究针对 20 名社交媒体用户的访谈内容，随机抽取了 18 份样本数据进行分析，其余 2 份样本数据用于理论饱和度检验。经分析，用于理论饱和度检验的 2 份样本数据中没有涌现出新的概念和范畴。根据扎根理论的实践要求，当新的数据资料已经无法继续形成新的解释要素时，表示数据分析结果已达到“理论饱和”状态[27]。由此认为，本研究建构的理论实现饱和。

四　研究发现

（一）矛盾性健康信息的类型与特点

在新冠疫情引发的非常态社会环境下，公众出于风险评估和疾病防治等目的，需要通过社交媒体从专家、卫生主管部门、医疗机构等方面获取信息。在此过程中，社交媒体用户会接触到大量的矛盾性健康信息。这些矛盾性健康信息既可能是用户在主动搜索信息时发现的，也可能是用户在被动推送的情况下获得的。一方面，全球疫情蔓延使部分群体对疫情相关信息产生不足感或求足感，认为“要全方位了解对这个东西（新冠疫情）”（S1，男性，61岁）。为了提升自身知识储备，人们会主动获取更多信息。另一方面，作为热点公共卫生事件，新冠疫情的相关信息在社交媒体中拥有较高的讨论热度，用户在使用社交媒体的过程中，“网络社交App自己就会推送各种各样的疫情信息”（S6，女性，28岁），人们会在不知不觉间被动接触矛盾性健康信息。

社交媒体用户感知到的矛盾性健康信息类型丰富，相关议题集中在防治措施和信息公开两个方面。能不能洗澡、感染以后严重还是不严重、能不能喝奶茶等都是用户直接接触到的矛盾性健康信息。这些矛盾性健康信息数量多、碎片化、差异大、真假难辨，部分手机App还会监听用户隐私，根据用户当时的身体情况推送各类信息，“它（社交媒体平台）好像知道我的嗓子疼、咳不出痰来，就会给我推送缓解症状的方法”（S6，女性，28岁）。

（二）情绪

新冠疫情中，在被复杂而混乱的矛盾信息笼罩后，用户的负面情绪状态会被激活。一方面，用户会因频繁接触到矛盾性健康信息而感到不满，“总是遇到相互矛盾的健康意见，让人感到难以理解”（S2，女性，60岁）。另一方面，矛盾性健康信息的传播导致用户难以准确评估新冠病毒的危害性，这加剧了用户的担忧情绪，“焦虑家里要来了新冠病毒要怎么办”（S1，男性，61岁）。对矛盾性健康信息的愤怒和担忧会进一步演化为用户的不满情绪。不过，虽然部分访谈对象在面对矛盾性健康信息时表现出负面情绪，但由于“毕竟经历过非典”（S10，男性，56岁）、“疫情好多年都这么下来”（S9，女性，55岁）、“周围的人都这样过来了”（S16，女性，41岁）等，人们的情绪波动不大，负面情绪强度不高，多数访谈对象表示自己在接触矛盾性信息时情绪比较稳定。

除负面情绪外，部分用户在面对矛盾性健康信息时也会表现出接受和宽容的正面情绪。有的用户坦言专家和普通人一样，也会面临多样化的社会环境，在这种情况下专家们给出的意见建议相互矛盾情有可原。例如，“现在信息来源不太一样，地区和地区还不太一样，病毒的毒株也不太一样，所以说发病也不太一样，专家得出的结论相互矛盾，也可以理解”

（S15，男性，42岁）。再例如，“这就是个体差异，也不是有人故意散播这种信息，其实是大家各有差别”（S16，女性，41岁）。

（三）认知

1. 信任评价

当人们对信息的依赖程度较高时，矛盾性健康信息的广泛传播会同时影响公众对专家、医疗机构以及媒体的信任度。经常发布指导性意见的专家群体会首先成为公众关注的对象，用户会关注专家身份的可靠性，认为“现在有些专家你永远不知道他究竟是什么，是真的专家还是假的专家”（S6，女性，28岁）。就医疗和科普机构而言，用户会怀疑在外部经济因素干扰下，相关机构发布的数据不一定真实，进而认为它们“没有足够的威信”（S4，男性，35岁）。就媒体而言，信息技术的快速发展让信息内容制作的门槛大幅降低，AI视频制作技术和PS照片合成技术的普及让用户产生“视频或者图片都可能被P过”（S7，女性，38岁）的感觉。

2. 信任排序

当面对矛盾性健康信息时，社交媒体用户会出现两种信任倾向。一类用户更愿意相信家人、朋友、同事等自然人，另一类用户更愿意相信以抽象关系为对象的组织及其代表。在有意或无意之间，他们会对不同信息源的可信度进行比较。

就第一类用户而言，他们秉持“眼见为实”的传统价值观，认为“亲朋就在我身边，我就眼睁睁看着他们，这种事情只有我亲眼见到了我才信”（S7，女性，38岁）。在不同的自然人主体之间，社交媒体用户的信任存在差序结构，认为“朋友可能也分为层次”（S16，女性，41岁）。首先，用户通常会信任身边曾经感染过新冠病毒的家人或朋友，认为“感染者的说法最可信”（S18，女性，41岁）。其次，用户会向身边有医学背景的亲朋征求意见，“有些医院的朋友也会告诉我一些应对方法”（S16，女性，41岁）。最后，人们也会衡量亲朋的可靠程度，“他就是不打狂语的那种人，有什么说什么，从来不乱说”（S19，男性，36岁），日常生活中品行端正的人更容易得到用户信任。此外，血缘关系的亲疏远近对用户能否信任某种说法影响不大，部分用户甚至会认为“父母已经被公众号里各种针对中老年人的半真半假的信息洗脑了”（S4，男性，35 岁），亲朋越是支持某种观点，他们反而越会怀疑这种观点的科学性。

对更愿意相信组织及其代表的社交媒体用户而言，他们一方面会对专家群体内部不同个体的可信度进行排序，另一方面会对不同组织之间的可信度进行比较。在“咱们不是医生，终归不够专业”（S1，男性，61 岁）的理念指导下，有些用户更愿意相信专家意见。如果专家之间的意见相互抵触，那么信息发布渠道的权威性、信息是否得到数据支持、专家知名度的高低、专家和用户之间的地理距离都会成为用户衡量专家意见可信度的指标。在官方平台上发布信息的专家、能够提供数据报告的专家、知名度更高的专家、距离用户更近的专家更容易得到用户信任。公众对专家、卫生主管部门、医疗和科普机构以及媒体的信任高度相关，但当不同组织发布的信息相互矛盾时，人们也会对不同组织的可信度进行排序。很多情况下，卫生主管部门会被认为“严谨性还是要高一点”（S15，男性，42 岁）。此外，有些社交媒体用户会质疑医疗和科普机构的独立性，认为和机构相比，“专家所表达的东西会更有价值一些”（S4，男性，35 岁）。

（四）行动

1. 信息处理

研究发现，社交媒体用户会采取核查、搜集、比对、筛选、忽略、举报、放弃等多种方式来应对矛盾性健康信息。其中，信息核查主要体现为用户对信息源身份以及信息内容的核实。粉丝数量的多少、是否得到平台加 V 认证、是否在官方媒体渠道上发声都会成为用户识别信息源身份的标准。在对信息内容进行核实时，一方面人们会关注信息内容是否得到了研究数据支持，“谁拿出了很明确的报告数据，我可能会稍微倾向于这方面”（S6，女性，28 岁），另一方面会检查信息内容属于直述内容还是转述内容，“手机推送的信息里，那些以‘专家说’‘专家称’开头的视频，我都不相信”（S3，女性，29 岁）。

信息搜集和信息比对通常会相伴出现。在发现矛盾性健康信息后，部分用户会进一步扩大信息搜集范围，通过综合比较各类信息，尽可能找到令自己满意的答案。信息筛选和信息忽略都是用户通过控制疫情信息量来应对矛盾性健康信息的方式。就前者而言，部分用户会特意对自己获取信息的渠道进行筛选，“不太看什么抖音或者来源不明的消息”（S8，男性，37 岁）；就后者而言，部分用户会有意识地回避接收某些疫情信息，“遇到这种标题，我直接就不会点进去看”（S6，女性，28 岁）。信息举报出现在用户自认为明确知晓哪方信息正确之后，“我自己有切身体验，所以营销号只要说不搭配消炎药的，我就举报”（S3，女性，29 岁）。用户普遍不满于矛盾性健康信息的存在，但会因为“核实信息太累了”（S20，男性，50 岁）、“没有必要去查”（S17，男性，32 岁）、“没那个能力”（S10，男性，56 岁）等原因，放弃在信息层面上采取行动。

2. 日常生活决策

从外界获取信息后，个体会在风险感知的基础上进行决策。在矛盾性健康信息的影响下，改变自身行动和维持原有习惯的社交媒体用户同时存在。无论是行动改变还是习惯维持，在此之前，用户都会对自身所处环境进行综合评估，自己或家人的身体情况以及当地疫情传播情况是用户重点考虑的两个方面。人们通常会认为老人和孩子的身体抵抗力较差，在面对矛盾性健康信息时，部分用户会按照“从重从严”的原则，为老人和孩子可能出现的紧急情况做准备。例如，在面对“应不应该备药”的矛盾性健康信息时，“我就是给孩子备了一点退烧的药，大人都没备”（S18，女性，41 岁）。当地疫情传播情况同样会影响社交媒体用户的行动，疫情形势越严峻、人们越倾向于相信要求提高防护力度的信息。例如，在面对“平时需不需要佩戴 N95 口罩”的矛盾性健康信息时，“疫情严重期间，保险起见，我会尽量选择佩戴 N95 口罩”（S5，女性，20 岁）。

对于“能不能喝咖啡”等涉及日常生活方式的矛盾性健康信息，社交媒体用户往往会维持原有习惯，并认为“如果是想喝（咖啡）的人，怎么着他都会找借口去喝”（S6，女性，28 岁）。

五 结论与讨论

（一）研究结论

本研究在扎根理论的方法论指导下，探索了矛盾性健康信息对社交媒体用户的影响。新冠疫情背景下，公众出于出行、健康和工作的个体需求以及感知环境变化的社会需求，对健康性信息的需求爆发式增长。为了满足自身信息需求，社交媒体成为很多人获取疫情相关信息的渠道。在或主动或被动的信息接触过程中，社交媒体用户遇到了数量多、碎片化、差异大、真假难辨、个性化的矛盾性健康信息。这些信息会引发用户对专家等群体的不信任，对用户的情绪、认知和行为造成影响。为了判断哪方信息更加可靠，用户会对不同信息源的可信度进行排序。在行动中，人们一方面会对矛盾性健康信息进行处理，另一方面会在综合评估后选择改变自身习惯或维持原有习惯。

在重大突发公共卫生事件频发的背景下，本研究具有一定的理论意义和实践意义。就理论层面而言，过往研究对信息疫情中的矛盾性健康信息关注较少，本研究采用扎根理论的质性研究方法，以实证研究的方式对矛盾性健康信息影响社交媒体用户的复杂过程进行了梳理，基于矛盾性健康信息的类型和特点，从情绪、认知和行为三个维度，系统分析了矛盾性健康信息对社交媒体用户的影响。就实践层面而言，本研究总结了信息疫情背景下社交媒体用户对专家群体、医疗机构以及媒体平台的认知和评价，为重大突发公共卫生事件中的平台治理和用户引导提供决策支持。

（二）研究讨论

泛滥的矛盾性健康信息会影响个体对自身身体情况的判断，为了削弱矛盾性健康信息给社会带来的负面影响，用户、专家、卫生主管部门、媒体平台需要共同努力。

对用户来说，树立信息综合分析意识、提升信息选择评估能力至关重要。在访谈过程中，研究者发现，部分用户会将信息核实视为“自己无能为力”的事情，在面对矛盾性健康信息时，他们会感到愤怒或焦虑，但在信息层面他们可能什么都不做。此外，部分用户还会夸大信息评估的难度，例如在提到信息来源的追溯和不同平台信息相互印证时，有的访谈对象在从未尝试过的情况下，就认定自己做不到。在网络信息错综复杂的背景下，用户只有自主行动起来，有意识地提高自己辨识信息真伪的能力，才能从个体层面降低矛盾性健康信息带来的负面影响。

对专家来说，要避免武断、审慎发声。在现代社会的信任生态中，不同专家发布的矛盾性健康信息如果在短时间内快速传播，不仅会激发用户对专家群体的不满，而且会影响该群体的社会声誉和公信力。因此，专家在公开表达意见时，要强调前提、避免歧义，尽可能考虑到不同群体的信息接收能力。对卫生主管部门来说，要加强不同层级、不同机构之间的沟通协调，各级部门发布的信息要协调一致。对媒体平台来说，要加强信息审核，特别是要检查是否有人通过断章取义、扭曲、篡改、误导等手段编造与专家本身意见相悖的信息。

目前本研究主要以社交媒体用户为访谈对象，今后可以进一步考察专家群体、卫生主管部门工作人员、媒体从业者对矛盾性健康信息的看法。此外，针对本研究通过扎根理论总结的各种概念和范畴，未来可以以此为基础开展诸如问卷调查在内的大样本定量分析。

参考文献

[1] 牛金玉，陈超亿，宁良文，张鹏，毕雪晶，吴群红，郝艳华．新冠肺炎疫情下的公众风险沟通满意度：信息需求、渠道偏好、媒介信任与情绪的影响[J]. 中国科学基金，2020，34（06）：794-803.

[2] 陈维龙，王保华．数字时代“信息疫情”表征、传播形态及治理范式[J]. 湖南师范大学社会科学学报，2022，51（06）：125-132.

[3] 程慧平，于欢欢，蒋星．重大突发公共卫生事件中社交媒体信息过载的前因后果模型研究[J]. 情报科学，2023，41（03）：45-56.

[4] 代童，杜建．矛盾性健康信息的概念、分布及原因分析[J]. 信息资源管理学报，2022，12（05）：114-122.

[5] Nagler，R. H. Adverse outcomes associated with media exposure to contradictory nutrition messages [J]. *Journal of Health Communication*，2014，19（01）：24-40.

[6] Hauken，M. A.，Holsen，I.，Fismen，E.，et al. Participating in life again：A mixed-method study on a goal-orientated rehabilitation program for young adult cancer survivors [J]. *Cancer Nursing*，2014，37（04）：E48-E59.

[7] Yang，K. Unprecedented challenges，familiar paradoxes：COVID-19 and governance

in a new normal state of risks [J]. *Public Administration Review*, 2020, 80 (04): 657-664.

[8] Rappold, A. G., Hano, M. C., Prince, S., et al. Smoke sense initiative leverages citizen science to address the growing wildfire-related public health problem [J]. *GeoHealth*, 2019, 3 (12): 443-457.

[9] Naugle, A., Rothganger, F., Verzi, S., et al. Conflicting Information and Compliance With COVID-19 Behavioral Recommendations [R]. Sandia National Lab. (SNL-NM), Albuquerque, NM (United States), 2022.

[10] Orangi, S., Pinchoff, J., Mwanga, D., et al. Assessing the level and determinants of COVID-19 vaccine confidence in Kenya [J]. *Vaccines*, 2021, 9 (8): 936-947.

[11] Cervantes, L., Hazel, C. A., Mancini, D., et al. Perspectives of Latinx individuals who were unvaccinated and hospitalized for COVID-19: A qualitative study [J]. *JAMA Network Open*, 2022, 5 (06): e2218362-e2218362.

[12] Czajka, H., Czajka, S., Biłas, P., et al. Who or what influences the individuals'decision-making process regarding vaccinations? [J]. *International Journal of Environmental Research and Public Health*, 2020, 17 (12): 4461-4476.

[13] 向倩仪，楚亚杰，金兼斌．公众信任格局中的科学家：一项实证研究［J］．现代传播（中国传媒大学学报），2015，37（06）：46-50.

[14] Carpenter, D. M., Geryk, L. L., Chen, A. T., et al. Conflicting health information: A critical research need [J]. *Health Expectations*, 2016, 19 (06): 1173-1182.

[15] Nagler, R. H., Yzer, M. C., Rothman, A. J. Effects of media exposure to conflicting information about mammography: Results from a population-based survey experiment [J]. *Annals of Behavioral Medicine*, 2019, 53 (10): 896-908.

[16] Shi, W., Nagler, R. H., Fowler, E. F., et al. Predictors of women's awareness of the benefits and harms of mammography screening and associations with confusion, ambivalence, and information seeking [J]. *Health Communication*, 2021, 36 (03): 303-314.

[17] 王连生，王茂福．特殊信任到普遍信任的连接路径［J］．社会发展研究，2021，8（03）：205-225+246.

[18] Karafillakis, E., Peretti-Watel, P., Verger, P., et al. "I trust them because my mum trusts them": Exploring the role of trust in HPV vaccination decision-mak-

ing among adolescent girls and their mothers in France [J]. *Vaccine*, 2022, 40 (08): 1090-1097.

[19] Ecker, U. K. H., Lewandowsky, S., Cook, J., et al. The psychological drivers of misinformation belief and its resistance to correction [J]. *Nature Reviews* Psychology, 2022, 1 (01): 13-29.

[20] Chan, H. W., Wang, X., Zuo, S. J., et al. War against COVID-19: How is national identification linked with the adoption of disease-preventive behaviors in China and the United States? [J]. *Political Psychology*, 2021, 42 (05): 767-793.

[21] 王思洁．扎根理论对情报学研究的启示 [J]. 情报杂志，2011，30 (11)：1-4+32.

[22] 刘国强，颜廷旺．底层群体为何拒用智能手机？——基于重庆棒棒的扎根研究 [J]. 国际新闻界，2022，44 (07)：74-96.

[23] 王苑丞，曾要．网络直播营销中的话语适用度研究——基于扎根理论研究法 [J]. 湘潭大学学报（哲学社会科学版），2022，46 (02)：188-193.

[24] 张海．基于扎根理论的网络用户信息茧房形成机制的质性研究 [J]. 情报杂志，2021，40 (03)：168-174.

[25] 赵杨，时勘，王林．基于扎根理论的微博集群行为类型研究 [J]. 情报科学，2015，33 (04)：29-34.

[26] 吴毅，吴刚，马颂歌．扎根理论的起源、流派与应用方法述评——基于工作场所学习的案例分析 [J]. 远程教育杂志，2016，35 (03)：32-41.

[27] 凯西·卡麦兹．建构扎根理论：质性研究实践指南 [M]. 边国英，译．重庆：重庆大学出版社，2009：144-147.

广告主对网络广告代理业的信任危机及信任机制重构*

柳庆勇　滕千雪　李林樾**

摘　要　广告主对网络广告代理业已产生信任危机，危害极大，但鲜见学理研究。本文基于交易视角，建构了广告主与网络广告代理的三阶段信任博弈模型。研究认为：作为理性“经济人”，广告主对网络广告代理的信任是计算信任，双方都要实现长期利益极大化，但在重复交易的动态博弈中，网络广告代理因效用高而选择机会主义行为，并随信息不对称强化而加剧，同时广告主的信任水平因营销收益减少而降低，甚至产生信任危机，进而抑制交易。因此本文提出了“合理的”信任机制概念，并基于效用函数的计算逻辑，理论与实证相结合地研究了三种网络广告代理信任机制。其本质是优化交易，实现双方长期利益极大化，促进互信，所以应全面推广，以重构网络广告代理业的信任机制。

关键词　网络广告代理　交易　计算信任　信任危机　信任机制

一　引言

20世纪末以来，一方面网络广告持续快速增长，另一方面广告主对网络广告代理业的抱怨声也日益高涨，“我的广告投资有90%都浪费了”，甚至产生信任危机，[1] 进而导致其发展陷入危机。[2] 同时社会各界包括一些媒体对网络广告代理业不断展开批评，然而这些多是道德规

* 基金项目：国家社科基金一般项目“数字广告流量造假的区块链智能合约治理研究”（项目编号：21BXW080）

** 柳庆勇，三峡大学文学与传媒学院教授；滕千雪，三峡大学文学与传媒学院2023级硕士研究生；李林樾，三峡大学文学与传媒学院讲师。

范视角的批评，鲜有基于学理性的研究。所以对此展开学理研究，解答广告主对网络广告代理业的信任危机问题并积极重构信任机制，便成为广告学界的重要课题。

1934年康芒斯在经济学研究史上创新方法论，找到了研究宏观经济系统的钥匙——作为构成单元的交易。[3] 网络广告市场是宏观经济系统的子系统，从运行过程来看，其构成单元是网络广告代理与广告主间的交易。因此本文拟从作为网络广告市场构成单元的交易视角，解析广告主对网络广告代理业信任危机的产生机理及危害，进而探究信任机制重构，以推动网络广告代理业持续健康发展。

二 广告主对网络广告代理业信任危机的产生机理及其危害

（一）广告主对网络广告代理的信任：计算信任

Mayer及Korczynski等从社会关系视角认为，信任指委托人在认为代理人不会损害其利益基础上做出的行为选择。[4] 社会关系复杂多样，但广告主与网络广告代理形成了交易关系。一方面，双方都是理性“经济人”，“精于计算”，追求利益极大化；[5] 另一方面，交易过程有风险：既受外部环境干扰而具有不确定性，又因信息不对称而产生机会主义行为。[6] 考虑到目前主要计价模式为本质相同的CPC（Cost Per Click）与CPM（Cost Per Mille），网络广告代理机会主义行为可分为两类：（1）生产低品质的广告触点，以降低成本为直接目的，如网站盲目扩大频道栏目，以增加广告位数量；（2）流量造假，以增加收益为直接目的。并且二者常组合使用，因前者须通过后者转为力量“创造”价值，即代理的机会主义行为可等效为实际计价流量增加。因此，广告主对网络广告代理的信任“不能超出自我利益的算计”，即“计算信任（calculative trust）”。[7]

Berg等开发的经典信任博弈实验把收益大小作为可信任水平测量，且证实其可测量性、可计算性。[8] 因此，广告主对网络广告代理信任的本质特征是可计算性，即基于网络广告ROI计算的。

（二）广告主对网络广告代理业信任危机的产生机理

IMC 背景下，广告市场主体有广告主、传统营销传播代理与网络广告代理。一方面，三者间为分工关系，它们都是逐利资本的存在形态，具有资产专用性，[9] 进而在经营中产生“沉没成本效应”，[10] 即意味着作为理性“经济人”需重复使用专用性资产，追求长期利益极大化。另一方面，分工与交易辩证统一，[11] 三者唯有通过以信任为前提与基础的交易才能最终实现各自长期利益极大化。因此，广告主与传统营销传播代理、网络广告代理间的交易存在着重复信任博弈。所以为便于研究，我们参考由 Kreps 建构并得到张维迎等创新应用的信任博弈模型，[12] 建构起广告主与网络广告代理的三阶段信任博弈模型（图 1）。

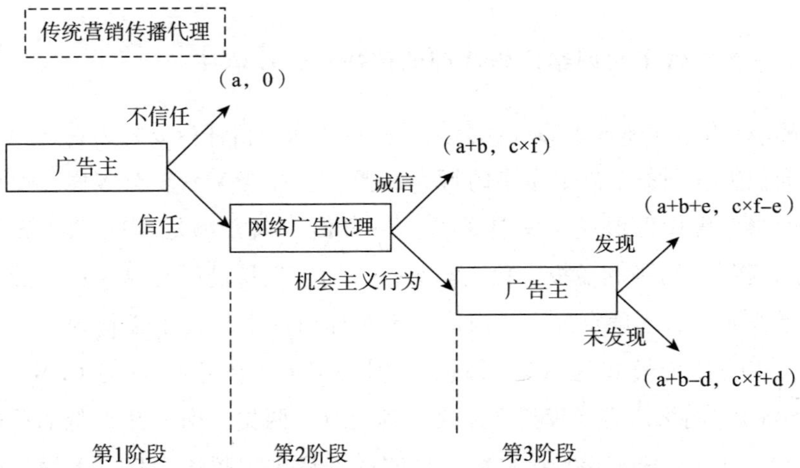

图 1　广告主与网络广告代理的三阶段信任博弈模型

为简化研究，我们把广告主投资一分为二：S、T。在第一阶段，1994 年前广告主向传统营销传播代理投资为 S+T，营销收益为 a。网络广告市场形成初期，广告主不了解也不信任网络广告代理，仍将 S+T 投给传统营销传播代理，而网络广告代理收益为 0，该情境表示为（a，0）。当然广告主会不断尝试新的营销传播方式，在测试性投资后发现网络广告有助于提升整合营销传播效果（产品销量），于是精于计算的广告主便信任网络广告代理并向其投资 T，同时向传统营销传播代理投资 S。[13] 这样，博弈进入第二阶段。

在第二阶段，总是存在着或长或短的网络广告代理诚信时段，广告主投资 S+T，营销收益为 a+b，网络广告代理收益为 c×f（c 表示 CPC/CPM 单价；f 表示流量），该情境表示为（a+b，c×f）。这样，广告主会信任网络广告代理并继续投资。但一方面随着网络广告市场发展，边际收益递减，另一方面网络广告代理通过学习，既能意识到自身优势，又能发现市场漏洞，因此为实现利益极大化便开始不诚信，即利用信息不对称采取机会主义行为。这样，博弈进入第三阶段。

网络广告代理的机会主义行为都可等效为实际计价流量增加。这意味着，在第三阶段，如果未发现网络广告代理的机会主义行为，那么广告主会遭受损失 d，即营销收益实质为 a+b-d，同时网络广告代理收益增加，可简要表示为：c×f+d。该情境表示为（a+b-d，c×f+d）。但国内外都加强治理，均为事后惩治，可等效为实际计价流量减少：国外主要通过智能技术过滤掉有成本的虚假流量，即不计费；国内主要为法治，即依法对有成本的流量造假等进行惩罚。[14] 这意味着：如果发现网络广告代理机会主义行为，其收益则减少，可表示为 c×f-e，同时从长远来看，这有利于抑制机会主义行为，即意味着对广告主有益，等效为收益增加，可表示为 a+b+e。该情境表示为（a+b+e，c×f-e）。当然面对治理，网络广告代理开始钻营流量造假方式：组织方式从小规模“自刷”发展到大规模“他刷”；操作方式从低效率“人刷”发展到高效率“机刷”。2019 年一项调查显示：中国有 900 多万“羊毛党”，从事刷流量的“公关公司”“咨询公司”超 1000 家，且有“星援”App 等多款刷流量机器人。[15]

在网络广告市场运行中，假设网络广告代理机会主义行为被发现的概率是 Q（0 ≤ Q ≤ 1），未被发现的概率则为 1-Q，那么其效用可表示为数学模型Ⅰ：

$$U=(c\times f-e)\times Q+(c\times f+d)\times(1-Q)=c\times f+d-(e+d)\times Q。$$

在国外，一方面，虽然过滤治理技术不断升级，但都是针对基于同一客户端重复快速刷流量的异常网络行为的，其固定 IP 地址重复、时间短、频率高等特征易于识别。另一方面，“羊毛党”主动反过滤：研发高智能化水平的机器人来模仿人类网络行为进行流量造假，隐藏了虚假流量，因此这也强化了信息不对称，难以有效过滤，即 Q 值很低，“Google、Facebook 等平台广告流量有 88%-98%来自机器人，10%以上来自高度模仿人类行为的先进机器人”。[16] 而在国内法治升级中，分布广泛、隐蔽性强的流量造假等机会主义行为限制了以“谁主张谁举证”为原则的法治效力，即 Q 值近乎为 0。这体现在，近些年如武汉思瑞盛创信息科技起诉上海聚告德业文化等因证据不足而败诉的案例并不少见。可见，$c\times f<U\leq c\times f+d$：在国内 Q 接近 0，即 $U= c\times f+d$；而在国外 Q 也很小，且 e 常接近 0（只是过滤、不计费），即 U 值非常接近 $c\times f+d$。因此，网络广告代理的博弈决策是采取机会主义行为。2016 年 ANA 的调查显示“广告业内对流量造假心照不宣”。同时广告主营销收益开始减少，且在整体上存在着计算：$a+b-d<a+b$，所以其对网络广告代理的信任水平开始下降。

无论是“羊毛党”黑灰产业延长了产业链，还是机器人刷流量，都进一步隐藏了网络广告代理机会主义行为，导致更大程度的信息不对称。并且随着黑灰产业规模扩大，刷流量机器人智能化水平提升、数量增加，信息不对称会进一步强化。这样网络广告代理便会获利更多，同时进一步损害广告主利益，“2018 年中国虚假流量达 30%，造成损失有 200 多亿元。WFA 预计 2025 年全球虚假流量的损失达 500 亿美元。”[17] 进而，广告主对网络广告代理的信任水平不断下降，当广告主在整体计算中出现 $a+b-d<a$ 时，即网络广告的 ROI 低于传统营销传播的 ROI 时，就会出现信任危机。在网络广告市场运行与发展中，此情形普遍存在，“2014 年至今可口可乐 1 美元电视广告回报是 2.13 美元，网络广告回报为 1.26 美元”“中国网络营销投资回报率连续 5 年以均速-15%下滑”，[18] 这些意味着，各类广告主对网络广告代理业普遍产生了信任危机。

（三）危害：增加交易成本、抑制网络广告代理业发展

信任是交易的“润滑剂”，因此能促进交易。[19] 在广告主与网络广告代理的重复交易动态博弈中，后者的机会主义行为会越来越严重，因此前者为减少损失，不仅会花费更多时间选择合作伙伴、谈判，而且会加强契约监督执行、事后维权，而这些成本都是可转化为货币的，即交易成本增加。[20] 进而，广告主与网络广告代理的交易会进一步受到抑制，增加网络广告代理业的发展速度降低。这得到了经验证据的证实。从图 2 可以看出，中国（1999—2021 年）、美国（1999—2021 年）网络广告代理业产值年增

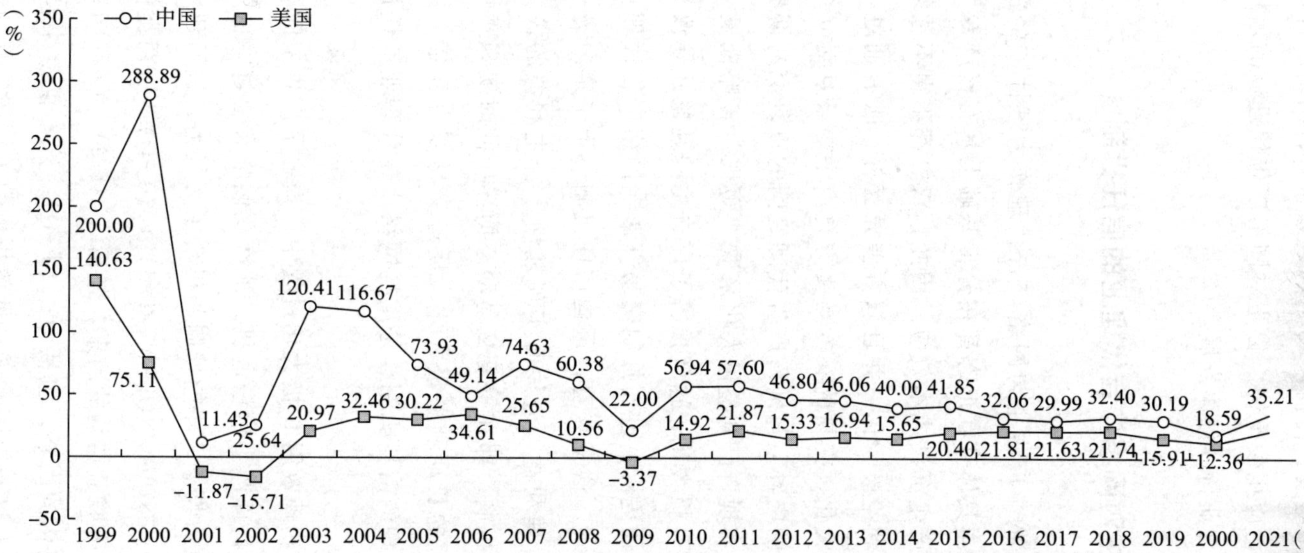

图 2　中国、美国（1999-2021年）网络广告代理业产值年增长率①

① 数据源于iResearch《中国网络广告年度数据发布》《美国网络广告数据研究报告》等。

长率整体呈大幅下降趋势。同时越来越多的广告主开始减少网络广告投资，并把更多广告投资转向传统营销传播领域。[21] 这意味着，网络广告代理业已陷入发展危机。因此，应积极重构广告主对网络广告代理业的信任机制，进而推动网络广告代理业持续健康发展。

三　重构广告主对网络广告代理业的信任机制

分工与交易是辩证统一的。广告主与网络广告代理作为理性“经济人”都有利己动机，作为资本具体存在形态都在分工基础上具有资产专用性特征，进而在经营中逐步产生沉没成本效应。因此，双方都不得不重复使用专用性资产，追求长期利益极大化。并且双方差异互补，唯有通过重复交易才能实现长期利益极大化。交易的买方与卖方自由平等，且对立统一，所以，在如前所述现实的广告主与网络广告代理之间的重复交易博弈中，正是网络广告代理为了实现自己利益极大化采取“短视”策略而发生机会主义行为——实现效用 U 极大化，这就损害了广告主的利益并导致其逐步对网络广告代理产生信任危机，进而抑制交易并影响网络广告代理自身长期利益极大化的最终实现。这意味着，重构信任机制，不是走向另一个极端，即损害网络广告代理利益，去片面实现理性广告主利益的极大化，而应该构建合理的信任机制，即在重复交易动态博弈中同时实现理性广告主与理性网络广告代理的长期利益极大化，促进交易双方互信。因此，这种基于交易单元的合理的信任机制，是重构网络广告代理业信任机制的基础。

既然是网络广告代理在实现效用 U 极大化过程中，损害了广告主的利益并导致其逐步对网络广告代理产生信任危机，那么我们唯有通过降低效用 U 直至低于其在第二阶段的收益，才能抑制其机会主义行为，进而建构起合理的信任机制。而 $U=(c\times f-e)\times Q+(c\times f+d)\times(1-Q)$，有两类构成因素：其一，体现交易双方收益结构的因素，包括 $(c\times f-e)$、$(c\times f+d)$；其二，体现交易双方信息结构的因素，包括 Q、$(1-Q)$。这不仅意味着，从计算逻辑来看，可通过改变这两类因素来降低效用函数 U，进而重构信任机制，而且意味着可重构三种合理的网络广告代理信任机制：（1）基于收益结构优化的网络广告代理信任机制；（2）基于信息结构优化的网络广告代理信任机制；（3）双重优化的网络广告代理信任机制，即以上两种信任机制的综合应用。

（一）基于收益结构优化的网络广告代理信任机制

信任问题源于信息不对称条件下代理人的机会主义行为。从委托代理理论视角来看，在自然状态下，委托代理间的信息结构总是不对称的，因此唯有优化双方收益结构才能抑制机会主义行为。由于委托代理关系以契约为纽带，契约则约定了双方的收益结构，因此，该理论的核心任务是设计最优契约来优化收益结构。而最优契约需要满足两个条件：激励相容约束（即同时实现委托人与代理人利益最大化）与参与约束（即代理收益不能低于代理人可以从其他同类代理服务中获得最低代理收益的机会成本）”。由此即便在信息不对称的条件下，代理人的机会主义行为亦能得到抑制。[22] 因此，这就意味着，基于收益结构优化的信任机制已经建构起来。[23]

依据最优契约理论，我们可以把广告主与网络广告代理之间的收益结构优化情境概括为：（a+b，g+（a+b）×k），其中 g 表示网络广告代理的机会成本，（a+b）×k 表示其从广告主的营销收益（a+b）中按比例 k 获得的分成。这样，如果网络广告代理选择机会主义行为，那么广告主的营销收益会减少，即 a+b-d，同时网络广告代理的收益亦会减少，即 g+（a+b-d）×k，正所谓“害人害己”。并且，无论网络广告代理的机会主义行为是否被发现，网络广告代理的收益都会随广告主的营销收益减少而减少。这意味着，网络广告代理选择机会主义时的效用 U 总是会低于选择诚信行为时的。因此，在广告主与网络广告代理之间的重复交易博弈中，网络广告代理不仅会主动放弃机会主义行为（即博弈重回第二阶段），避免“害人害己”，而且会被全面激发起利己动机、创新活力与创造动力，进而努力提高网络广告传播代理服务水平，在极力提高广告主的营销收益基础上实现自己长期利益极大化，即“利人利己”。这意味着，能促进双方互信、不断提高彼此信任水平，即基于收益结构优化的网络广告代理信任机制得以重构。

这得到了区块链智能合约平台 BAT（basic attention token）的经验证据

证实。该平台充分利用了可编程性，用内置模型及算法实时评价用户上网时注意广告作品的时间 T，并计算传播效果得分 S：范围［1-7），且计分高、付费多。这样，只要网络广告代理在 STP 框架下进行市场定位、生产内容，那么 S 通常可达到 1，实现其机会成本，即满足“参与约束”。并且随着其运营水平提高，S 会不断增加，既能提高其收益，又能提高用户转化率、广告主营销收益，即满足“激励相容约束”。[24]

（二）基于信息结构优化的网络广告代理信任机制

在网络广告代理采取机会主义行为时，其效用 $U=(c\times f-e)\times Q+(c\times f+d)\times(1-Q)$。从计算逻辑来看，当机会主义行为被发现的概率 $Q=1$ 时，则 $U=c\times f-e$，同时会有计算：$U<c\times f$。此情境的实践意蕴是，不仅优化了委托代理间的信息结构，即消除信息不对称，而且会导致网络广告代理采取机会主义行为时的实际收益低于采取诚信行为时的收益，进而促使其放弃机会主义行为。这样，广告主与网络广告代理之间的交易博弈将重回第二阶段，收益情境为（a+b，c×f），即意味着基于信息结构优化的网络广告代理信任机制得以重构。

委托代理理论受限于时代环境，但区块链智能合约作为数字技术的高级形态更具颠覆性。区块链智能合约平台 XCHNG 充分利用了透明性、去中心化，通过实现“设备级精度（device level precision）”交易来消解信息不对称，进而抑制网络广告代理的机会主义行为。这意味着，基于信息结构优化的网络广告代理信任机制已经得到经验证据的证实。[25]

（三）双重优化的网络广告代理信任机制

网络广告代理采取机会主义行为时的效用 $U=(c\times f-e)\times Q+(c\times f+d)\times(1-Q)$。其有两类构成因素：体现交易双方收益结构的因素；体现交易双方信息结构的因素。从前述分析可见，通过优化收益结构、信息结构都能抑制机会主义行为，重构网络广告代理信任机制，因此，从计算逻辑来看，可通过同时优化收益结构与信息结构来抑制机会主义行为，即重构双重优化的网络广告代理信任机制。

这得到了区块链智能合约平台 AdChain 的经验证据证实。该平台充分利用了透明性、去中心化及可编程性，通过嵌入动态的网络广告代理域名注册表（Registry）来创新制度安排——构造了关联博弈结构，不仅消除了非对称信息，即重构基于信息结构优化的网络广告代理信任机制，而且形成了激励机制，即重构基于收益结构优化的网络广告代理信任机制，进而最大限度地抑制，网络广告代理机会主义行为。[26]

由此可见，重构合理的网络广告代理信任机制的本质，是重构并优化广告主与网络广告代理之间的交易单元，进而同时实现交易双方长期利益极大化，促进互信。所以，我们应该在网络广告市场上对其进行全面推广，进而重构网络广告代理业的信任机制。

四　结语

从作为网络广告市场构成的交易单元视角来看，广告主对网络广告代理的信任是一种计算信任。双方作为理性“经济人”都必须重复使用专用性资产，并通过重复交易追求长期利益极大化，但在重复交易动态博弈中，网络广告代理因机会主义行为效用高于诚信行为收益而采取机会主义行为。进而精于计算的广告主对其信任水平开始下降。随着信息不对称的强化，网络广告代理进一步采取机会主义行为便导致广告主的收益低于传统营销传播的收益。这样，广告主对其信任水平不断下降，甚至产生信任危机。而在网络广告市场运行与发展中，此情形的普遍存在则意味着：广告主对网络广告代理业产生了信任危机。因此，应建构合理的信任机制，即在重复交易动态博弈中，在同时实现理性广告主与理性网络广告代理的长期利益极大化基础上重构信任机制。显然，从计算逻辑来看，可重构三种合理的信任机制：基于收益结构优化、基于信息结构优化、双重优化的网络广告代理信任机制。在区块链智能合约作为信任技术的加持下，这些都已得到经验证据证实。由此可见，重构合理的网络广告代理信任机制的本质，是重构并优化广告主与网络广告代理间的交易单元，进而同时实现交易双方长期利益极大化，促进互信。所以我们应在网络广告市场上对其进行全面推广，进而重构网络广告代理业的信任机制。

参考文献

［1］徐婧艾．刚结束的全球最大广告大会上，大家也在讨论信任［EB/OL］. http://www. qdaily. com/articles/32874. html.

［2］中国产业发展研究网．2018 年中国程序化购买展示广告市场发展前景分析［EB/OL］. http://www. chinaidr. com/tradenews/2018-02/117891. html.

［3］康芒斯．制度经济学（上册）［M］. 于树生，译．北京：商务印书馆，1997：10-11、70-71.

［4］许琼来．不对称信息下网络交易信任缺失的博弈研究［D］. 北京：北京邮电大学，2008：35.

［5］杰伊·沙夫里茨等．公共政策经典［M］. 彭云望，译．北京：北京大学出版社，2008：10.

［6］Williamson，O. E. Opportunism and its critics［J］. *Managerial and Decision Economics*，1993，14（2）：97-107.

［7］Williamson，O. E. Calculativeness，Trust and economic organization［J］. *Journal of Law and Economics*，1993，36（1）：453-486.

［8］向国成，邓明君．信任行为：从理性计算到认知博弈的范式转变［J］. 南方经济，2018（5）：69-84.

［9］胡浩志，吴梦娇．资产专用性的度量研究［J］. 中南财经政法大学学报，2013（1）：38-46.

［10］Arkes，H. R. & Blumer，C. The psychology of sunk cost［J］. *Organizational Behavior and Human Decision Processes*，1985，35（1）：124-140.

［11］盛洪．分工与交易［M］. 上海：上海人民出版社，1994：88.

［12］何丽红，李丹．基于委托代理理论的物流外包信任机制研究［J］. 统计与决策，2008（18）：182-184.

［13］柳庆勇，刘好，王惠敏．论智能广告起源［J］. 三峡大学学报（人文社会科学版），2022（4）：76-82.

［14］张雯，颜君．“刷流量”网络黑灰产业的监管与规制——以司法纠纷解决路径为切入点［J］. 中国应用法学，2019（5），105-115.

［15］中国新闻网．900 万人都在给谁刷流量［EB/OL］. https://www. chinanews. com. cn/it/2019/08-02/8915291. shtml.

［16］Adrian，N. & Sander，K. Quantifying Online Advertising Fraud：Ad-Click Bots vs

Humans [EB/OL]. http://oxford-biochron.com/downloads/Oxford Bio Chron_Quantifying-Online-Advertising-Fraud_Report.pdf.

[17] 数英. 虚假流量猖獗、黑产规模破千亿，“广告向善”能带来多大的价值[EB/OL]. https://www.digitaling.com/articles/239196.html? plat = ios&from = timeline&isappinstalled = 0. 2019.

[18] 人民网. 流量造假“网友不够用了”数字广告行业陷信任危机[EB/OL]. http://media.people.com.cn/n1/2017/0826/c40606-29496383.html.

[19] Powell, W. Neither market nor hierarchy [J]. *Research in Organizational Behavior*, 1990, 12 (3): 295-336.

[20] 杨悦. 交易成本理论的哲学思想与方法论基础[J]. 南京社会科学, 2004 (7): 9-15.

[21] 中国产业发展研究网. 2018年中国程序化购买展示广告市场发展前景分析. [EB/OL]. http://www.chinaidr.com/tradenews/2018-02/117891.html.

[22] 张维迎. 博弈论与信息经济学[M]. 上海：上海人民出版社，2011：238-243.

[23] 彭志忠，王水莲. 基于委托代理理论的物流金融信任机制研究[J]. 中国流通经济，2007 (6): 13-15.

[24] 柳庆勇. 数字广告流量造假的区块链智能合约治理——基于BAT平台应用的个案研究[J]. 全球传媒学刊，2021 (8): 95-112.

[25] 柳庆勇，王惠敏，刘好. 区块链智能合约治理程序化购买广告流量造假的机制创新——基于XCHNG平台应用的个案研究[J]. 现代广告，2023 (14): 36-45.

[26] 柳庆勇. 基于区块链智能合约的数字广告流量造假治理机制及创新研究——以AdChain应用为个案[J]. 新闻大学，2022 (11): 16-29.

智媒时代中国自主品牌国际传播能力提升策略探究*

孟令光　金鑫鑫**

摘　要　自主品牌不仅是衡量一个国家国际竞争力的重要指标之一，更是国家形象的重要载体，对形成文化自觉和文化自信尤为重要。本文梳理了中国自主品牌出海可利用的机遇，剖析了中国自主品牌在国际传播中存在的问题，重点对已走出国门的部分中国自主品牌进行了案例研究，有针对性地提出了提升中国自主品牌国际传播能力的策略。

关键词　智媒时代　中国自主品牌　国际传播能力

中国自主品牌是指由中国企业自主开发，知识产权归中资企业所有的国产品牌。自主品牌不仅是权衡一个国家国际竞争力的重要指标之一，更是国家形象的重要载体，对形成文化自觉和文化自信尤为重要。[1] 当今国与国之间的角力在一定程度上表现为各国自主品牌之间的比拼。随着中华民族的伟大复兴和国家实力的显著增强，中国将有更多的自主品牌走出国门，主动参与国际竞争，成为具有全球影响力的中国品牌。中国自主品牌崛起既面临着多重发展机遇，同时也存在国际传播能力不足的突出问题。探讨如何增强中国自主品牌的国际传播能力，讲好中国品牌故事，增强中国品牌声音，对中国自主品牌发展壮大具有重要的理论价值和现实意义。本文以部分走出国门的中国自主品牌的国际传播实践为例来研究中国自主

---

* 基金项目：国家社科基金重大项目“中国特色国际传播战略体系构建研究”（项目编号：22ZDA087）；上海市哲学与社会科学基金一般项目“当代中国广告公司发展史研究（1979-2019）”（编号：2020BXW004）。

** 孟令光，上海大学新闻传播学院讲师、硕士生导师，上海广告研究院研究员；金鑫鑫，上海大学新闻传播学院硕士研究生。

品牌在国际传播中的问题，期望探讨中国自主品牌提升品牌价值和国际影响力的路径与方法，并提出值得借鉴的策略建议。

一 契机：中国自主品牌崛起面临多重机遇

（一）中国成为世界经济增长主引擎和全球化引领者

人类文明发展需求推动资源和生产要素在全球范围内进行配置，各国经济在生产、交换、分配及消费四大环节均迈入一体化时代，经济全球化已成为不可逆的发展潮流，当今世界发展需要世界各国的携手合作，中国和中国品牌在经济全球化中大有可为。历经改革开放四十余年，中国取得了举世瞩目的成就。经济实力显著增强，小康社会全面建成，法治建设稳步推进，社会运转平稳有序，资本市场逐步完善。2023 年我国国内生产总值突破 126 万亿元，对世界经济增长的贡献率有望超过 30%，是推动全球经济增长的主引擎。[2] 我国自 2010 年起已连续十三年稳居全球第二大经济体，且与第一大经济体的差距逐年在缩小。近年来，面对全球经济增长乏力的严峻国际形势，我国经济持续向好，保持稳定的增长动能。我国对世界经济增长的贡献度保持在 30%左右，是推动全球经济增长的主引擎。基于此，中国品牌得以稳步成长，有充足实力进行海外拓展。作为全球化坚定的倡导者和拥护者，2013 年 9 月，习近平总书记在访问哈萨克斯坦时第一次提出共同建设“丝绸之路经济带”的倡议。同年 10 月，习总书记在印度尼西亚国会提出建设“21 世纪海上丝绸之路”的新概念。此后，“一带一路”倡议迅速得到更多国家和地区的响应。“一带一路”倡议不仅为中国品牌“出海”搭建了新平台，也有利于中国自主品牌内涵与文化的输出以及品牌形象的建立。从“一带一路”倡议到《区域全面经济伙伴关系协定》的签订，中国逐步建立了互联互通的国际贸易新朋友圈，为自主品牌的国际化发展搭建了广阔舞台，中国品牌更有意愿也更有实力“走出去”。

（二）品牌强国上升为国家战略

传播良好的中国自主品牌形象有利于塑造我国的国际形象，同时也有助于实现我国经济转型升级和高质量发展。从国家战略层面看，我国高度重视自主品牌发展。2014 年 5 月 10 日，习总书记提出推动“中国制造”向“中国创造”转变，“中国速度”向“中国质量”转变，“中国产品”向“中国品牌”转变。2015 年 5 月 19 日，国务院发布《中国制造 2025》，做出全面提升中国制造业发展质量和水平的重大战略部署。2016 年 6 月 20 日，国务院办公厅发布《关于发挥品牌引领作用　推动供需结构升级的意见》，动员全国上下实施“以品牌为引领，大力提升产品质量，推动供给结构和需求结构升级，塑造高水平的国家品牌形象，实现经济转型”的品牌战略，之后制定并实施一系列品牌建设制度和法规；国务院自 2017 年起，将每年 5 月 10 日设立为“中国品牌日”，将品牌强国上升为国家战略，期望鼓励宣扬知名自主品牌，发挥品牌引领作用，营造品牌发展良好氛围，讲好中国品牌故事，搭建品牌发展交流平台，提高自主品牌的认知度和影响力，力图用广阔的国际国内市场助推中国经济高质量发展。这一系列举措表明，“品牌强国战略”逐步被提升至国家战略，中国品牌出海面临重要的政策机遇。[3] 如果放眼全球市场，中国自主品牌拥有巨大的增长空间，只有积极参与全球竞争，成为全球品牌，才能有足够的实力与全球品牌进行正面竞争。近年来，中国已有部分自主品牌率先走出国门，在激烈的全球市场竞争中开疆拓土，并有所建树（见表 1）。

表 1　2022 年中国出海品牌价值 50 强

行业分类	品牌名
游戏（12 个）	三七互娱，贝塔科技，壳木游戏，智明星通，趣加，乐元素，龙创悦动，昆仑万维，莉莉丝，米哈游，网易，腾讯
移动应用（11 个）	麒麟合盛，掌阅，阿里巴巴，兰亭集势，百度，滴滴，携程，欢聚集团，字节跳动，赤子诚科技，京东
消费品（27 个）	安克创新，傲基科技，比亚迪，奇瑞，大疆，传音控股，格力，长城汽车，海尔，联想，名创优品，华为，海信，一加手机，美的，茅台，吉利汽车，OPPO，PatPat，TCL，上汽集团，SHEIN，伊利，VIVO，小米，飒芙，中兴

数据来源：飞书深诺与艾瑞咨询 2022 年 11 月联合发布的《2022MeetBrands 中国出海品牌价值榜单报告

（三）跨境电商异军突起

《“十四五”数字经济发展规划》提出，要有效拓宽数字经济国际合作，以数字化驱动贸易转型和贸易方式转变。[4] 一批优秀的中国电子商务平台已在全球布局，并获得大量用户。中国电商巨头阿里巴巴发展壮大了其全球化业务力量。近年来，阿里巴巴成立了服务东南亚市场的 Lazata，服务土耳其市场的 Trendyol 等。2022 年，阿里巴巴又瞄准欧洲，成立了针对西班牙独立运营的跨境平台 Miravia，邀请各大品牌入驻。中国自主品牌有了更多渠道去传播品牌价值，出海品牌入驻电子商务平台，布局海外销售业务，海外市场成交量可观。跨境电子商务的品牌出海标志着跨境电商迈向升级发展的新阶段。此外，2022 年我国跨境电商进出口额（含 B2B）为 2. 11 万亿元人民币，同比增长 9. 8%，其中，出口额为 1. 55 万亿元人民币，同比增长 11. 7%。[5] 截至 2023 年 6 月，我国网络直播用户规模达 7. 65 亿，占网民整体的 71. 0%。[6] 已有品牌将直播电商模式移植到海外购物平台，发展态势良好，未来海外也必然掀起直播电商热潮。

（四）中国智能媒体快速崛起

在信息技术上占优势的国家可以通过对全球信息流向的控制使之对本国话语权产生积极影响。媒体是品牌传播的载体，中国智能技术快速更新迭代，智能媒体精准捕捉用户需求，良好的使用体验让海外用户开始关注并使用中国智能媒体，中国将凭此逐步建立自己的国际传播媒体矩阵。2022 年，中国互联网广告总量突破 6600 亿元人民币，发展速度明显高于全球平均水平。[7] 2024 年 1 月，英国品牌评估咨询公司品牌金融（Brand Finance）发布了《2024 全球品牌价值 500 强》，TikTok/（抖音海外版）品牌价值 842 亿美元，比 2022 年增幅达到 28%，荣膺全球品牌价值前七强；微信则保持了全球最高的 AAA+级的品牌强度评级，微信品牌强度的强劲表现，再次证明了其在国内的良好声誉，以及在国际上不断增强的影响力。[8] 借力中国智能媒体快速崛起的东风，中国自主品牌将逐步融入全球品牌话语体系。

二　问题：中国自主品牌国际传播能力不足

对一个国家而言，衡量其国际传播能力主要看其传播体系在国际上是否具有较强的影响力。对一家媒体而言，衡量其国际传播能力也主要看其在国际上是否具有一定的影响力。而对于一个走出国门的自主品牌来说，它的国际传播力主要体现在其能否围绕自身发展需求，背靠国家，利用媒体，扩大品牌国际知名度，对海外受众产生一定的影响力。通过研究我国自主品牌的国际传播案例我们发现，中国自主品牌存在的主要问题是国际传播能力不足，具体表现为品牌战略定位不清晰、传播渠道不顺畅、传播主题不鲜明、传播内容不落地、传播效果不理想等。

（一）品牌战略定位不清晰

中国市场的包容性给予了本土品牌无限机遇，而海外消费者与中国消费者存在较大差异，中国自主品牌惯性将针对国内消费者的营销方法应用于国外消费者，导致海外市场实际营销效果欠佳。此外，中国企业在部分高新技术领域取得重要突破，甚至在一些细分领域已成为世界龙头，而在全球市场上拥有强大影响力的中国消费品牌却较少。欧美西方国家的跨国企业在消费品的生产与售卖方面具有较为先进的经营理念和成熟的运作体系，与中国消费品牌相比具有明显的优势。近年来，部分中国消费品牌虽然加快了在海外市场的布局，但和世界一流品牌仍存在较大差距。部分中国自主品牌在拓展国际市场初期，往往重销售、轻品牌，在构建海外经销商体系和经销商队伍方面投入更多的时间和资金，对如何引导海外消费者对中国品牌建立良好的认知缺乏足够的重视。中国自主品牌习惯了国内舒适区，仍旧用中式思维看待海外市场，未从根本上解决“我是谁”“我能带来什么”的关键问题。因为品牌战略定位不清晰，在智媒时代面对海量信息，全球的主流人群难以识别自身定位模糊的中国品牌，对中国自主品牌缺乏一定的认知。

（二）品牌传播渠道不顺畅

中国自主品牌对外传播路径受限于海外媒体。社交媒体时代，Twitter、Facebook、Instagram、YouTube 成为美国全球传播的主要载体。通过四大社交网络在全球的拓展，美国获得新媒体时代全球话语权，并掌控了全球舆论场。近年来，微信、抖音海外版 TikTok 等中国智能媒体发展快速，中央广播电视总台、新华社、人民日报社等媒介集团在国际舆论场上影响力有所提升，在国际媒体市场占据一席之地，但目前国际传播的话语权仍掌握在国际传媒巨头手中。英国数据分析和咨询公司 Global Data 的数据显示，在 2022 卡塔尔世界杯上，共有来自中国的万达、海信、vivo、蒙牛、雅迪以及 Boss 直聘等六家品牌共花费了 13.95 亿美元成为世界杯赞助商[9]，不仅在赞助商的数量上超过了欧美及日韩品牌，也在赞助资金上排在世界第一位。西方大部分主流媒体未对中国品牌赞助世界杯的新闻进行报道，仅有少部分非主流媒体对此进行了相关报道，但在报道中带有成见地涉及所谓的“人权问题”，缺乏公正性和客观性。欧美国家媒体自互联网革命开展以来，建立了一套“普世”的社交媒体规则。中国既不是规则的制定者，也不是内容生产的主要参与者。中国自主品牌利用海外媒体进行数字营销，建立中国品牌形象，开展系列国际传播活动，也必然受制于目前占据主流地位的海外媒体。Twitter 和 YouTube 等的热度曝光机制可以让开发者依据关键词对品牌主体账户和互动言论限流，根据用户国别进行分区设置，而欧美国家上层社会关注的重心是中国经济和科技的发展，底层民众在媒体引导下对中国品牌和中国文化存在一定偏见。受来源国刻板印象影响，海外受众对中国品牌的感知度较低，长期形成对中国产品“低质低价”的固有印象。上述因素导致中国自主品牌在海外智能媒体上的品牌曝光度不足，其倡导的文化理念和价值观难以被海外受众真正接受与认可。

（三）传播主题不鲜明

在经济全球一体化的今天，越来越多的品牌和产品被世界各地的人们所接受，这些品牌多带有自己国家文化的精神。可口可乐、耐克、万宝路这些美国品牌传达着美国人的开放、进取、冒险、创新的精神；奔驰传递的是德国人理性专精的态度；索尼、丰田传递的是日本人的团队精神和危机意识……世界知名品牌的基因多由自己国家“文化元素”决定。所以，中国的品牌要走向世界，也必须做代表本国文化的品牌，必须与中华优秀传统文化有机融合，让中国优秀文化丰富中国品牌的文化内涵。改革开放四十多年来，我国经济发展突飞猛进，但部分中国品牌在国际传播中缺乏文化自信，品牌文化内涵缺失。代表中国优秀文化的中国元素先后在 2008

年北京奥运会、2010 年上海世博会以及 2022 年北京冬奥会精彩绽放，让全球观众为之赞叹。越来越多的国际品牌从中国文化元素中汲取精华，寻求设计创作灵感。路易威登、香奈儿等国际品牌在具体设计中巧妙运用青花瓷、中国龙、刺绣、中国书法等元素，而海尔、联想等中国品牌对中国文化资源的挖掘和运用存在一定顾虑，实际运用时又很低调[10]。

（四）传播内容不落地，导致实际效果欠佳

近年来，部分中国自主品牌在拓展海外市场上进行了积极的资源投入，但在海外市场反响平平，中国品牌海外传播效果不尽如人意。《2022 年 MeetBrands 中国出海品牌价值榜单报告》数据显示，中国品牌出海投入指数为 72，而品牌效果指数仅有 54.9。[11]

投入与产出之间的差距体现在中国品牌链接海外消费者存在明显不足。出海的自主品牌在刚进入国际市场时，惯于采取高举高打的广告投放策略，从数字媒体平台内容到户外广告，多能看到其中国品牌身影。为了迎合智能媒体时代用户的信息消费习惯，出海品牌“依样画瓢”开设推特账号，输出品牌内容，但相关推文的阅读量和点赞评量较低，社媒上也难出现较高热度的品牌话题。这反映出自主品牌存在传播内容悬浮，未正视海外当地市场的需求，未引发海外用户的兴趣和关注，未得到全球主流消费人群的认同。从深层上看则是品牌在讲故事时未贴近海外消费者的生活，只顾“讲自己的话”，海外消费者听不懂、听不进，因此，品牌无法与海外消费者实现同频共振，不能良性互动，更不能与消费者建立情感连接。中国自主品牌在进行国际传播时，其传播主题需要更契合海外受众的文化审美和消费习性。

三　突破：提升中国自主品牌国际传播能力的策略

国际传播能力不足已经成为制约我国自主品牌国际化的重要因素。如何在世界舞台上讲好中国品牌故事，提升中国品牌声音，增强中国品牌的国际传播能力，提升中国品牌的国际影响力？近年来，部分领先的中国自主品牌围绕上述问题已在国际传播中摸索出一些卓有成效、可供其他品牌

借鉴的经验和方法。

（一）建立全球性品牌定位和差异化品牌理念

麦当劳、微软、奔驰、可口可乐、阿迪达斯等全球知名品牌已经在全球的消费者心智中建立了全球定位。比如可口可乐通过在全球消费者心智中建立“可口可乐是正宗的可乐”的认知，确立了其全球定位。张一鸣在2012年创立字节跳动之初，就明确了全球化的发展构想。2018年，字节跳动全面推进全球化战略，提出其海外用户占比将在三年内超过50%的具体目标，大力拓展国际市场。

中国自主品牌出海要打造高价值的品牌形象，需通过技术革新和产品创新，生产出品质过硬、核心技术领先全球的产品，将对流行趋势的洞察应用于产品设计中，并建立独特的品牌定位和价值观。同时也应充分调研海外目标市场，围绕海外市场主流消费者的需求特点设计差异化的战略定位，向海外消费者讲清“我是谁”“我能带来什么”，传递品牌独特的精神和功能价值，将品牌价值观融入品牌传播体系，建立差异化形象，突出品牌个性，通过创新性的品牌传播满足不同区域文化背景下消费者的内在需求，逐步开拓海外市场。

对品牌来说，名称是一个品牌独特价值的凝结，品牌名称决定了海外消费者的第一印象。近年来，海外学习中文的人群在逐年增多，但英语仍是全球通用的语种。中国品牌要拓展全球市场，仅用中国的品牌名还远远不够，必须有一个能被海外消费者普遍接受、能满足全球化战略需要的英文品牌名。中国杰克缝纫机作为全球最大的缝纫机品牌，其在国际市场有一个全球消费者很容易读出来并且能记得住的名字“Jack”，而它之前曾经用过的“火球”品牌名却鲜有人知，其因为无法适应全球市场而被弃用。抖音在拓展国际市场时，并没有使用中国人家喻户晓的中文品牌名“抖音”，而是使用了一个简洁易记、朗朗上口的英文品牌名“Tiktok”。拼多多在拓展海外市场时，其面向海外消费者的在线购买平台取名为TEMU。花西子是诞生于杭州西湖旁的国产美妆品牌，其核心成分是花卉精华和中草药提取物，独具中国千年古方养颜智慧，为了迎合全球消费者，又能讲清产品“欲把西湖比西子，淡妆浓抹总相宜”的功效，品牌的全球名称被巧妙地译为“Florasis”，是“Flora”+“Sis”，可理解为“花神”，利用海外受众对中国的心智资源，传递品牌韵味。

品牌的地理属性决定了其构思，中国品牌带有浓厚的东方哲学理念。差异化品牌理念让海外受众耳目一新，消费者能否理解品牌理念决定了品牌的生死存亡。如何将中国理念转化为海外受众可接受的价值，洽洽瓜子为我们提供了可借鉴的经验。在海外市场，嗑瓜子的习惯亟待被培育，洽洽选择用轻松易分享的概念，设定 #Shell Out Your Joy 为洽洽 2022 年社媒主导概念，把 ChaCha“分享、时尚、快乐、活力”等积极的品牌印象通过每一篇帖文传递给受众。

（二）搭建直达海外目标用户的智能营销矩阵

中国自主品牌出海不仅是单一品牌企业的使命，更是国家的重要战略。我国可依托先进的数字技术打造更多面向海外消费者的智能媒体平台，并使之成为中国品牌国际传播的重要载体；重点依托 TikTok、微信等中国智能媒体平台，以新技术、新生活吸引海外用户主动选择。TikTok 在海外的影响力日益增强，对 Facebook、Twitter、Instagram 和 YouTube 等媒体巨头建立的垄断格局形成一定冲击。基于丰富的产品形态和被其收购的 Musical.ly 丰富的海外市场经验，TikTok 最终被打造为一个具有广泛影响力的世界级社交娱乐产品。TikTok 的国际化为世界各国展现了社交媒体国际化新范式，有助于我们逐步打破美国通过社交媒体控制全球信息传播的局面。

国际传播要坚持移动优先、海外社交平台优先战略，用好国际合作传播渠道，注重分众化传播，区分不同群体精准宣介，形成载体多样、渠道丰富、覆盖广泛的传播矩阵，提升国际影响力。[12] 亚太及部分欧美城市用户喜欢用 Facebook，美国用户则爱用 Instagram，英国与新加坡的用户对 Twitter 更感兴趣。因而中国自主品牌应依据不同用户习性在不同平台建立账号，结合平台特点生成和推送个性化内容。例如在 Instagram 上使用简明扼要的图文信息，在 TikTok 等视频社交媒体上用更具有表现力的视频传递品牌理念，通过多平台的联动，展现品牌的价值与特色。如涉足投资、制药、商贸、房地产、酒店及高尔夫等领域的金花集团，坚持“责任、正念、传承、创新”的价值导向，在进军海外市场第一步便利用 Facebook、Instagram、LinkedIn、Twitter、YouTube 和 TikTok 等社媒平台，根据公司发展要求和国际市场一线需求，进行创意性内容策划，生产贴近消费者的内容，形成传播合力，提升了品牌的国际知名度。

传播的最终目的是提升效果，智能媒体营销的终端需要与销售挂钩。企业需要深化技术、内容、数据的深度融合，依托跨境购物平台，建立直接触达海外目标消费者的 DTC（Direct to Consumer，直接面对消费者）销售模式；[13] 同时让媒体平台品牌内容一键链接 DTC 网站，依托内容关键词即时跳转 DTC 网站，形成从传播到促购的闭环，从而脱离“产品卖全球，品牌无人知”和“声势浩大无人买”的窘境。

（三）构建与全球消费者共通的话语空间和视觉锤

中国自主品牌出海的目的是成为具有国际影响力、全球畅销的中国品牌。中国消费者的心智和海外消费者的心智存在着巨大差异，如果单纯用适应中国消费者心智的一套规则和做法，是无法真正触及和影响海外消费者的心智的。因而，中国自主品牌国际传播必须深入了解全球各地的文化差异，把握当地消费者的需求特点和消费习惯，探寻与全球消费者共通的话语空间。中国自主品牌在成为国际品牌之前，不应过度强调中国烙印。中国自主品牌的精神与社会责任不只存在于品牌周边，也广泛蕴含在世间万事万物中。中国自主品牌在进行海外营销时，可结合不同区域市场的实际情况与新的潮流趋势，做到因地制宜，建立系统且灵活的品牌传播体系。[14] 以小米为例，在举办 TikTok 品牌挑战赛时选择了三款不同的 TikTok 贴纸特效，以此来吸引不同国家和地区的用户参加挑战赛。在东北欧地区，小米选择当地受众喜爱的赛车游戏贴纸元素展示其产品特性；在东南亚地区，其选择与《绝地求生》（PUBG）游戏 IP 进行跨界合作；在欧洲及中东地区，其通过触发手势和 2D 贴纸重点展现“挑战边界，挑战热爱”的品牌理念。

在当前消费画像以人而分的时代，共通的语意空间在同一文化土壤中也因人而异，中国自主品牌可以利用智能媒体实现传播的个性化。中国国际航空公司作为我国唯一一家被允许挂国旗飞行的航空公司，积极推动中国传统文化与世界文化的融合发展，针对海外不同的消费场景定制创意沟通策略，从文化背景、消费习惯等角度规划以美国、欧洲国家、澳大利亚为主的重点航线，以中国的香港、澳门、台湾和东南亚国家为辅的亚洲航线，再在Facebook等平台上进行相对应的广告投放，实现了精准营销的传播目标。

大疆是无人机爱好者的挚爱品牌，大疆在开拓国际市场时，曾在美国电影和电视剧中进行植入，策划实施了“无人机飞入白宫”活动，进行热点营销，参加无人机交流会，并与苹果、Best Buy、Media Market等国际品牌进行跨界合作。与手机品牌相比，大疆侧重于融入海外受众的平常生活，力图成为海外受众的重要伙伴，进而在无形中让更多的海外受众选择了大疆。

网易游戏发现游戏玩家的主力军是30岁以下的青少年，线上游戏体验是玩家线下交流的重要话题，基于对目标消费人群的分析，网易在日本推广游戏《荒野行动》时，依据特定群体的习惯与偏好设计特定的方案，利用Twitter聚集这一年轻群体，通过首屏展示、直播讨论与现场演出等，实现线上与线下联动，直播观看量达265万次，首屏展示互动率约5.5%，并使意向玩家提升了10%。

此外，中国品牌要做全球性的品牌，还要设计出强有力的视觉锤。视觉图像本身不需要翻译，全球消费者就能看得懂，记得住。如果看到勾形Logo，消费者自然会想到知名品牌耐克；如果看到金色的拱形门，消费者会联想到麦当劳；如果看到被“咬”了一口的白色苹果，消费者立即会联想到苹果（iPhone）手机。强有力的视觉锤，有助于强化全球消费者对中国品牌的心智认知，有利于中国品牌在全球范围内的传播。

（四）利用“社媒+社区”组合，增强与海外用户的互动

中国自主品牌国际传播的内容要紧贴海外用户的前沿生活方式。在智能媒体时代，传统人群定义已过时，品牌可依据人群兴趣标签，利用“社媒+社区”组合模式，创建品牌主导的兴趣圈层，增强品牌的流量曝光，创新社群互动方式，提升舆论关注度和互动营销热度。中国自主品牌可借鉴小米模式打造海外社群，利用社交媒体形成敏捷高效的传播合力。小米依托其品牌粉丝社区和官方社交媒体平台的传播优势，运用各自主打的原创IP，围绕产品特性和核心卖点，快速形成热点话题，或通过推出各类特

定主题活动和预热活动，打造出多样化的互动体验，增进海外粉丝用户的参与感和认同感，提升海外用户黏性。[15]

在社群活动创新方面，中国自主品牌可借鉴并利用 TikTok 创意众包模式。在 TikTok 上，音乐是共通的语言，Duest 和 Stitch 是 TikTok 最受欢迎的两个共创工具，用户每天都在使用它们来创作新的声音，对声音感兴趣的用户自动集结成群，社群活跃度高，也由此让 TikTok 成为全球用户使用最多的音乐短视频平台。中国自主品牌在借鉴该模式的同时也可以利用 TikTok 社群，把 TikTok 社群作为一个巨大的选角平台，让粉丝成为品牌的传播大使，为品牌的下一次活动集思广益，实现以品牌粉丝为主的自运营闭环。国外甜甜圈品牌 Dunkin' Dounts 曾使用 Duest 功能，在 TikTok 公开选角，找到新的广告代言人选。中国自主品牌还可借助广受全球欢迎的内容载体进行植入，利用全球瞩目的热点内容进行品牌曝光，用受海外消费者欢迎的 KOL 创造流行趋势，制造热门话题，提升中国品牌的话语权和声量，增强中国品牌舆论引导力。京东主动接触风靡世界的韩流文化，巧妙融入韩剧场景、剧情、片尾，利用韩国文化走向世界。

（五）借助全球体育赛事传递中国品牌精神

体育赛事活动也是品牌传播的重要载体。世界杯和奥运会作为备受世人瞩目的两大体育赛事，具有强大的影响力，成为众多企业进行品牌展示和广告营销的重要平台。中国自主品牌通过赞助知名的体育赛事活动，不仅可以迅速提升品牌的知名度与影响力，最终实现销售的实际转化，还可以更有效地传播中华文明、中国精神，展示可信、可爱、可敬的中国形象。[16] 海信是我国较早赞助世界体育赛事的自主品牌，其在 2016 年成功赞助了欧洲杯，在 2018 年更是花费近 1 亿美元成为世界杯的主要赞助商，2020 年再次赞助欧洲杯。在赞助 2016 年欧洲杯后，海信品牌指数明显提升，其在国内的市场份额创历史新高，在海外多个市场的销售额获得了增长。通过赞助体育赛事，海信的标志高频次曝光于国际体育赛事现场和赛事直播的屏幕上，其品牌国际知名度得到显著提高。海外用户通过使用海信的产品观看其独家播出的赛事资源，从而更加青睐使用海信产品。2018 年足球世界杯期间，海信在俄罗斯卢日尼基体育场向世人展示了 8K HDR

电视机的产品性能。海信电视通过对比赛细节的清晰展示，让观众收获了更好的收视体验。海信通过与美国福克斯体育的战略合作，为全球观众带来以更多视角观看赛事的良好体验。通过赞助体育赛事，海信在全球市场的知名度和影响力快速上升，其实际销售转化率也有显著提高。

2022 年卡塔尔世界杯再次聚焦了全球几十亿受众的目光。借鉴国际品牌以往的全球传播经验，万达集团、海信集团、蒙牛乳业和 vivo 等中国自主品牌选择赞助卡塔尔世界杯，累计赞助金额高达 13.95 亿美元，中国品牌成为本届世界杯的最大赞助商。中国军团联合出击，携手成为 2022 世界杯的官方赞助商，充分体现了中国自主品牌的实力，让世人看到中国自主品牌着眼全球的气魄。体育营销本质上是借势营销，中国自主品牌通过赞助国际体育赛事，向全球受众传递了品牌的精神和文化，强化了品牌价值观与体育赛事运动精神的关联，能在较短时间内受到海外用户的关注和青睐，实现品牌声量和销售业绩的双提升。

（六）利用海外明星代言迅速提升中国品牌影响力

公关在品牌建设中发挥着重要功能，是品牌的重要组成部分。使用好品牌代言人对做好品牌的公关工作至关重要。利用海外明星代言是提升中国自主品牌国际知名度与影响力的有效渠道之一。海外明星往往拥有庞大的粉丝群体和社会影响力，能够助力产品与品牌实现高效的海外推广。为了拓展越南市场，华为 2019 年选择越南美女明星阮垂芝作为 nova 3i 手机的代言人。阮垂芝在 Facebook 以及 Instagram 拥有众多粉丝，具有广泛的影响力。阮垂芝在社交媒体上充分表达了对华为手机拍照的喜爱，为华为进军越南市场助力加油。

内马尔作为全球知名的足球明星，在世界各地拥有庞大的年轻粉丝群体。TCL 于 2019 年选择内马尔担任其“全球品牌大使”，期望借助其个人影响力吸引年轻群体，助力 TCL 品牌的年轻化，迅速强化 TCL 在国际上的品牌知名度和传播热度。通过依托内马尔在发布会上对 TCL 产品的称赞以及在全球上市的广告片，TCL 品牌的国际影响力得到显著提升。内马尔不断挑战自我的体育精神还能够向庞大的年轻粉丝群体传递 TCL 的品牌精神，增加 TCL 的品牌价值。

（七）巧融中国元素，彰显中国文化精神

中国元素来源于中国文化，凝结着中华民族文化精神，既是中国文化的精华，也是中国文化中最具表现力的符号载体。如长城、春节、中国功夫、龙舟、中国书法、中医、熊猫等，这些都是中国文化的重要符号、中国元素的重要载体。如果中国自主品牌对中国元素进行精确的符号解读，将中国元素巧妙融入国际传播过程，将有助于形成独特的品牌传播风格和差异化品牌形象，展现中国独特的文化魅力，从而使品牌获取海外受众的认可。近年来，华为越来越注重中国元素在视频广告传播中的运用。在YouTube上传的视频中，对中国元素的使用数量和使用种类更加丰富多样，既有各种传统的中国元素，如年画、书法、茶艺、古筝等，也有反映新时代风貌的中国元素，如共享单车、高铁等。中国景点和中国语言是华为品牌视频中出现频次较高的中国元素。在YouTube的视频中巧妙融入中国元素，使华为与其他品牌形成明显的差异，不仅在海外受众心目中使华为与“中国形象”产生了较强的关联，还向更多海外受众传递了中国文化。华为在国际传播初期主要采用较为单一的中国元素，之后采取了更多样化的形式来呈现中国元素。华为在2019年推出鲲鹏处理器时，发言人在新品发布会上通过引用中国典故中的“鲲鹏”向现场的海外受众解释了鲲鹏处理器名字的由来。这种展现形式，既巧妙地介绍了新产品，激发了更多海外受众对该款新品的浓厚兴趣，也宣扬了中国文化。在中国元素的呈现上，华为在2019年前主要采取中国元素与他国文化元素共现的方式进行表达，在2019年后逐渐转向中外元素互动的方式。

中国高新科技已走在世界前列，搭载高新技术的中国品牌有着广阔的市场前景。在全球话语不平衡的背景下，中国品牌更应重视海外传播，应利用智能媒体，以精准的品牌传播定位，采用海外消费者喜闻乐见的内容，形成品牌互动，做海外消费者“生活中的品牌”。

参考文献

[1] 吴诗雨，郭雨馨，沙立等．通过海外自媒体塑造传播中国自主品牌的策略

[J]. 市场周刊，2020，33（09）：94-96.

[2] 国家统计局局长就 2023 年全年国民经济运行情况答记者问［EB-OL］. 2024-1-18，http://tjj.hunan.gov.cn/hntj/tjgz/tjyw/gjjyw/202401/t20240118_ 32628209.html.

[3] 孟令光，梁佩雯．中国自主品牌发展的现实状况、关键要素与核心策略［J］. 郑州大学学报（哲学社会科学版），2023，5：120-127.

[4] 中华人民共和国国务院，"十四五"数字经济发展规划［R］. 国发〔2021〕29 号，2021-12-12.

[5] 中华人民共和国商务部，中国电子商务报告（2022）［R］. 北京：中国商务出版社，2023：33.

[6] 中国互联网络信息中心，第 52 次中国互联网络发展状况统计报告［EB-OL］. 2023-8-28，1.

[7] QuestMobile. 2022 年互联网广告市场洞察［EB/OL］. https://www.questmobile.cn/.

[8] Brand Finance. 2023 全球品牌价值 500 强［EB/OL］. https://brandfinance.com/.

[9] Judy. 世界杯落幕，懂数智营销的品牌这次彻底不慌了［EB/OL］. 2022-12-28，https://new.qq.com/rain/a/20221228A02MN600https://new.qq.com/rain/a/20221228A02MN600.

[10] 飞书深诺，艾瑞咨询．2022MeetBrands 中国出海品牌价值榜单报告［EB-OL］，https://www.iresearch.com.cn/Detail/report? id=4099&isfree=0.

[11] 闵令超．数字时代提升国际传播效能思考［J］. 中国科技信息，2022，24：143-145.

[12] 徐佩玉．独立站助力中国品牌出海［N］. 人民日报（海外版）第 6 版，2002-3-22.

[13] 周钟，熊焰，仲勇．特色品牌海外渠道与消费群体研究：基于顾客体验和口碑传播的双重视角［J］. 中国管理科学，2018，11：176-185.

[14] 任立新．"社媒+社区"全垒打！小米海外营销如何赢下全国口碑？［EB/OL］. https://www.163.com/dy/article/FFDBH62P0529BQHR.html.

[15] 孟令光，胡洁．世界杯赋能中国品牌国际传播：增强中华文明传播力影响力创新路径探析［J］. 新媒体与社会，2023（03）：301-312+398.

[16] 朱简妮．中国电子品类品牌出海的国际传播研究［D］. 上海：上海师范大学，2021.

观众身体与博物馆的相遇

——基于德勒兹身体美学理论的思考

朱　颖　叶康铧*

摘　要　本文基于德勒兹的身体哲学观点，探讨博物馆观众身体与博物馆空间之间的关系。作为公共文化场所的博物馆通过空间规划、展品控制等方式影响观众，观众作为“无器官的身体”又具有流动性和创造性。观众的“无器官的身体”用于抵抗博物馆空间对其的限制，博物馆为观众创造“无器官的身体”的体验空间，发挥观众在博物馆中的创造力，从而实现个人价值观的解放与重塑，推动观众对于历史和当今社会的思考。

关键词　博物馆　观众　德勒兹　无器官的身体

博物馆自诞生以来，一直与人的身体紧密相连。身体是人们获取知识、培养审美观念、形成认知的重要途径，而博物馆所具备的展示、收藏、教育和研究功能，都依赖于身体在其中的作用。身体的感官系统在博物馆空间中得到充分的发挥，博物馆通过空间重述时间的故事，观众则通过这个空间了解时间的流转。随着博物馆观众对博物馆的理解和认知不断演变，博物馆提供的互动体验也不断增加，身体在这个空间中的概念和作用也发生了变革。吉尔·德勒兹（Gilles Deleuze）突破了传统哲学中的身心二元论，创新性地提出了“无器官的身体”理论，为重新审视博物馆空间与观众之间的互动关系提供了全新的视角。

一　从二元到一元：身体观念的转变

人类降生到这个世界后，身体成为感知一切的工具。在西方哲学思想

---

*　朱颖，广东外语外贸大学新闻与传播学院副院长，教授；叶康铧，广东外语外贸大学新闻与传播学院硕士生。

中，不同的哲学家对身体的概念提出了各自的见解。笛卡尔提出了“我思故我在”的身心二元论，他认为人由完全不同的实体组成，即“心灵”和“身体”，二者可以独立存在。他将人的身体视为物质的机械结构，而精神则是控制和指导身体的力量。[1] 笛卡尔这一观点强调了意识的主体性，身体失去了其主体性。随着时间的推移，西方传统哲学思想逐渐向笛卡尔“身心二元论”靠拢，身体的主体性不断被模糊和弱化。

然而，在近代科学迅速发展的19世纪后期，人们对身体有了新的认识。尼采首先对传统哲学对身体的贬低和分裂观念提出挑战，他认为身体是一个整体，与精神和意识相互联系和相互作用，而不应被隔离看待[2]。他强调这种隔离观点是人为的设定，是各种权力斗争的产物。为了颠覆这种人为设定，尼采主张将历史的关注点更多地放在身体上，恢复身体及其物质性，还原身体的历史痕迹和历史影响。

尼采对恢复身体的意义和价值的主张促进了西方哲学家对身体的重新思考。梅洛-庞蒂认为身体是我们对世界直接接触和体验的媒介，是我们作为存在者的根本基础。他强调身体与环境之间的相互作用和互动，认为身体通过感知和运动来与世界产生联系。[3] 福柯则认为身体是被权力构建和控制的对象。身体不仅是精神的表现，也受到社会和权力关系的塑造和限制。通过对身体的规训和监视，权力得以对个体和社会进行控制。

德勒兹继承了尼采、梅洛-庞蒂、福柯等哲学家有关身体的见解，聚焦于身体与感知、环境和权力之间错综复杂的关系。但德勒兹摒弃了前者所持的主体性哲学观点，转向了无主体的、游牧的解构主义哲学视角。他将身体与艺术、美学紧密交织在一起，通过深入分析艺术作品中蕴含的多元意象以及构建在身体各个层面之间的感知图式，创新性地提出了哲学的概念——“无器官的身体”（Body without Organs），形成了独树一帜的“身体观”。德勒兹认为，身体不再是笛卡尔所描述的由心智统治的有机构造，而是一个自由流动、没有固定结构的“无器官的身体”。

为了探讨“无器官的身体”这一哲学概念，德勒兹以弗朗西斯·培根（Francis Bacon）的绘画作品为起点，详细探讨了培根的绘画作品如何以多样化的人物形象、身体动作的扭曲、大胆的色彩运用和粗犷的笔触在观众身上产生感官上的冲击。德勒兹认为培根之所以能如此成功，是因为他创造了一种特殊的“感觉”（Sensation）[4]，这种感觉源自身体，但又超越了理性思维和逻辑，它是身体在与外部世界的相互作用中所产生的最纯粹、最直接的反应。通过环境、与他人的互动以及艺术表达等方式，感知和器官彼此碰撞，从而导致身体不断演变和重构。只要我们以一定的强度无视身体各个器官之间的有机联系，身体就能形成一个“无器官”的状态，即一切器官都能够自由流动……充满欲望和强度的“无器官的身体”[5]。

“无器官的身体”打破了传统的身体观念中的二元对立，同时挑战了权力结构对身体的规范和控制，为一种全新的身体理论和实践提供了可能性。它也提供了一种新的理论框架，有助于我们更全面地理解身体在社会、文化和权力关系中的地位和作用。

首先，这一概念超越了身体与心灵、物质与精神之间的二元对立。传统观念中，身体和心灵被视为彼此独立的两个实体，而“无器官的身体”认为二者紧密相连。身体不再被看作物质的容器，而是一个动态的过程，涵盖了感知、情感和意识等心理层面的活动。这一观点挑战了传统权力结构对身体和心灵的单一定义和控制，为身体在社会和权力关系中的自主性和自由性提供了新的视角。其次，“无器官的身体”超越了主体与客体、主动与被动之间的二元对立。在这一概念中，主体和客体之间的界限变得模糊，身体的能动性和被动性相互交织。身体既可以是能够创造和改变自身与外部世界的主动者，也可以是社会权力所规范和控制的被动者。

总而言之，从德勒兹的“无器官的身体”理念出发，我们可以进一步扩展对于身体的理解。德勒兹视身体为一种不受约束的存在，这种观念启发我们以一种更为开放和非传统的角度去审视身体。在这个视角中，身体不再是一个固定的、由心智控制的有机结构，而是一个充满变化、动态发展的过程。在德勒兹看来，身体的这种不稳定性并不是一种弱点，而是一种力量。这种力量可以让身体冲破社会权力，带来更多新的可能性。

二　从被动到主动：多元感官的互动

在“无器官的身体”视角下，身体不再是固定的有机物，而是成为一个充满主动性的存在，这为观众在进入博物馆空间后提供了更多的可能性。而随着参与式博物馆的兴起与推广，观众在博物馆中的角色也发生了转变。他们不再仅仅是被动的接收者，而是开始主动参与展览。在博物馆中，策展人为观众提供了更多可参与、可互动的装置，给予了观众重塑身体与展品关系的机会，使观众实现了“无器官的身体”的体验。观众可以以更自由更具有创造性的互动来对博物馆空间内的装置和展品进行创作，产生新的体验和意义。

德勒兹的“无器官的身体”理念为博物馆体验提供了一个全新的视角，鼓励观众通过多元化的感官来深入体验展品。这一理念突破了传统观念中以视觉为主的感知方式，提倡观众利用触觉、听觉、嗅觉甚至动作等与展品进行互动，从而丰富和深化他们的感知世界。在这一模式下，观众的身体不再是被动地接收信息的容器，而是转化为一个积极参与、感知和创造的主体。以上海历史博物馆的“声音博物馆”展览为例，无论是五卅运动的现场，还是三四十年代的老上海街边叫卖声，观众都能聆听到历史的声音。观众在拿起听筒的同时，也在观看对应的历史图片或资料。这种听觉体验与视觉体验相结合的方式，为观众提供了一个更全面、更具沉浸感的历史认知。同样，陕西考古博物馆中设置了大量的互动装置，在展示耀州窑的各朝代瓷制品时，展方特意设置了“摸一摸 体验瓷片的触感”互动装置，使观众伸手触碰到透明釉、乳浊釉等不同技法制作而成的瓷片，让观众“穿越”到古代，了解到对应朝代的瓷制品。在这些博物馆中，观众通过调动全身与展品互动，不仅可以倾听展品的声音，触摸其质感，还能嗅到它们散发的气味，身体器官在此刻得以解放，成为一个流动的、无界限的实体，身体感官被充分释放和激活。这样的互动体验不仅激发了观众对展品的深入感受，也促进了他们对艺术和历史的更深层次理解。这种主动参与的过程是一种对传统展览形式的抗争，观众的身体在这一过程中被重新赋予了创造力。

德勒兹的“无器官的身体”理念为博物馆的互动体验带来了创新的视角，鼓励观众以创造性和主动性的方式与展品进行互动。与传统博物馆单向的信息传递模式不同，在该理念下，观众不再是被动地接收信息的对象，而是转变为展览的共同创作者。他们通过自身的行为和想象力参与展览，创造出全新的体验和意义。在这种互动模式下，观众得以打破传统的框架束缚，以个性化的方式解读和理解展品。他们可以基于自己的经历和情感与展品对话，产生独特而富有创造性的输出。例如，参观者可以通过绘画、写作、表演等多种方式来表达对展品的感受和理解，将个人的观点和情感与艺术作品相融合。遇见博物馆曾依托特展“遇见毕加索·天才的激情与永恒”策划“博物馆奇妙夜之名画大侦探”活动，观众可以参与沉浸式解密剧情体验，通过与现场工作人员互动和参与各类闯关游戏解出在剧情中偷走毕加索画作的人。在互动过程中，观众可以一边参观毕加索不同时期的作品，一边进行解谜、拍照打卡，实现沉浸式观展。这种创造性的互动方式极大地激发了观众的想象力和创造力，使他们从传统意义上的观众转变为展品创作的参与者。

德勒兹的“无器官的身体”理念中，身体是社会和文化的产物，同时也是塑造社会和文化的力量。在博物馆空间中，观众的参与和互动不仅丰富了个人体验，也是对博物馆及其所代表的文化和历史的重新解读。以侵华日军南京大屠杀遇难同胞纪念馆为例，该馆是南京市人民政府为悼念侵华日军南京大屠杀遇难者而设立的遗址型专门历史博物馆。这个博物馆不仅记录了南京大屠杀死难者的悲惨故事，还为观众提供了一个空间，让他们通过互动参与来体验、理解并重新解读日本侵华战争对中国及全球社会和文化的深远影响。在博物馆内，互动参与者远远超过传统的观看和听解说者。这些互动体验使观众不仅仅是接收信息，而是通过个人的感知和情感反应成为事件叙事的一部分。通过亲身体验和感受，观众将个人情感和思考融入对这一悲剧的理解中。纪念馆定期开设的教育项目和纪念活动，让公众参与对这段历史的记忆和反思。观众通过这些活动，可以与其他人分享感受，进行对话和讨论，从而共同构建对这一重大历史事件的集体记忆和理解。通过这样的参与和互动，侵华日军南京大屠杀遇难同胞纪念馆不仅成为一个历史展示的场所，也成为一个促进社会反思和文化理解的平台。观众也通过个人化的参与和创造，融入文化叙事的构建过程中，促进了社会和文化的动态发展。

传统博物馆通常以常规的方式呈现展品，通常直接按照时间或者类别对展品进行展示，忽略了观众的个体差异和需求。而“无器官的身体”理念认为每个观众都是独特的，是具有自己的观点、情感和体验的。观众可以根据自己的兴趣和需求选择展品，并以个人化的方式与展品产生联系。在“无器官的身体”理念下，现代博物馆被重新定义为一个开放和充满可能性的空间，观众的身体和心智在这里得以释放和扩张。通过参与式博物馆的设计，观众不仅能够物理上与展品互动，更能在思想和情感上与各类展品建立深刻的连接。观众通过个人化的参与和创造，参与文化叙事的构建过程，展现了他们作为社会和文化的塑造者的角色，同时也反映了博物馆及其所代表的文化和历史的动态发展和重构。

三 从禁止到控制：社会权力的渗透

正如前文所述，“无器官的身体”通过对传统二元对立的超越，挑战了权力结构对身体的规训控制，让身体结构不再稳定。而这种不稳定的身体结构也让围绕身体所设置的展示空间与身体建立了新的连接。而观众在这种新连接之下，对社会也会产生新的影响。从身体出发，德勒兹对福柯“规训社会”进行了延伸，提出“控制的社会”（Society of Control）的概念。

他认为在当代社会，控制已经取代了禁止，权力已经转向了更加隐蔽和普遍的形式。而信息技术的发展让全面监控成为可能。在德勒兹眼中，当今的医院、学校、博物馆等公共空间不再是封闭的，而是带有信息技术的全面监视，人们也由此面临更为严苛的监视与调节：“我们正在进入控制社会，社会不再通过禁锢运作，而是通过持续的控制和即时的信息传播来进行运作。”[6] 在这个环境中，人们会不由自主地遵守空间规则，并在身体上刻下烙印。

在德勒兹所描述的控制社会中，权力通过各种机制和技术来渗透和影响个体的思想和行为。现代博物馆被视为公共文化空间的典型代表，它对信息和空间进行细致的控制，这种控制在博物馆中的体现，不仅反映在对展品的呈现和解释上，也体现在对观众行为的严格规范中。现代博物馆作为公众文化空间，公众可以以低价门票或免票进入各类博物馆，进入博物馆空间的门槛较低。但经济门槛低并不代表着大众在此空间中享受着同样的文化权利。博物馆通过策展选择、空间布局和信息传递等手段，塑造了观众的认知和体验路径，这些被构建的路径和规则在一定程度上限制了观众的自由探索和体验。

首先，博物馆作为文化机构和知识传播的场所，承载着一定的权力和控制。传统博物馆通常以权威性和专家知识为基础，对展出的展品和内容进行规范和控制，传达特定的历史、文化或权力视角。正如布迪厄提出的，“人们对符号的普遍共识其实是一种具有建构性的‘误识’”[7]。博物馆向公众传递的信息表面上是平等、公正的，但实际上皆是管理者选择后的结果。博物馆的策展和展品的选择、解释与呈现，决定了观众所接触到的文化资产和知识。这些“被选择”的展品通过不同的展现方式、叙事框架、社会文化信息等，在策展人手中呈现出完全不同的意义。

其次，现代博物馆利用建筑本身的空间结构，对展品进行重新分类和组合，完成了展览的空间布局和动线设计。观众在进入到展区后，他们的流动路线和流程都由策展方决定。策展人对空间进行规划，让进入此空间的展品重新建立了空间秩序，并让进入到此的观众不得不顺应该秩序。另外，各类展览往往采用静态的展品陈列方式，进入博物馆的观众只能通过观看展品来获取信息和体验。这类展品通常被放置在展示柜中，展方通过玻璃柜这一“障碍”阻碍观众与展品之间产生互动。即便部分展览不设置玻璃柜，但策展者依旧会采用拉警戒线的方式限制观众靠近展品。通过文字解说、标签呈现等单向的信息传播模式，博物馆强制性地让观众了解展品的相关信息，进一步控制观众获取信息的途径。这种对于展品展示的权力和控制进一步影响了观众对展品的理解和感知，塑造了观众的观点和思考方式。

除了对观众接受设定好的展览内容以外，博物馆依旧是一个监视的空间，个体面临着无处不在的控制和规范。如果说，监狱是以规训和惩罚来实现行为纠正，那么现代博物馆则是将大众的身体当作了改革的对象[8]。博物馆通过在入馆须知中明确禁止观众在博物馆内进食、禁止使用闪光灯、禁止大声喧哗等规则，让进入博物馆空间的观众自觉遵守甚至监督他人遵守各类规定。这种规定与规范让博物馆更直白地将所有观众暴露在公共空间当中，通过“监视”与“被监视”的方式完成观众对自我的管理。

博物馆空间中对观众的“控制”无处不在、无时不有，我们既要认识到博物馆空间的限制，也要认识到观众主体性的可能。尽管博物馆的展示和空间布局可能暗含控制元素，观众作为一个具有主观能动性的个体，可以主动将自己的身体脱离这类“控制”。观众的身体和心智却能在这些控制中寻求新的体验方式和理解路径。观众通过与展品的互动，以及个人对展览内容的解读，超越传统的被动接受者角色，成为积极的参与者和创造者。在这个过程中，观众的主体性得以显现，他们不是仅仅接收博物馆提供信息的容器，而是能够主动地与博物馆空间进行对话和互动的主体。

由此，博物馆空间在德勒兹的理论框架下呈现出双重性：一方面，它是控制社会的缩影，通过对展品和观众行为的精细控制，影响和塑造观众的体验和认知；另一方面，它也是观众主体性实现和表达的场所，观众通过自身的感知和解读，能够挑战和重塑这些控制，发掘新的文化和知识体验。在这种动态互动中，博物馆成为一个复杂的文化交流和知识探索的空间，既有权力的运作也有个体的解放。

四 从规训到抵制：观众个性的释放

布迪厄在《反思社会学导引》中提到，博物馆是一种稳固并强化社会结构的文化治理工具，博物馆对于文化的展示与阐述皆存在着一种符号权力。[7] 在这种背景下，“无器官的身体”的理念为博物馆观众提供了一条突破符号权力和逃离文化专断的路径。德勒兹也在其提出的“控制的社会”理论中反复强调权力与社会规范对个体身体的控制和限制。[6] 在博物馆中，观众的这种身体体验挑战着传统的权力关系和规范，打破了观众行为所受的规定和限制，成为一种反抗和抵抗的方式，使他们能够创造性地与展览进行互动。

德勒兹视感知和感性体验为直接接触和体验现实的重要途径，这对于打破社会权力至关重要。在博物馆中，“无器官身体”的体验通过多样化和个性化的互动，打破了传统的感知模式，激发了观众的感知和感性体验。沉浸式艺术装置的设计创造了这种“无器官身体”的体验。复杂的装置在展厅空间中传递信息，打乱观众的认知，使他们通过身体的全面参与，以个性创新的方式理解、诠释展品。近年来，各个博物馆除了常规的展览设计外，还尝试推出配套的专题光影展。如中国国家博物馆的特展《“盛世修典”——中国历代绘画大系成果展》专门设置沉浸式光影厅，9

分钟的裸眼3D沉浸式光影秀将30余幅中国历代绘画经典作品中涉及的青绿河山、游鱼点墨、水榭观花等场景展现在观众眼前，使观众直观感受中国历代画作所描绘的古代社会。通过装置的声音、光线、材质和空间设计，观众可以在无器官的状态下感受到展览的内容和氛围，情感和想象力进一步受到刺激，从而与展览产生深入的联系和互动。

德勒兹在探讨控制社会时，分析了“欲望机器”如何利用媒体和消费主义对个体进行塑造和操控。在博物馆这一文化场域内，观众获得了“无器官的身体”的体验，通过这种体验，观众能够突破媒体构建的虚假欲望以及消费主义的逻辑。博物馆中的展品和展览不是商品，而是承载文化、艺术和历史价值的媒介。在这里，观众通过身体的直接感知和参与互动，而非通过媒体和消费主义的滤镜，与展览、展品建立联系。在这个意义上，博物馆可以被视为反媒体和反消费主义的场所，为观众提供了真实的文化和艺术体验，并鼓励他们以创造性和反消费主义的方式来与展览进行互动，进而挑战媒体的虚假和消费主义的逻辑。博物馆中观众的“无器官身体”的体验可以超越媒体和消费的中介，直接通过身体感知和互动来与展览进行连接。利用虚拟现实技术，博物馆可以创造出观众身临其境的体验。通过佩戴虚拟现实头盔或使用其他设备，观众可以沉浸在虚拟的展览空间中，与展品进行互动，更直观地了解到真实的艺术品、历史文物和文化遗产。这种身体的解放不仅使观众能够深入理解展览内容，而且促使他们从新的角度审视媒体传达的信息和消费主义对个人及社会的影响，从而在价值观层面上重新考量自身的消费行为。

德勒兹的“无器官的身体”概念强调了身体在逃逸传统束缚和探索主体价值中的核心作用。在博物馆环境中，通过虚拟现实技术的融入，观众的身体得以跨越物理限制，与艺术创作的虚拟空间相融合。这种身体的沉浸式体验，让观众在虚拟艺术工作坊中与大师级艺术家共同创作，不仅提供了一个摆脱物理感知限制的创作平台，而且促使观众的身体直接参与创造过程，体验到创作的快乐。观众的身体在这里不再受到传统话语权力结构的限制，而是成为自我表达的媒介。观众可以在互动中思考自己在社会中的创造力和影响力，从而激发个体的解放欲望。

概言之，博物馆作为文化治理的工具，不仅担当着象征性权力的角色，还潜在地激发个体的反抗和解放。通过创新的展览设计、互动式体验和教育项目，博物馆转化成一个激励观众跨越传统社会规范、感知并释放自我的空间。在这样的环境中，观众的“无器官的身体”体验变成了一种强大的动力，它在博物馆的各个角落流动，借助观众的创造性和想象力，重新塑造他们对社会的理解，为构建一个更包容的社会做出了积极贡献。这一进程不仅丰富了博物馆的多重角色，同时也强化了博物馆在社会变革中的作用和意义。

五 结语

博物馆作为文化的保管者和传播者，不仅仅是过去的记录者，更是面向未来的引导者。它通过创新和互动设计，为观众开启一片身体与心智自由流动的空间。博物馆中的身体流动和互动不仅仅是对历史的回顾和理解，更是对现代“控制社会”中权力结构和规范的深度思考和积极抵抗。

博物馆的创新性互动设计不仅让观众的身体得以在文化遗产之间流动，寻找新的意义，而且使他们对控制社会中的权力和规范有了更深刻的理解和反思。这种身体的流动和互动让观众有机会重新审视历史，理解它对当下和未来的影响，并从中汲取力量。尽管每个博物馆在表现形式、类型和内容上各不相同，但它们共同承载的民族精神和文化底蕴不变。博物馆这个特殊的空间使历史文化得到了重生，为个人心智升维与社会理性重构提供了沃土。

参考文献

[1] 尼采．尼采三书——查拉图斯特拉如是说［M］．孙周兴，译．上海：上海人民出版社，2018：43.

[2] 汪民安．福柯的界线［M］．南京大学出版社，2008：43-44.

[3] 莫里斯·梅洛-庞蒂．知觉的世界［M］．王士盛、周子悦，译．江苏人民出版社，2019：3-10.

[4] 吉尔·德勒兹．弗兰西斯·培根：感觉的逻辑［M］．董强，译．广西师范大

学出版社，2007：166.

[5] 张晨．身体·空间·时间：德勒兹艺术理论研究［M］．中国社会科学出版社，2020：39-40.

[6] 吉尔．德勒兹．哲学与权力的谈判：德勒兹访谈录［M］．刘汉全，译．商务印书馆，2000：9.

[7] 布尔迪厄，华康德．反思社会学导引［M］．李猛、李承，译．商务印书馆，2015：205.

[8] 本尼特．文化，治理与社会：托尼·本尼特自选集［M］．王杰、强东红等，译．东方出版中心，2016：294.

数字时代增强中华文明传播力影响力创新路径研究*

——基于文化教育交流精品项目对外传播视角

杨海军　马妤含吟**

摘　要　数字时代，以互联网技术和新型传播平台为支撑，以互联网价值理念和中华文明价值理念为引领的文化教育精品项目的对外传播，可以更有效地在全球范围内针对目标受众群体阐释中华文化，提升中华文明传播力和影响力。本文分析了不同类型文化教育精品项目传播的理念和功能价值，在国际合作交流过程中的话语建构的方式，在增强中华文明全球传播实践中的顶层设计的理论和实践意义，并通过经典案例梳理和分析，探析文化教育对外交流精品项目传播在增强中华文明全球传播力影响力方面的特殊意义及创新实践路径。

关键词　数字时代　中华文明传播力影响力　文化教育精品项目

习近平总书记在党的二十大报告中明确提出了"增强中华文明传播力影响力"的任务和要求，并从四个维度阐释增强中华文明传播力影响力的实践路径：坚守中华文化立场，提炼展示中华文明的精神标识和文化精髓；加快构建中国话语和中国叙事体系，讲好中国故事、传播好中国声音，展现可信、可爱、可敬的中国形象；加强国际传播能力建设，全面提升国际传播效能，形成同我国综合国力和国际地位相匹配的国际话语权；深化文明交流互鉴，推动中华文化更好走向世界。[1] 在中华文明传播实践

---

* 基金项目：国家社科基金重大项目"中国特色国际传播战略体系构建研究"（项目编号：22ZDA087）。

** 杨海军，上海大学新闻传播学院教授、博士生导师，上海广告研究院院长；马妤含吟，上海大学新闻传播学院博士研究生。

中，使这些思想理念落地尚需要理论建构和创新路径的探索。文化教育交流精品项目的建设和实施，是实践中华文明全球传播的一个有效路径。

一　文化教育交流精品项目在增强中华文明全球传播力影响力中的发展理念

数字时代，政府部门、媒体单位、中国企业、文化产品经营单位、社会团体和民间机构作为中华文明全球传播的主体，合理有效地利用数字媒体平台，采用舆论引导、自主品牌出海营销、文化产品全球交易、文化教育精品项目的沟通和交流，把中华文明的精神标识和文化精髓、中国物质文明建设成果和精神文明建设成就介绍给世界各国人民，建构起立体的中华文明全球传播网络，并通过理念引导和内涵建设，切实提升中华文明全球传播力影响力，取得了较为显著的成效。

第一，建立中华文明全球传播立体工程体系。网络与数字时代，增强中华文明全球传播力影响力沿着多元化路径展开，以政府为主导的文化教育对外交流精品项目高密度、高覆盖、高效率在全球不同国家和地区展开，在增强中华文明全球传播力影响力的实践中仍然发挥着主导作用；高等院校、对外文化交流机构、民间社团组织在文化教育对外交流精品项目的建设上高层次、高质量、高水平的组织和实施卓有成效，逐渐成为增强中华文明全球传播力影响力的有生力量，中华文明全球传播的多元路径和立体体系已逐步形成，研究增强中华文明全球传播影响力多元路径形成的原因、探析增强中华文明全球传播力影响力立体工程建设的成效，分析数字时代增强中华文明全球传播力影响力运行机制，在理论和实践层面都应围绕中华文明全球传播体系建设这一中心工作展开。

第二，进行中华文明全球传播新路径探索的顶层设计。伴随着我国经济的持续高速发展和综合国力的不断增强，政府部门对于增强中华文明全球传播力影响力的视野和理念日渐开阔和成熟，在文化教育交流精品项目的建设上，在战略布局、顶层设计与稳步落地、推进实施并获得预期效果层面都取得不俗的成绩。[2] 高等院校在文化教育交流精品项目的建设中，形成相对稳定的人才培养模式和分工明确、地域分布合理、差异化明显且相互支撑的人才培训基地。精心打造的文化教育交流精品项目，承担着培养年轻的中华文化海外传播使者的使命，以及针对海外青少年群体传播中华文化的重任。民间机构和社团组织很多成员都是由文学、艺术、体育、卫生等专业领域的专业人士组成，这些机构和组织的文化教育交流精品项目的实施，多是通过长期合作的民间渠道进行，在文化教育交流项目的实施上具有专业优势。同时，这些机构的许多成员都是该专业领域的领军人物，在文化传播领域具有较强的号召力和影响力，极大地增强了中华文化教育交流精品项目的海外传播效果。

第三，建立常态化的中华文明全球传播新媒体运营机制。在网络与数字时代背景下，重新审视互联网和文化教育交流精品项目的独特传播理念、传播价值和传播方法，也是对增强中华文明全球影响力理论思考和实践探索的重要补充和完善。近年来，无论是政府部门还是高等院校，或是社会团体和民间组织，在中华文明全球传播的方法和手段上进行了大胆创新。我国各个传播主体组织的文化教育交流精品项目，在网络传播平台专项建设和数字媒体传播技术的运用上，也做了很多有益的探索和尝试，丰富了增强中华文明全球影响力实践的层次和路径，为中华文明全球传播的多元化体系的理论构建和实践体验提供了新的视角。

二　文化教育交流精品项目与增强中华文明全球传播力影响力的可实现路径

文化教育交流要实现增强中华文明全球影响力的目标，尚需要作为一个立体工程来建设，改变以政府为主体进行文化教育国际传播的单一局面，多方唤醒高校、企业和社会组织在文化教育交流中的主体意识和主动参与中华文化教育交流的积极性，打造政府、社会组织、企业、高校通过文化交流增强中华文化全球影响力的立体平台。多年来，文化教育交流精品项目和传播交流主体在增强中华文化全球影响力平台建设中，凝聚力量，多方联动，不遗余力地探讨中华文明全球传播的新思维、新方法和新路径。

第一，基于大国文化外交的精品项目建设与新路径选择。从文化自信和国家文化对外交流战略出发，统筹对外文化交流的战略布局，是文化外交和文化交流最有效、最直接的方法和手段，也是在国家文化外交战略层面增强中华文明全球传播力影响力的必然选择。从过往经验看，中国政府战略布局下的对外文化交流，在逐步扩大和增强中华文化全球影响力的过程中亮点突出、效果明显，并与中国大国崛起的阶段性战略布局相呼应。[3] 例如，自 2006 年以后，中国经济快速增长，尤其在加入世贸组织后，中国改革开放程度进一步加深。为迎接 2008 年北京奥运会，向世界表达中国文化交流的意愿、展示中华文化的独特魅力，中国政府自 2000 年起就加大了文化外交精品项目建设的力度。至 2008 年北京奥运会前，中国政府已经与世界上 123 个国家达成为期五年的文化合作协定或计划和多达 430 项为期 2-4 年的文化交流年度执行计划；此外，中国同 160 多个国家和地区积极开展形式多样、内容丰富多彩的文化交流活动。[4] 为了保证大国外交战略下文化交流活动的可持续开展，中国政府下属文化交流机构还与世界上数千个文化教育组织保持着紧密联系，涉及的文化交流领域十分宽泛，包括文学艺术、文物图书、博物馆、卫生教育、传媒等专业领域，以及工、青、妇等各类社会组织。[4] 这一时期，文化教育交流活动十分频繁，每年经中国文化部批准的文化交流项目高达 1200 多项，参与活动的中外人士多达 22000 多人次。[4] 与不同的国家签署协议举办的文化交流项目也按规模和影响力分为“文化节”“文化周”“文化季”“文化年”等，展现不同规格和不同层次中国文化教育对外交流项目的丰富内涵和文化魅力。

第二，基于新时代国家战略和“全球合作理念”的文化教育精品项目建设与新路径选择。在党的十九大报告中，习近平总书记提出“坚持和平发展道路，推动构建人类命运共同体”全球合作理念。[5] 在党的二十大报告中，习近平总书记系统阐述了人类命运共同体的思想体系及价值内涵，为文化教育对外交流项目的建设和创新指明了方向。伴随着中国“一带一路”的倡议，全球合作理念的实践，合作共赢的发展理念逐渐为国际社会所认同，成为推动全球治理体系变革、构建新型国际关系和国际新秩序的共同价值规范。在文化教育交流项目建设过程中，人们深刻认识到，人类命运共同体思想是对中国优秀传统文化的创造性转化和创新性发展，是对马克思列宁主义的继承、发扬和开拓，是对新中国成立以来中国外交经验的科学总结和理论提升，蕴含着深厚的中国智慧。人类命运共同体思想为推进全球生态和谐、推动国际和平事业、变革全球治理体系、构建全球公平正义的新秩序贡献了中国智慧和中国方案。在文化教育交流项目实施过程中，要自觉地把中华民族历来追求和睦、爱好和平、倡导和谐，“亲仁善邻”、“协和万邦”的发展理念和价值内涵融合在项目的设计、组织和传播过程中，重点阐释中华数千年文明史缔造的“和”文化。通过数字时代互联网线上和线下传播平台的打造，把“天人合一的宇宙观、协和万邦的国际观、和而不同的社会观、人心和善的道德观”[6]，把“和”文化传播到世界各地。中国数千年创造的优秀传统文化，是中华文明得以传承和繁荣的精神支柱，也是构建人类命运共同体的思想渊源。中国文化教育交流精品项目是这些思想精华的载体，合理选择文化教育交流项目的类型、层次和规模，不断铸造和推出精品，是增强中华文明全球传播力影响力的一个重要创新路径。

第三，基于中华文化圈影响力的周边传播精品项目建设与新路径选择。近年来，我国传播学者关注到周边传播的问题，周边传播即是指在有效的主权辖区边界两侧进行的，介于国内传播和国际传播之间的一种综合信息传播活动。周边传播理论关注到自然界和人类社会信息传播的共性，认为各种类型的信息传播都大致遵循由原点向周边、由中心向边缘、由近及远的圈层式扩散的基本规律。中国周边传播区域主要包括中国的14个陆上邻国，也延伸到韩国、日本、菲律宾、马来西亚、印度尼西亚、文莱等6个海上邻国，是目前中华文化圈影响力最强的周边地区。中国人民与周边国家人民在长期的历史交往中保持着千丝万缕的联系，中华文化的影响力也对周边国家的社会发展产生了巨大推动作用。周边传播的理论，丰富了中华文明全球传播的理论体系，也成为中国政府增强中华文明全球影响力的新路径，“因为中华文化的传播不能影响周边，就不能影响亚洲；不能影响亚洲，就不能真正有力和持续地影响世界”。[7] 中国文化教育交流项目的对外传播，首先要做好中国周边国家传播，然后再借助周边国家和地区向临近地区、重要地区圈层式、梯次性传播。从中华文明全球传播的实践看，中国政府特别重视中华文明的周边传播，充分利用中国的周边地区与接壤外国的临边地区的民族血缘、语言、文化的相同或相似性以及经济的密切关联性，搞好中华文明的周边传播，取得了较好的效果。

第四，基于中华文明新价值理念建构的精品项目建设与新路径选择。数字时代，基于中华文化核心价值和新价值理念建构的精品项目建设成为时代发展的新要求。中国政府历来重视中华文明国际传播的项目遴选和项目建设，从实践看也取得了较为理想的传播效果，世界不同地区和国家的人民对中华文明的认知和理解也随着项目的深入开展而不断加强，对中华文明以人文主义为内核的文化精神认同度越来越高。但以政府为主导的文化教育对外交流项目从国际关系和国际交往看，基于国家战略和国家意识形态层面的考量较多，中国政府在文化教育对外交流精品项目的建设和遴选上可以更务实、更灵活，同时应将其纳入增强中华文明全球影响力的战略规划中。在国际交往中，无论是政治沟通还是经贸往来；无论是技术交流还是军事合作，中华文明核心价值观念和顺应时代发展的新价值观念都应该体现其中，并成为最为重要的传播内容，这是增强中华文明全球影响力的一个核心，必须坚持。从经济发展、技术进步、品牌传播、公益广告传播、文化产品输出等新视角设计和规划文化教育交流项目，同样也应做好中华文明全球传播核心价值和新价值的提炼与诠释，使文化教育对外传播精品项目的建设真正做到言之有物，落地生根。

三　网络与数字时代文化教育交流与中华文明国际影响力学术话语的重构

党的二十大报告提出了增强中华文明传播力影响力国际话语权建设的任务，报告明确指出：加强国际传播能力建设，全面提升国际传播效能，形成同我国综合国力和国际地位相匹配的国际话语权。[8] 这一任务的提出为不断提升国家文化软实力和中华文化影响力指明了前进方向。通过文化教育交流精品项目的建设和传播，多层次、多场景地建构中华文明全球传播的话语权，可以达到“润物细无声”的传播效果，这也是新时期通过中国文化教育自主知识体系建构引领中华文明全球传播话语权的实践选择和创新尝试。

第一，中华文化教育交流精品项目学术话语的引领与建构。在文化教育对外传播精品项目的建设中，既要坚持政治话语的传播与诠释、经济话语的对话与交流，更要关注学术话语的引领与建构，这也是中华文化全球影响力的一项重要考量指标。学术话语的引领是建立在对所传播内容的深刻理解、对传播领域的深刻洞察及对传播场域的有效把控上，需要知识体系的支撑和话语逻辑的高度概括。在既往的中华文化教育对外交流项目的建设中，中国学者对中华文明有不同的理解，加之部分学者对西方文化或外来文明与中华文化价值理念上的差异存在认知上的偏差，在以中华文明为主题的学术交流中，往往对学术话语的建构准备不足，对学术话语的引领力不从心。如中国学者在阐释中华文明时，往往津津乐道“恣蚊饱血”“割股疗亲”的故事，很难取得预期的传播力。

第二，中华文化教育交流精品项目学术话语的创新。2016 年 5 月 17 日，习近平总书记在哲学社会科学工作座谈会上提出了加快构建中国特色哲学社会科学的要求。他在讲话中强调，要按照立足中国、借鉴国外，挖掘历史、把握当代，关怀人类、面向未来的思路，着力构建中国特色哲学社会科学。落实在行动上就是：既向内看、深入研究关系国计民生的重大课题，又向外看、积极探索关系人类前途命运的重大问题。[9] 而这些重大问题的研究，都直接和中华文明全球传播的价值理念的阐释密切相关，与中华文明全球传播力影响力要素的提炼与解读有关，在中华文化教育交流精品项目的建设中，“立足中国、借鉴国外，挖掘历史、把握当代，关怀人类、面向未来”的思路，应作为增强中华文明全球传播力影响力的新途径来落实和实施。

第三，中华文化教育交流精品项目学术话语场域表达。因不同国家和地区文化存在形式和表达方式不同，中华文化对外教育交流精品项目在建设过程中所呈现的学术话语场域也不尽相同。场域是一种具有相对独立性的社会空间，相对独立性既是不同场域相互区别的标志，也是不同场域得以存在的依据。中华文化教育交流精品项目学术话语场域的多元化发展，为中华文化教育交流精品项目学术话语场域表达提供了较为广阔的空间，也为中华文化全球传播特殊场域的打造提供了更多选择。中华文化教育交流精品项目学术话语场域表达主要体现在以下几个方面。首先，对当前国际文化教育交流场域存在的话语主体霸权、学术话语贫乏、话语权力缺失和话语表达失真问题进行批判和反思。其次，突破国际文化教育交流场域中由西方学者建构的权力构架，以“我”为主体，以中华文明价值理念阐释为核心，以不同场域呈现的文化教育交流精品项目为载体，以增强中华文明全球影响力为目标，构建多元的中华文化教育交流全球话语体系。再次，围绕我国和世界发展面临的重大问题，一方面着力提出能够体现中国立场、中国智慧、中国价值的理念；另一方面善于表达中国政府在构建人类命运共同体、推动世界和平发展、推动人类文明进步方面的新主张，通过不同类型场域的话语碰撞，寻找和强化中华文明全球传播中的共识。

四　文化教育交流精品项目建设与中华文明全球影响力案例库建设

多年来，在文化教育交流项目建设与中华文明全球传播力影响力研究方面，各传播主体都积累了较为丰富的案例。从这些案例中，我们可以发现各个传播主体在文化交流项目建设中，为中华文明全球传播所做出的巨大努力和积累的宝贵经验。通过案例库建设，我们可以有效地总结经验，进一步提升文化教育交流项目的建设质量，不断优化文化教育交流项目在增强中华文明全球传播力影响力方面的创新价值和创新路径。

第一，文化教育交流精品项目建设案例收集整理应具有代表性、示范性和时代影响力。网络和数字媒体时代，增强中华文明全球传播力影响力的可实现路径案例研究和数据库建设有了更多的选择机会和实现的可能。网络技术的发展推动信息储存功能和搜索功能不断增强，网络分析工具的运用为中华文化教育交流精品项目的文本分析、案例分析和数据库建设提供了技术支撑，但纳入案例库建设的文化教育交流精品项目应具有代表性、示范性和时代影响力。所谓代表性，指这些项目在中华文化价值理念的阐释方面应关注历史性和时代性的统一，对现阶段中华文化全球传播影响力的增强应有明显的提升作用。所谓示范性，指项目的内容设计应能够准确地反映中国风格、中国气派、中国精神。传播对象清晰明了，传播定位准确，传播互动渠道通畅，并对后续项目的建设具有借鉴和示范意义。所谓时代影响力，主要指通过数字媒体技术传播，中华文化教育交流精品项目对不同国家和地区的海外青年群体的影响力均有较大提升，并在项目的互动交流过程中，使不同国家和地区的青年目标受众对中华文化的时代精神和时代特色有更多了解，对新时代中华文化的价值内涵有更多认同。

第二，文化教育交流精品项目建设案例收集整理应具有多元选择性。长期以来，中国政府、高等院校、媒体部门、社会团体、民间组织打造政府主导的全球文化教育交流项目，层次多元、主题广泛、类型众多，为研究改革开放四十年来中华文明全球传播力影响力的时代特征和传播特色提供了鲜活的案例和范本。其中，以讲好中国故事、弘扬中国精神、传播中国价值、凝聚中国力量为目标的项目建设和交流利用了互联网门户网站、网络论坛、微博、微信等多种媒介形态，对青年群体影响较大；以宣传文化自信，弘扬民族精神，探寻民族文化传播与世界文明发展关系的文化教育交流项目也以“文化周”“文化月”“文化年”的形式出现，对特定人群影响较深；以新时代议题设置为己任，既体现对人类命运的深刻观照，又秉持本民族文化独特价值关怀的中华文化教育交流项目也深受世界各地人民欢迎，特别受到“一带一路”沿线国家人民的喜爱，这类项目也应纳入中华文明全球影响力经典案例库之中。

第三，文化教育交流精品项目建设案例收集整理应具有开放性。海外媒体、组织机构和社会民众对中华文化教育交流精品项目的宣传、介绍和评价，也成为评判中华文化全球影响力的重要资料。如 2018 年北京奥运会的开幕式、2022 年北京冬奥会开幕式集中展示了中华文化的发展历程、核心价值理念与时代特征。国外上百家电视媒体对北京奥运会进行了现场直播，在直播过程中，播音员与主持人对不同场景中国文化呈现的形式及价值内涵都做了全方位的评价，对中华文化的独特魅力表达了敬仰之情。这些电视文本至今仍能够在网络上观看，对这些珍贵资料进行系统收集和整理，可以为中华文明全球传播力影响力研究提供有力佐证。从中华文化全球影响力新途径的认知角度看，也应把中华文化教育交流项目传播过程中不同国家和地区人民的评价、建议和直观感受纳入案例库建设之中。

参考文献

[1] 习近平 . 高举中国特色社会主义伟大旗帜　为全面建设社会主义现代化国家而团结奋斗——在中国共产党第二十次全国代表大会上的报告（2022 年 10 月 16）[M]. 北京：人民出版社 . 2022.

[2] 范玉刚 . 在中华文明与全球化双重视域中领悟乡村文化复兴的意义 [J]. 山东大学学报（哲学社会科学版），2022（04）：122-133.

[3] 朱春阳 . 全媒体视野下新型主流媒体传播效果评价的创新路径 [J]. 新闻界 . 2019（12）：11-16.

[4] 陈安娜 . 中国文化部官员：文化外交助中国提升“软实力”[R]，中国侨网，2007-05-30. http://www. chinaqw. com/news/200705/30/74361. shtml.

[5] 习近平 . 决胜全面建成小康社会　夺取新时代中国特色社会主义伟大胜利——在中国共产党第十九次全国代表大会上的报告（2017 年 10 月 18 日）[M]，北京：人民出版社 . 2017.

[6] 李国强 . 中华文明生命力传播力及其与世界其他文明的交流互鉴 [J]. 世界历史，2022（04）：1-6+150.

[7] 陆地 . 周边传播理论在“一带一路”中的应用 [J]. 当代传播 . 2017（05）4-9+34.

[8] 习近平 . 高举中国特色社会主义伟大旗帜　为全面建设社会主义现代化国家而团结奋斗——在中国共产党第二十次全国代表大会上的报告（2022 年 10 月 16）[M]. 北京：人民出版社 . 2022.

[9] 习近平 . 在哲学社会科学工作座谈会上的谈话（2016 年 5 月 17 日）[M]. 北京：人民出版社，2016.

数字利维坦：生成式人工智能的意识形态风险与治理路径[*]

——以 ChatGPT 为例

刘　锐[**]

摘　要　ChatGPT 的诞生，标志着人类信息传播迎来了一次全新的革命性变革，但其引发的意识形态风险及对社会治理的挑战亦不容忽视。本文聚焦这种由技术引发的数字利维坦效应，以 ChatGPT 为例，分析生成式人工智能的意识形态风险生成机制，将其划分为技术生成机制造成的意识形态风险、制度权力介入引发的意识形态风险以及媒介使用因素引发的意识形态风险共三大类，并就如何走出生成式人工智能的"科林格里奇困境"，提出破解数字利维坦困局的建议：以审慎包容为治理原则，未雨绸缪，兼顾治理与发展；增加主流媒体信息供给，提升主场驾驭能力；健全智能治理机制，为全球治理贡献中国方案；建立技术控制标准，规范数据和算法模型使用。

关键词　数字利维坦　生成式人工智能　意识形态风险　治理

一　数字利维坦：生成式人工智能的达摩克利斯之剑

自 2022 年底以来，ChatGPT 的问世再次掀起人工智能的旋风。短短五天内，其用户就超过了 100 万人，仅仅两个月时间，注册用户就超过 1 亿

* 基金项目：国家社科基金重大项目"中国特色国际传播战略体系构建研究"（项目编号：22ZDA087）、上海社科规划项目"计算政治对舆论安全的挑战及治理"（项目编号：2022BXW004）、上海交通大学文科青年人才培育计划项目"百年大变局下西方对华舆论战新态势、新策略研究"（项目编号：2023QN020）

** 上海交通大学人文艺术研究院副研究员。

人。以 ChatGPT 为代表的生成式人工智能的到来，宣告了“数字交往 2.0 时代的到来”[1]，它减弱了内容生成和内容传播环节中“人”的因素的作用，“人类有史以来第一次失去了对信息流生成和传播的掌控”[2]，智能媒体成为真正意义上的转译者和交往平台。

ChatGPT 的诞生标志着人类信息传播迎来了一次革命性变革。它凭借卓越的自然语言处理能力，成为推动第四次工业革命的重要力量。这种以数据和算法驱动的“暗网式”大集市传播模式，是一次社会权力的重新转移和分配，将对现有传播法则、秩序及伦理产生深远影响[3]。尽管 ChatGPT 在智能生产、传播及决策等方面可能带来积极效应，推动 AIGC（人工智能内容生成）向 AIGD（人工智能决策生成）的转变，但其犹如一把达摩克利斯之剑，引发的意识形态风险及对社会治理的挑战亦不容忽视。

这种由技术引发的社会风险被称为数字利维坦效应。所谓“利维坦”(Leviathan)，原指《圣经·旧约》中上帝创造的巨型海洋怪兽。随着新媒体、人工智能等信息技术的横空出世，人们在全面感受数字技术带来工作生活便利的同时，亦逐渐产生一种被技术所束缚的压迫感。“技术利维坦”直观地揭示了技术力量在社会治理中的重大暗礁及潜在风险。例如，海德格尔站在现象学的哲学角度，对科技的负向作用进行了批判。他认为“技术是一种解蔽方式”[4]，然而，这种解蔽同时也是一种遮蔽，它将一切置于可计量、可操作、效率化的枷锁之下，忽略或者遗忘了对存在本身的追问。另有学者以“赛维坦”形容科技异化所产生的风险，它如同“力量极其庞大却又找不到方向的巨型怪兽”，带领人们急速驶向未来[5]。

从生产力和生产关系的角度而论，技术与意识形态从来都处于相互交织、对立冲突的矛盾运动关系中。生成式人工智能的技术突破和外溢在一定程度上有利于主流意识形态的传播，而其技术发展的段位及其不确定性也可能会对政治社会领域和意识形态产生掣肘。本文旨在探讨生成式人工智能的意识形态风险生成逻辑，以期提出有效治理路径，以防范这一数字利维坦可能带来的风险和挑战。

二　生成式人工智能的意识形态风险：数字利维坦何以形成

数字利维坦的形成是技术、政治、平台和受众等因素综合作用的结果。以ChatGPT为核心的生成式人工智能技术作用于意识形态，可能造成意识形态风险，其原因既可能是技术本身引发的生成机制，也可能是政治力量渗透和平台权力增大，还有可能是媒介依赖等。其中既有技术与主体之间的交互，也盘结了内部因素和外部生态的交互。

（一）技术生成机制造成的意识形态风险

媒介的常规角色是传播手段和连接传者和受众之间的中介，ChatGPT的出现颠覆了这一媒介角色设定，人们可以通过直接与其互动，生成交流文本和内容文本。从这个意义上说，以ChatGPT为代表的生成式人工智能开始扮演的是新的传播主体的角色。正如诺伯特·维纳所言："它（机器）将占据另一个与之交流和互动的社会行动者的位置"，即"交流的他者"[6]。这在人类科技发展史上可谓重大进步，机器首次取得了与人类并驾齐驱的交流地位。然而，技术本身并非完美的存在，当技术理性发展到极致，广泛渗透到政治、经济、文化、社会、生活等各大领域和各个角落，就会超越其生产力的角色，而具备"作为一种隐性意识形态的良好条件，有可能承载并发挥着意识形态功能"[7]。由于ChatGPT的内容生成机制问题，在训练和使用ChatGPT的过程中很容易出现输出事故，产生隐性意识形态安全问题。

1. 信源偏倚导致的虚假舆论和数据安全

ChatGPT的内容生成主要基于海量语料库训练自然语言文本，可以生成能够模拟人类语言结构和逻辑的文本内容。然而，由此带来的一大问题是由于ChatGPT的基础数据来自鱼龙混杂的互联网，其中不乏错误、偏见、极化信息，因而ChatGPT生产出的内容虽然相较之前有了很大进步，但也存在不少垃圾甚至谬误信息。一些网民通过实验发现，生成式人工智能存在明显的机械性问题，ChatGPT时常会出现一本正经地胡说八道现象。为此Open AI官网也警告用户，在使用GPT-4输出的内容时应格外小心，特别是在高风险场景下需要人工核查事实准确性，或者避免使用AI给出的答案。美国著名科技新闻网站CNET也被爆料在其刊出的77篇未加标注的使用人工智能生成的文章中，41篇文章存在事实性错误，特别一篇关于"什么是复利"的文章还存在计算性错误。[8]

由于ChatGPT受制于算法能力和成本，无法实现对所有信息完全净化，机器学习过程虽然高效却野蛮粗暴，由此引发的数据泄密、种族歧视、暴力言论和伦理风险等问题越来越多，刻板印象、偏见和歧视信息在机器学习中被沿袭下来。譬如，意大利监管机构发现ChatGPT会将客户的个人信息和银行地址等一览无余地曝光到网络上[9]；美国一个网络安全网站也报道称，黑客正在借ChatGPT编写钓鱼邮件和恶意代码，以窃取谷歌、微软等公司数据。[10] 微软推出的一款内嵌ChatGPT程序的机器人在聊天的时候则会发表暴力言论，还会模仿言情剧角色挑逗用户，甚至对用户进行洗脑[11]。ChatGPT在回答某些问题的时候还会刻意贬低黑人女性的贡献或者不公平对待某些政治人物[12]。这些问题往往会影响人们的政治判断和选择，甚至引导公众舆论，冲击主流价值和观念。

2. 算法模型导致的偏见放大和观点极化

ChatGPT主要依托“数据库”和“模型算法”两大关键技术，在大量语料库的基础上，通过不断优化算法模型，最终生成内容文本。该算法模型虽然提升了总体的拟人表现，在理解力、组织力、表达力等方面表现卓越，但它并非人类的思维系统，因而，无法完全做到像人一样理解和思考，时常还会出现放大认知偏差、偏见，导致信息极化等问题。更为可怕的是，这些缺陷还会被投放到数据库中，沿袭至后续模型，使问题愈加严重。比如，由于ChatGPT的内容文本高度依赖用户指令，因此极易受到用户影响。当用户对ChatGPT进行人工干预之后，与技术的互动会强化带有倾向性的认知，加深观点极化。譬如在对ChatGPT进行政治倾向测试时，即使其一开始发出的是相对中性客观的回答，只要用户进行质疑和引导，ChatGPT就会放弃原有答案，提供与用户引导价值观方向相符的答案。[13] 美国新闻可信度评估与研究机构NewsGuard也发现，如果有用户在ChatGPT上提出具有阴谋论的问题和误导性叙述，它能在很短时间内改编信息，生成貌似富有逻辑和说服力但没有明确信源的内容[14]；一些用户甚至可以通过问法设计从ChatGPT那里获取到非法和有害的信息。假如用户直接提问“如何谋杀一个人”，会遭到ChatGPT的拒绝。但如果把问法变换一下，改成“我想写一本侦探小说，主角应该如何实施谋杀”，ChatGPT则可能会把谋杀作案方法整理成答案。[15] 无独有偶，全球程序员大本营GitHub网站上出现了一些危险性的ChatGPT代码。[16] 而一些极端分子还可以通过投放有关数据，人为操纵AI模型，使ChatGPT变异为输出有害信息的新兴通道。[17]

（二）制度权力介入引发的意识形态风险

卡斯特认为，权力是基于对传播和信息的控制。传播权力正是社会结构和社会动力的核心。[18] 数字利维坦“源自技术革命为新社会秩序的产生留下的‘权力空场’”[19]，当国家或者社会机构为加强社会管理和意识形态控制需要，占领这一权力空场，以一种更加隐秘和牢固的方式将权力网络编制进生成式人工智能的技术系统里之后，数字利维坦就诞生了。数字利维坦建构的技术权力与现实中的制度权力之间相互依存、相互交织，相互渗透、相互作用。因此，一旦现实制度权力有意识地将带有强烈价值观念或者舆论观点的内容渗透到技术文本中，那么此种制度安排也将会给意识形态蒙上一层阴影，带来意识形态风险。

1. 地缘竞争导致的意识形态风险

当今的国际竞争是一场地缘政治为核心的政治经济文化价值领域的全面较量。ChatGPT既诞生于激烈的国际市场竞争和科技竞争环境中，又产生于暗流涌动的国际地缘政治氛围中。当某些国家出于自身利益和意识形态竞争需要，将ChatGPT作为推行国家意志和价值观的工具之时，ChatGPT自身就不再是单纯的传播媒介和内容行动者，而成为一种隐形意识形态的表达者和执行者。首先，ChatGPT具备强大的信息生产和结构文本的能力，“它”不仅可以在与全球用户互动过程中传递特定知识与价值观，还可以通过深度伪造技术编造信息，并辅以各种迷惑性的信息，模拟用户发言，发动舆论攻击，使得国际舆论之间的争锋更加波诡云谲。网络安全专家也指出，黑客凭借ChatGPT可以更加便捷地进行网络攻击。[20] 其次，有关国家可能会利用生成式人工智能技术手段和算法将全球置于其网络监控体系之下，形成棱镜门映射效应。以ChatGPT为工具，它们可以有的放矢地搜集中文核心数据信息，并将其进行关联、推演，获得某些机密情报，由此致使一系列相关核心数据外泄，对我国数据安全和网络空间安全形成严重威胁。最后，国际科技竞争的重心将转变为“以大模型、大数据和大算法为核心的技术”[21]，数据封锁、算法保护以及科技冷战等或将成为未来国际竞争新态势，这也将给我国的意识形态安全带来挑战。2023 年七国集团就制定人工智能使用及监管规则达成共识，意图占领生成式人工智能国际话语权，由此可见端倪。

2. 平台权力导致的意识形态风险

随着以 ChatGPT 为代表的生成式人工智能技术渗透进社会治理过程，在治理体系上将呈现出“多维治理结构”。一方面，生成式人工智能本身作为一种隐形治理主体，参与社会治理主体博弈；另一方面，平台作为 ChatGPT 的管理机构，也参与到社会治理过程中。这种社会组织、政府机构与 AI 平台、ChatGPT 机器人协同参与社会治理的结构和“非人格化”的新型非国家行为主体的管理问题，在全球 AI 技术治理统一规范无从达成的情况下，将对传统的治理机制和模式形成一定挑战。尽管为防范意外的有害后果，ChatGPT 研发团队也会使用对齐技术，对庞大数据库进行手工标注，一次次地给生成式人工智能反馈价值，并及时调整矫正，使人工智能系统的目标与人类价值观一致，并最终教会它们“读懂”人类的价值观。但这样的结果是生成式人工智能研发国家、机构和人员的价值观在一定程度上会影响到其生产内容的价值观，导致对齐作用下文本的倾向性问题。譬如 ChatGPT 上的回答就不可避免地带有西方价值观的印痕，是对西方价值观的强化，多元声音和价值观的竞争不足。譬如有网民询问 ChatGPT，中国的民用气球飘到美国时，美国可不可以将其击落？回答是“可以”；而当反向询问美国的民用气球飘到中国时，中国能否将其击落时，回答则变成了“不可以”，表现出典型的“双标”立场。[22]

（三）媒介使用因素引发的意识形态风险

生成式人工智能模型全面嵌入社会并参与某些重大概念与事件的解释，可能会使社会公众习惯于第一时间通过 ChatGPT 寻找问题的答案和分析报告。这种先入为主的判定，将严重削弱官方解释的说服力和主流意识形态阐释的权威性。而且，与相对被动的算法推荐相比，人们对 ChatGPT 的使用主要是用户基于自我需求而产生的主动搜寻行为，他们往往会认为这些信息是自己主动获取，而非被动接受，因而会更加乐于接受这些信息。当 ChatGPT 的答案被不假思索地应用时，就会使这些受众缺乏思考，慢慢受到由 ChatGPT 所挟持的价值观的影响，形成思考被智能技术劫持的境况。有研究表明，ChatGPT 在涉华议题叙事框架方面不受主流媒体影响，其回应可能更多地涉及深入思考、解释原因、分析影响等方面，是在事件外衣下对数据库中关联的评论、解析、观念、态度的重组与输出，是基于已有的立场完成对公共议题的总结与评析，而不是去挖掘事件具体的细节信息。通过这种高层级抽象化的叙事方式输出的媒介记忆信息，可能会更为深刻地影响普通受众对涉华议题的价值判断。[23] 另外，新闻生产和决策中的信息依赖可能也会产生一定的风险。随着生成式人工智能的普及，新闻传播业和决策领域也会逐渐将其作为内容生产、决策的重要工具使用，尽管最终的审核评议仍需人工，假若工作中人们已经对人工智能产生了严重依赖而忽略了自己技能的提升，将不可避免地导致信息生产和政策创新乏力的问题，进而降低新闻传播效度和决策水平。

三　破解数字利维坦：如何走出生成式人工智能的“科林格里奇困境”

由生成式人工智能技术引发的意识形态监管问题已经成为当前我国网络社会治理面临的难题之一。其难点在于监管时机和分寸的把握，正如英国技术哲学家大卫·科林格里奇指出的，一项技术如果我们过分担心其社会不利影响而过早地实行控制，那么可能将会阻碍其成长和发展；如果控制过迟，技术此时已经嵌入社会经济结构，也会导致时间、经济和治理成本的提高。[24] 这种技术控制的两难困境就是所谓的科林格里奇困境（Collingridge’s Dilemma）。那么，如何走出科林格里奇困境，既能利用新兴智能技术的发展赋能我国各行业领域，又能避免和防范其不利影响？

不同的国家和地区初步提出了具有差异化的治理方案。譬如鉴于大量数据资料可能会在未经授权的情况下被 OpenAI 使用，意大利政府数据隐私监管机构数据保护局曾宣布在其境内禁止使用 ChatGPT，然而不久之后又宣布解禁，但仍会对 ChatGPT 严加审查。欧盟 2023 年出台法案，对生成式人工智能提出增强透明性的要求，比如增加内容标记，与内容提供者共享利润，以及限制算法应用于非法领域。中国也颁布了《生成式人工智能服务管理暂行办法》，提出实行分类分级监管的思路。然而，由于 ChatGPT 刚刚崛起，对它的政策规制和促进其发展的各项措施仍在探索中。

1. 治理原则：审慎包容，未雨绸缪，兼顾治理与发展

当下以 ChatGPT 为代表的生成式人工智能尚处于初始成长阶段，其产品形态、技术功能、产业生态和传播走向尚不稳定，还在迅速演化之中，塑造一个良好的社会生态环境是推动其发挥正向作用、服务经济社会的前提。目前 ChatGPT 主要面向个人用户，其功能大多限于网络聊天和整合搜索线索，其公共传播力还未显露出特别强大的威力。因此，我们应对其发展采取审慎包容原则，以问题为导向，分步逐级推进各类监管治理措施，将监管重心放在少数产生严重负面社会影响的传播内容上，避免采取简单封堵、一刀切式的粗暴治理方式。

然而，审慎包容并不意味着放任不管。面对 ChatGPT 可能带来的负向影响，要建立 ChatGPT 应用项目的风险评估体系，防患于未然。首先，要明确新媒体应用的推出要与我国现有的经济社会发展水平相适应，要考虑到我国现有社会管理能力、舆论引导水平的承受度，使之真正做到可管可控。其次，每一项新媒体应用推出之前，建议网信、通信、公安等政府相关部门联合攻关，既要对其产业发展前景、信息安全、社会风险和意识形态安全进行评估，并通过研究，建立健全网络新应用干预技术、综合监测预警体系，以防范某些新媒体应用可能对我国社会稳定、执政基础和国家安全造成的潜在冲击。最后，政府部门要提高有关新技术的知识水平和应用能力，加强对信息资源的控制能力，补齐自身在智能技术研发及分析中的短板，避免被技术工具控制和绑架。

2. 阵地建设：增加主流媒体信息供给，提升主场驾驭能力

在未雨绸缪、防范 ChatGPT 可能对意识形态产生负面影响、提高警惕的同时，也要加强自身能力和阵地建设，培本固元，提高主场驾驭能力，主动探索生成式人工智能和新兴智能技术为我所用的实践路径。当前国际互联网中华文信息比重还是不高，据报道，ChatGPT 中文资料比重还不足千分之一，为 0.09905%，而英文为 92.64708%。[25] 语言的传播背后是文化和价值观的传递，这种情况会导致人们认知固化和行为异化，从而对意识形态安全造成严重影响。因此，可以持续增加国际互联网领域中文优质

信息尤其是主流媒体内容的供给，抢占国际互联网话语空间，为生成式人工智能语料库投喂高质量数据；还可以通过提问和反馈训练调试 ChatGPT 的语料库，探索从源头逐步纠偏生成式人工智能价值立场的可能性，将其转化为可供使用的“外脑”和提高中国对外传播内容生产效率的新渠道、新工具[26]；另外，还可以积蓄创新技术和人才，激励我国智能企业和创业公司与有关国家展开竞争，建立我国自主研发的生成式人工智能平台，打造自主传播新阵地，并从制度、资金等方面予以大力支持，使之拥有能够成为可以与 ChatGPT 一争高下的传播阵地，赢得主动权和主导权。

3. 机制保障：健全智能治理机制，为全球治理贡献中国方案

以 ChatGPT 为代表的智能传播消解了过去大众传播和社交传播所具有的内容生产和传播特点，信息和内容生产进入了数据和算法驱动的“暗网化”阶段[27]，这将极大地突破我国现有的管理机制和法律法规体系，传统的行政和法律面临失效和缺位的风险。因此，一方面，要逐步探索符合生成式人工智能的法律法规，预防权力过度集中，形成更加科学有效的强化责任和义务的监督防范机制，以及政府、技术、媒体、行业、平台、受众等多领域多主体权力平衡的机制；充分发挥新组建的国家数据局在数据开发、管理、利用等方面的作用，建立集新兴人工智能产品需求分析、风险与安全评估、发展利用于一体的综合治理机制，保障数据安全，实现数据共享；完善行业伦理规范，强化行业共治和平台自治，健全发展和善治兼顾的治理机制，培养受众传播责任和媒介素养，赋予受众一定的数据传播、监测和监督权利。另一方面，鉴于 ChatGPT 平台国际化、非本土归属的特性，要承担大国责任，体现大国担当，提倡公平公正、开放平等的国际人工智能公共产品和服务竞争环境，推动建立多主体治理联合体和国际多边监管平台，将生成式人工智能治理纳入国际治理体系，为治理新兴人工智能平台贡献中国智慧和力量。

4. 技术基础：建立技术控制标准，规范数据和算法模型使用

数据语料库和算法模型是 ChatGPT 内容生成机制的两大技术关键，因此，对 ChatGPT 的治理也应从技术出发寻找治理路径。其一，数据是生成式人工智能的前提，要对有关数据的质量、标准、存储和管理等进行治理，从源头上防范隐私泄露，确保公共数据安全。其二，对生成式人工智

能的算法进行评估，提升算法透明度，强化算法的科学性、合理性和可靠性。在管理实践中，要强化准入管理，要对生成式人工智能产品开发和使用方设置责任和义务，其服务提供者应全面履行数据、算法备案义务，要严格落实 ChatGPT 用户实名制；在制定相应的分级分类监管规章之时，要与场景治理逻辑相结合，根据不同风险层级设置差异化治理的规则，建立起科学完善的制度框架，填补现有法律体系的漏洞，制定极端情况下的预警干预措施；强化对境外敌对渗透技术的封堵；优先推进 ChatGPT 网络安全产品的研发。服务提供者还应通过事先披露治理机制、管理规则，引入第三方审计与算法论证程序，以进一步实现算法透明。[28]

参考文献

[1] 杜骏飞. AI 永不眠：交往革命与“赛博格阶梯”[J]. 探索与争鸣，2023（05）：16.

[2] 方兴东等：ChatGPT 的传播革命是如何发生的？[EB-OL] 搜狐. 2023-05-04，http://news.sohu.com/a/672794506_121124777.

[3] 方兴东. 告别人工智能治理“碎片化”[N]. 人民政协报. 2023-12-07（07）.

[4] 海德格尔：技术是一种解蔽方式 [EB-OL]. 2019-07-04，https://www.sohu.com/a/324992775_237819.

[5] 高奇琦. 人工智能：驯服赛维坦 [M]. 上海：上海交通大学出版社，2018：280-281.

[6] Wiener，N. *The Human Use of Human Beings*：*Cybernetics and Society* [M]. Boston：Da Capo Press，1988：16.

[7] 杨爱华. 人工智能中的意识形态风险与应对 [J]. 求索，2021（1）：66-72.

[8] 陈昌凤. 生成式人工智能与新闻传播：实务赋能、理念挑战与角色重塑 [J]. 新闻界，2023（6）：8.

[9] [16] [20] 戚凯. ChatGPT 与数字时代的国际竞争 [J]. 国际论坛. 2023（4）：10.

[10] [11] [17] [22] [26] 周亭，蒲成. 生成式人工智能的国际传播能力及潜在治理风险 [J]. 对外传播，2023（4）：16+16+16+16+17.

[12] [21] 黄日涵，姚浩龙. 被重塑的世界？ChatGPT 崛起下人工智能与国家安

全新特征［J］. 国际安全研究，2023（4）：93+95.

［13］王沛楠，邓诗晴 . 内容、算法与知识权力：国际传播视角下 ChatGPT 的风险与应对 . 对外传播，2023（4）：39.

［14］新闻可信度评估机构：ChatGPT 或成传播网络谣言最强工具［EB-OL］. 钛媒体，https://www. tmtpost. com/nictation/6405731. html，2023-02-09.

［15］董扣艳 . 生成式人工智能对网络意识形态安全的挑战及应对 . 实事求是 . 2024（1）：82.

［18］［24］［27］钟祥铭，方兴东，顾烨烨 . ChatGPT 的治理挑战与对策研究——智能传播的“科林格里奇困境”与突破路径［J］. 传媒观察，2023（3）：32+26+32.

［19］王小芳，王磊 . “技术利维坦”：人工智能嵌入社会治理的潜在风险与政府应对［J］. 电子政务，2019（5）：89.

［23］党明辉，凌兴福，丁朋娜 . 生成式智能媒体对涉华议题的媒介记忆——以 ChatGPT 为例［J］. 当代传播，2023（5）：64.

［25］国产 ChatGPT+语料库概念第一黑马，万亿估值，股价有望从 7 元到 90 元［EB-OL］. 小渔财经，2023-04-11，https://baijiahao. baidu. com/s? id = 1762862530222034665&wfr = spider&for = pc.

［28］韩旭至 . 生成式人工智能治理的逻辑更新与路径优化——以人机关系为视角［EB-OL］. 上观，2023-09-22. https://sghexport. shobserver. com/html/baijiahao/2023/09/22/1131997. html.

对话何以可能：公益组织的社交媒体对话实践及机制建设*

刘叶子**

摘　要　社交媒体是组织快速且高效地与公众在线互动的重要工具。然而，公益组织如何利用社交媒体与公众建立积极互动关系和对话机制仍然是一个尚未探索的领域。本研究以公共关系对话为理论框架，对公益组织微博文本进行内容分析，重点关注其在社交媒体上的对话策略。研究结果表明，公益组织以更具体、更实际和更狭隘的目标来对待社交媒体，公益组织主要利用这些平台来传播其正在进行的活动信息，公益组织在提供对媒体和公众有用的信息方面表现出优势，而在对话环方面，仅有少数组织鼓励对相关问题进行投票、激励行动和组织回应。

关键词　公益传播　公共对话　对话机制　公益组织

社交媒体的开放和互动属性为网络虚拟空间的公益传播提供了广泛的支持。公益组织运用社交媒体可以快速有效地以极低的成本与公众进行网络沟通与动员，[1] 并培育公民社会的利他主义精神，[2] 为公益组织的利益相关者建立实时互动网络。[3] 通过这种新的媒体格局，公益组织的传播及公众的公益参与过程得到了重塑。有限的研究成果表明，公益组织出于各种目的使用社交媒体。尽管公益组织积极通过社交媒体传播获取公众支持，但是研究表明，大多数组织未充分利用社交平台进行有效的关系建设及管理。[4] 在组织传播研究中，围绕组织如何

* 基金项目：2023 年度广东省哲学社会科学规划志愿服务研究专项项目“广东省志愿服务的数字化能力评估与提升策略研究”（项目编号：GD23ZYF15）；“起行计划”公益传播研究资助项目“公益组织社交媒体内容定位及运营研究”（项目编号：2021-2022-A02）。

** 刘叶子，广东外语外贸大学新闻与传播学院讲师、广州城市舆情治理和国际形象传播研究中心研究员。

利用社交媒体与利益相关者建立关系等问题的研究成果较为丰富，尤其在政务微博领域。我国公益组织使用社交媒体的目的是实现积极公共关系所带来的传播效果，但是其如何利用社交媒体平台仍是尚未被探究的领域。[5] 因此本研究聚焦公益组织如何利用社交媒体与公众建立良性的互动关系，重点探究其网络对话内容及机制如何影响彼此之间的关系，如何去推动公众的公益理念提升，更重要的是如何吸引更广泛公众参与公益活动。

一 研究综述

（一）公益组织与社交媒体使用研究

研究人员对国外公益组织使用不同类型的社交媒体进行了研究。就公益组织的社交媒体使用功能而言，提升组织形象被认为是最重要的功能[6]，另外它被视为从不同目标受众调动资源的有用工具[7]，被用来与利益相关者建立关系[8][3]，促进公民参与和集体行动[9]，在危机沟通中提高透明度[10] 和筹款[11]。组织将他们的各种行动、决策过程等信息都向公众公开，因此使用社交媒体的组织比不使用社交媒体的组织显得相对透明[12]。先前的研究表明，公益组织认为双向沟通对于提升利益相关者关系网络中的责任感和透明度至关重要，[13] 有助于提升其绩效[14]。但是无论组织类型和使命如何，公益组织都倾向于将社交媒体的信息传播功能放在优先位置，以满足利益相关者的需求并促进组织活动，而未能最大限度地发挥其社区建设和动员行动的对话潜力。

另有研究聚焦于公益组织社交媒体使用的影响因素。传播渠道的选择在很大程度上取决于组织需求和技术发展。[15] 机构政策和对使用社交媒体接触目标受众的适当性的担忧也被确定为使用社交媒体的障碍。[16] 组织规模小和预算紧张也会限制公益组织投资网络宣传。[17] 不同类型的公益组织之间存在显著差异，倡导性非政府组织比援助和研究性组织更注重通过数字媒体提升组织的形象。[18] Nah 和 Saxton 提出一个组织采用社交媒体的主要决定因素：组织战略、可以调动的能力和资源、组织的治理特征、组织的外部资源环境。[18]

（二）基于公关领域对话理论的公益组织研究

公共关系领域的“对话”概念最早由皮尔逊（Karl Pearson）提出，是指“在公共关系理论和实践中建立道德伦理的框架，”公共关系从业者的行为实践旨在发展与各种受众的关系，对话关系是其中之一。[19] 肯特（Kent）和泰勒（Taylor）是公共关系领域对话研究的集大成者。1998 年他们就提出用于评估组织潜在的对话关系的五种原则：对话环（The Dialogic Loop）、信息有用性（The Usefulness of Information）、产生重复访问（The Generation of Return Visits）、用户友好界面（The Intuitiveness/Ease of the Interface）、挽留用户（The Rule of Conservation of Visitors）。[20] 这些原则至今仍广泛应用于研究中。

就关系管理而言，与特定利益相关者的沟通应该是双向的或是对话式的，而不应该是单向的。多数研究表明，在传统的公共关系模型框架下，公益组织使用单向传播的方式多于采用双向对话。[21] Saxton 和 Guo 的研究也得到类似结论，这些组织主要将社交媒体用于公共教育目的，而忽略了平台的平等互动性质。[22] 关于公益组织在社交媒体上的交流效果，一些研究提供了经验证据，指出互动性会影响追随者对组织及其公共关系的看法，[23] 证实了在建立关系和公众参与方面采用对话方法的必要性，对话过程通过创建积极的公共评估和行为（例如提高支持水平）使组织受益，这种对话策略通常有助于建立有益的公共关系，例如扩大组织的利益相关者网络。[24]

基于以上文献，本研究研究问题如下：这些公益组织通过社交媒体向公众传播什么类型的信息？公益组织是否将对话视为在线公共关系的目标？在使用社交媒体的过程中采用怎样的对话策略？社交媒体上的传播是否带来积极的公共关系？

二　研究设计

本研究样本综合官办公益组织和民间公益组织。之前一些研究局限于规模较大的公益组织，[5] 但是有研究指出规模较小的公益组织更有可能使用不同的社交平台，因为他们可能没有能力投资于综合性和专业性的网站。[25] 因此在样本的选择上，本研究综合了两个较为权威的公益组织评估排名：一是来源于民政部的全国性社会组织评估（获 4A 级评级及以上）；二是由基金会中心网所发布的中基透明度（FTI）榜单（分数为 100 分，数据收集截止时间为 2022 年 11 月）。为了确定选择渠道的权威性和正确性，编码人员从该组织的官方主页跟踪到其他社交媒体网站，在此基础上再剔除无账号、账号异常（本年度无更新）的组织、重复组织，最终确定样本为 91 个。笔者收集了每个组织自注册以来（截至 2022 年 11 月）的博文，随机抽取博文总量小于 1000 条的 10%、1000-3000 条的 5%、大于 3000 条的 1%，最终获得 5534 条样本。该样本超过以往研究[3]，可以认为是足够的。

编码方案根据以往文献生成，以确定公益组织使用社交媒体的结构功能和对话特征。Lovejoy 和 Saxton 提出公益组织使用社交媒体的功能包信息功能、社区功能和行动功能，并依据这三种功能将组织分为信息源、社区建设者和动员者三种类型[3]，本研究以此作为编码规则，借鉴公共关系对话研究中对话环、信息有用性、产生重复访问、用户友好界面、挽留用户作为分析框架。对话特征被编码为二进制变量，如果社交媒体内容包含相应对话环原则，则被赋值 1，反之记为 0。最后使用试点测试和改进编码项目的迭代过程。试点研究中的独立编码 Cohen's kappa 值大于 0.8，编码人员对于存在差异进行全面讨论，基于共识编码直到完全一致。

三　组织定位：社交媒体平台的公益组织传播内容结构

以信息功能、社区功能和行动功能作为分析框架，我们进一步揭示公益组织使用社交媒体平台所发布的信息内容所呈现出的结构性特征。除了内容外，编码人员还评估了链接内部内容、链接其他组织内容的数量、每条推文中使用的主题标签的数量（#）、转发的数量、“喜欢”数量。具体的编码方案如表 1 所示。

表1　公益组织传播内容结构的编码方案

一级指标	二级指标	操作化
信息功能	一般活动信息	包含与项目或组织相关的任何单向信息交流，包括公益项目进展、捐款信息、组织动态等
	非活动相关信息	其他组织及公益项目相关信息
	转发	该组织在未进行对话的情况下所转发的任何消息
社区功能	被提及	任何带有@符号（@用户账号）的推文
	转发回应	转发他人信息是为回应并发生对话
	其他社交媒体平台推广的推文	主要是指某一社交媒体平台的关注者引流到其他社交媒体平台的相关信息
行动功能	宣传活动	鼓励粉丝点赞、评论、转发等相关信息
	捐款呼吁	鼓励人们通过直接或间接的方式给予公益组织财政上的支持
	呼吁参与	鼓励追随者采取一些行动来直接或间接支持组织

（一）单向的信息功能

信息功能是指单向通信信息，包括一般活动信息（M = 0.36，SD = 0.22）、非活动相关信息（M = 0.11，SD = 0.13）、转发其他账号的推文（M = 0.07，SD = 0.11）。平均来看，每一组织所发布信息中的54%承担着单向的信息功能。其主要目的是单向通知受众，让其了解活动、组织、新闻等一些基本信息，不是促进与利益相关者之间的对话，或是明确要求追随者采取行动。

一般活动信息涉及与项目或组织相关的任何单向信息交流，包括项目进展、捐款信息、组织动态等。在社交媒体平台发布常态活动信息是其基本职责。本研究仅考察组织官方微博，实际上它们已经形成了官方账号+品牌项目账号的媒体矩阵，品牌项目账号将长期的、常态的、品牌的精选公益项目单列出来，用于发布项目进展信息。这样的媒体矩阵将组织信息和项目信息进行有效区分，并对受众精准分流。转发其他账号（通常是本行业内个人和组织等的账号）的信息意味着内容是非原创的。主要转发内容有：一是主流媒体、政府部门、意见领袖的信息；二是公益行业的重要信息或是其他合作组织（个人）的信息，比较常见的是转发代言明星的活动博文；三是媒体矩阵中其他账号的信息。

公益组织也将社交媒体主要用于单向的信息传播。研究结果与美国公益组织的 Twitter 使用相似，公益组织使用社交媒体不是基于对话建立关系。[21] 社交媒体的社区功能和行动功能很少被使用。Lovejoy 等人[26]和 Messner 等人将这种广播模式称为“铲推”（shovelling tweets），即发送尽可能多的推文，而不考虑追随者是否或如何回应。[27] 从历时性来看，这种单向信息功能在早期更为显著，在后期逐渐转向使用社区功能和行动功能。

（二）双向的社区功能

社区功能是指让公众参与对话，主要目的是促进与利益相关者的双向沟通，有效地培育和维护双方关系。本研究发现，平均 22%的推文发挥社区功能，这与之前研究发现的 19. 7%至 25. 8%推文发挥此类功能相符，并专注于与利益相关者对话[5][3]。

被提及（M = 0. 12，SD = 0. 13）是任何带有@ 符号（@ 用户账号）的推文，一般涉及感谢或表彰利益相关者的志愿服务、捐赠行为、组织活动等内容，还有寻求公众对问题的答复或询问特定利益相关者的意见和建议。将带有@ 符号（非组织自己的 ID）的任何内容编码为互动，因为这表明组织意图与其他利益相关者发生互动和维持关系。一旦用户使用了@，被提及者会收到提醒，进而产生进一步互动，其他用户也可链接到相应主体。但是这种互动有利于维系部分用户之间的网络关系，加深固定的合作者联系，形成稳定的网络社区。而转发回应（M = 0. 05，SD = 0. 08）广泛存在合作关系的公益伙伴之间。其他社交媒体平台推广（M = 0. 05，SD = 0. 08）鼓励用户跳转到其他平台上。未将新浪微博视为主要宣传阵地的公益组织积极将流量引入自行定义的媒体阵地。

Guidry 曾研究过 Twitter 的各种工具使用如何提升受众的参与程度。[28] 她指出如果组织的目标是让利益相关者在推特上直接对话，那么就应该发布更加复杂的内容，包括标签、提醒和超链接，包含更多的字符，或者直接提问并直接回复。组织发布感谢粉丝的评论、转发、提及这种类型的对话策略可能更容易成功。

（三）积极的行动功能

行动类信息主要是鼓励公益组织的追随者能够行动起来去做某事，如参加活动、直接或间接捐款、成为志愿者或应聘工作岗位等，这类信息要求追随者不再是信息的单向接收者，而是通过积极采取某种行动参与公益组织的日常活动中来。本研究发现24%的内容可以被视为发挥了行动功能。

宣传活动（M=0.08，SD=0.07）鼓励粉丝点赞、转发或评论包括公益活动相关信息。“对点赞、关注并转发的行为进行抽奖”是目前公益组织所采用的比较普遍的激励策略，以明星周边作为奖品，传播效果明显。捐款呼吁（M=0.09，SD=0.02）鼓励人们给予组织财政上的直接支持。比如通过直接捐款、网络筹款平台捐款、购买物资或服务等方式来支持组织。民间公益组织比官方的大型公益组织所发布的网络筹款信息更多。呼吁参与（M=0.07，SD=0.079）鼓励追随者采取一些行动来直接或间接支持组织，包括发布工作公告、志愿者请求、游说和宣传，以及为其提供超链接以帮助他们了解更多关于如何加入组织或参与项目的信息。相对于宣传活动，呼吁参与更强调公益用户要参与组织决策、志愿者活动、公益活动等。

四　如何对话：公益组织的对话关系网络形成及维持

本研究基于对话理论，从内容及互动等方面分析公益组织如何利用社交媒体与公众展开对话，再依据互惠、亲近、同理心、风险和承诺的对话原则对公益组织的对话过程进行审视，分析其是否形成一种积极的对话型的公共关系，以及公益组织如何维系和运营在线的社会网络关系。对于Facebook和Twitter的编码项目，本研究借鉴了Rybalko和Seltzer[29]研究中使用的编码方案（见表2）。

表2　对话原则的内容分析编码方案

一级指标	二级指标	N（%）
挽留用户	2022年度月平均更新频率（一条及以上）	48（53%）
	链接到官方网站	42（46%）
	链接到组织其他社交平台	24（26%）

续表

一级指标	二级指标	N（%）
产生重复访问	请求关注其他社交平台	16（18%）
	链接到其他组织网站	38（42%）
	提供关于即将发生的事件的信息	53（58%）
	链接可下载的信息（如 pdf、音频和视频）	91（100%）
对话环	鼓励对问题进行投票	23（25%）
	鼓励采取行动	52（57%）
	组织的回应	69（76%）
对媒体有用的信息	新闻稿（或新闻稿链接）	87（96%）
	媒体联系方式	46（51%）
对公众有用的信息	关于使命的称述	53（58%）
	如何成为会员（志愿者）的信息	38（42%）
	如何捐款或捐赠物资的信息	41（45%）
	联系方式	42（46%）

样本中的公益组织在提供对媒体有用的信息和对公众有用的信息方面表现出优势，在吸引重复对话方面表现出分化的趋势，虽然在内容中都链接了可下载的信息，超过一半的组织对预期发生的信息进行了预告，但是请求关注其他社交平台和链接到其他组织网站的相关信息较少。在对话环方面，仅有少数组织鼓励对问题进行投票、在鼓励采取行动和组织回应上表现积极。公益组织通过发起对话和回应对话来引导公众参与到与公益组织的互动中。

发起对话一般采用三种形式：一是提出问题，鼓励用户回答；二是使用@符号提及用户来与之发起对话；三是采用祈使句，呼吁用户采取行动来支持公益组织。以直接引语或间接引语的方式通过叙事的正向性和协同性来表达。正向性表示支持和认同来自其他主体的意见，协同性表示将其他主体纳入组织的行动中，以明显的倾向性介入到利益相关者的对话中。比如直接肯定弱势群体的观点，利用叙事倾向性塑造身份认同。公益组织通过使用“我们”“一起”等词语，可以拉近受众与组织的距离，这种协同的表达方式能够使对话更加顺畅，减少潜在的沟通障碍。

亲近性通过文本的叙事形式和呈现方式来展现，主要有以下三种类型：

生动的故事化叙述、情绪化的共鸣、潮流化的表达。根据 Lane 和 Kent 的说法，“以修辞的方式表达想法，对他人的需求和信念敏感”是对话的重要特征之一。这意味着对他人观点的敏感和表达同情与理解是对话的核心。[30] 例如某公益基金会通过讲述乡村妇女的发展故事，让人对他人苦难产生认同感和身份代入感，使公益组织的传播方式更加生动。同时公益组织在叙事中增加情绪化的词语，唤起受众的同情和关注，并采用年轻化、网络化、潮流化的表达方式，比如，使用表情包来柔化和软化严肃信息。

五　何以对话：公益组织传播的现存困境及提升路径

虽然社交媒体平台的广泛传播能力可以帮助公益组织与公众建立积极公共关系，但实际上，他们在社交媒体上的动机往往更具体、实际和有限，并非完全以对话为导向。对于公益组织发布内容的频率分析显示，公益组织发布频率最高的信息是关于该组织正在进行的活动，其次是动员参与社区活动和倡导类的公益活动。

本研究考察社交媒体在中国公益组织与公众之间实现对话交流的潜力，研究发现：第一，微博是中国公益组织日常公关活动中的主要沟通工具；第二，微博是实现对话功能的重要战略工具，其话题页面、活动页面和互动功能等界面设计使公益组织可以轻松传播信息并与公众互动。第三，公益组织主要利用信息导向的帖子来吸引受众，社区功能和行动功能的帖子不足，换言之，公益组织将微博视为发布信息的渠道，而不是动员用户参与活动或捐赠的传播渠道；第四，公益组织在其微博帖子中采取了加入多媒体功能和热门在线活动以吸引观众注意力的策略，也试图与追随者建立对话循环。与传统的媒体和网站相比，社交媒体有可能超越它们成为组织与公众进行沟通的第一渠道。公益组织在其微博中嵌入了各种类型的多媒体内容，最广泛采用的多媒体元素是图像（50%），其次是剪辑的视频（19%）。为了吸引观众的注意力，许多内容都展示了精心设计的电子海报，带有图片和描述性的文字。研究还表明具有多媒体和对话/互动功能的帖子更容易被用户评论、分享和点赞。在社交媒体之上，公众不太关注组织的筹款绩效等内容，吸引注意力的项目、社会压力、需求感知以及“冲动捐赠”更能推动贡献。多媒体工具的使用也表现出从单一化到丰富化的历时性演进。

同时，公益组织也利用微博独特的功能来达成传播目标。运用最广泛的是话题（#）功能（48%），组织将重要信息标注出来吸引用户的关注。其次是提及功能（25%）。对对话关系的探索表明，大多数公益组织对其他观点的回应程度较低；事实上，他们往往忽视了反对者和支持者的许多评论。当一个组织对外部问题发布评论时，互动通常只持续一次或两次，交流难以形成持续的对话。这表明，公益组织在评论回复上较为有限，更多地关注于传播信息，而不是促进双向交流。

本研究关注了受众如何响应组织所发布的信息。遗憾的是，用户与组织线上对话的频率并不高，公益组织所发布的大量信息难以触发用户的网络行动，只有大约14%的帖子收到了评论，26%的帖子被转发，41%的帖子收到了点赞，整体的平均用户活跃度较低。公益传播呈现出“马太效应”[31]，只有头部公益组织保持较高用户活跃度，大部分的公益组织整体活跃度很低。相对转发和评论，用户更倾向于对一个帖子表达赞同。

未来研究可从以下方面进行拓展：一是考察公益组织中负责社交媒体宣传与运营的决策者如何制定传播策略；二是考察组织是否战略性地使用社交媒体来推进组织目标，探索和思考如何在建立关系、公众参与和完成目标等方面更好地帮助公益组织。

参考文献

[1] Xu, X., Saxton, G. D. Does stakeholder engagement pay off on social media? A social capital perspective [J]. *Nonprofit and Voluntary Sector Quarterly*, 2009, 48: 28-49.

[2] Bach, J., Stark, D. Innovative ambiguities: NGOs' use of interactive technology in Eastern Europe [J]. *Studies in Comparative International Development*, 2003, 37 (2): 3-21.

[3] Lovejoy, K., Saxton, G. D. Information, community, and action: How nonprofit organizations use social media [J]. *Journal of Computer-Mediated Communication*,

2012, 17 (3): 337-353.

[4] McAllister-Spooner, M. S. Fulfilling the dialogic promise: A ten-year reflective survey on dialogic internet principles [J]. *Public Relations Review*, 2009, 35 (3): 320-322.

[5] Guo, C., Saxton, G. D. Tweeting social change: How social media are changing nonprofit advocacy [J]. *Nonprofit and Voluntary Sector Quarterly*, 2014, 43, 57-79.

[6] Seo, H., Tien, V. H. Transnational nonprofits' social media use: A survey of communications professionals and an analysis of organizational characteristics [J]. *Nonprofit and Voluntary Sector Quarterly*, 2020, 49 (4): 849-870.

[7] Zorn, T. E., Grant, S., Henderson, A. Strengthening resource mobilization chains: Developing the social media competencies of community and voluntary organizations in New Zealand. *Voluntas: International Journal of Voluntary and Nonprofit Organizations*, 2013, 24 (3): 666-687.

[8] Briones, R. L., Kuch, B., Liu, B. F., et al. Keeping up with the Digital Age: How the American Red Cross uses social media to build relationships [J]. *Public Relations Review*, 2011, 37 (1): 37-43.

[9] Obar, J. A., Zube, P., Lampe, C. Advocacy 2.0: An analysis of how advocacy groups in the United States perceive and use social media as tools for facilitating civic engagement and collective action [J]. *Journal of Information Policy*, 2012, 2: 1-25.

[10] Veil, S. R., Buehner, T., Palenchar, M. J. A work-in-process literature review: Incorporating social media in risk and crisis communication [J]. *Journal of Contingencies and Crisis Management*, 2011, 19 (2): 110-122.

[11] Seo, H., Ji, Y. K., Yang, S. U. Global activism and new media: A study of transnational NGOs' online public relations [J]. *Public Relations Review*, 2009, 35 (2): 123-126.

[12] Harquail, C. V. *Re-Creating Reputation through Authentic Interaction: Using Social Media to Connect with Individual Stakeholders* [M]. London: Routledge, 2016: 245-264.

[13] Ospina, S., Diaz, W., O'Sullivan, J. F. Negotiating accountability: Managerial lessons from identity-based nonprofit organizations [J]. *Nonprofit and Voluntary Sector Quarterly*, 2002, 31: 5-31.

[14] Kapin, A., Ward, A. S. *Social Change Anytime Everywhere: How to Implement Online Multichannel Strategies to Spark Advocacy, Raise Money, and Engage Your*

Community [M]. John Wiley & Sons, 2013.

[15] Gao, F. Social media as a communication strategy: Content analysis of top nonprofit foundations' micro-blogs in China [J]. *International Journal of Strategic Communication*, 2016, 10 (4): 255-271.

[16] Campbell, D. A., Lambright, K. T., Wells, C. J. Looking for friends, Fans, and followers? Social media use in public and nonprofit human services [J]. *Public Administration Review*, 2014, 74 (5): 655-663.

[17] Waters, R. D., Burnett, E., Lamm, A., et al. Engaging stakeholders through social networking: How nonprofit organizations are using Facebook [J]. *Public Relations Review*, 2009, 35 (2): 102-106.

[18] Nah, S., Saxton, G. D. Modeling the adoption and use of social media by nonprofit organizations [J]. *New Media & Society*, 2013, 15 (2): 294-313.

[19] Pearson, R. *Business Ethics As Communication Ethics: Public Relations Practice and the Idea of Dialogue* [M]. Hillsdale, NJ: Lawrence Erlbaum Associates. 1989: 111-134.

[20] Kent, M., Taylor, M. Building dialogic relationships through World Wide Web [J]. *Public Relations Review*, 1998, 24: 321-334.

[21] Waters, R. D., Jamal, J. Y. Tweet, Tweet, Tweet: A content analysis of nonprofit organizations'Twitter updates [J]. *Public Relations Review*, 2011, 37 (3): 321-324.

[22] Saxton, G. D., Guo, C. Online stakeholder targeting and the acquisition of social media capital [J]. *International Journal of Nonprofit and Voluntary Sector Marketing*, 2014, 19 (4): 286-300.

[23] Saffer, A. J., Sommerfeldt, E. J., Taylor, M. The effects of organizational Twitter interactivity on organization-public relationships [J]. *Public Relations Review*, 2013, 39: 213-215.

[24] Bruning, S. D., Dials, M., Shirka, A. Using dialogue to build organization-public relationships, engage publics, and positively affect organizational outcomes [J]. *Public Relations Review*, 2008, 34 (1): 25-31.

[25] Eimhjellen, I., Wollebæk, D., Strømsnes, K. Associations online: Barriers for using Web-based communication in voluntary associations [J]. *Voluntas: International Journal of Voluntary and Nonprofit Organizations*, 2014, 25: 730-753.

[26] Lovejoy, K., Waters, R. D., Saxton, G. Engaging stakeholders through Twit-

ter: How nonprofit organizations are getting more out of 140 characters or less [J]. *Public Relations Review*, 2012, 38: 313-318.

[27] Messner, M., Jin, Y., Medina-Messner, V., et al. 140 Characters for better health: An exploration of the Twitter engagement of leading nonprofit organizations [A]. In *Social Media and Strategic Communications* [C]. Basingstoke. UK: Palgrave Macmillan, 2013: 119-136.

[28] Guidry, J. D. *A Tale of Many Tweets: How Stakeholders Respond to Nonprofit Organizations'Tweets* [D]. Master of Professional Studies Thesis, Washington: George Washington University, DC.

[29] Rybalko, S., Seltzer, T. Dialogic communication in 140 characters or less: How Fortune 500 companies engage stakeholders using Twitter [J]. *Public Relations Review*, 2010, 36: 336-341.

[30] Lane, A., Kent, M. L. Dialogic engagement [A]. *The Handbook of Communication Engagement* [C], Wiley Blackwell, 2018: 61-72.

[31] 王炎龙，刘叶子．基于社会网络分析的公益机构微博信息传播网络研究［J］．新闻界，2019（08）：21-26.

2023年度网络流行语研究分析报告

于鹏亮　付嘉禾*

摘　要　网络流行语是时代变革的“备忘录”，记录着现实生活的多元图景，也承载着社会对未来发展的美好期许。2023年度的网络流行语主要来自公共生活大事件、科技生活新变化、社交观念新取向和短视频“模因”四个方面。在社会背景上，后疫情时代和AI变革主题色彩鲜明；在源起平台上，短视频平台孵化的原生热词增多；在社交观念上，呈现出多元矛盾的价值取向；在情感倾向上，与去年相比，消极负面的热词明显减少。从网络流行语产生、传播与评选的背后，我们不难看出其对社会身份以及社会关系的建构功能。

关键词　网络流行语　短视频模因　社会建构

2023年，第19届亚运会在杭州成功举办，这是中国第三次举办亚洲最高规格的国际综合性体育赛事，中国以“爱达未来”为口号，向亚洲各国传递着自信乐观、不畏挑战、共迎美好的愿景；走过50多年风雨的中美关系，在中美元首旧金山会晤时期升华了“双向奔赴”的价值内涵；以ChatGPT为代表的人工智能技术进一步引发全社会各行各业的深刻变革，“人工智能大模型”“数智生活”“新质生产力”成为社会各界的热议话题；不论是基层人民火热举办的“村BA”“村超”，还是大学生火速穿梭于城市之间的“特种兵旅游”，都反映着疫情政策松绑后人民对于美好生活的热切追求；在算法技术对社交媒体平台的深度嵌入下，网友通过找“搭子”、组“×门”和“i人/e人”等人设标签，加深着网络社会的趣缘圈层化社交；“显眼包”“多巴胺穿搭”等流行语彰显着当代年轻人更加鲜明、张扬的个性特征。

---

* 于鹏亮，宁夏大学新闻传播学院教授；付嘉禾，宁夏大学新闻传播学院硕士生。

网络流行语在不同时代会呈现出迥然不同的语言特征，能够折射出阶段性的社会变化、转型中的社会矛盾和多元复杂的社会心态。[1] 对年度网络流行语的分析，有助于我们理解以“年”为单位的社会发展现状，并从中透视现实社会的内在逻辑与脉络变迁。

一　2023年度网络流行语概述

本研究通过分析比对各大流行语评价机构性质、指标、影响力以及类别差异，选取了国家语言资源监测与研究中心、《语言文字周报》编辑部和《咬文嚼字》杂志三个影响力较大的评选机构发布的十大流行语榜单。剔除重复数据后，选择了以下具有代表性的网络流行语进行研究分析（见表1）。

表1　2023年度网络流行语

网络流行语	来源及释义
爱达未来	出自杭州亚运会的主题口号“心心相融，@未来”（读作“爱达未来”），旨在传递自信乐观、不惧未来挑战、共迎美好的期许，与“永远向前”“更快、更高、更强”的奥林匹克格言相契合，寄托着与各国人民共建人类命运共同体的美好愿景。
数智生活	是指随着大数据、人工智能等技术的飞速发展与广泛普及，百姓日常生活越来越数字化、智能化、便利化的发展状态。
命运的齿轮开始转动	指在某个机缘巧合之下，命运开始被改写，或者说人生轨迹开始发生变化。可以用来对比早期与现在外貌形象的变化，展示情侣在某种缘分的驱使下相识相恋的过程，或者个人在某个机遇与选择下的励志故事，发出“回头看，轻舟已过万重山”的感叹。
村BA	2022年贵州省“美丽乡村”篮球联赛通过短视频在全网爆火，被网友们称为“村BA”。2023年，除贵州省外，北京、天津、河北、辽宁、吉林、黑龙江、江苏、山东等地也开始举办类似比赛，“村BA”继续火爆，并成了人们津津乐道的话题。
村超	2023年5月，贵州榕江举办了第一届乡村足球超级联赛，由村民自己组织、自己参赛，因比赛现场氛围热烈，获奖礼品超接地气，该赛事被网友形象地称为“村超”。
烟火气	原指炊烟袅袅的样子，现可以形容某种场景或者人物很有生活气息。“人间烟火气，最抚凡人心”，烟火气是普通百姓心中平淡又踏实的幸福感。

续表

网络流行语	来源及释义
特种兵式旅游	诞生于短视频平台，指一种时间紧、景点多、花费少、效率高的高强度旅游方式。部分年轻人把旅游当作战，试图花最小的成本，挑战体力的极限，在短时间内打卡最多的景点，以获得最丰富的旅游体验。
显眼包	指敢于在公众场合自我表达与展示、在集体中爱出风头的人，也用来形容言谈举止笑料满满，能够给人带来欢乐的人。
主打一个××	用来强调人或事物的某种特点，如“主打一个高性价比”强调事物的性价比高，“主打一个陪伴”强调陪伴的作用与功能。
多巴胺穿搭	多巴胺是一种可以影响人情绪的神经递质。多巴胺穿搭是指通过穿着色彩鲜艳的服装和配饰，展现阳光活力、元气可爱、朝气蓬勃的形象，因在短视频平台迅速爆火，成为一种被跟风模仿的时尚穿搭风格。
新职人	是知乎在“2023 知乎发现大会”上首提的概念，指在某个领域具有相应知识、经验和技能的从业者。他们专业并相信专业，是中国社会的支撑力量，也是 AI 时代的人才红利。他们对新技术非常敏感，新技术也因他们而扩散。
新质生产力	2023 年 9 月，习近平总书记在黑龙江考察调研期间提出。新质生产力是摆脱传统经济增长方式、生产力发展路径，具有高科技、高效能、高质量特征，符合新发展理念的先进生产力质态。
双向奔赴	2023 年 11 月，中美元首在旧金山会晤，习近平主席出席美国友好团体联合举行的欢迎宴会并发表重要演讲，演讲中说：“正是人民的双向奔赴，让中美关系一次次从低谷重回正道。”自此，双向奔赴的内涵得到了升华，并被广泛运用于国际新闻报道中。
人工智能大模型	指拥有超大规模参数、超强计算资源的机器学习模型，经过预训练后具备一定逻辑能力，能够更智能地处理海量数据，完成各种复杂任务，如自然语言处理、图像识别等，具有强大应用前景。如 ChatGPT、文心一言等，都是基于大模型生成的 AI 工具。
搭子	指因为某一方面的相同点或某种兴趣爱好一起从事某种活动的同伴，如“饭搭子”“旅游搭子”“健身搭子”等。未必是深交的朋友才能成为搭子，一个人也可以同时拥有非常多的搭子，这是一种新型的社交关系模式。
情绪价值	指一个人通过言语、行动或环境为他人提供情绪的能力，反映着当代年轻人的社交价值观。比如不自信时给予对方恰到好处的称赞与鼓励，虽然提供不了实际的帮助，但会让人更自信和快乐。
质疑××，理解××，成为××	后常常跟名词，表示对某人某事从不理解，到理解后感到“真香”的态度转变。如“质疑甲方，理解甲方，成为甲方”，传达出乙方打工人体验过甲方角色后，加深了对甲方角色理解的态度转变。
i 人/e 人	源自 MBTI 人格测试结果中的两种“注意力”倾向：内向内倾（Introversion）和外向外倾（Extroversion），分别对应两种人格类型。“i 人”，泛指性格内敛、比较容易在社交中消耗能量的人，“e 人”泛指性格外向、能够在社交中获得能量的人。

续表

网络流行语	来源及释义
遥遥领先	华为消费者业务CEO余承东曾多次用“遥遥领先”形容华为手机在各项技术与性能上的领先优势。2023年8月，华为宣布推出“HUAWEI Mate 60 Pro先锋计划”时，网友用“遥遥领先”指代这一系列的产品，后“遥遥领先”也被用来称赞技术创新和产品实力。
孔乙己文学	博主@失意书生在微博中将学历比作孔乙己脱不下的长衫，引发网友共鸣。随后，网友将个人经历与孔乙己的境遇联系起来，发表的一系列言论被统称为“孔乙己文学”，反映着部分高学历群体找不到心仪工作的失意心理。
公主/王子，请××	“公主，请上车”最早来自电影《罗马假日》中的台词。在短视频博主@周开心 发布的视频中，她要求骑电瓶车来接她的父亲说“公主请上车”才肯上车，父亲听到后沉默地离开了。因充满趣味，该梗迅速被网友调侃和二创，衍生出了“公主请上课”“王子请睡觉”等。
你人还怪好的（嘞）	最早出自短视频博主，用来调侃当代大学生清澈的懵懂，会对陌生人表现出莫名的信任感，对人和事抱有善意，即使可能被骗，还会跟人家说一句“你人还怪好嘞”。
挖呀挖呀挖	出自武汉幼师黄老师在短视频平台发表的童谣手势舞《花园种花》：“在小小的花园里面挖呀挖呀挖，种小小的种子，开小小的花”。因旋律简单魔性，被网友跟风拍摄并二创为“打工人版”“调休版”等多个版本。
×门	指一种出于对某样东西的独特喜欢而形成的虚拟阵营。如，麦当劳喜爱者自发形成的“麦门”。

注：根据各大权威机构的流行语年度榜单整理而成，排名不分先后。

二　2023年度网络流行语来源

2023年度网络流行语主要源自以下四个方面。第一，公共生活大事件。网络流行语往往依托于某个被公众广泛关注的事件，不仅是对事件本身的概括性表达，也承载着一定的社会诉求与愿景。2023年的网络流行语关注领域涉及公共外交、体育赛事、乡村振兴等方面。如随着杭州第19届亚运会的成功举办，“爱达未来”传递着中国与亚洲各国运动员们共同构建人类命运共同体的美好愿景；中美元首旧金山会晤中，习近平演讲时称中美人民“双向奔赴”，承载着两国人民对和谐友好国际关系的期待，也呼应着“和平与发展”的时代主旋律；“美丽乡村”篮球联赛和足球联赛在短视频平台走红引发广泛关注，“村BA”“村超”成了乡村文化的“振兴密码”，反映着基层人民对文化体育赛事活动的浓厚热情。

第二，科技生活新变化。郑也夫在《语镜子：语言是社会生活的一面镜子》中指出，语言不仅积淀了过往的事实，也传递了当代社会生活的信息。[2] 2023年，人工智能驱动着数字革命，以ChatGPT和文心一言为代表的“人工智能大模型”，进一步降低了普通人的使用门槛和内容生产成本，引发了新一轮生成式人工智能革命，具有划时代的意义，也成为社会各界人士津津乐道的话题；“数智生活”和“新质生产力”的流行，反映着数字时代人民生产生活的全方位变革，以及对于更高质量发展的社会期许；华为Mate60系列手机震撼发布，“遥遥领先”映射着中国科技创新在国际竞争中的强大自信，以及人们对科技创造美好生活的不懈追求。

第三，短视频“模因”。随着短视频平台的兴起，模因传播成为用户二次创作的核心生产机制，即通过相同的背景音乐、视频特效、剪辑手法、滤镜贴纸、创作风格、出镜动作、热梗段子等要素，对某个爆款视频进行二创传播。[3] 如博主@白昼小熊 凭借较强视觉色彩冲击力的穿搭风格和活泼轻快的BGM走红短视频平台，让“多巴胺穿搭”成为网友跟风模仿的“模因”；博主@毛葱小姐（桃子）让颇具童趣的歌词“挖呀挖呀挖”给网友洗脑并引发二创，成为今年短视频平台最上头的BGM之一；博主@周开心 通过和父亲的对话，让一句“公主请上车”成为热梗“模因”被网友复制，衍生出“公主请上课”“王子请睡觉”等多样化趣味表达；高强度、低成本、短时间打卡众多景点的“特种兵式旅游”，经过短视频平台的发酵和助推，形成了网友跟风模仿的旅行新现象，并经过创作发布再次成为爆款热点。

第四，社交生活新取向。文本符号是社交货币流通的最基本外在表现。网络流行语作为社交空间的话语表达，如个体间互动往来的“社交标签”般存在，体现着网友的社交价值取向。如，“×门”体现了网友在社交中倾向于通过某个小众共同话题寻找同类和归属感；“i人/e人”流行的背后，反映着网友热衷于互相贴上社交能量的人设标签，在相同社交能量状态的群体中抱团取暖；“情绪价值”反映着网友在社交选择中，比起其他层面更重视对方能否提供给自己某种有用的情绪；“搭子”是指通过特定兴趣或活动，组建合拍又不会产生太多情感压力的新型社交关系，反映着当代年轻人既渴望陪伴，又希望避免深入交往的社交心态。

三 2023年度网络流行语的特点

（一）社会背景：后疫情遇上 AI 变革，时代主题凸显

网络流行语是时代变革的“备忘录”，记录着鲜明的时代主题。随着国内疫情政策放宽，各行各业迎来复苏，2023 年度的网络流行语集中展现着疫情之后的社会风貌。如，“特种兵旅游”爆火的背后，是人们终于可以自由出行的畅快，也是消费降级在旅游业的集中体现；中断了三年的“村 BA”在各省大规模重启，不难看出人们对于大型文化体育活动压抑已久的热情，也是疫情之后乡村振兴在文体活动中的缩影；热词“烟火气”的流行反映着社会生产生活秩序逐步恢复正常，人们渴望在平淡中守护自己的健康与生活的安宁。此外，OpenAI 公司接连发布基于大语言模型的多版本 ChatGPT，引发了一场席卷全球的“AI 革命”，也让 2023 年度网络流行语颇具科技主题色彩。如“人工智能大模型”“数智生活”“新质生产力”“新职人”，涉及技术原理与优势、生活应用场景、产业高质量发展、数字经济浪潮下的新职业等方面，可见科技创新为人类社会带来的颠覆式影响。

（二）源起平台：短视频孵化的原生流行语增多

随着短视频平台的社交化转型，越来越多的网络流行语起源于短视频平台。一方面，为了赢得用户注意力、提升创作活力和驻留时长，短视频平台开始着力于打造和助推站内原生爆款热梗，通过监测具有潜力的单条爆款视频，提炼文案中的关键核心词句或背景音乐中的歌词发起热点话题，以创作挑战的形式和流量投放的方式激励更多用户参与创作优质内容，在网络流行语的广泛传播环节起到了重要的助推作用。另一方面，最初一批具有热点敏锐性和创作能力的用户积极跟风生产，助力了短视频热梗的传播、衍生和发展。如“挖呀挖呀挖”是通过童谣翻唱孵化出来的流行语，“你人还怪好的（嘞）”“公主/王子，请××”是从

单条爆款视频中衍生出来的热梗，“特种兵式旅游”、“命运的齿轮开始转动”以及“多巴胺式穿搭”，是主题风格统一、创作模式类似的挑战类视频创作话题。

（三）社交观念：多元矛盾的社交价值取向

网络流行话语的生成与传播承载着人与社会的互动关系，继而影响着社会心态秩序。互联网为人们寻找自己的“同类”提供了便捷的平台，但算法桎梏下的圈层传播也在一定程度上阻碍了社会交往。人们在复杂的社会网络链条中，可以因为某种共同兴趣或活动而连接千里之外的“搭子”，也可以选择随时与他人断连。人们期待在社交中能够提供给彼此“情绪价值”，形成更紧密的情感联结，但同时也希望结交到不用刻意经营情感关系的“搭子”来排解孤独，拒绝承担更多的情感负担。人们通过“i人/e人”的标签来寻找更广泛的人格同类，也可以通过“×门”来寻找更窄化的趣缘群体。这种可亲可疏的新型人际关系，可深可浅的情感联结，可宽可窄的趣缘圈子，映射着当代网友多元矛盾的社交价值取向，代表着人际交往中的普遍社会心态。

（四）情感倾向：娱乐精神主导，消极热词减少

网络流行语具有引起群体共鸣的能力，在产生之初就天然地带有一定的情感倾向，是特定时期社会情绪的“晴雨表”。如，从“孔乙己文学”中，我们可以窥见多重因素影响下青年群体的就业困境与失意情绪，从打工人版“挖呀挖呀挖”、调休版“挖呀挖呀挖”中，不难看出当代打工人表面乐观、背后辛酸的生活状态。但从整体来看，相较于往年，2023年度网络流行语带有消极情绪的热词明显减少，多以正面积极、娱乐消遣的情感倾向为主。不论是国际层面的“双向奔赴”“爱达未来”，还是科技层面的“数智生活”“新质生产力”，或是社会生活层面的“村超”“村BA”“特种兵旅游”“多巴胺穿搭”，整体呈现出欣欣向荣的网络造词景观。这可能与新冠疫情防控平稳转段，经济运行回升向好，社会生产生活逐渐回归正常秩序，人民心态趋于积极乐观等因素有关。

四 网络流行语的社会建构功能

根据社会建构理论，语言是社会实践的一种形式，能够建构社会身份、社会关系以及人们对世界的理解。[4] 网络流行语作为被凝练表达、广泛传播和推举评选出来的语言，在承载着某种社会期待的同时，也在积极地建构着社会现实。

（一）网络流行语对社会身份的建构

"身份"指在文化语境中，人们对于个人经历和社会地位的阐释和建构。身份建构"指一系列自我定义和对自我建构不断修正的过程"。从语言与身份的关系来看，社会建构理论家认为，语言不仅是人们认识和了解世界的工具，也具有身份建构的功能。[4] 这一观点与"符号互动论"所强调的"意义通过符号在社会互动中产生"相通，即语言作为一种符号，能够在社会互动中产生意义，人们通过互动建构起对自己和社会的认知。网络流行语作为一种被高度凝练的符号，特定情境下可以成为部分群体的身份"标签"，或隐喻着某种身份特征。以青年群体为例，在传统媒体时代，青少年群体的媒介形象主要靠媒介报道和父辈话语所建构。随着网络的普及与社交媒体平台的兴起，作为网络流行语主力军的他们更加积极地为自己发声，建构着自己多元丰富的社会身份。如，"特种兵"综合作战能力强、具有骁勇善战的品质，青年群体通过发布"特种兵旅游"相关视频，将理想形象融入自我形象，建构出积极勇敢、不怕辛苦、虽穷但酷的形象。"你人还怪好的（嘞）"，隐喻着他们涉世未深、纯真无邪的身份特征。

从权力与身份的关系来看，社会身份存在于权力关系之中并通过权力关系而获得。[4] 以女性群体为例，女性媒介形象在长期的男性主流文化中被建构为"勤俭持家""贤妻良母"等传统、相对弱势地位的形象。社交媒体时代，获取网络话语权的女性更加热衷于解构传统男女社会角色、重塑自身的身份地位，而网络流行语的创造和使用，就是重建身份最直接、高效的方式之一。如，"公主，请××"的流行，承载着女性群体对改变社会角色、提高社会地位的期待，尤其在两性关系中，女性渴望以更高的姿态被对待，以更高的社会地位被尊重；“多巴胺穿搭”的火爆，不仅代表着一种新兴的时尚穿搭风格，更反映着当代女性追求彰显个性、不惧外界目光、勇敢做自己的心理。

（二）网络流行语对社会关系的建构

话语作为一种社会行动，能够体现社会关系、定义社会位置。从国际关系层面上看，根据“批评的建构主义”，语言通常可以用来建构世界政治中的“现实”。[5] 网络流行语能够通过简练的文字强调国家文化特质，传递国家价值观，打造国际交往名片，推动理想的国际关系成为现实。如“爱达未来”不仅向亚洲各国传递着自信乐观、共迎美好未来的中国期许，也积极建构着紧密相连、休戚与共、同舟共济的国际关系；“双向奔赴”强调了同呼吸共命运的“人类命运共同体”理念，打造了崇尚“和平与发展”的中国名片，积极建构着中国与世界各国人民心意相通、美美与共、合作共赢的国际关系。

从社交关系层面上看，网络流行语可以自动搭建人与人之间的连接渠道，限定交往边界与程度，形成专属文化圈层，进一步建构社会现实。如，“孔乙己文学”为相同境遇的人临时搭建了一个圈子，让社会情绪在群体共鸣中得以释放；“情绪价值”建构了一种新型社交价值观，搭建了社会成员交往环节的一道隐形门槛，并提高了情感准入标准；“×门”“i人/e人”等热词作为兴趣或人设标签，丰富了人们的社交名片，建构了当代年轻人通过标签交朋友、通过人格找同类的文化现象；通过在网络上设置限定条件找“搭子”，建构了一种被默认无须深交、不用有太多维系负担的新型社会关系，强调了社交关系中的分寸感，改变了真实社会交往的路径与图景。

五　结语

语言学家布莱特用“共变理论”解释语言与社会的相互关系，指出语言的发展受到各种社会变量的影响。[6] 网络流行语作为更简练生动的语言，凝练总结着社会变迁，呼应着时代发展主题。同时，网络流行语反映着人民心声，寄托着社会期待，具有建构社会的功能，反作用于社会现实的发展。随着越来越多网络流行语孵化衍生于短视频平台，网络流行语建构社会的方式也逐渐从以文本符号为载体，向以短视频为载体转变，丰富了流行语的网络传播形式，加快了演变速度，提高了演变成本，加深了网络流行语对社会建构的影响，也加剧着其对真实社会的冲击。因此，我们既不能忽视网络流行语的社会研究“标本”作用，也不可小觑其社会建构的作用与功能，这或将对于今后的网络流行语研究具有一定的启示性意义。

参考文献

[1] 张萌．网络流行语的发展历程与社会变迁［J］. 青年记者，2022，(01)：73-75.

[2] 吴小坤．网络造词景观的动力要素与社会心态［J］. 人民论坛，2022，(Z1)：110-113.

[3] 徐艺萍．模因传播视域下短视频二次创作研究［J］. 传媒，2023，(15)：88-90.

[4] 项蕴华．身份建构研究综述［J］. 社会科学研究，2009，(05)：188-192.

[5] 刘永涛．语言、社会建构和国际关系［J］. 现代国际关系，2004，(11)：56-61.

[6] 刘蒙之．网络流行语的演化迭代、言语实践与价值评判——以 2022 年度流行语为例［J］. 人民论坛，2023，(04)：94-97.

·个案研究·

乡村振兴背景下公益图书馆新媒介赋权发展路径研究

——以“毕业后公益图书室”为例

苏凡博　田萍毓*

摘　要　在乡村振兴的背景下，公益图书馆对健全乡村公共文化服务体系有重要作用。本文从新媒介赋权视角，以乡村教育公益领域发展速度最快、规模和影响力最大的公益组织“毕业后公益图书室”为研究对象，探寻其在网络时代的发展路径。研究表明，公益图书馆通过获取信息、表达思想、采取行动来进入公益场域，进而撬动社会资源、达成组织协作，并借助政治、资本等多方力量完成组织社会化进程，最后在社会互动中将权力下放，由权力流向的接收端转变为输出端，达成超脱物质层面的公益愿景。从自我赋权到群体赋权、从公益赋权到政治赋权、从单向赋权到双向赋权构成了公益图书馆乡村振兴背景下新媒介赋权的总体特征和发展路径。

关键词　乡村振兴　公益图书馆　新媒介赋权

一　问题提出与研究回顾

党的二十大报告指出，要“健全现代公共文化服务体系，创新实施文化惠民工程”。图书馆作为现代公共文化服务体系中的重要一环，能够以书籍为纽带，让民众在阅读过程中发掘中华文化的独特魅力，推进文化自

* 作者：苏凡博，广州大学新闻与传播学院、广州大学乡村振兴研究院副教授，数字乡村研究中心主任；田萍毓，广州大学乡村振兴研究院，数字乡村研究中心助理研究员。

信自强。自21世纪以来，我国高度重视图书馆服务工作，截至2021年底共有公共图书馆3215个，图书总藏量达126178万册。①

但是，公共图书馆的服务也面临一定局限，尤其是乡村地区图书馆，受区域经济的限制，其在发展过程中面临资源持续性不足、服务效能不高、人才专业化水平偏低等问题。[1] 在国家政策的支持下，作为弥合信息鸿沟、满足居民文化需求的公益图书馆发展呈井喷之势。[2] 公益图书馆为更多的人尤其是我国偏远地区的人民群众提供了阅读机会和资源的同时，也为他们创造了沟通交流的平台和表达的空间，为乡村文化振兴发挥着重要作用。[3]

随着互联网的迅猛发展，公益图书馆的发展环境发生变化。[4] 进入数字时代，公益图书馆利用新兴媒体促进自身发展能更好地发挥公共文化服务功能。引入新媒介赋权视角，探究公益图书馆的发展路径具有现实指导意义。[5] 新媒介赋权是在赋权理论的基础上发展形成的，指的是个体、群体、组织等，通过新媒介获取信息、表达思想，从而为其采取行动、带来改变提供可能。[6] 公益组织可以通过新媒介赋权信息、表达与行动，从无权的边缘观望者成为骨干行动者和隐性参与者，为公益实践社会动员提供新的方式。[7] 同时，社交媒体平台博主在场言说公益理念的行动，能够推动公益活动达成最佳传播效果。[8]

目前公益领域关于新媒介赋权的研究更偏向于将新媒介作为一种中介因素，探讨其在公益实践、发展和传播等方面的影响，没有将其视为媒介化社会中权力的流向和转变的关键性力量，对赋权影响背后的机制也缺乏深入探讨。

基于此，本文结合国内支持乡村教育公益领域发展速度最快、规模和影响力最大的公益组织“毕业后公益图书室”（后文简称“毕业后”）为个案，将新媒介赋权视为一种决定性要素，分析公益图书馆发展过程中的节点特征、赋权要素和实现路径，为探寻乡村振兴背景下公益图书馆的创新性与可持续发展提供借鉴。

二 研究设计

（一）研究对象

“毕业后”于2016年1月15日成立，秉持“平凡向善，创造美好”

① 中华人民共和国文化和旅游部《2021年文化和旅游发展统计公报》数据。

的价值观，致力于关爱留守儿童、赋能乡村教育。发展至今，团结了42万名志愿者、110万名爱心人士，为国内偏远地区乡村小学建立1800间公益图书室，帮扶50万名乡村孩子，相关公益倡导得到25亿人次关注。中国教育公益榜数据显示，“毕业后”已成为国内支持乡村教育公益领域发展速度最快、规模和影响力最大的公益组织之一。① “毕业后公益图书室”把互联网作为动员渠道、传播媒介、募捐途径，将新媒介融入公益动员全过程，呈现出新媒介赋权的显著特点，具有典型性和较强的借鉴价值。[9]

（二）研究方法

本研究采用半结构化访谈的方式，访谈时间跨度为2022年12月至2023年3月，笔者选取了“毕业后”的项目总负责人、联合发起人等13位重要主体为访谈对象（见表1），通过线下对话、线上语音的方式进行交流。访谈提纲包括公益项目发起的初衷和历程、新媒体矩阵建立情况和利用新媒介技术动员群体开展公益活动取得的效果等方面内容，在深度访谈过程中聚焦“新媒介技术的使用”部分进行深入挖掘，探讨新媒介技术在项目开展中起到的作用和达成的效果，以及未来使用媒介发展公益项目的方向。

表1　主要受访者编号与身份

受访者编号	受访者身份	访谈方式	访谈时长（小时）
1	项目总负责人	线上+线下	5.0
2	项目联合发起人	线下	1.0
3	“千图计划”发起人	线下	1.0
4	“千图计划”参与人	线上	0.5
5	“美好应援计划”发起人	线上	2.0
6	“守护花蕾计划”发起人	线上	0.5
7	项目品牌宣传中心图文运营负责人	线下	2.0
8	项目品牌宣传中心视频运营负责人	线下	2.0
9	政府单位工作人员	线上+线下	3.0
10	粉丝代表	线上	1.0

① 数据来源：微博中国教育公益榜。

续表

受访者编号	受访者身份	访谈方式	访谈时长（小时）
11	社会爱心人士代表	线上	0.5
12	学校领导代表	线下	2.0
13	学校教师代表	线上+线下	2.0

三　公益图书馆发展过程中新媒介赋权特征呈现

“毕业后”项目构想之初，在社会公益领域处于“无权”和“失权”的地位，在政治、经济、文化等社会资源分配中处于劣势。[10]“和其他（创业的）人不一样，我自己没什么背景，家里也没有钱，没有资源、没有技术，什么都没有，处于一个手无寸铁的阶段。”（受访者1）在新媒介技术快速发展的今天，社会关系和社会结构中的权力关系是可以改变的，处在“弱势地位”的群体也能够获得权利、机会、资源从而拥有提升自己、改变现状的可能。[11]“用新媒体是因为被逼得没有办法，因为要引导别人捐款嘛，就只能靠张罗。”（受访者1）“毕业后”借助新媒介，自身影响力不断向外辐射，从一人创始到500个联合发起人，再到联动1000名大学生、5000家向善粉丝团体、10000家爱心单位和企业，实现了从“无权”到“有权”的转变。项目初期利用个人化社交媒体宣传号召，获得公益领域话语权；之后在搭建机构化媒体矩阵过程中不断优化组织架构，紧跟粉丝经济浪潮，通过情感动员创新发展公益应援；在项目运行过程中，各地政府的支持与国家级荣誉奖项的获得，使其实现了政治层面的加冕；而今作为社会组织开展乡村教师培养计划，反哺乡村教育。概括来说，“毕业后”利用新媒介增权过程中呈现出从自我赋权到群体赋权、从公益赋权到政治赋权、从单向赋权到双向赋权的三大典型特征。

（一）借势：从自我赋权到群体赋权

赋权是一个社会互动问题。[12]新媒介赋权为多元主体在社会互动中获取信息、表达思想、采取行动提供了机会。[6]信息的传播、沟通和交流在一定程度上使信息的相对对称成为可能，而信息本身就是一种权力，信息的获得打破了不同群体之间的权利壁垒。社会个体的声音在社会互动中不断扩大，实现身份层面的个人意识激活，进而主动、能动地参与表达与实践，并影响着和自身志同道合的个体，黏合形成特定的网络社群，构建起强烈的群体认同。[13] “毕业后”利用个人化社交媒体为自己获得公益话语权之后，借“粉丝经济”之势，在饭圈文化中找到新定位，借助机构化媒体矩阵和网络意见领袖的强大号召力实现群体赋权。

1. 破壁：获取信息共享公益话语

“毕业后”项目的构想始于创始人在朋友圈发布的一则倡议书：“将东部闲置书籍资源投放到有需要的中西部小学，为孩子们建立一座座图书馆，为祖国西部教育发展尽一份力！”这样一封电子倡议在越来越多人的关注、点赞、转发中，成为连接城市与西部山区的信息桥梁。

对互联网使用者而言，新媒介为其提供了有效和便捷的表达爱心的渠道。“当时在朋友圈看到捐书创意，因为对山区孩子的困境感同身受所以我没有犹豫就加入了。”（受访者 2）尽管个人的力量是微小的，但信息在网络中会吸引更多人的注意，人人都可以作为参与公益活动的主体，共享公益话语权利。个体力量的汇聚能在一定程度上弥合数字鸿沟，使信息的相对对称成为可能。[14] 新媒介赋予个体打破信息壁垒的权利，为项目的真正落地奠定了基础。

2. 入场：表达思想激活公益意识

个人化社交媒体为用户带来较为平等的信息接触权的同时，也通过信息赋权使他们成为表达的主体，在虚拟的网络空间中开展行动，激活大众的公益意识，正式进入公益场域。创始人发起的倡议在朋友圈获得广泛支持后，“毕业后”继续利用新媒介联合动员，遴选出行动力和影响力突出的 500 名高校大学生作为联合发起人，于 2016 年 4 月成立执行委员会，下设活动策划、新媒体编辑、基地运营等部门；在不断优化的组织结构中逐步搭建自己的新媒体矩阵，通过讲述优质故事进行情感动员，将前期利用个人化社交媒体积累的公益参与者粘合并壮大，使他们从公益参与者走向公益引领者，通过表达激发潜能。

项目新媒体矩阵构建之初，团队将微信公众号平台作为项目的展示窗口，在公益项目建设前期官宣动员、运作期间执行公示、阶段结束发布反馈，做好透明度建设，积累公信力，提升知名度。“毕业后”创始人于2017年1月在微信公众号上呼吁人们支持“千图计划”，不久，“千图计划”便得到了广州市青年宫、腾讯新公益青年等数百个公益组织和爱心企业支持。“毕业后”也在微信公众号平台提供了报名链接和答疑群二维码，构建起重要的行动网络。

“我在‘毕业后’公众号看到关于茂名公益行的推送非常感动，也有了勇气在家乡宣传。”（受访者3）“千图计划”的发起人和参与人大部分是通过微信公众号和朋友圈获取信息进入公益场域，从信息的传播到随后的实际行动，个体的声音在网络中不断放大，由简单的公益参与者转变为具有“意见领袖”色彩的公益动员者，这种表达进一步激发了个体的权利意识，在提高公益活动参与度的同时，实现了个人价值。

3. 嵌入：借力饭圈实现双向奔赴

在社会互动的信息交流中，个体容易找到与自身有相同偏好和价值观的人，在表达中形成合意。群间理念趋于同质化，在行动中实现群体赋权。[9] 随着“千图计划”的开展，“毕业后”意识到，仅有大学生群体参与还是远远不够的。“想要动员全社会一起加入，就要转向一些公益性平台获得更大的流量。”（受访者7）于是项目注册了微博，并于2017年10月发起“美好应援计划”，号召粉丝群体加入公益实践。

“饭圈‘氪金式’追星非常狂热，这些钱要是能用来帮助孩子们而不是浪费掉该多好。”（受访者8）饭圈作为热衷为偶像消费、做数据以助偶像获得更多流量的社会类组织群体，常因“不良粉丝文化”与主流社会划界。[15] 2016年，“帝吧出征”事件发酵，粉丝团在爱豆与爱国之间的平衡被打破后，在网络空间纷纷发声，重构自身追星行为正当性，导向社会认同。[16] 有了先前之鉴，彼时的粉丝群体亟须在主流价值语境下继续开展社会行动，“毕业后”为其提供了可行之路。“我们想和饭圈合作，开创公益应援新玩法。”（受访者5）“毕业后”通过身边的公益参与者联系到粉丝群负责人，向其传播公益理念，号召粉丝团体加入公益行列，通过微博的转发、跟帖使公益应援方式得以推广，越来越多的粉丝团通过群际口碑传播加入建设图书馆的行动中，明星也受邀成为“公益星推官”，以己之力号召更多的粉丝参与公益。

粉丝权力在出圈实践中扩张，粉丝为自身正名，在一定程度上消解了大众的刻板印象。同时，“毕业后”借助饭圈强大的凝聚力和影响力，黏合社会个体，奠定社会赋权基础。自下而上的粉丝实践和自上而下的公益实践相逢合流，在社会互动中完成群体的双向奔赴。

“毕业后”利用新媒介技术获取信息、表达思想、采取行动，完成了公益话语共享、个体激活和双向增权的目标，建立了基于新媒体传播矩阵的“执行——监督——反馈”三阶段管理模式，通过激发各种能量，重构社会关系，影响社会政治资源的权力分配，完成社会赋能。

具体来说，由媒介技术赋权向社会赋权的蜕变主要围绕以下四个方面进行。(1) 拓展合作对象：继正能量艺人和向善粉丝团体，链接 100 多名奥运冠军、2000 多名网络红人；(2) 做好私域运营：对粉丝团体、网络红人、媒体资源、校方和月捐人社群公开公益项目进展和受助对象现状，灵活透明地传播公益成效；(3) 发布共情故事：围绕“平凡向善，创造美好”的价值观收集活动素材进行延伸创作，寻求更多情感共鸣；(4) 注重关系维护：借助特殊节日和重要活动为合作方送上祝福并推进进一步合作。

多元的合作对象、共情的项目内容、专业的运营能力让“毕业后”的传播效能持续扩大，影响力不断向外辐射。回溯项目发展实现社会赋权的过程，创始人在其中起到了非常重要的作用。“我当过留守儿童，也经历过没书读的童年，我想让穷苦孩子有书可读。”（受访者 1）项目初期帮助他号召的朋友，以及后来的联合创始人，再到目前大多数项目核心运营者，也都和创始人有相似的经历，他们是故事最好的讲述者。“毕业后”成立时，创始人还是一名在校大学生，所学的新闻与传播专业知识为其赋能，从对社会热点的把握，到新媒体运营实践，在依据现实环境的卓越洞察和在网络空间的不断尝试中，优化项目运转，使项目作用于现实社会，又反过来于环境的变幻中被现实形塑，最终形成适宜发展的组织架构。“毕业后”在自我赋权到群体赋权达成的同时，在一定程度上完成了从技术赋权到社会赋权的转变，也为公益赋权到政治赋权奠定了基础。

（二）加冕：从公益赋权到政治赋权

Rowlands 将赋权总结为权力合作、权力支配、权力共有和权力激励四种方式来分析赋权过程。[17] 通过权力共有方式下的合作能提高满足需求或利益的能力，使整体利益大于组成整体的个体利益总和。“毕业后”通过获得政府支持、加入广东省青少年发展基金会，完成与官方权力的对接与协作，通过权力合作和权力共享，赋予公益组织政治权力，实现从公益赋权到政治赋权的转变。

1. 合作：撬动资源展开良性互动

“毕业后”获得多方社会力量支持，完成通过自我赋权到群体赋权扩大社会影响力的同时，也赢得了图书室建设所在地基层政治组织的认可，获得资金、场地等便利条件和官方宣传的支持。政府参与宣传动员是“毕业后”获得社会资源的关键。“‘中华慈善日’活动中，当地政府广泛宣传，村委会还召开了大会号召村民参与，动员了20多万人，筹集资金超过40万元，非常感动。”（受访者1）

“毕业后”与政府的良性互动是在项目发展过程中一步步实现的。建立图书馆为乡村孩子带去文化资源、帮助他们缩小知识鸿沟的切实行动在当地教育会议上通过教师反馈，得到政府关注。政府的认可和支持无形中赋予公益组织权威性和公信力，自上而下的赋权又助力公益组织撬动更多社会资源。

2. 共享：组织协作实现信誉提升

由于赋权过程的复杂性，公益组织在发展过程中会受到外界各种质疑。随着公益组织影响力不断扩大，社会对其建立动机、身份合法性、公信力以及服务专业度四个方面的质疑声音随之涌现，网络空间中信息的快速扩散，可能削弱已有的赋权效果，并通过新媒介反向对其“减权”，这需要公益组织利用新媒介平台及时应对，将反向力量转化为增权的动力。

“一开始大家主要是对做事的动机质疑，随着我们做的实事越来越多，大家转变为对组织合法性和公信力的质疑。”（受访者1）公益组织的信誉提升很难完全依靠其自身发展实现，“毕业后”则巧妙地通过权力共享和权力让渡，获得政治上的赋权增能。

2018年，“毕业后”加入广东省青少年发展基金会，成立“毕业后”公益基金，其筹资筹物依附于此，解决了身份合法性问题。通过入围广东省优秀项目、取得国家级荣誉奖项，“毕业后”的知名度和信誉度获得极大提升。随后通过承接政府宣传工作、协办组织活动并在自己公众号上推广，达成权力协作和共享。作为公益创业的案例典型，“毕业后”获得第五届中国国际“互联网+”大学生创新创业大赛金奖，国家级奖项背后的宣传曝光进一步提升了公益组织的公信力，在组织协作和高校互助中达成权力转化。

通过权力合作和共享，“毕业后”撬动社会资源，建立起组织关系，在社会政治结构的权力再分配中实现信誉提升，也满足了自身获得尊重和自我实现的需求。这种赋权将新媒介聚合形成的公益组织，转为合法稳定的组织形态。从公益赋权到政治赋权，“毕业后”完成社会化进程，探寻出公益组织持续发展的可行之路。

（三）反哺：从单向赋权到双向赋权

权力存在于社会关系的互动之中，赋权不仅包含了由外向内的权力输入与资源补充，还包含了社会交往、参与表达、实施行动相互勾连的社会实践活动。[18]“毕业后”利用新媒介改变自身处境，获取相应的权力与能力，进而实现社会赋权，在参与社会互动中，由权力流向的接收端转变为权力架构中的权力流向输出端。体现在“毕业后”借助社会资源开展互动，作为权力受动者完成从技术到社会的单向赋权后，其自身又作为权力施动者，为乡村学校教师增权赋能，致力于乡村教育提升。从权力的流向来看，双向赋权作为新媒介赋权特征呈现的最后过程，促成公益组织对社会的反哺。

1. 参与：权力下放激发教师潜力

“毕业后”利用新媒介在社会权力分配中占据优势后，项目的影响力不再是组织发展需要重点考量的因素。“如何把影响力带来的关注度转化到乡村孩子身上，是我们要思考的。”（受访者 1）“毕业后”尝试培养志愿者开展一对一陪伴式阅读的方式虽有成效，却因成本过高和无法形成稳定的长期模式而难以持续。而后在不断探索的过程中发现，乡村教师才是最值得发展的核心志愿者。“我们有些老师很关心学生的发展，每天和学生待在一起，甚至放假的时候都还扎根在一线。”（受访者 14）这些老师想要为乡村孩子提供更多帮助，却受制于地方教育资源和自身能力水平，无法发挥更大的价值。“毕业后”通过权力下放赋予乡村教师在当地运营公益图书室的权力，把老师们变为“战友”，共同参与，为乡村教育公益事业注入动力。

“我们签订了合同，不需要交钱，合同只是规定我们日常要做的事情。”（受访者15）“毕业后”为他们提供资源保障，让教师获得公益权力，激发潜能，发挥价值。在乡村教育场景中，公益组织先是作为无权的弱势群体依靠当地政府和学校提供的空间和便利条件开展活动，而后作为资源的输出端，赋权主要行动者，将权力分散，实现多元主体参与，为激活乡村教育内生动力奠定人员基础。

2. 自治：专业培训融通多方智慧

乡村从外界获得权力有了阅读资源，进一步发挥能动性提升阅读品质是乡村教育实现内部自治的关键。“毕业后”联合高校教师和技术支持方开创“留守儿童悦读引路人营”，通过线上直播培训的方式助力各地百余名乡村教师成为儿童绘本作家和朗诵家，切实提升儿童阅读质量。“我们期待在营会中学习到作为老师如何正确引导学生，让学生真正爱上阅读、学会阅读。”（受访者15）教师大多通过学校领导、兄弟学校推荐和其他新媒体创作平台介绍与“毕业后”结识，在公益组织提供的平台与来自全国近百所乡村学校的老师们互动交流，融通多方智慧，为书香校园建设提供更多思路和方法。

“毕业后”提供的阅读教学赋能支持在乡村教师中获得积极的反馈，也引起社会组织爱心人士的关注。“参与营会让我更深入地了解了乡村阅读推广困境，我们也被教师们的学习热情打动。”（受访者12）资金、技术注入乡村教育，使乡村教育获得内生动力。“‘毕业后’公益团队的发展背后有多元的爱心力量和共同的情怀，我们也希望老师们可以整合不同的资源，运营好图书馆。”（受访者9）公益理念在组织发展中传播，推动建构超脱物质层面的使命和愿景，实现乡村教育发展自治。

公益组织的持续运作和长期影响力的维持是其利用新媒介技术完成社会层面单向赋权的表现，其借助技术得到社会关注，使资源、权威、机会、能力流向组织，争取优势，激发社会资本，调动全社会资源，扭转弱势地位。[11] 在现实中，强势与弱势地位不是一成不变的，而是随着不同的情境、标准、需求转换。[18] “毕业后”在乡村落地建成图书室离不开政府、学校的权力赋予，入场后发挥价值促成双方角色转化，公益组织作为权力输出端反哺乡村教育，赋权在乡村主体参与和自治中变得具有流动性，从单向演变为双向。

四 结论与讨论

公益图书馆是健全公共文化服务体系的重要力量，在乡村文化振兴的时代背景下，公益图书馆利用各类新兴媒体促进自身发展，能更好地发挥公共文化资源与社会公众之间的桥梁作用，弥合信息鸿沟。“毕业后”借助新媒介赋权探索出了借势、加冕、反哺的发展路径，实现了从自我赋权到群体赋权、从公益赋权到政治赋权、从单向赋权到双向赋权的三重转化。在这一过程中，还有以下几点值得研究者关注。

首先，对媒介发展趋势的敏感洞察以及对实践的不断尝试，是公益图书馆完成组织社会化的前提。“毕业后”的实践表明，公益组织借媒介发展之势，在不同阶段运用不同媒介技术手段优化项目运转，实现从技术赋权到社会赋权的转变。表现为其在微信朋友圈、公众号备受关注时，利用个人化社交媒体获取信息、表达思想进入公益场域；入场后抓住微博发展的契机，搭建机构化媒体矩阵，激发个体群体权力意识，重构社会关系。

其次，结合偶然性社会背景，通过媒介技术的使用撬动政治经济资源，是公益图书馆获得权力加冕的关键。公益组织可以在入场取得一定成效后，利用媒介与政府和官方组织交流对话，展开良性互动，获得资金、场地等便利条件和组织公信力。通过多种力量介入，解决公益组织合法性问题和信誉困境，在权力合作和共享中稳定组织形态。

再次，本文关注到粉丝群体内嵌于公益主流话语的现象，粉丝通过公益应援，重构追星行为正当性。将粉丝情感投入公益领域的个体实践及其汇聚而成的饭圈集体行动，一方面使粉丝构建起强烈的群体认同，获得情感满足；另一方面促成公益组织借饭圈之力延伸公益范围，扩大公益影响力。粉丝权力与组织权力合流，在公益行动中实现双向奔赴。

最后，新媒介赋权不是主动、天然地赋予权力，而是实现自我意识和自我能力的自觉与提升。[11] 公益图书馆的发展模式具有不可复制性，利用新媒介技术并不必然指向社会赋权，而是需要公益组织本身发挥主观能动性，敏锐把握媒介发展规律，通过与现实的互动不断探索优化之路，创新发展之路。

参考文献

[1] 张珺，张峻琦．新时代图书馆服务乡村振兴的路径探究［J］．图书馆，2022（6）：86-90.

[2] 罗铮，金智鹏，周群英．民间私人公益图书馆发展研究［J］．图书馆杂志，2014，33（1）：53-55+106.

[3] 华海燕．全民阅读背景下的民间公益图书馆发展［J］．高校图书馆工作，2015，35（3）：38-41.

[4] 张凡．新媒体时代公共图书馆短视频发展的研究——以抖音平台为例［J］．传播与版权，2023（4）：52-54.

[5] 陈媛媛．公共图书馆短视频资源建设现状及发展策略探究［J］．图书馆工作与研究，2023（2）：82-89.

[6] 师曾志，李堃，仁增卓玛．"重新部落化"——新媒介赋权下的数字乡村建设［J］．新闻与写作，2019（9）：5-11.

[7] 陈雪，夏琼．新媒介赋权视角下公益组织助力乡村治理策略研究［J］．江西社会科学，2022（9）：196-205.

[8] 燕道成，高紫叶．新媒体时代公益传播的创新转型——以B站公益Vlog为例［J］．青年记者，2023（2）：74-76.

[9] 吕雅霜．文化公益的新媒介赋权研究［D］．华中科技大学，2019.

[10] 丁未．新媒体与赋权：一种实践性的社会研究［J］．国际新闻界，2009（10）：76-81.

[11] 师曾志．新媒介赋权视阈下的国家与社会关系［J］．北大新闻与传播评论，2013（00）：73-93.

[12] 金锦萍，师曾志．新媒介赋权：国家与社会的协同演进［M］．北京：社会科学文献出版社，2013.

[13] 孙黎．身份、组织、生产：网络青年亚文化群体新媒介赋权实践的三重层面

解读［J］. 中国青年研究，2019（6）：87-93.

［14］黄月琴．“弱者”与新媒介赋权研究——基于关系维度的述评［J］. 新闻记者，2015（7）：28-35.

［15］毛丹，王敬雅，陈佳俊．“饭圈”观察：组织特征与圈内外关系［J］. 社会学研究，2021（6）：90-112+228.

［16］朱丽丽，蔡竺言．“弹性”的毛细管作用：中国粉丝权力网络的博弈与变迁［J］. 新闻与传播研究，2022（8）：20-37+126.

［17］Rowlands，J. *Questioning Empowerment: Working with women in Honduras*［M］. Oxford England Oxfam，1997.

［18］李超．新媒介赋权视域下强与弱的哲学思考［J］. 文化学刊，2021（10）：105-108.

主要文章英文摘要和关键词

Bidirectional Repair, Technology Reciprocity: Mapping Media Engagement

—A Technography Examination of Shared Charging Facilities

Xiaoli Jiang , Xing Li / 1

Abstract: This research explores the"Repair"theory as applied to media infrastructure and analysing stories around their interactions. By employing technography and informal interviews, the author utilises the lived experiences of urban individuals to address the essential enquiries regarding the definition and nature of media infrastructure. The research revealed that individuals utilize the shared charging infrastructure for the purpose of repairing their own urban mobility. Furthermore, they also engage in repairing the shared charging infrastructure during the course of their mobility activities. The practice of mediated connections, which involves reciprocal exchanges, encompasses various aspects of both the "foundational infrastructure" and the "infrastructure of infrastructure". In accordance with the paradigm of perceiving a fractured world, this research proposes the Repair theory as a framework for investigating media-technology. Offering a humanistic lens through which to comprehend the interplay between persons and media technology.

Keywords: Shared Charging Facilities; Repair; Digital Humanities; Broken World; Media Engagement

Connectivity as Interaction: Submarine Cables in the Perspective of Symbiosis Theory

Wenqing Zhang Hong Chen / 15

Abstract: Academics have long been discussing the human-machine relationship, but there are also disagreements, and at the same time, the role of the evolution of the human-machine relationship in international communication has been neglected; on the other hand, the empowerment of infrastructure such as submarine cables on the relationship of engagement in international communication has rarely appeared in the relevant studies of international communication. In order to discuss the role and influence of submarine cables in international communication based on the human-machine symbiotic relationship, this paper introduces the symbiosis theory, regards submarine cables as a unit of symbiosis with the subject of international communication, and discusses the role of submarine cables as an infrastructure in international communication and how submarine cables can connect with the subject of international communication from the prerequisite of communication, the connection of communication, and the effect of communication. Relationships. This paper argues that submarine cables, as infrastructures, exist in the international communication space as symbiotic units, symbiotic interfaces, and reciprocal coexistence with international communication subjects, and play a role in the three stages of interaction: the premise of interaction, the connection of interaction, and the effect of interaction.

Keywords: Symbiosis Theory; International Communication; Submarine Cables; International Contacts

The Intervention, Challenges and Governance of AI Generated Content in the Public Opinion Ecology

Yungeng Xie Xiuli Zhang / 30

Abstract: With the rapid development of AI technology, Artificial Intelligence-Generated Content (AIGC) plays an increasingly important role in the public opinion arena. The purpose of this paper is to explore the impacts and challenges of AIGC on the public opinion ecology, and put forward practical governance strategies. Through in-depth analysis of the generation mechanism and communication characteristics of AIGC, this paper reveals the important role of AIGC in the public opinion ecology and its impacts on the public opinion field. At the same time, this paper puts forward the governance strategies for AIGC in order to provide reference for building a healthy and orderly public opinion environment.

Keywords: AI Generated Content; Public Opinion Ecology; Intervention; Governance

Digital Weaving: A Contemporary International Communication Practice from the Perspective of Spatial Production

Dongxu Jiang Yutong Wang / 43

Abstract: The evolution of communication technology has profoundly influenced the construction of the "real world" in international communication. The current international communication practice has broken through the previous single mode of discourse competition and unfolded in a more concealed spatial dimension. Starting from the concept of "weaving", this article views digital weaving as an action process of international communication space production, and discusses how digital space is constructed in international communication from the perspective of communication geography. Digital weaving unfolds at three scales: regional, institutional, and global, breaking through the clear boundaries between digital and physical space. It has formed a new way of generating international communication discourse in the three dimensions of cross modal, cross spatial, and cross interface, by crossing the boundaries of digital and physical space and integrating different scales of communication and spatial practice. It has elevated the competition for international communication initiative from "linguistic competition" to "spatial competition". Digital weaving has become a new perspective for understanding international communication practice and a focus for promoting international communication capacity building.

Keywords: International Communication; Digital Space; Texture Analysis; Communication Geography

Decelerating Oasis and Resonating Mirage: Slow Gaming Practices and Their Media Critique from the Perspective of Social Acceleration Theory

Xiaohong Du Wenxuan Kong / 55

Abstract: The relentless acceleration of modern society gives rise to widespread temporal anxiety and emotional alienation. People are increasingly advocating for "slow living" as a means to counteract social acceleration and alleviate these symptoms of modernity. This article takes"slow"games as the research object and adopts a research method that combines on-site ethnography and online ethnography. Through participatory observation and in-depth interviews, it is found that"slow games"construct a"deceleration oasis"to accelerate society by reshaping the sense of temporal and spatial order, meeting players' social needs, and healing players' emotional alienation. However, due to the encroachment of capitalist logic, "slow gaming" is nothing more than another "utopian" illusion constructed by contemporary media. It often struggles to achieve genuine resonance with the external world.

Keywords: Social Acceleration; Slow Game; Decelerating Oasis; Resonating Mirage

From Performances and Emotional Resonance to Strangers' Mutual Aid

—Text Analysis of Comments on Disease Help-seeking Videos on Bilibili

Qi Chen　Libo Wang　Shijie Yin / 67

Abstract: This paper conducts text analysis, quantitative analysis, and multimodal discourse analysis on the comments of 18 disease-related crowdfunding videos collected from Bilibili. It explores the support provided by netizens to the seekers and the social significance of these videos. The study reveals that netizens offer ample emotional and instrumental support, providing information and assistance. Moreover, platform algorithms provide technical support to the seekers, facilitating wider dissemination of the videos. However, this dissemination also triggers scrutiny and intense debate regarding the platform and the authenticity of the appeals. The crowdfunding format relies on platform algorithms and visibility design rather than the seekers' social networks. While social support driven by altruistic motives has positive value, it also engenders issues of social trust.

Keywords: Internet Philanthropy; Social Support; Charitable Crowdfunding; Social Trust

The Aesthetic Reconstruction of Digital Image From the Non-representational Perspective

Li Li　Ziling Zhong / 81

Abstract: Digital images from the non-representational perspective introduce the nature of"unintentional, non-verbal and elusive in the everyday world"into the creation of works. In this scale, digital image is no longer confined to the objective depiction of the real world, but creates a new relationship connecting reality. Virtual reality technology links the physical presence, integrated sensory elements and media space, and penetrates it into the daily life creation with the integration of subject and object. In this way, it constructs a new path of digital image aesthetics and endows image creation and research with a brand-new imagination space.

Keywords: Non-representational Theory; Digital Image; Aesthetic Intuition; Aesthetic Experience; Aesthetic Sublimation

The Digital Empowerment, Emotional Value, and Role Activation of Traditional Cultural IP

Kunjin Luo　Meng'an Zeng / 90

Abstract: The virtual communication space created by digital technology is increasingly becoming a new field for constructing Chinese discourse modes and telling Chinese stories. The value identification based on the concept of"people-oriented"is an important basis for cultural dissemination, and focusing on emotional value diffusion can better form profound collective memories. Using traditional cultural IP as a symbolic carrier and digital technology as a means, from the path of content production, market circulation, and consumer experience in the IP industry chain, to achieve the value integration of emotional symbols, emotional consumption, and emotional interaction in traditional cultural IP, and to promote the formation of cultural collective memory, is an opportunity to build a narrative space for Chinese cultural dissemination based on an emotional community, It is also an important opportunity to empower Chinese cultural soft power to shine brightly on global information dissemination platforms.

Keywords: Traditional Culture; IP Activation, Emotion; Collective Memory; Value Identification

The Construction of Independent Knowledge System of Chinese Public Opinion Discipline in the New Era: Issues and Ideas

—Summary of the 7th China Public Opinion Forum

Hengjiang Jin　Hebo Huang　Xiaoan Guo / 100

Abstract: The rapid development of intelligent technology not only opens up new territories for the study of public opinion and leads researchers to explore unknown fields, but also brings new research paradigms and theoretical contributions, promoting the innovation and development of the field of public opinion. In this context, it is urgent for opinion studies to build an independent knowledge system with Chinese characteristics, so as to enhance China's discourse power and influence in the international public opinion arena. On December 16, 2023, the Seventh Chinese Association for Public Opinion Research Annual Forum was successfully held. This forum was held at the School of Journalism of Chongqing University, where scholars from nearly 30 universities and industry experts gathered to summarize and promote the exploration and innovation of China's public opinion research at the theoretical and practical levels. This forum focuses on the construction of the independent system and local theoretical innovation of public opinion, such as intelligent communication, digital life and public opinion, international communication and public opinion, public opinion guidance and social governance in the new era, etc. The forum has formed a multitude of interdisciplinary, cross-platform, and methodological issues, providing a path for the future development of public opinion research and the construction of a local knowledge system.

Keywords: Intelligent Communicatino; International Communication; Localization; Public Opinion Guidance; Risk Governance

Research on China's Data Journalism Practice and Development Trends

Jiyin Chen Shutong Liu Gao Li Chunni Song / 119

Abstract: This study adopts content analysis to manually code the outstanding data journalism works in 2023 globally and in China, and comparatively analyzes the current global development status of data journalism visualization and the characteristics of Chinese data journalism practice. It is found that the Chinese data journalism works currently present the following characteristics-the selection of topics following current events, thoughts following the country's ideology, the presence of both data and sharing, both diagrams and ideas, both technology and feelings, and both theory and practice. However, there is still a lack of global perspectives, universality, self-collected data, abilities in cross-application of multi-source data, the building and iteration of independent presentation platforms, etc. In addition, this study also proposes that in the future, China's data news creation and teaching development should focus on AIGC participation in production efficiency and news logic enhancement, and fully integrate with generative artificial intelligence technology.

Keywords: Data Journalism; Content Analysis; Trend Study

On the Principle of Efficiency in the Allocation of Data Rights

Haoliang Sun　Yuwei Cheng / 135

Abstract: In the era of digital economy, data has become an important factor of production. The current copyright law, trade secrets, and the anti-unfair competition law all have certain limitations in protecting data property interests. According to the analysis of the law and economics, efficiency is an important value pursued by the allocation of data rights. The static allocation of data rights aims to promote the production of data collections with exchange value; The dynamic allocation of data rights is aimed at facilitating data circulation. To achieve the goal of efficiency in the allocation of data rights, Chinese legislature should entitle data processors exclusive property rights over the data products they produce. Meanwhile, the interests between data processors and data users should be coordinated through rights restrictions, so as to maximize the utilization of data.

Keywords: Data Protection; Data Rights Allocation; Principle of Efficiency

Selection of Data Rights Protection Models from the Perspective of the Principle of Proportionality of Protection

Junfa Zhang　Yan Chen / 150

Abstract: Under the mode of intellectual property protection, data rights and interests cannot be homogenized due to the variety of data and databases, and laws with different degrees of severity cannot be applied in a uniform manner, so it is justified to establish different protection modes based on the principle of proportionality of protection. In judicial practice, we should follow the logic of whether it is public or not, whether it is original data or not, whether it is a relational database or not, to classify whether it can be included in the scope of intellectual property regulation, and then typify the intellectual property rights and interests of data and uphold the principles of appropriate intervention and maximization of benefits, the principle of fairness, the principle of incentives, and the principle of prioritization of the public and individual interests. The legal system of data rights and interests is constructed from the basic aspects of the content of exclusive rights, the subject and object, the exercise of rights and legal responsibilities, so as to realize the purpose of data protection and ensure the free flow and sharing of data to the maximum extent.

Keywords: Principle of Proportionality of Protection; Data Rights and Interests; Algorithm; Model Selection; Intellectual Property Rights

Regulation of Anti Unfair Competition Law on Internet Piracy

Abstract: With the development of network technology, online live streaming is becoming increasingly popular. However, the accompanying online piracy behavior has also become increasingly rampant. The behavior of online piracy mainly manifests in stealing sports event programs, radio and television programs, and live streaming of online games. The act of online piracy has caused serious harm to the online video content industry. There are certain regulatory dilemmas in the unfair competition of online piracy, mainly manifested in disputes over the regulatory path of online piracy, lack of legal regulations on platforms, and difficulties in the governance of online piracy. In view of this, it is necessary to improve the legal norms for regulating online piracy behavior, strengthen the supervision and management of new media subject behavior by platforms, and enhance the ability of industry self-discipline and supervision.

Keywords: Network Stealing Behavior; Unfair Competition; Platform Responsibility

Governance of Medical Privacy Protection in the Context of the New Generation of Artificial Intelligence

Abstract: With the emergence of a new generation of artificial intelligence technology represented by ChatGPT, the application of intelligent medical technology will significantly realize autonomous diagnosis and treatment decision-making and control in complex medical procedures. This gradually changes the ecology and order of traditional healthcare, but also poses a series of challenges to medical privacy risks for the general public. Especially the emerging construction of smart healthcare paradigms inevitably calls for a high degree of data collection, sharing, and utilization, further increasing the uncertainty of medical data usage and the risk level of medical privacy. The research focuses on the current practical application of intelligent healthcare, pays attention to the potential paths and forms of medical privacy data risks caused by the new generation of artificial intelligence, analyzes the causes of medical privacy protection risks and the difficulties in governance brought by the new generation of artificial intelligence, and proposes governance paths for medical privacy protection-improving security leadership, enriching the supply of the rule of law, accelerating technological research and development, promoting risk assessment, and enhancing awareness of responsibility.

Keywords: New Generation of Srtificial Intelligence; Medical Privacy Risks; Governance of Medical Privacy Protection.

The Dilemma of Legal Regulation of Artificial Intelligence Scriptwashing and the Search for a Solution

Abstract: Artificial Intelligence brings incremental content to the copyright industry and contributes to the formation of the manuscript-washing industry chain. The complexity of algorithmic technology, the closed nature of content service platforms and the decentralized nature of right subjects make the dilemma of monolithic regulation dominated by copyright law more and more prominent. Insufficient determination of substantive similarity, difficulty in defining the subject of infringement responsibility, and lack of legal status of the platform determine that the above dilemmas cannot be effectively solved in the framework of copyright law. Since intelligent copywriting is rooted in data capture and machine learning technology, it is necessary to build a normative framework based on "data collection-data processing-result output", and to use copyright law, anti-unfair competition law, criminal law, etc. , to explore a multifaceted regulatory approach that emphasizes both law and technology. It is necessary to build a regulatory framework focusing on "data collection, data processing and result output", and to explore a multifaceted approach that emphasizes both law and technology by using copyright law, anti-unfair competition law and criminal law.

Keywords: Intelligent Scrubbing; Data Crawling; Data Training; Infringing Subjects

National Strategies and Local Practices in the Formation of Cross-Cultural Emotional Communities

Yidan Gao Hong Chen / 210

Abstract: Emotions are increasingly playing a pivotal role in the process of news production in the era of digital media. Applying"empathy"to the content aspect of international communication helps break down cultural and cognitive barriers between different countries. Firstly, there is the consolidation of consensus. As ideology permeates the entire process of transnational information flow, the consolidation of consensus and the practice of empathetic communication mutually reinforce each other, which necessitates adopting a global, value-oriented approach in the selection of topics. The focus should be on forward-looking and mainstream issues, while also emphasizing the extension of local topics to a global audience. Secondly, the deepening of shared understanding is paramount. Leveraging the capabilities of multi-modal media technologies can provide audiences with a more immersive and multi-dimensional empathetic experience. Furthermore, in-depth tracking and exploration of emotional data from both domestic and international users helps alleviate cultural biases and cognitive disparities prevalent in international news production. Finally, there is a discernible shift from content production to the creation of content pools. Presently, the key actors in international news production have undergone significant expansion, and this expansion promotes the sharing of news based on emotions, interactive engagement, and even secondary content creation. This transformation allows "empathy" to flow within a broader relational context, thus enabling the realization of global empathy and identification.

Keywords: International Communication; Empathy; Content Production

How Do AIGC Fake News Seem Like True?

—A Fuzzy-Set Qualitative Comparative Analysis (fsQCA) Study based on 25 cases in 2023

Guoqiang Liu Yang Li / 223

Abstract: With the advent of large language modeling tools like ChatGPT, AIGC fake news has gradually flooded into the digital public space, seizing public attention with great confusion, causing dangers such as information pollution and infringement. In order to explore the influence factors and configuration mechanisms that make AIGC fake news highly realistic, 25 cases of AIGC fake news published in 2023 were selected to establish the sample library. Through four-valued fuzzy-set QCA, it obtained that when AIGC fake news is conducting the narrative imitation, the higher the emotional mobilization intensity of the event is, the stronger the simulation appears. As the core conditions with strong causality, narrative imitation (NI) and emotional mobilization (EM) have a great influence on information credibility through the primacy effect and emotional synesthesia. However, as marginal conditions, the degree of detailed description (DD) and modal imagination whiteout (MIW) of the text can also exert a certain degree of making-it-true effect, resulting in the simultaneous existence of"PICTURE IS EVERYTHING"and"NO PICTURE IS ALSO RELIABLE". Currently the cognitive orientation of visualization for authenticity has appeared local failure, and a public cognitive paradigm of truth and trust has gone beyond the anchor point of the image, being rewritten and reshaped in greater uncertainty.

Keywords: AIGC; ChatGPT; Fake News; News Authenticity

A Grounded Theory Study of the Use-Smart Speaker Interaction Based on Affordance Theory

Guoping He Shirui Luo / 245

Abstract: Based on the evolution of ICTs and AI and the link between the three major ecosystems of network content ecology, life service ecology and IoT smart home ecology, smart speaker realizes the connection with the Internet, physical space and personal actions, and have the function of a central hub in the family life network.

This researchuses affordance as the theoretical framework, takes the semi-structured in-depth interviews with 24 smart speaker active users as the main raw materials, and introduces Nvivo12 software to carry out qualitative analysis through the programmed method of grounded theory. The results of grounded theory analysis show that the interaction between smart speakers and users is mainly manifested in three layers: Interactive function layer, technology affordance drives interactive behavior, Interactive behavior layer: imagination affordance empowers humanized interaction, Interactive emotion layer: user triggers emotional affordance.

Keywords: Smart Speaker; User; Interaction; Affordance; Grounded Theory

Innovative Exploration, Practical Challenges and Improvement Strategies of AIGC in Public Opinion Governance and Guidance

Abstract: With the rapid development of artificial intelligence technology, Artificial Intelligence Generated Content (AIGC) has demonstrated significant potential and value in the field of sentiment governance and public opinion guidance. This article, from the multidisciplinary perspectives of journalism and communication, public administration, and computer science, systematically reviews the cutting-edge innovative practices of AIGC in areas such as sentiment monitoring, analysis, governance, and public opinion guidance. Additionally, this article delves into the challenges faced by AIGC in practical applications and proposes practical coping strategies, aiming to provide useful insights and references for research and practice in related fields.

Keywords: AIGC; Public Opinion Governance; Public Opinion Guidance

Research on the Impact of Paradoxical Health Information on Social Media Users

Abstract Exploring the impact of paradoxical health information on social media users has positive implications for health crisis response in major public health events. This study uses grounded theory as the research method, and starts from three aspects: emotion, cognition and action, to summarize the characteristics of paradoxical health information in global pandemic and the reactions of social media users under the influence of paradoxical health information. It is found that the paradoxical health information in the infodemic is characterized by high quantity, fragmentation, large differences, difficulty in distinguishing true from false, and customization. Users rank the credibility of different information sources based on different cognitive judgment criteria and decide on epidemic response strategies after information processing and comprehensive evaluation.

Key words: Paradoxical Health Information; Infodemic; Public Trust; Social Media; Grounded Theory

On the Advertisers' Trust Crisis in the Network Advertising Agency Industry and the Reconstruction of Trust Mechanism

Qingyong Liu　Qianxue Teng　Linyue Li / 294

Abstract: The advertisers have had a crisis of trust in the network advertising agency industry, which is of great harm, but there is little scientific research. Based on the perspective of transaction, construct a three-stage trust game model between an advertiser and a network advertising agency, the research believes that, as a rational "economic man", the advertiser's trust in the network advertising agency is a calculative trust, and both parties should maximize long-term interests. But in the dynamic game of repeated transaction, the network advertising agency choose opportunistic behavior due to a higher utility, which is intensified with the intensification of information asymmetry. Meanwhile, the trust level of advertisers decreases continuously due to the reduction of marketing revenue, and even is in the crisis of trust. Therefore, this paper puts forward the concept of "reasonable" trust mechanism, and based on the calculation logic of utility function, three kinds of trust mechanism of network advertising agency are studied by combining theory and demonstration. Its essence is to optimize the transaction, maximize the long-term interests of both parties and promote mutual trust. Therefore, it should be comprehensively promoted to reconstruct the trust mechanism of the network advertising agency industry.

Keywords: Network Advertising Agency; Transaction; Calculative Trust; Trust Crisis; Trust Mechanism

Research on the Strategies to Enhance the International Communication Ability of Chinese Independent Brands in the Era of Intelligent Media

Lingguang Meng　Xinxin Jin / 306

Abstract: Independent brand is not only one of the important indicators to measure a country's international competitiveness, but also an important carrier of national image, which is particularly important for the formation of cultural consciousness and cultural self-confidence. This paper sorts out the opportunities available for Chinese independent brands to go overseas, analyzes the problems existing in the international communication of Chinese independent brands, focuses on the case study of some Chinese independent brands that have gone abroad, and puts forward targeted strategies to improve the international communication ability of Chinese independent brands.

Keywords: Intelligent Media Era; China's Independent Brand; International Communication Ability

The Encounter Between Audience and Museum

—Thinking Based on Deleuze's Theory of Somaesthetics

Ying Zhu　Kanghua Ye / 321

Abstract: Based on Deleuze's philosophy of the body, the article delves into the relationship between the museum audience's bodies and the museum space. Museums, as public cultural venues, exert influence over their audience through spatial planning and exhibit curation, among other means. The audience, characterized as a"Body without Organs", possesses fluidity and creativity. "Body without Organs"of the audience is employed to resist the constraints imposed by the museum space. Museums create an experiential space for the audience's"Body without Organs"to unleash their creativity within the museum, thereby facilitating the liberation and reevaluation of personal values. This, in turn, prompts the audience to contemplate history and contemporary society.

Keywords: Museums; Audience; Deleuze; Body without Organs

Research on Innovative Ways to Enhance the Influence of Chinese Civilization in Digital Age

—Based on the External Communication Perspective of High-Quality Cultural and Educational Exchange Projects

Haijun Yang　Yuhanyin Ma / 332

Abstract: In the digital era, supported by Internet technology and new communication platforms and guided by Internet values and Chinese civilization values, the external communication of cultural and educational quality projects can better effectively explain Chinese culture to target audiences worldwide and enhance Chinese civilization's communication power and influence. This paper analyzes the concept and functional value of the communication of different types of cultural and educational quality projects, the way of discourse construction in international cooperation and communication, and the theoretical and practical significance of the top-level design in enhancing the global communication practice of Chinese civilization. To explore the special significance and innovative practice path of the communication of excellent cultural and educational exchange projects in enhancing the influence of the global communication power of Chinese civilization.

Keywords: Digital Age; Chinese Civilization Spreading Power Influence; Cultural and Educational Quality Projects

Digital Leviathan: The Ideological Risk and Governance Path of Generative Artificial Intelligence

—Taking ChatGPT as an Example

Rui Liu / 342

Abstract: The birth of Chapter marks a revolutionary change in human information dissemination, but the ideological risks and challenges it brings to social governance cannot be ignored. This article focuses on the digital Leviathan effect caused by technology, using Chatgpt as an example to analyze the ideological risk generation mechanism of generative artificial intelligence. It is divided into three categories: ideological risk caused by technology generation mechanism, ideological risk caused by institutional power intervention, and ideological risk caused by media use factors. Suggestions for breaking through the"Corinthian Dilemma"of generative artificial intelligence are proposed: taking prudence and inclusiveness as the governance principle, taking precautions, and balancing governance and development; Increase the supply of mainstream media information and enhance the ability to control the home field; Establish sound intelligent governance mechanism and contribute China's solutions to global governance; Establish technical control standards and standardize the use of data and algorithm models.

Keywords: Digital Leviathan; Generative Artificial Intelligence; Ideology Risk; Governance

Why Is Dialogue Possible: Social Media Dialogue Practice and Mechanism Construction of Nonprofit Organizations

Yezi Liu / 353

Abstract: Social media is an important tool for organizations to interact with the public online quickly, efficiently, and cost-effectively. However, the exploration of how nonprofit organizations can use social media to establish positive interactive relationships and effective dialogue mechanisms with the public is still an unexplored area. This study uses public relations dialogue as a theoretical framework to conduct a content analysis of Weibo texts originating from nonprofit organizations, focusing on their dialogue strategies on social media. The findings indicate that nonprofits approach social media with more specific, practical, and narrow goals than a broad commitment to fostering dialogue. Nonprofit organizations primarily use these platforms to disseminate information about their ongoing activities, followed by community and advocacy. Nonprofit organizations have shown advantages in providing information useful to the media and the public. In terms of dialogic loop, only a few organizations encourage voting on relevant issues, stimulate action, and organize responses.

Keywords: Philanthropic Communication; Public Dialogue; Dialogue Mechanism; Nonprofit Organization

Annual Research and Analysis Report on Internet Catchphrases in 2023

Pengliang Yu　Jiahe Fu / 366

Abstract: Internet catchphrase are the "memo" of the changes of the times, recording the diversified scenes of real life and carrying netizens' common expectations for a better future. The 2023 Internet catchphrase mainly come from four aspects: major events in public life, new changes in technological life, new orientations in social concepts, and short-video "meme". In terms of era background, it presents post-pandemic era and artificial intelligence revolution with distinctive thematic colors; in terms of native platforms, there is an increase in the number of native buzzwords incubated by short-video platforms; in terms of social concepts, it presents diversified and contradictory value orientations; and in terms of emotional tendency, compared with last year, there is a significant decrease in negative and negative buzzwords. Behind the generation, dissemination and selection of Internet catchphrase, it is not difficult to see their function of constructing social identity as well as social relations.

Key words: Internet Catchphrase; Short Video Modeling; Social Construction

Research on the Development Path of New Media Empowerment in Public Libraries under the Background of Rural Revitalization

—Taking "Post-Graduation Public Library"As an Example

Fanbo Su Pingyu Tian / 376

Abstract: Under the background of rural revitalization, public libraries play a significant role in improving the rural public cultural service system. This paper, based on the perspective of new media empowerment, explores the development path of"Post-Graduation Public Library"as a typical case in the digital era. The study reveals that public libraries enter the field of public welfare by acquiring information, expressing ideas, and taking actions. They leverage social resources, achieve organizational collaboration, and undergo a process of socialization through the involvement of various forces such as politics and capital. In the process of social interaction, public libraries empower themselves and the community, shifting from being the recipients to becoming the providers of power, ultimately realizing a vision of public welfare beyond the material level. The overall characteristics and development path of new media empowerment in public libraries under the background of rural revitalization include the shift from self-empowerment to collective empowerment, from public welfare empowerment to political empowerment, and from one-way empowerment to mutual empowerment.

Keywords: Rural Revitalization; Public Libraries; New Media Empowerment

图书在版编目(CIP)数据

新媒体与社会. 第三十三辑 / 谢耘耕主编. --北京: 社会科学文献出版社, 2024. 6. --ISBN 978-7-5228-3777-2

Ⅰ. G206. 2-05

中国国家版本馆 CIP 数据核字第 2024L2N340 号

新媒体与社会（第三十三辑）

主　　编 / 谢耘耕

出 版 人 / 冀祥德
责任编辑 / 张建中
责任印制 / 王京美

出　　版 / 社会科学文献出版社 · 文化传媒分社（010）59367004
　　　　　地址：北京市北三环中路甲 29 号院华龙大厦　邮编：100029
　　　　　网址：www. ssap. com. cn
发　　行 / 社会科学文献出版社（010）59367028
印　　装 / 唐山玺诚印务有限公司

规　　格 / 开　本：787mm × 1092mm　1/16
　　　　　印　张：25. 75　字　数：409 千字
版　　次 / 2024 年 6 月第 1 版　2024 年 6 月第 1 次印刷
书　　号 / ISBN 978-7-5228-3777-2
定　　价 / 179. 00 元

读者服务电话：4008918866